科创新视野

2018-2023年
上海创业融资洞察与未来展望

郑小辉 洪苏婷 孙姗姗 王素 ◎ 著

文汇出版社

图书在版编目（CIP）数据

科创新视野：2018-2023 年上海创业融资洞察与未来
展望 / 郑小辉等著 . -- 上海：文汇出版社，2025. 3.
ISBN 978-7-5496-4411-7

Ⅰ . F279.244.4

中国国家版本馆 CIP 数据核字第 2025CQ8358 号

科创新视野

2018—2023 年上海创业融资洞察与未来展望

著　　者 / 郑小辉　洪苏婷　孙姗姗　王　素
责任编辑 / 张　溟
执行编辑 / 唐　铭
装帧设计 / 谢怡婷　钟　雪　王　莹

出 版 人 / 周伯军

出版发行 / 文匯出版社
　　　　　上海市威海路 755 号
　　　　　（邮政编码 200041）
排　　版 / 上海新民社区传媒有限公司
印刷装订 / 上海华教印务有限公司
版　　次 / 2025 年 3 月第 1 版
印　　次 / 2025 年 3 月第 1 次印刷
开　　本 / 787×1092　1/16
字　　数 / 278 千字
印　　张 / 16.125

书　　号 / ISBN 978-7-5496-4411-7
定　　价 / 108.00 元

序一

党的二十大报告指出，要"坚持创新在我国现代化建设全局中的核心地位"。中国改革开放四十年以来取得了举世瞩目的经济发展成果，成为世界第二大经济体。但是，我国高质量发展仍面临诸多制约因素，发展不平衡不充分问题仍然突出，科技创新能力还不强，在一些领域关键核心技术受制于人的局面尚未根本改变。习近平总书记在二十届中央政治局第十一次集体学习时提出，"发展新质生产力是推动高质量发展的内在要求和重要着力点"，指出"科技创新是发展新质生产力的核心要素"，要"以科技创新推动产业创新"。可见，从事科技创新的创业企业是推动新质生产力发展的中坚力量，为全社会产业升级和生产力发展提供源动力。

科技型创业企业的发展，面临着诸多困难与挑战。鉴于从事科技创新的企业天生的信息不对称问题，创业者在寻求外部资金支持时往往举步维艰。如何帮助科技型企业跨越"死亡之谷"，获得成长发展的契机，是持续提升金融服务科技创新能力、做好"科技金融"这篇文章的关键课题之一。稳健、活跃和多元化的创业投资市场，能够为科创企业的发展提供重要支持，从而推动科技的发展和创新创业的进程。建设健康活跃的创业投资市场，亟需培育一批高质量的创业投资机构，具备前瞻性的视角、长期的耐心以及丰富的智慧。

上海作为国际金融中心，其风险投资市场规模在全国名列前茅，为支持科技创新和培育新质生产力发挥重要作用。与此同时，上海市正在加快建设具有全球影响力的科技创新中心，科技创新成果不断涌现。上海在发展创业投资市场、推动科技创新成果转化方面有较为丰富的经验。当前，国家推出一系列政策举措，积极支持创业投资做大做强。梳理提炼上海的发展经验能够提供有益的参考思路，对于推动金融、产业、科技良性循环有重要意义。

我很欣慰地得知本书的作者就此进行了积极的尝试。上海本地的科创服务平台——上海张通社信息科技有限公司，与上海科技大学的研究员开展合作，对2018年至2023年上海市科创融资数据进行了全面梳理、统计和分析，从投资趋势、行业动态、投资行为等不同视角，呈现了上海当前资本支持科技创新发展的态势，对未来发展进行了展望与分析。该书为深入了解上海创业投资市场提供宝贵的参考，相信能够为科创行业从业者、政策制定者以及相关学术研究人员带来有益启发。

柳卸林

　　柳卸林，创新管理学家与创新政策知名专家。中国科学院大学经济与管理学院二级长聘教授、博士生导师，现任首都经济贸易大学工商管理学院学术院长、上海科技大学特聘教授，中国科学学与科技政策研究会副理事长，《科学学与科学技术管理》杂志主编。柳卸林教授是国内最早进行创新研究的学者之一，长期专注于创新管理与政策、创新体系等方面研究，主编出版了国内外知名的《中国区域创新能力评价报告》，参与国家科技部有关科技发展战略和规划、创新政策制定的许多工作，为国家创新体系建设上升为国家科技发展战略决策框架提供了支持，在创新系统、企业突破性创新、创新生态系统和科技政策研究等方面做出了开拓性的贡献。连续 8 年入选爱思唯尔（Elsevier）发布的商业、管理和会计领域中国高被引学者。曾获中国教育部科技进步一等奖（2001 年）、教育部社会科学二等奖（2015 年）、首届中国技术经济学会杰出贡献奖（2015 年）和复旦管理学杰出贡献奖（2022 年）。

序二

科技创新离不开金融的支持，金融通过对科技创新提供资金支持，不仅解决了科技创新所需要的资金，分散科技创新的风险，还可引导更多的科创资源向科技创新流动，促进科创资源优化配置，进而激励科技创新创业，推动产业升级。

2023年6月16日，国务院常务会议审议通过《加大力度支持科技型企业融资行动方案》，并强调要把支持初创期企业作为重中之重，加快形成以股权投资为主、"股贷债保"联动的金融服务支撑体系。2024年7月18日，党的二十届三中全会审议通过的《中共中央关于进一步全面深化改革 推进中国式现代化的决定》提出："构建同科技创新相适应的科技金融体制，加强对国家重大科技任务和科技型中小企业的金融支持，完善长期资本投早、投小、投长期、投硬科技的支持政策。" 这一政策导向体现了金融对国家重大科技任务和科技型中小企业发展的支撑作用。

上海的金融对科技创新支持如何？2024年11月21日下午，清华大学联合Springer Nature共同发布了《国际科技创新中心指数（GIHI）2024》。从该指数看，2023年上海PE（私募基金投资金额）83亿美元，同比增长67.21%，FDI和OFDI分别为67亿美元和173亿美元，同比增长79.73%和106.93%，表明疫情之后上海对全球创新资本的集聚能力加速反弹，资本赋能科技创新方面的作用可见一斑。

为全面反映上海科技金融生态的发展情况，2024年9月7日在上海浦江创新论坛上，上海市科学学研究所、上海市金融稳定发展研究中心、上海市科技创业中心等单位发布了《上海科技金融生态年度观察2023》。该报告是在上海市科委、国家金融监督管理总局上海监管局、中国人民银行上海总部、上海市经信委等的关心指导下，在中国科技发展战略研究院等单位的鼎力支持下，从生态视角综合评析2023年上海科技金融的发展态势。该报告的数据显示，2023年上海股权投资1234起，投资金额2472.27亿元，同比分别下降18.4%和增长了14.2%；新增基金备案103支，新增基金备案规模为1078.93亿元，同比分别增长了21.2%和6.9%。从行业领域看，2023年，上海创业投资围绕集成电路、生物医药、人工智能领域，持续布局"硬科技"，投资热点多样化。2023年上海股权投资市场退出案例发生812笔，同比增加40.97%。其中，IPO发生299笔，占所有退出事件的36.8%，IPO退出金额占所有退出金额的31.6%。

我们从上述信息中可以大致了解上海科技投资的总体情况，但要了解更进一步的信息，获得更多的数据，就很有必要阅读由张通社和上海科技大学共同编写的《科创新视野》一书。本书运用张通社 Link 数据库的数据，从各季度科技创新融资事件和融资金额的分布情况出发，对 2023 年上海市科创融资的整体状况（第 1 章）加以综观，并分别按照区县（第 2 章）、行业领域（第 3 章）、股权投资机构（第 4 章）等分布情况进行分析描述，并对 2018 至 2022 年上海市科创融资的整体状况（第 5 章）作了概述，又按照区县（第 6 章）、行业领域（第 7 章）和股权投资机构（第 8 章）的情况进行分析，最后对面向"四大新赛道"和"五大未来产业"的科技创新和创业融资进行了展望（第 9 章）。

为更全面反映不同阶段的融资活动，本书将融资事件分为天使种子轮、泛 A 轮、泛 B 轮、泛 C 轮、泛 D 轮、E 轮及之后、战略融资。泛 A 轮指初创企业进行的 Pre-A 轮、Pre-A+ 轮、Pre-A++ 轮、A 轮、A+ 轮、A++ 轮等融资，用于企业扩大规模、进一步开发产品或服务、拓展市场、吸引更多客户等。泛 B 轮涵盖 Pre-B 轮至 B++ 轮，通常用于进一步开发产品、扩大团队、增加市场份额等。泛 C 轮包含 Pre-C 轮至 C++ 轮，用于支持企业的快速增长和扩张，通常发生在企业已经建立稳定盈利模式、具备良好增长潜力的阶段。泛 D 轮是指从 Pre-D 轮至 D++ 轮，通常用于进一步扩大企业规模、加速市场渗透、拓展全球业务等，发生在企业已经证明了其商业模型的可行性和增长潜力的阶段。E 轮及之后是指 E 轮、F 轮、G 轮等以及 Pre-IPO 轮融资，通常用于支持企业进一步扩大市场份额、进行并购等。战略融资是指有融资需求的企业通过与其他企业、机构或个人达成战略合作，获得资金支持。本书数据分析结果表明，上海科创领域的融资活动在不同融资轮次上呈现出显著的分化趋势，不同轮次的融资活跃度参差不齐，反映出投资者对不同阶段项目的关注程度有所不同。

从区域分布看，2023 年，上海科技创新融资事件主要集中在浦东新区、闵行区和嘉定区，融资事件数量占比分别为浦东新区 36.6%、闵行区 13.4%、嘉定区 10.4%，三者合计 60.4%。融资事件数量占比大小，反映了该区域在科技创新和融资方面的活跃度，占比越大，则活跃度越高。

从行业分布看，2023 年，上海在生物医药、集成电路、人工智能三大行业的科创融资活动比较突出，融资事件数量占比分别为生物医药行业 17.4%、集成电路行业 16.4%、人工智能领域 11.5%，三者合计为 45.3%。

2023 年共有 1647 家投资机构投资于上海的科创企业，市场化股权投资机构、企业风险投资机构与国资股权投资机构的占比分别为 58.6%、19.7% 和 21.4%。2023

年的活跃投资机构中，按来源地分布看，上海本地的投资机构占 29.8%，其他来源地排名前五的是：北京（16.0%，263 家）、广东省（11.1%，183 家）、浙江省（10.4%，171 家）、江苏省（9.7%，160 家）和海外（5.0%，82 家）。

以上是从书中摘出部分数据，想获得更多的信息，了解更全面的情况，建议阅读本书。本书内容丰富，数据翔实，图表展示直观，无论资料性还是可读性都比较强。无论对上海各区金融监管部门、科创管理部门、行业管理部门，还是创业投资机构和科创企业，以及从事创业投资的人员、科创企业的经营者，或是科技创新及科技金融的研究者，本书都是一本非常有价值的读物，具有很好的参考价值。本人很乐意向各位推荐本书！

吴寿仁

吴寿仁，上海市科学技术委员会体制改革与法规处原处长，上海市科学学研究所原副所长，现任上海市科学学研究所学术委员会主任。

前言

2024 年 1 月，在二十届中央政治局第十一次集体学习时，习近平总书记强调，发展新质生产力是推动高质量发展的内在要求和重要着力点，必须继续做好创新这篇大文章，推动新质生产力加快发展。[1] 在全社会加快培育形成新质生产力的进程中，亟须以科技创新推动产业创新，引领发展战略性新兴产业和未来产业。从事科技创新的创业企业是推动新质生产力发展的先进力量代表，为全社会的产业升级和生产力发展提供源动力。党的二十大报告明确指出，要"强化企业科技创新主体地位，发挥科技型骨干企业引领支撑作用，营造有利于科技型中小微企业成长的良好环境，推动创新链产业链资金链人才链深度融合"。以风险投资为代表的股权投资机构为从事前沿科技创新的中小微企业提供资金、管理与经验支持，是金融支持创新体系建设的重要环节。2024 年政府工作报告提出，鼓励发展创业投资、股权投资，优化产业投资基金功能。

上海作为全国改革开放的排头兵、创新发展的先行者，正在加快建设具有全球影响力的科技创新中心。上海科技创新成果不断涌现。根据中国科学技术发展战略研究院发布的中国区域科技创新评价报告，在全国 31 个省、自治区、直辖市（不包括港澳台地区）中，2023 年上海市的综合科技创新水平居于首位。上海的创新创业生态展现出蓬勃生机，孵化培育了一大批高质量的科技型创业企业。上海自 2011 年起，在全国率先实施"专精特新"企业培育工程。根据上海市中小企业发展服务中心的统计，截至 2022 年，上海市累计培育创新型中小企业 10416 家、市级专精特新中小企业 7572 家、国家专精特新"小巨人"企业 500 家。截至 2023 年，上海市共有科创板上市企业 83 家，数量居全国第二。[2]

高质量的企业培育成果离不开金融市场的有力支持和服务。2023 年 10 月，习近平总书记在中央金融工作会议上提出，要把更多金融资源用于促进科技创新、

---

1 《习近平在中共中央政治局第十一次集体学习时强调：加快发展新质生产力 扎实推进高质量发展》，https://www.gov.cn/yaowen/liebiao/202402/content_6929446.htm，访问日期：2024 年 4 月 20 日。
2 《上海社科院应用经济研究所与市科技创业中心、上海工程技术大学联合发布"2023 上海高新技术企业创新百强榜"》，https://web.shobserver.com/sgh/detail?id=1123059，访问日期：2024 年 4 月 20 日。
3 《中央金融工作会议在北京举行》，http://www.cbirc.gov.cn/cn/view/pages/ItemDetail.html?docId=1134234&itemId=915，访问日期：2024 年 4 月 29 日。

先进制造、绿色发展和中小微企业，大力支持实施创新驱动发展战略。[3] 上海创业投资市场的规模和活跃度都在全国名列前茅。根据清科研究院发布的《2023 年中国股权投资市场研究报告》，2023 年上海市股权投资事件总金额居全国第一位。2023 年 12 月，上海市发布《关于进一步促进上海股权投资行业高质量发展的若干措施》，提出优化股权投资机构设立服务和行业管理、引导投早投小投科技、支持企业风险投资发展、培育长期资本、畅通股权投资退出渠道、落实财税优惠政策等九大方面措施，这将进一步发挥股权投资在服务上海实体经济、促进科技创新等方面的功能作用。

为了深化对上海科创企业发展、股权投资市场运行的认识与理解，本书对 2018 年至 2023 年上海市的科创融资数据进行全面梳理、统计和分析，提炼与总结上海市金融支持科技创新发展的经验做法，为相关从业人员和政策制定者提供参考。对于科创金融的研究往往受到数据可得性的限制，本书中的数据来自张通社 Link 数据库，由上海张通社信息科技有限公司收集整理。张通社是一家深耕产业园区的科创服务平台，公司以"为创业者加冕"为使命，立足张江，面向上海，辐射全国，已链接超 3000 家科技企业。

对 2018 年至 2023 年的上海市科技创业融资数据分析进行分析和总结，可以发现上海市科创融资呈现出如下特征。

一是投早投小的趋势明显。2018 年—2022 年，上海市所有融资事件的 61% 为天使种子轮或者泛 A 轮融资；2023 年间该比例有所下降，但仍然有 53% 的融资事件为处于天使种子轮或者泛 A 轮的早期阶段企业融资。2018 年—2022 年，在披露金额的融资事件中，有近半数的融资金额小于 1 千万元人民币；2023 年，则有 60% 的融资事件的金额小于 1 千万元。由此可见，上海市科创融资市场主要针对处于早期发展阶段的小规模企业，服务于小微企业的科技探索与创新。

二是股权投资市场持续支持产业优化升级。《上海市战略性新兴产业和先导产业发展"十四五"规划》提出要聚焦发展集成电路、生物医药、人工智能三大先导产业，以及六大重点产业（新能源汽车、高端装备、航空航天、信息通信、新材料、新兴数字产业）。2022 年—2023 年，上海市共有 2403 起融资事件，其中 2294 起都是针对"3+6"产业的企业投资，反映了上海股权投资市场对战略性新兴产业发展的大力支持。2023 年 4 月，上海市人民政府办公厅印发《关于新时期强化投资促进加快建设现代化产业体系的政策措施》，布局数字经济、绿色低碳、元宇宙、智能终端四大新赛道产业。2022年—2023年，在四大新赛道领域，上海市共有788起融资事件，并且大多投向处于天使种子轮或者泛A轮融资的企业。2022年10月印发的《上海打造未来产业创新高地发展壮大未来产业集群行动方案》，提出打造未来健康、未来智能、未来能源、未来空间、未来材料五大未来产业集群。目前上海股权投资市场也积极响应，在相关领域培育扶持创新企业的发展。

三是围绕各区域重点产业的金融支持体系建成。近年来，上海市科创融资的空间分布趋于稳定，各区聚焦重点产业，实现有序竞争、错位发展。其中，浦东新区的融资事件数目持续位居各区之首，尤其在生物医药、集成电路、电子信息和高端装备等产业的集聚引导效应明显。这与浦东新区将科技创新作为打造"社会主义现代化建设引领区"的第一要务的战略部署相一致，反映了张江核心功能区和临港主体承载区在上海科创中心建设中的关键作用。嘉定区在汽车产业的融资事件数目为各区最高，反映了嘉定区为深化世界级汽车产业中心承载区建设提供创新源动力。其他有集聚优势的区划包括：闵行区在生物医药、高端装备、电子信息产业；奉贤区在高端装备和时尚消费产业；松江区在高端装备、生物医药产业；杨浦区在电子信息产业等。

四是不同类型股权投资机构协同合作的格局形成。目前上海的科创投资呈现市场化股权投资机构作为主力、国资股权投资机构与企业风险投资机构积极协同支持的格局。作为全国最早出现股权投资交易的地区，上海的股权投资市场有较长的发展历史，市场化股权投资机构的平均经验和能力都在全国居于领先地位。以2023年为例，全年共有1647家股权投资机构投资于上海的科创企业，其中大部分（62%）为市场化股权投资机构，企业风险投资机构与国资股权投资机构分别占据了22%和16%。随着上海加快建设具有全球影响力的科技创新中心，不同类型的股权投资机构之间需要加强协同合作，培育新兴产业、未来产业，为推动高质量发展增添新动能。

在对上海市科创融资情况进行深入的系统分析与全面的综合评价的基础上，本书构建了三个部分。第一部分是"现在篇"（第1至第4章），对2023年上海市科创融资情况进行综述与分析，对总体、各行政区划、"3+6"产业以及投资机构进行研究、分析与总结。第二部分是"过去篇"（第5至第8章），对2018至2022年上海市科创融资情况进行综述与分析，包括对总体、各行政区划、各行业以及科创企业发展的分析。第三部分是"未来篇"（第9章），聚焦上海市未来产业方向的科创融资情况。

本书作者感谢上海科技大学的丁诗悦、郭原盈、樊奕璠同学提供的高水平研究协助，感谢国家自然科学基金（项目批准号：72302148）和上海科技大学科研启动经费的支持。本书的成书时间紧迫，且作者经验有限，虽数易其稿，但难免存在纰漏，敬请广大读者批评指正。

郑小辉 洪苏婷 孙姗姗 王素

郑小辉，加冕科技 CEO，张通社创始人，复旦大学文学学士。现任浦东新区工商联执委，浦东青联委员，张江科学城商会副秘书长。

洪苏婷，现任上海科技大学创业与管理学院研究员。先后于南京大学、美国德雷赛尔大学获得金融学学士和经济学博士学位。现阶段研究关注风险投资市场运行效率以及科技创业企业成长规律，相关成果发表在国际权威的金融学和经济学期刊上，主持国家自然科学基金和上海市科委软科学重点项目，担任亚洲创新与创业学会（AIEA）邀聘学者、中国风险投资学者论坛理事。曾获得上海市高等教育教学创新竞赛优秀奖，主持教育部产学合作协同育人项目、上海市高校本科重点教改项目。

孙姗姗，现任加冕研究院产业研究员，上海大学经济学学士。专注科创产业生态研究，深度参与张江科学城、临港新片区、漕河泾开发区等重点区域产业项目，擅长通过产业大数据建模与实证研究为政府、园区及科创企业提供战略决策支持。

王素，现任上海科技大学创业与管理学院研究员。博士毕业于伦敦政治经济学院金融系。王素博士的研究方向包括创业创新、中小企业、金融科技、公司金融和制度研究。多次受邀参加美国经济署（NBER）、美国联邦存款保险协会（FDIC）、欧洲金融年会（EFA）等世界顶级学术会议，交流其科研成果。她的科研论文得到了国际学术界的广泛认可，曾荣获第三十五届澳大利亚金融银行会议最佳论文奖、美国金融管理年会最佳论文半决赛奖，以及第六届中国财务与会计学术年会优秀论文等奖项。

目　录

第 1 章 2023 年上海科创融资综述

2023 年，在疫情影响逐步减弱和政策效应持续发挥的共同作用下，上海的经济实现了恢复性增长，经济运行呈现"平开高走、回归常态"的整体走势。上海市统计局数据显示，2023 年全市实现地区生产总值 47218.66 亿元，按不变价格计算，比上年增长 5.0%。分产业看，第一产业增加值 96.09 亿元，下降 1.5%；第二产业增加值 11612.97 亿元，增长 1.9%；第三产业增加值 35509.60 亿元，增长 6.0%。体现了上海经济较强的恢复动能。

根据《2023–2024 年上海宏观经济形势分析与预测》报告统计，消费市场呈现回暖态势。2023 年，全市社会消费品零售总额 18515.50 亿元，比上年增长 12.6%。服务业持续向好，营收和利润分别实现两位数增长，尤其是与居民生活质量密切相关的居民服务业，其营收和利润均大幅攀升。投资方面，固定资产投资保持较快增长，全社会固定资产投资总额同比增长 19.9%，其中外商投资大幅增加 27.6%，这反映了外资对上海经济的信心在逐步恢复。

尽管上海经济实现了较快恢复增长，但运行中仍面临不少突出的问题和挑战。外部环境方面，欧美等主要经济体的消费需求持续疲软，国际贸易和投资增长放缓，这给上海外贸、利用外资带来了较大压力。美国和西方对我国高科技产业的限制措施也在一定程度上影响着上海的对外经贸活动。

国内制造业等实体经济的恢复乏力状况仍未完全扭转。规模以上工业营业收入较 2022 年增长 2.4%，利润仅增长 0.6%，产能继续收缩（据上海市统计局数据）。企业经营压力较大，订单不足、成本上升、利润下滑等问题较为普遍。部分行业的就业形势亦面临压力，用工需求出现下降。宏观政策的传导机制受到制约，财政减收压力加大，限制了相关政策工具的运用空间。

2023 年，受宏观经济压力的影响，科技创新融资市场也遭受了一定的冲击。总体来看，与 2018 年—2022 年相比，2023 年的融资事件数量和融资金额均有所下降，市场活跃度在不同融资金额区间、不同融资轮次、不同区域以及不同行业均表现低迷。2023 年，科技创新融资主要集中在 1 千万元人民币及以下的小额融资项目。融资轮次以泛 A 轮和战略融资为主导，天使种子轮融资事件较少。从区域分布来看，2023 年科技创新融资事件主要发生在浦东新区、闵行区和嘉定区。行业方面，融资事件集中在上海"十四五"规划重点发展的三大产业——医疗健康、集成电路、人工智能。

本章将根据张通社 Link 数据库的数据，从各季度科技创新融资事件和融资金额的分布情况出发，对 2023 年上海市科创融资的整体状况进行分析描述。

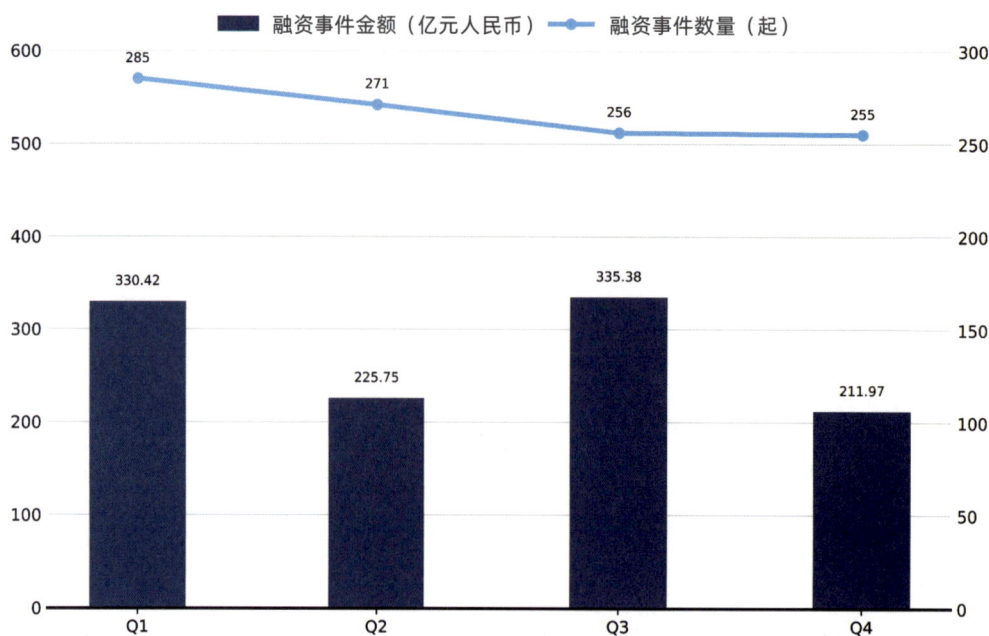

图 1-1 2023 年各季度上海市科创融资事件数量及金额

2023 年第一季度到第四季度，上海科创融资事件数量和融资金额总体呈下降趋势。尽管第三季度融资金额较第二季度有所增长，但第二季度、第四季度与第一季度相比均有不同程度的下滑，反映出 2023 年上海科创融资市场较为低迷的情况。图 1-1 显示，融资事件数量在第二季度和第四季度分别较上一季度下降了 4.9% 和 0.4%。此外，2023 年上海科创融资的金额也有所缩减。第一季度融资金额为 330.42 亿元人民币，第二季度较上一季度下降 31.7% 至 225.75 亿元。第三季度融资金额回升至 335.38 亿元，是该年度上海科创融资的季度融资金额的最高峰，融资金额比第二季度增长了 48.6%。第四季度融资金额下降至 211.97 亿元，比第三季度下降了 36.8%。

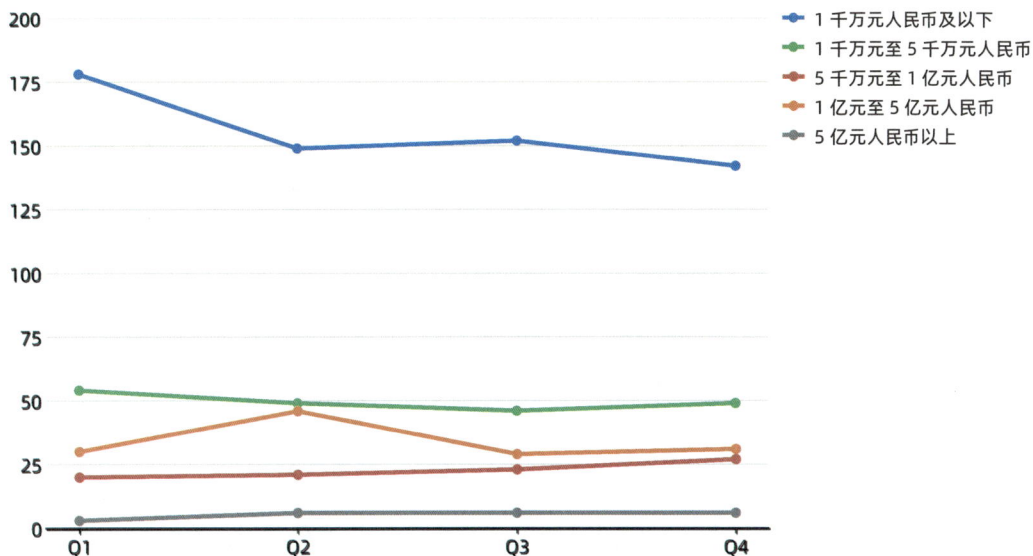

图 1-2 2023 年各季度上海市科创融资事件数量（按融资金额划分）

　　图 1-2 显示，2023 年，上海科创融资事件的数量在不同的融资金额范围内的季度变化趋势呈现出一定的分化。总体而言，5 千万元人民币以下的融资事件数量整体呈下降趋势，而 5 千万元人民币以上的融资事件则显示出波动性的增长。

　　具体来看，1 千万元人民币及以下的小额融资事件数量在全年中总体下降。第一季度该金额范围内的融资事件数量为 177 起，第二季度下降 15.8% 至 149 起，第三季度小幅回升 2.0% 至 152 起，第四季度再次下降 7.9% 至 140 起。

　　1 千万元至 5 千万元人民币区间的融资事件数量同样呈现下降趋势，不过在第四季度有所回升。第一季度该区间的融资事件数量为 51 起，第二季度减少 5.9% 至 48 起，第三季度进一步下降 4.2% 至 46 起，第四季度则回升 8.7% 至 50 起。

　　5 千万元至 1 亿元人民币区间的融资事件数量则表现出稳定的增长。第一季度该区间的融资事件数量为 21 起，第二季度增长至 22 起，第三季度增长 4.5% 至 23 起，第四季度大幅增长 21.7% 至 28 起。

　　1 亿元至 5 亿元人民币区间的融资事件数量在第二季度显著增长，但在随后的两个季度中有所下降。第一季度该区间的融资事件数量为 32 起，第二季度增长 37.5% 至 44 起，第三季度下降 34.1% 至 29 起，第四季度小幅下降 3.4% 至 28 起。

　　5 亿元人民币以上的融资事件数量较少但变化较大。第一季度该类融资事件数量为 3 起，第二季度激增 200% 至 9 起，第三季度减少 33.3% 至 6 起，第四季度又回升至 9 起。

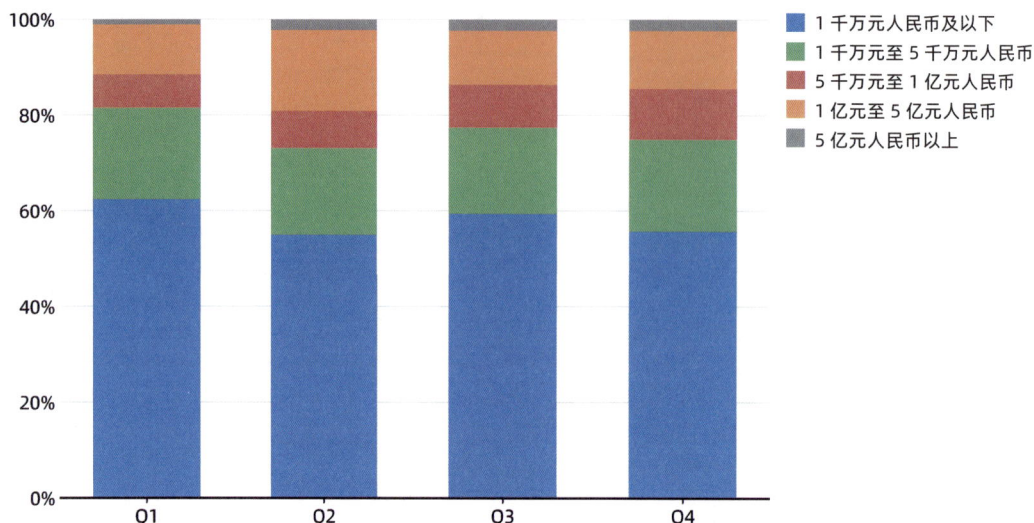

图 1-3 2023 年各季度上海市科创融资事件数量百分比分布（按融资金额划分）

2023 年，上海市科创融资活动主要集中在规模较小的融资事件上。图 1-3 的数据显示，1 千万元人民币及以下的融资事件在各季度中的数量占比最高，在 54.9% 至 62.1% 之间。其次是 1 千万元至 5 千万元人民币的融资事件，其数量占比在 17.7% 至 19.6% 之间。1 亿元至 5 亿元人民币的融资事件数量占比在 11.0% 至 16.2% 之间。5 千万元至 1 亿元人民币的融资事件数量占比在 7.7% 至 11.0% 之间。5 亿元人民币以上的融资事件数量相对较少，仅占总数的 1.1% 至 3.5%。

从季度分布来看，各季度融资事件的规模分布相对稳定。1 千万元人民币及以下的融资事件在所有季度中的数量占比均超过 50%，其中第二季度的占比最低，为 54.98%。1 千万元至 5 千万元人民币的融资事件在第四季度的占比最高，达到 19.61%。

为更全面了解不同阶段的融资活动，本书将融资事件分为天使种子轮、泛 A 轮、泛 B 轮、泛 C 轮、泛 D 轮、E 轮及之后、战略融资。天使种子轮是创业初期的融资阶段，通常由天使投资者或种子基金提供资金支持，用于帮助初创企业进行产品研发、市场验证和初步运营等。泛 A 轮指初创企业进行的 Pre-A 轮、Pre-A+ 轮、Pre-A++ 轮、A 轮、A+ 轮、A++ 轮等融资，该轮融资用于帮助企业扩大规模、进一步开发产品或服务、拓展市场、吸引更多客户等。该轮融资通常发生在企业已有一定市场验证和初步商业模型的阶段。类似地，泛 B 轮涵盖 Pre-B 轮至 B++ 轮，该轮融资通常用于进一步开发产品、扩大团队、增加市场份额等。泛 C 轮包含 Pre-C 轮至 C++ 轮，通常用于支持企业的快速增长和扩张。该轮融资通常发生在企业已经建立稳定盈利模式、具备良好增长潜力的阶段。泛 D 轮从 Pre-D 轮至 D++ 轮，通常用于进一步扩大企业规模、加速市场渗透、拓展全球业务等。该轮融资通常发生在企业已经证明了其商业模型的可行性和增长潜力的阶段。后续如 E 轮、F 轮、G 轮等以及 Pre-IPO 轮融资则计入 E 轮及之后，这些轮次的融资通常用于支持企业进一步扩大市场份额、进行并购等。战略融资是指有融资需求的企业通过与其他企业、机构或个人达成战略合作，获得资金支持。这种融资形式通常与企业的发展战略和长期目标密切相关，可以为企业提供更多资源、市场机会和竞争优势。

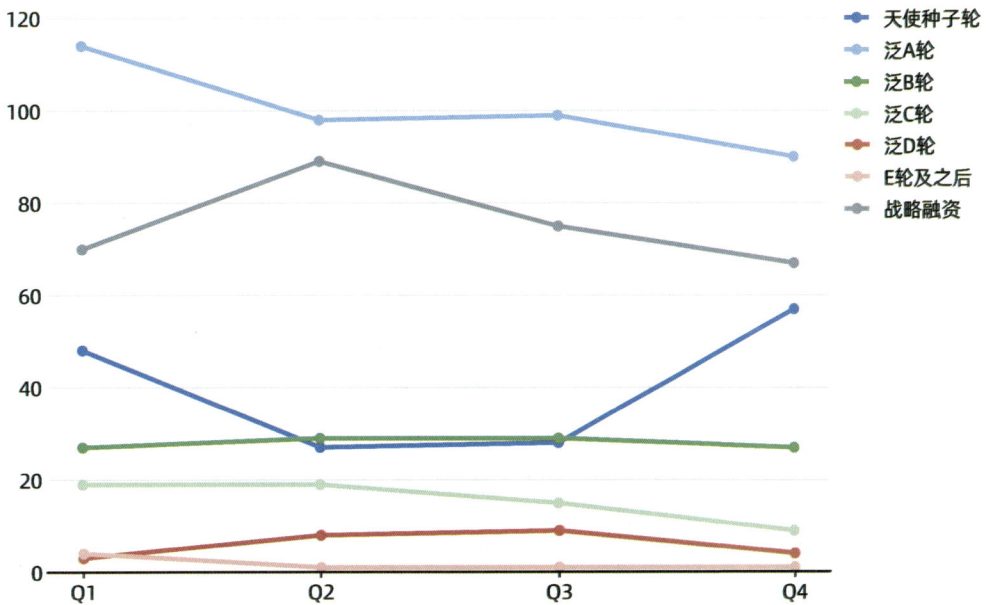

图 1-4 2023 年各季度上海市科创融资事件数量（按融资轮次划分）

2023 年，上海科创企业的融资活动在不同融资轮次上呈现出显著的分化趋势。泛 A 轮融资事件整体呈下滑趋势；泛 B 轮小幅波动；泛 C 轮呈持续下降趋势；战略融资先升后降；天使种子轮则经历了下降之后的反弹。整体可见，不同轮次的融资活跃度参差不齐，反映出投资者对不同阶段项目的关注程度有所不同。

具体来看，图 1-4 显示，泛 A 轮在不同季度的融资事件数量总体上呈现出明显

的下滑。第一季度共有 114 起融资事件，第二季度下降至 98 起，较上一季度减少了
14.0%；第三季度略微增长至 99 起，增长率为 1.0%；第四季度融资事件数量再次下
降至 90 起，较第三季度下降 9.1%。泛 B 轮融资事件在第一季度有 27 起，第二季度
增长 7.4% 到 29 起，第三季度保持不变，仍为 29 起，第四季度回落至 27 起，较第
三季度下降了 6.9%。泛 C 轮融资在各季度间呈逐渐减少的趋势。第一季度该类融资
事件共有 19 起，第二季度持平在 19 起，第三季度较第二季度下降 21.1% 至 15 起，
第四季度进一步减少 40.0% 至 9 起。泛 D 轮融资的事件数量在各季度间呈一种起伏
不定的态势。第一季度仅有 3 起该类融资事件，第二季度较第一季度增加约 1.7 倍
至 8 起，第三季度继续增加至 9 起，而第四季度较第三季度减少 55.6% 至 4 起。战
略融资方面，第一季度共 70 起，第二季度增至 89 起，而第三季度较第二季度下降
15.7% 至 75 起，第四季度进一步下降至 67 起。天使种子轮的事件数量也经历了明
显的波动。第一季度有 48 起，第二季度下降 43.8% 至 27 起，第三季度略微增长 3.7%
至 28 起，第四季度则大幅增至 57 起。这种变化说明，天使种子轮融资活动在不同
季度间具有不确定性和动态性。

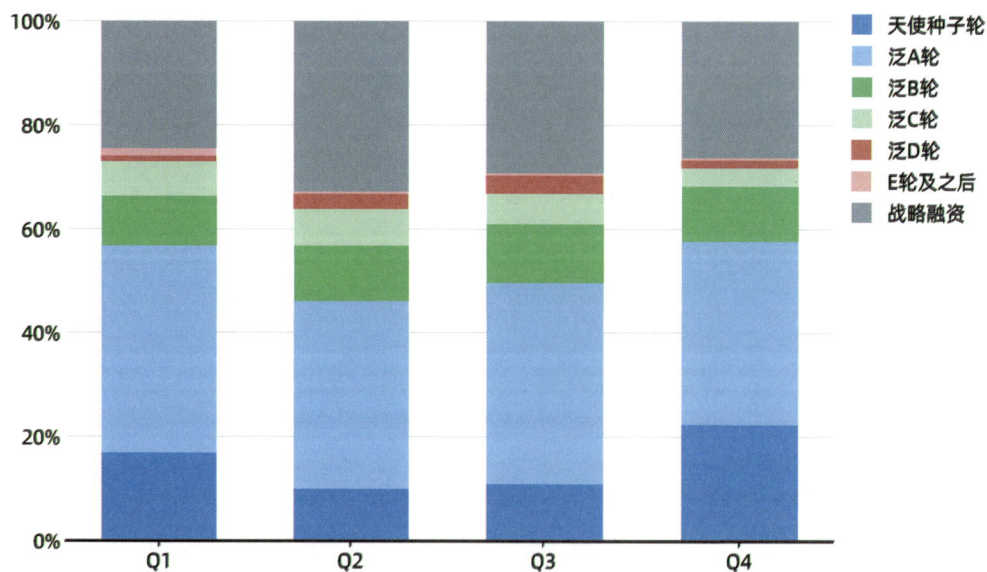

图 1-5 2023 年各季度上海市科创融资事件数量百分比分布（按融资轮次划分）

　　图 1-5 展示了不同融资轮次的事件数量在各个季度的占比。2023 年，上海科技
创新融资活动主要集中在泛 A 轮以及战略融资，后期融资项目较为稀缺。泛 A 轮和

战略融资事件的数量占比最高,分别为 35.3% 至 40.0%,以及 24.6% 至 32.8%。其次是天使种子轮和泛 B 轮融资事件,其数量占比分别为 10.0% 至 22.4%,以及 9.5% 至 11.3%。E 轮及之后融资事件数量占比最低,仅为 0.4% 至 1.4%。在绝对数量方面,泛 A 轮和战略融资事件的数量在各季度均保持较高的占比。泛 C 轮融资事件数量在各季度波动较大,反映出不同阶段融资需求的变化。E 轮及之后融资事件数量在各季度占比均较低,说明 2023 年后期融资项目的数量相对较少。从季度分布来看,各季度融资轮次分布较为相似,其中,泛 A 轮融资事件数量占比在一季度最高,为 40.0%,天使种子轮融资事件数量占比在四季度最高,为 22.4%。

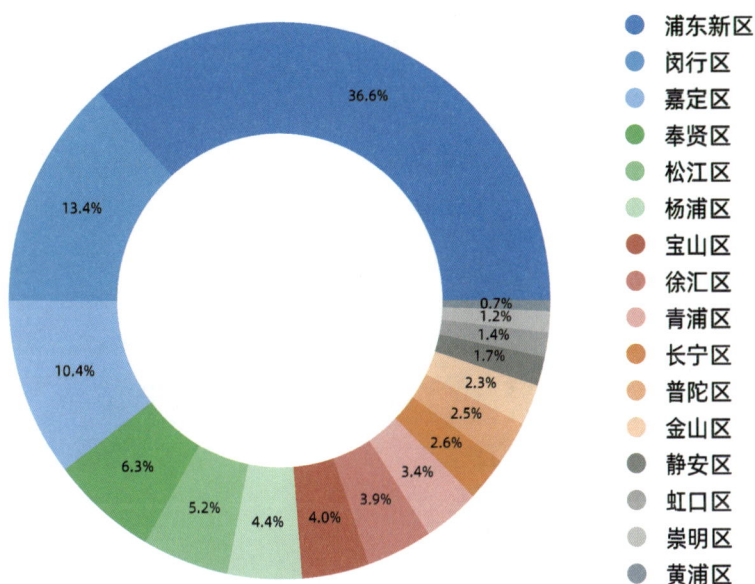

图 1-6 2023 年上海市科创融资事件数量百分比分布(按行政区域划分)

从区域分布看,2023 年,上海科技创新融资事件主要集中在浦东新区、闵行区和嘉定区,这三个区的事件数量合计占比高达 60.4%,充分反映出三者在科技创新和创业生态建设方面的领先地位。图 1-6 从行政区域分布的角度统计了 2023 年融资事件数量的相对比例。作为全国重要经济特区和科技创新中心,浦东新区在科创融资领域占据主导地位。其融资事件数量占比 36.6%,反映了该区域拥有丰富的科技资源、数量较多的创新企业、较好的投资环境。排行第二的是闵行区,事件数量占比为 13.4%。作为上海南部的科创中心和硬核产业高地,闵行区目前已经形成了高端装备、新一代信息技术、人工智能、生物医药四大产业集聚的格局。闵行区拥有上海国家软件产业基地等知名科技园区，其在科创融资领域的较高占比反映了该区域的科技创新实力和投资吸引力。

　　排行第三的是嘉定区，融资事件数量占比为 10.4%。以上海国家自主创新示范区为核心，嘉定区聚集了大量的高科技企业和创新项目。其融资事件数量占比较大，反映了该区域在科技创新和融资方面具有较高的活跃度。奉贤区作为上海市的新兴产业发展区之一，近年来吸引了不少高科技企业和创新项目入驻，针对这些企业和创新项目的投资也有所发展。2023 年该区的融资事件占融资事件总数的 6.3%。松江区科创融资事件的数量占比为 5.2%。松江区拥有不少科技企业和创新园区，为科技创新和融资活动提供了良好的发展平台。杨浦区作为上海的高等教育和科研中心，聚集了众多大学和科研院所，也培育了不少科技创新项目和创业团队。2023 该区融资事件数量占比为 4.4%，体现了该区域在科技创新和融资方面的影响力。其他区域如宝山区、徐汇区、青浦区等，虽然其融资事件数量的占比相对较小，但也有着各自独特的优势和特色，为上海市的科创融资活动做出了贡献。

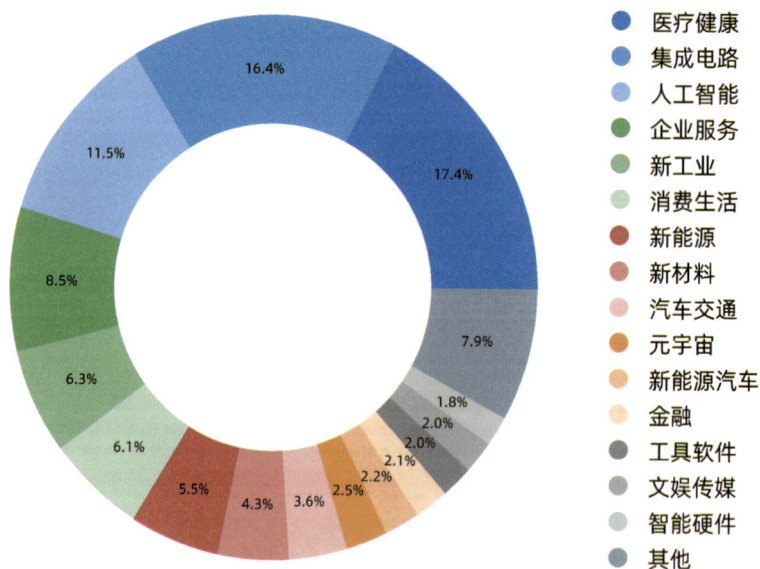

图 1-7 2023 年上海市科创融资事件数量百分比分布（按行业划分）[1]

---

[1] 作者按：本书计算的占比百分比（无论是文字、图片还是表格中），按照四舍五入的原则保留一位小数，其总和不一定等于100%，但并不影响对情况的反映、对趋势的呈现等，请读者知悉并理解。

从行业分布看，2023 年，上海科创融资活动主要集中在医疗健康、集成电路、人工智能三大行业，这三个行业的融资事件数量合计占比高达 45.3%，反映出这些被列为"十四五"规划重点发展的新兴产业在上海市的活跃程度和发展前景，它们也成了投资的热门领域。

图 1-7 显示了 2023 年融资事件在不同行业的分布。上海的科创融资活动涵盖了多个行业 / 领域，各个行业都为上海的科技创新和经济发展注入了动力和活力。医疗健康行业是 2023 年上海科创融资最活跃的领域之一，发生了 186 起融资事件，占比 17.4%。这反映了医疗健康领域在科技创新和融资方面的重要性和活跃度。集成电路行业也表现出色，拥有 175 起融资事件，占比 16.4%，显示了上海在集成电路领域的技术实力和产业基础，而这又吸引了众多投资者的关注和注资。人工智能领域的融资事件达 123 起，占比 11.5%。人工智能技术具有较大的市场热度和发展潜力，与之相关的融资活动在上海整体的科创融资中占重要地位。企业服务领域的创新项目和商业模式也受到了投资者的青睐，共发生 91 起融资事件，占比 8.5%。新工业领域有 67 起融资事件，占比 6.3%，展示了上海在制造业升级和智能制造方面的发展势头。其他行业如消费生活、新能源、新材料等，虽然其融资事件数量占比较小，但也有着各自的特色和发展潜力，为上海科创融资活动增添了多样性。

	融资事件数量（起）	融资金额（亿元人民币）		
所属行业	融资事件数量	融资金额	融资事件百分比	融资金额百分比
医疗健康	186	153	17.4%	13.9%
集成电路	175	222	16.4%	20.1%
人工智能	123	115	11.5%	10.4%
企业服务	91	58	8.5%	5.3%
新工业	67	33	6.3%	3.0%
消费生活	65	228	6.1%	20.6%
新能源	59	26	5.5%	2.3%
新材料	46	17	4.3%	1.5%
汽车交通	38	25	3.6%	2.3%
元宇宙	27	6	2.5%	0.6%
新能源汽车	23	80	2.2%	7.2%
金融	22	4	2.1%	0.4%

工具软件	21	8	2.0%	0.7%
文娱传媒	21	3	2.0%	0.3%
智能硬件	19	5	1.8%	0.5%
其他	84	121	7.9%	11.0%

表 1-1 2023 年上海市科创融资事件的各行业分布比例

最后，表 1-1 展示了上海市科创融资事件按照其金额在各行业的分布比例。医疗健康行业的融资事件数量在全行业中占比最高（17.4%），其融资金额占比达 13.9%。在消费生活领域，虽然融资事件数量只占全行业的 6.1%，但融资金额占比高达 20.6%。同时，这两者与集成电路、人工智能、新能源汽车组成了融资金额规模的前五大行业（不包括"其他"行业在内）。智能硬件、金融、文娱传媒行业的融资事件数量不多，其融资金额占比均不足全行业的 2%。

第2章 2023年上海市各行政区科创融资情况

本章关注2023年上海市各行政区域内科创融资活动的发展态势，分别从融资事件数量、融资金额、融资轮次三个方面对各行政区划的融资活动进行分析。

2.1 浦东新区

浦东新区是上海乃至全国经济发展的重要增长极，在培育先导产业、推动产业转型升级方面成绩显著。浦东新区坚持创新驱动发展，着力打造集成电路、生物医药、人工智能三大先导产业集群，已初步构建起高质量发展的战略性新兴产业格局。2023年，浦东新区规模以上工业总产值达到13660.81亿元，战略性新兴产业制造业产值占工业总产值比重超过50%，三大先导产业规模合计达到7300亿元，体现出雄厚的产业基础和巨大的发展潜力。[1] 集成电路产业保持快速增长。作为国家战略性新兴产业的重要支撑力量，集成电路是浦东新区推动制造业高端化、智能化转型的重

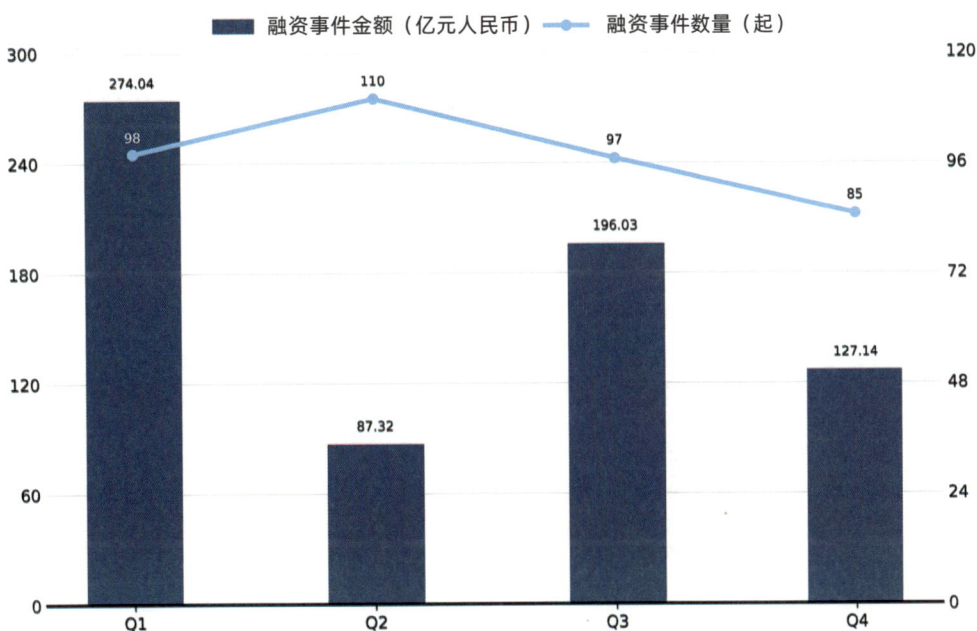

图2-1-1 2023年上海市浦东新区各季度科创融资事件数量和金额

---

[1] 《浦东新区2024年政府工作报告》，https://www.pudong.gov.cn/zwgk/qzfgzbg-qzf/2024/67/324555.html，访问日期：2024年11月7日。

点领域。浦东新区的生物医药产业集群凝聚了一大批创新力量和高端资源，已形成较为完善的研发、生产和临床检验链条。人工智能产业则是浦东新区培育的新兴产业增长点。近年来，浦东新区的人工智能产业发展迅速，已经初步形成一批具有国际竞争力的领军企业和创新型人工智能算法。

2023 年，上海市浦东新区的科创融资事件数量和金额在各季度之间呈波动下降趋势。图 2-1-1 显示，第一季度，浦东新区共发生了 98 起融资事件，融资金额为274.04 亿元人民币。第二季度融资事件数量较第一季度增长 12.2% 至 110 起，但融资金额比第一季度下降了 68.1%。第三季度，融资事件数量略微下降至 97 起，但融资金额较上一季度增长了约 1.2 倍，达到 196.03 亿元人民币。第四季度，融资事件数量进一步减少至 85 起，融资金额相较上一季度也下降了 35.1%。这些数据表明，浦东新区 2023 年的科创融资活动波动较大，尤其是在融资金额方面，可能受到市场因素、投资者偏好以及行业发展趋势等多方面因素的影响，各个季度间呈现出较大的变化。

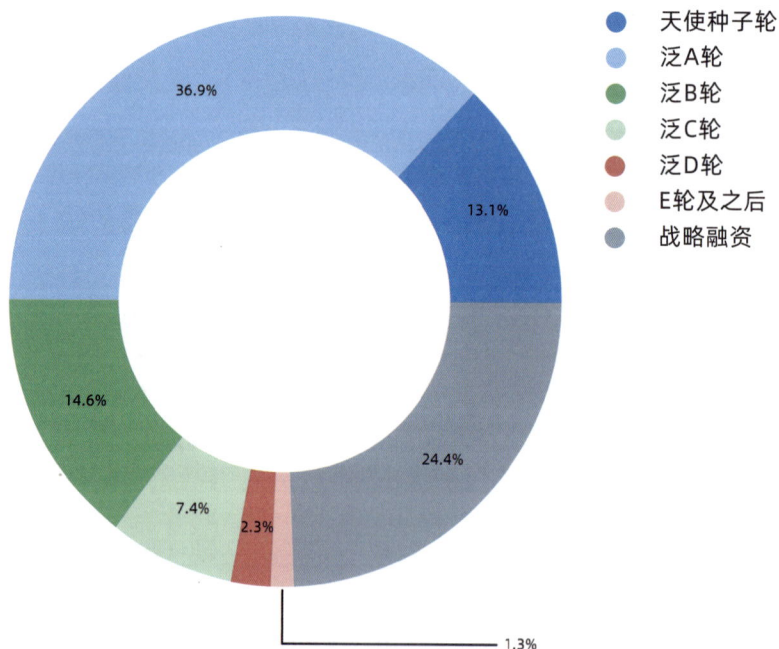

图 2-1-2 2023 年上海市浦东新区科创融资事件轮次分布

从融资轮次来看，2023 年浦东新区的科创融资活动主要集中在泛 A 轮、战略融资、泛 B 轮和天使种子轮。图 2-1-2 展示了 2023 年浦东新区科创融资活动中各个融资轮次的事件占比。首先，天使种子轮共有 51 起融资事件，占融资事件总数的 13.1%。其次，浦东新区吸引了不少战略投资者的关注，战略融资共有 95 起，占融资事件总数的 24.4%。泛 A 轮融资事件数量最多，共有 144 起，占融资事件总数的 36.9%。这反映了初创企业在早期融资阶段获得了较多的资金支持。为企业的规模扩张和进一步发展提供资金支持的泛 B 轮和泛 C 轮融资，分别有 57 起、29 起，分别占融资事件总数的 14.6%、7.4%。最后，泛 D 轮、E 轮及之后的融资发生在企业相对成熟的阶段，其数量最少，共有 14 起融资事件，占融资事件总数的 3.6%。

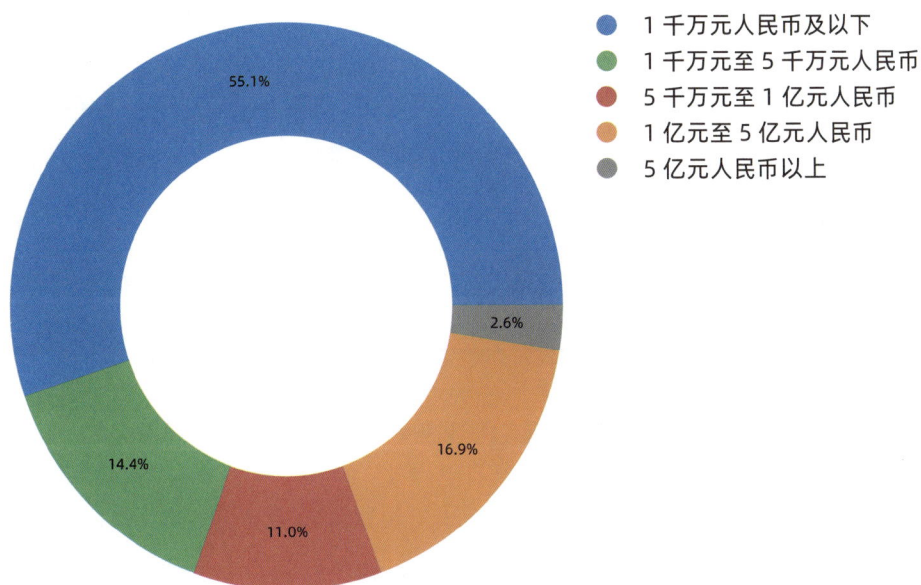

图 2-1-3 2023 年上海市浦东新区科创融资事件金额分布

融资金额方面，2023 年浦东新区的科技创新融资活动以小规模的融资项目为主，但也有一定比例的中等规模和大规模融资项目。图 2-1-3 显示，有相当比例的融资活动规模相对较小：55.1% 的融资事件（215 起）的金额在 1 千万元人民币及以下。14.4%（56 起）的融资事件的金额位于 1 千万元至 5 千万元人民币之间。融资金额在 5 千万元至 1 亿元人民币之间的事件（43 起）占比 11.0%，说明存在一定数量的中等规模融资项目。然而，仅有 16.9%（66 起）的融资事件的金额在 1 亿元至 5 亿元人民币之间，金额超过 5 亿元人民币的融资事件更是仅占 2.6%。

2.2 嘉定区

嘉定区作为上海市的重要创新区域，展现了蓬勃的创新活力，拥有多元化的融资活动。嘉定区 2023 年各季度的融资事件数量比较稳定，融资金额总体上呈持续增长的态势。

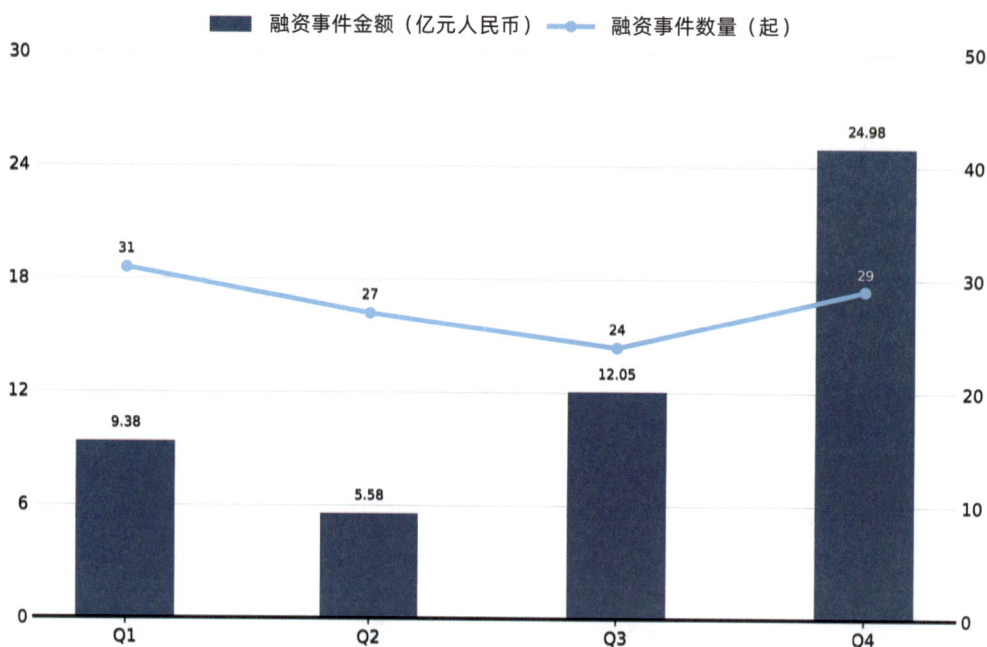

融资事件金额（亿元人民币） ━━ **融资事件数量（起）**

图 2-2-1 2023 年上海市嘉定区各季度科创融资事件数量和金额

2023 年，嘉定区的科创融资在经历了短暂回落后实现了坚韧反弹，尤其是第四季度的融资金额相比前几个季度有大幅增长，充分彰显了该区作为上海自主创新示范区的区位优势和持续的投资吸引力。图 2-2-1 总结了 2023 年嘉定区科创融资事件在各季度的数量和融资金额。第一季度，融资事件共 31 起，融资金额达 9.38 亿元人民币，显示了嘉定区对投资的强劲吸引力。第二季度出现轻微回调，融资事件数量较第一季度下降 12.9% 至 27 起，融资金额较上一季度下降 40.5% 至 5.58 亿元人民币。第三季度融资事件数量小幅下降至 24 起，但融资金额增长了约 1.2 倍至 12.05 亿元人民币。这一增长势头延续到第四季度，该季度融资事件数量达到 29 起，融资金额攀升至 24.98 亿元人民币，较上一季度增长 107.3%。尽管第二季度出现短暂下滑，但嘉定区的科创融资活动在下半年反弹并实现了显著的增长，凸显了其强劲的基本面和持续的投资吸引力。

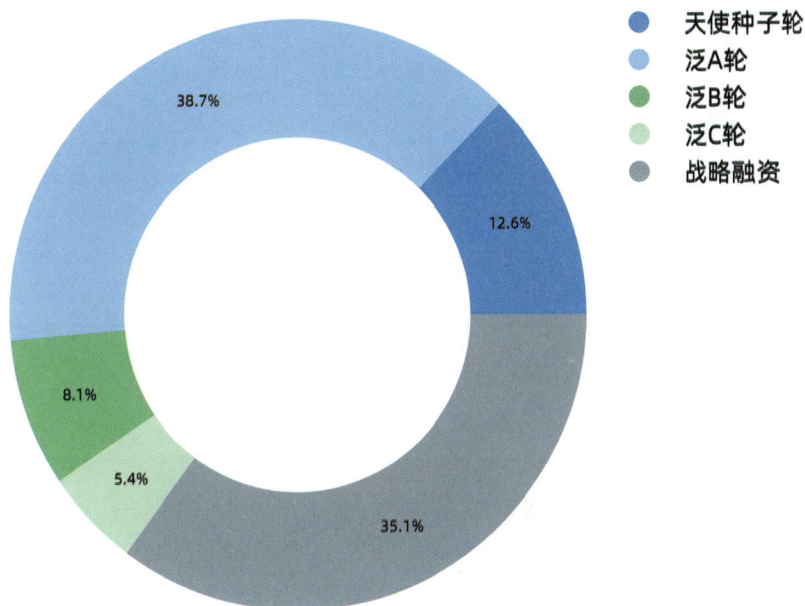

图 2-2-2 2023 年上海市嘉定区科创融资事件轮次分布

2023 年嘉定区的科创融资事件中，泛 A 轮融资占比最高（38.7%），表明嘉定区拥有良好的创业环境。早期投资的活跃能够为初创企业提供必要的资金支持，这为培育创新型企业、促进产业升级奠定了良好的基础。战略融资事件占融资事件总数的 35.1%，这得益于嘉定区近年来对相关产业的大力发展和对营商环境的优化，吸引了众多优质企业落户。该区的泛 B 轮和泛 C 轮融资相对较少，分别占比 8.1% 和 5.4%。

图 2-2-3 显示，嘉定区的科创融资以小额融资事件为主，超过 59% 的融资事件的金额在 1 千万元人民币及以下。这也与嘉定区大力发展中小企业的政策导向相符，反映了该区域良好的经济活力和发展潜力。其次，金额在 1 千万元至 5 千万元人民

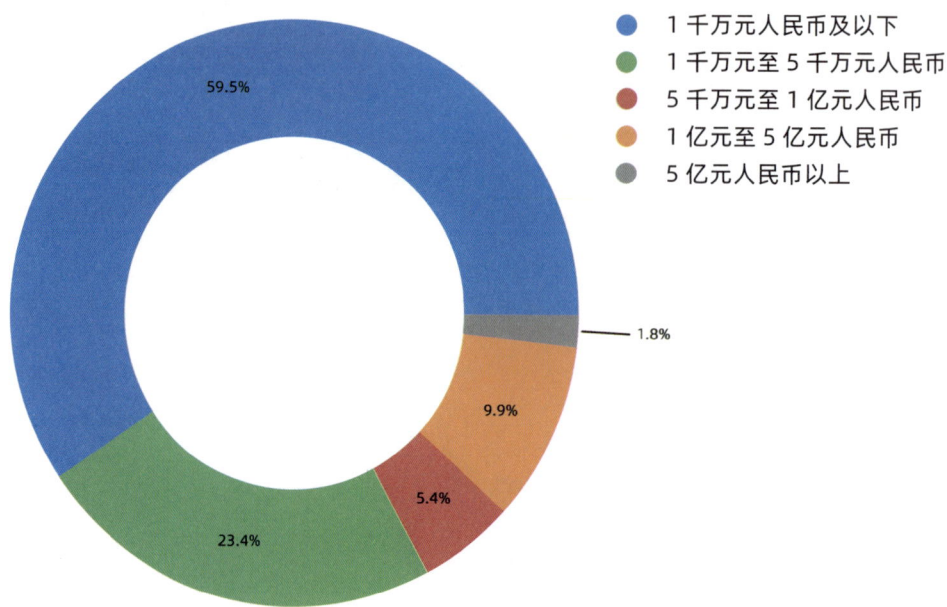

图例：
- 1 千万元人民币及以下
- 1 千万元至 5 千万元人民币
- 5 千万元至 1 亿元人民币
- 1 亿元至 5 亿元人民币
- 5 亿元人民币以上

59.5%
1.8%
9.9%
5.4%
23.4%

图 2-2-3 2023 年上海市嘉定区科创融资事件金额分布

币的融资事件占比 23.4%，表明嘉定区也有一定数量的中型企业在进行融资活动。但是，较大规模的融资事件相对较少，5 亿元人民币及以上的融资事件仅占 1.8%。以上不同金额区间的融资事件分布受多种因素影响，包括产业结构、投资偏好、融资政策等。

尽管 2023 年嘉定区的融资数据在不同季度间有所波动，但总体仍呈上升趋势。该地区的融资活动较为活跃，从数据中可以看出其进一步增长的潜力。一方面，立足于自身优势，嘉定区需要持续培育充满活力的融资环境，推动科创发展和产业结构升级。另一方面，有必要进一步优化融资环境，完善多层次融资体系，为不同发展阶段的企业提供全方位的融资支持。

2.3 闵行区

闵行区坚持创新驱动发展战略,大力实施"产业第一"战略,着力打造高水平科技创新高地。"大零号湾"科创产业集聚区建设上升为市级战略,标志着闵行区的发展定位和产业导向获得更高层次的支持。在创新主体培育方面,闵行区采取有力措施支持高校、科研院所等创新主体加快布局。闵行区设立区校合作专项资金,支持高校开展"基础研究先行区"建设;与科技领军企业共建创新联合体,推动产学研深度融合;同时推进与高校合力打造高质量孵化器,为创新主体提供系统化支持。

在创新平台建设方面,闵行区加快重大科技基础设施和创新平台集聚步伐。中科院分子细胞卓越中心闵行基地等一批重大创新平台已签约落户,为集聚高端创新资源注入强劲动力。在产业集聚效应方面,"大零号湾"产业集聚区的集聚效应日益显现。区域内已累计汇聚 4000 余家硬科技企业,其中估值亿元以上企业 112 家,超 10 亿元企业 30 家,反映了"大零号湾"的硬实力不断提升。[1] 在创新活力激发方面,闵行通过深化改革创新、优化创新生态等措施,充分释放创新主体活力。

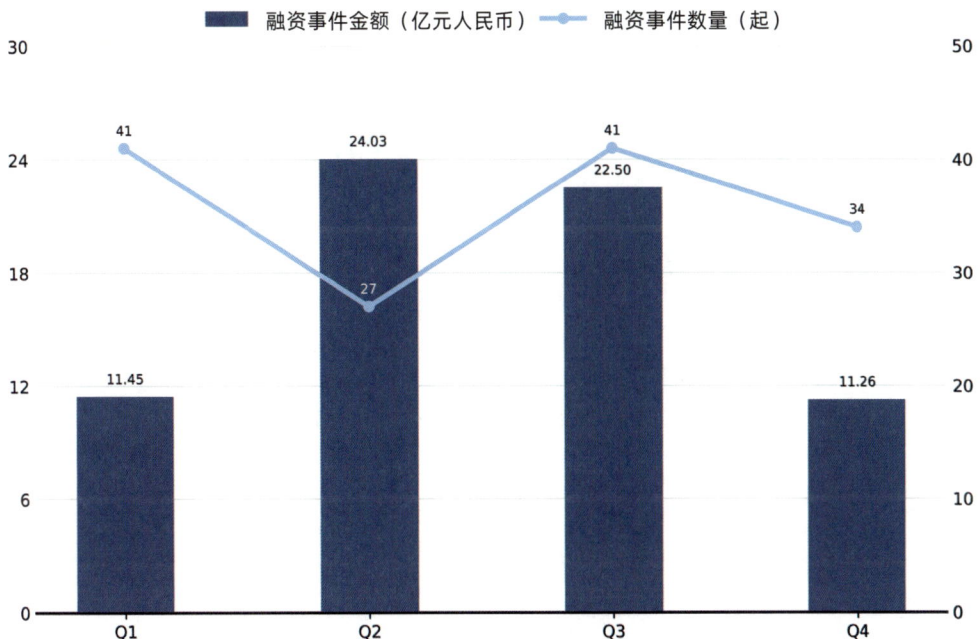

图 2-3-1 2023 年上海市闵行区各季度科创融资事件数量和金额

---

1 《突破产学研深度融合瓶颈——上海市闵行区"大零号湾"发展调查》,http://www.rmlt.com.cn/2024/0422/700880.shtml,访问日期:2024年4月20日。

如图 2-3-1 所示，2023 年各季度闵行区的融资活动在各季度表现出一定的波动性。其中，第一季度融资事件数量达 41 起，第二季度有所下降至 27 起，降幅 34.1%。第三季度融资事件数量回升至 41 起，较第二季度增长 51.9%。第四季度融资事件数量再次下降至 34 起。与融资事件数量的波动类似，各季度的融资金额也呈现出起伏不定的样态。第一季度融资金额为 11.45 亿元。第二季度融资金额较第一季度增长 109.9% 至 24.03 亿元。第三季度融资金额较上一季度下降 6.4% 至 22.50 亿元。第四季度融资金额持续回落至 11.26 亿元。

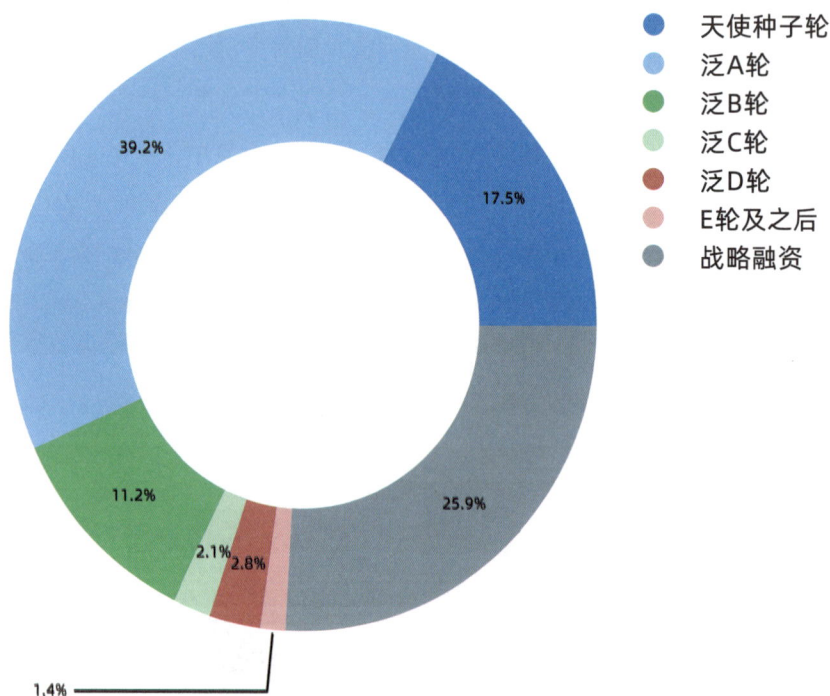

图 2-3-2 2023 年上海市闵行区科创融资事件轮次分布

在 2023 年闵行区的科创融资事件中，泛 A 轮、战略融资和天使种子轮分别占有一定比例。如图 2-3-2 所示，天使种子轮的融资事件在该区占比不小，共有 25 起该类融资事件，占融资事件总数的 17.5%。这些早期阶段的投资反映了投资者对于创新项目的支持，也为初创企业提供了关键的启动资金。战略融资是闵行区融资市场的主要力量之一，共有 37 起融资事件，占比 25.9%。战略性融资项目有助于推动企业的发展和壮大。泛 A 轮融资是该区融资市场的另一个重要组成部分，共有 56 起融资事件，占比 39.2%。泛 B 轮和泛 C 轮的融资事件相对较少，分别为 16 起和 3 起，但仍为企业的成长和发展提供了必要的资金支持。E 轮及之后的融资事件数量最少，仅有 2 起，仅占融资事件总数的 1.4%。综上所述，闵行区的科创融资市场在不同融资轮次间呈现出了多样性和不同程度的活力，为初创企业的成长和发展提供了丰富的融资渠道和机会。

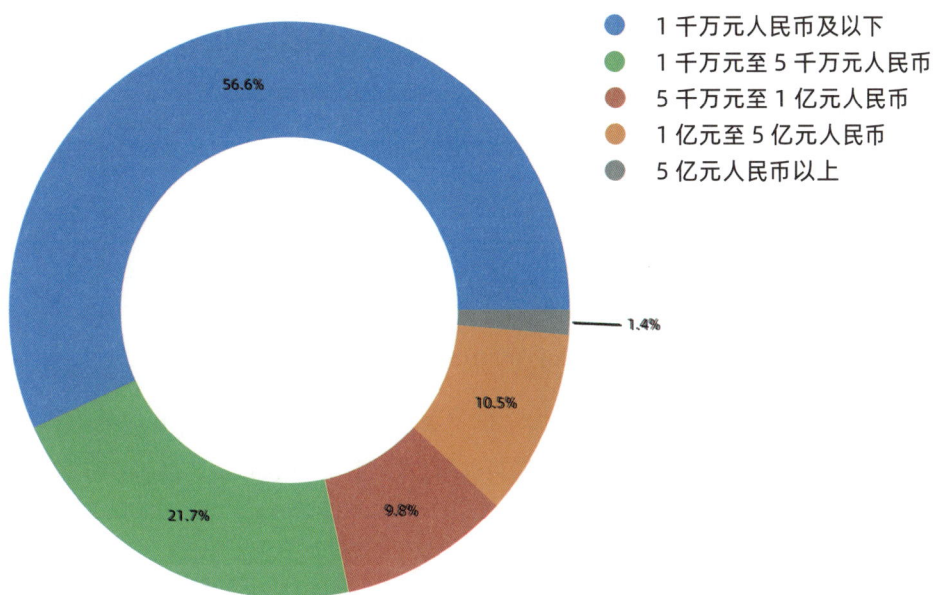

图 2-3-3 2023 年上海市闵行区科创融资事件金额分布

如图 2-3-3 所示，从融资金额来看，在闵行区 2023 年的科创融资活动中，1 千万元人民币及以下的融资事件占主导地位，较大规模的融资事件相对较少。数据显示，金额在 1 千万元人民币及以下的融资事件数量最多，共有 81 起，占融资事件总数的 56.6%。金额在 1 亿元至 5 亿元人民币之间的融资事件有 15 起，占比 10.5%。另外，金额在 1 千万元至 5 千万元人民币之间的融资事件共 31 起，金额在 5 千万元至 1 亿元人民币之间的融资事件有 14 起，两者分别占融资事件总数的 21.7% 和 9.8%。这显示了闵行区不同规模的融资活动的活跃程度。最后，融资金额在 5 亿元人民币以上的融资事件最少，仅有 2 起，占融资事件总数的 1.4%。

2.4 青浦区

青浦新城是上海市重点建设的五座新城之一，其主要目标是集聚产业，为上海的"两翼"提供创新转化的空间。其中，青浦工业园区作为全区产业发展的主战场，规模产值超过千亿元，税收超过百亿元，其综合实力在上海市各个开发区中位居前列，形成了高端装备、新材料、电子信息三个百亿级产业集群。

近年来，基于青浦生命科学园打造的生物医药产业园，吸引了一批优质企业入驻，并成为复旦青浦全球医学中心的选址地。氢能产业园成功引进了中石化氢能源、重塑重卡整车等重点项目，并着手构建氢能汽车全产业链。人工智能产业园则集聚了启迪国际科技城、哈工大人工智能产业园等载体，以及一系列算力中心，为未来智能发展提供了重要支撑。

青浦东翼依托大虹桥带来的人流、物流、商流、信息流优势，加速集聚创新要素，着力打造产业创新高地。美的集团、字节跳动等知名企业已在该区域落户。青浦西翼作为长三角生态绿色一体化发展示范区的先行启动区，正在以建设世界级湖区的方式打造"创新绿核"。华为研发中心的落户将吸引更多产业链企业在周边布局，预示着未来智能产业的潜力。

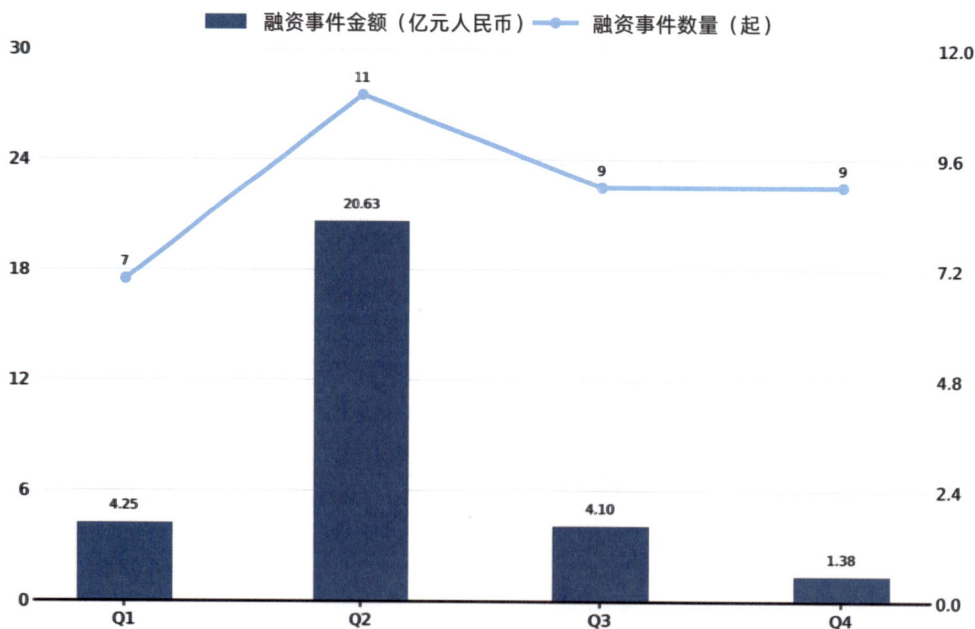

图 2-4-1 2023 年上海市青浦区各季度科创融资事件数量和金额

图 2-4-1 显示，2023 年青浦区的融资事件数量和融资金额均呈先升后降的态势。第一季度融资事件共 7 起，第二季度比第一季度增长 57.1% 至 11 起，有了较明显的回升。第三季度融资事件数量比第二季度下降 18.2% 至 9 起。第四季度融资事件数量保持平稳，仍为 9 起。融资金额方面，各季度间也有一定程度的波动。除第二季度的融资金额有明显的增长，其他季度的融资规模都处于相对低迷的水平。具体来看，第一季度融资金额为 4.25 亿元，第二季度融资金额大幅增长 385.4% 至 20.63 亿元。第三季度较上一季度下降 80.1% 至 4.10 亿元，第四季度的融资金额进一步下降 66.3% 至 1.38 亿元。

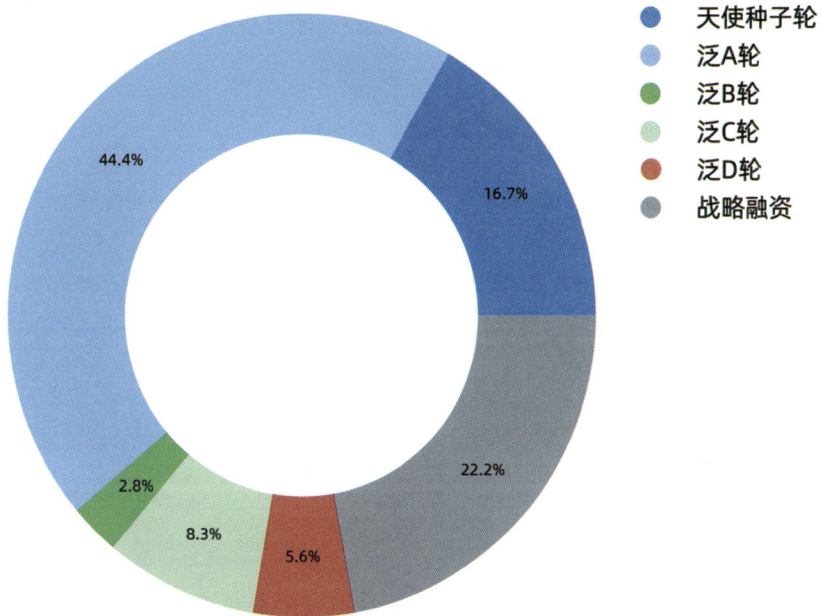

图 2-4-2 2023 年上海市青浦区科创融资事件轮次分布

从融资轮次来看，2023 年青浦区的科创融资显示出以泛 A 轮为主、战略融资和天使种子轮为辅的特点。图 2-4-2 显示，泛 A 轮的融资事件数量占比最高，达到44.4%。其次，战略融资事件占比 22.2%，天使种子轮融资事件占比 16.7%。这表明，处于早期发展阶段的企业的融资项目获得了较多的支持。与之相比，中后期融资轮次的事件数量相对较少，泛 B 轮、泛 C 轮、泛 D 轮的融资事件数量分别占比 2.8%、8.3% 和 5.6%。

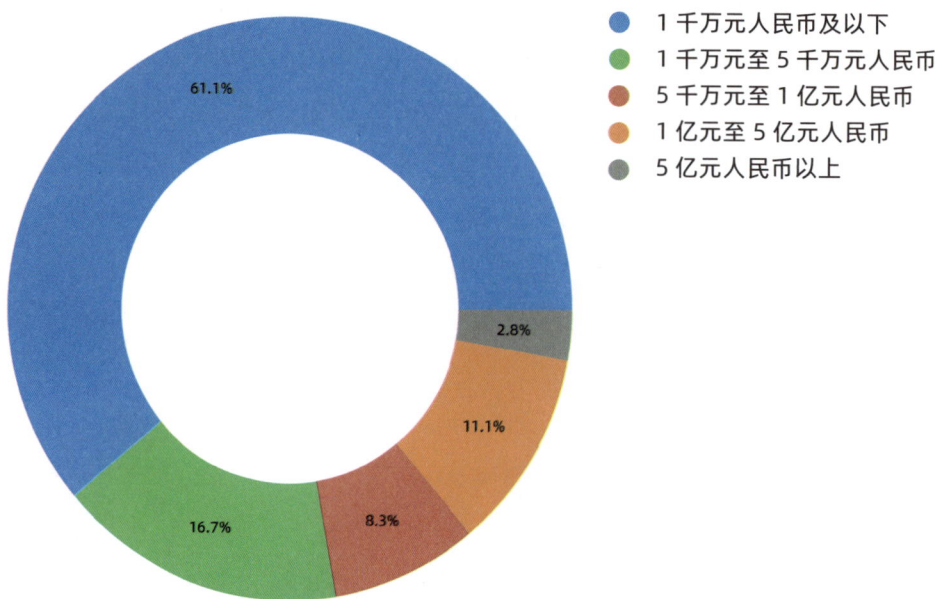

图 2-4-3 2023 年上海市青浦区科创融资事件金额分布

从融资规模来看，2023 年青浦区的科创融资活动以小额融资事件为主。图 2-4-3 显示，1 千万元人民币及以下的融资事件占比高达 61.1%，说明该区有较多小额融资事件发生，为区域经济发展注入活力。1 千万元至 5 千万元人民币的融资事件占比 16.7%，反映出该地区存在一定数量的成长型企业，正处于快速发展阶段，其融资需求有所增加。5 千万元至 1 亿元人民币的融资事件占比 8.3%，表明青浦区具有一定数量的较大规模融资事件。值得注意的是，1 亿元至 5 亿元人民币的融资事件占比 11.1%，可以说，较大规模的融资事件对当地经济发展的影响不容小觑。

2.5 奉贤区

奉贤区聚焦美丽大健康、新能源汽配、数智新经济、化学新材料四大新兴产业的发展。奉贤区正在朝着高科技和高附加值产业方向发展，不断为经济的结构优化和升级提供动力。2023 年，直播电商等新业态蓬勃发展、表现强劲，成为推动区域经济增长的重要力量。值得注意的是，奉贤区成为全国首个抖音电商"直播产业创新发展示范点"，表明该区正在积极探索数字经济领域的创新发展模式。根据《2024

年奉贤区政府工作报告》，奉贤区网络零售额在 2023 年突破了 1400 亿元。[1] 这表明奉贤区的电商发展取得了显著成就，也反映了消费者的在线购物需求在持续增长。

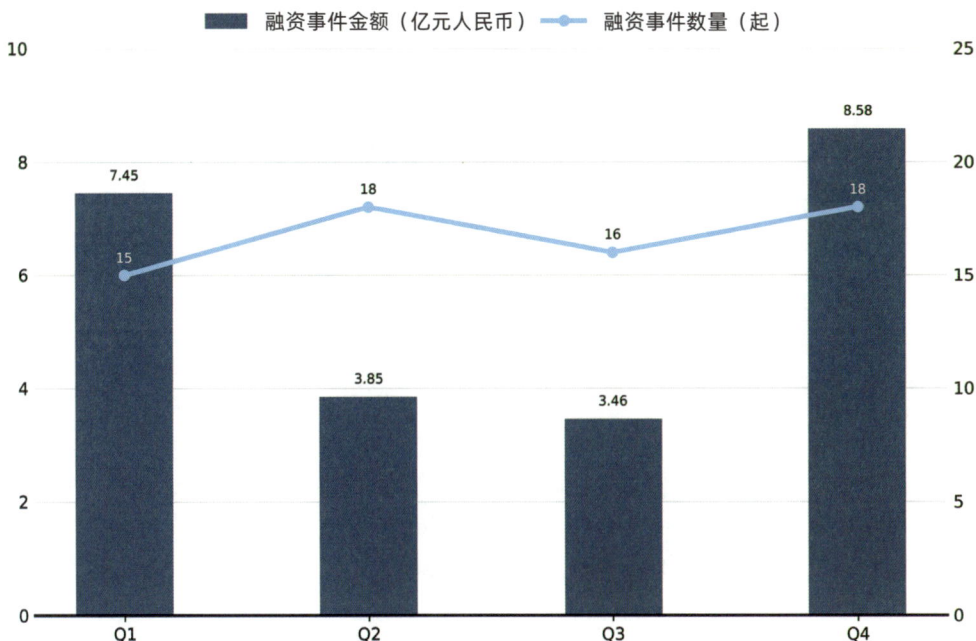

图 2-5-1 2023 年上海市奉贤区各季度科创融资事件数量和金额

  2023 年，奉贤区的科创融资活动在各季度的数量分布相对平稳，但金额分布具有较明显的差异，第一季度和第四季度该区融资金额较高，二三季度较低。图 2-5-1 显示，第一季度融资事件数量为 15 起，融资金额 7.45 亿元。受宏观经济影响，第二季度融资事件共计 18 起，但融资金额却比上一季度下降了 48.3% 至 3.85 亿元。第三季度，持续的经济下行压力对科创融资活动造成影响，该季度融资事件小幅回落 11.1% 至 16 起，融资金额继续下降 10.1% 至 3.46 亿元。第四季度融资活动有所回暖，融资事件共 18 起，比第三季度增长 12.5%；融资金额攀升至 8.58 亿元，为全年最高，较上一季度增长 148.0%。这表明，随着经济企稳向好，市场信心逐渐恢复，科创融资活动也迎来了新的活力。总体而言，2023 年奉贤区的科创融资活动呈现出先升后降、再回升的态势。尽管第二和第三季度的融资规模有所回落，但全年整体趋势依然向好，充分彰显了奉贤区科创产业蓬勃发展的强劲活力。

---

1 《2024奉贤两会报道》，https://www.fengxian.gov.cn/ywsd2024/index.html，访问日期：2024年4月18日。

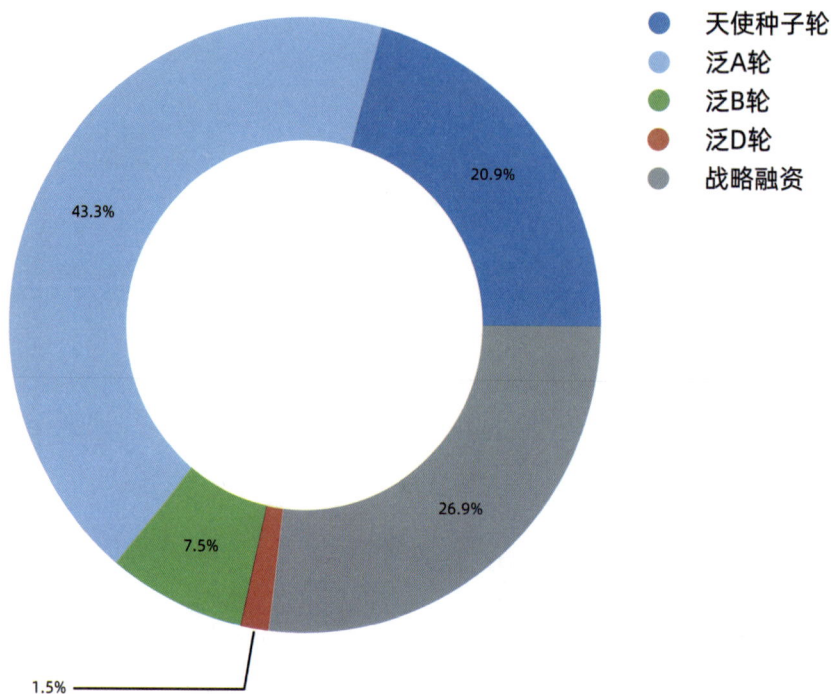

图 2-5-2 2023 年上海市奉贤区科创融资事件轮次分布

　　如图 2-5-2 所示，2023 年奉贤区的科创融资活动主要集中在早期阶段，总体上以泛 A 轮为主，以战略融资和天使种子轮为辅。这表明该区科创企业大多处于发展初期，融资需求以获得启动资金和发展资金为主。具体数据显示，泛 A 轮融资事件达 29 起，占融资事件总数的 43.3%。战略融资事件共 18 起，占比 26.9%，这表明奉贤区的科创企业已经获得了一定的市场认可，开始吸引产业链上下游企业或大型战略投资机构的投资。天使种子轮融资事件共 14 起，占比 20.9%。相比之下，泛 B 轮和泛 D 轮融资事件较少，分别有 5 起和 1 起，占比分别为 7.5% 和 1.5%。总体而言，奉贤区科创融资活动呈现出明显的早期融资特征，这与该区域科创企业的发展阶段和资金供求关系密切相关。

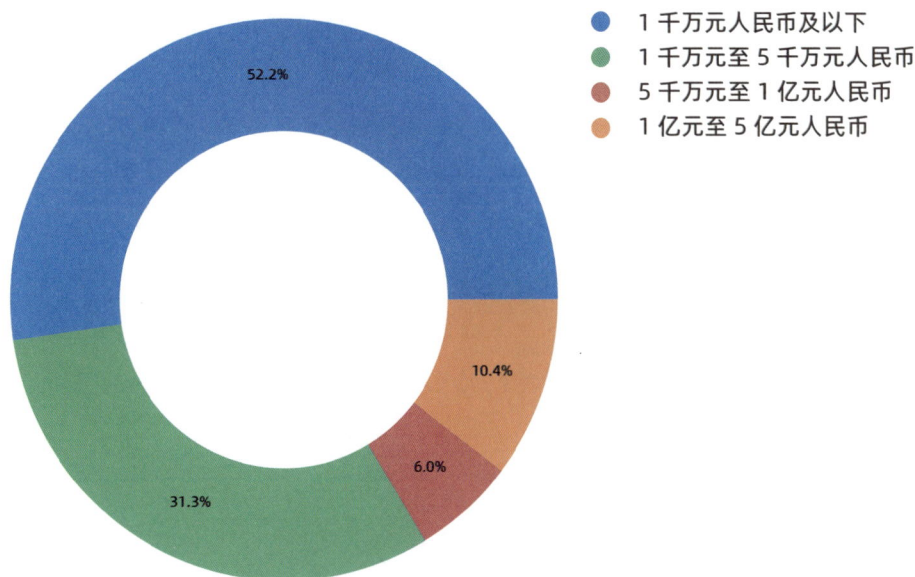

图 2-5-3 2023 年上海市奉贤区科创融资事件金额分布

图 2-5-3 显示，2023 年奉贤区的科创融资事件半数以上为金额在 1 千万元人民币及以下的小额融资，该类事件占融资事件总数的 52.2%。其次是 1 千万元至 5 千万元人民币的融资事件，占比 31.3%。金额在 5 千万元至 1 亿元人民币之间的融资事件占比 6.0%，金额在 1 亿元至 5 亿元人民币之间的融资事件占比 10.4%。可见，奉贤区科创融资以早期发展阶段的融资项目为主，同时，该区域也存在一定数量的较大规模的融资活动。

2.6 松江区

松江区秉承创新驱动发展理念，坚持传统产业提质增效与新兴产业培育并重，在推进产业结构优化升级方面取得了显著成绩。2023 年松江区战略性新兴产业产值占规模以上工业产值比重高达 67%，反映出区域的产业结构持续向高端化方向演进。[1] 战略性新兴产业作为具有战略性的新产业、新业态、新模式的产业集群，是支撑松江区经济高质量发展的重要引擎。松江立足信息技术、生物技术、新能源、新材料等优势领域，大力培育新一代信息技术、生物产业、高端装备制造、新能源、新材料等战略新兴产业集群。在新一代信息技术产业方面，松江区重点发展卫星互联网、

---

1 《上海松江 推动长三角G60科创走廊更高质量一体化发展》，http://paper.people.com.cn/rmrb/html/2022-10/26/nw.D110000renmrb_20221026_1-20.htm，访问日期：2024年4月25日。

人工智能、大数据等前沿领域。其中，卫星互联网和 AI 大模型产业正在积蓄发展新动能。近年来，垣信卫星、格思航天等一批卫星互联网链主企业陆续在松江区注册落地，G60 卫星数字工厂建成，形成具有高辨识度和强影响力的卫星互联网产业集群。百度、商汤科技等知名企业也在松江布局 AI 大模型产业，形成人工智能集聚效应。在新能源产业方面，松江区全力发展新型储能和智能微电网技术，积极培育氢能、光伏等新能源装备制造产业链。

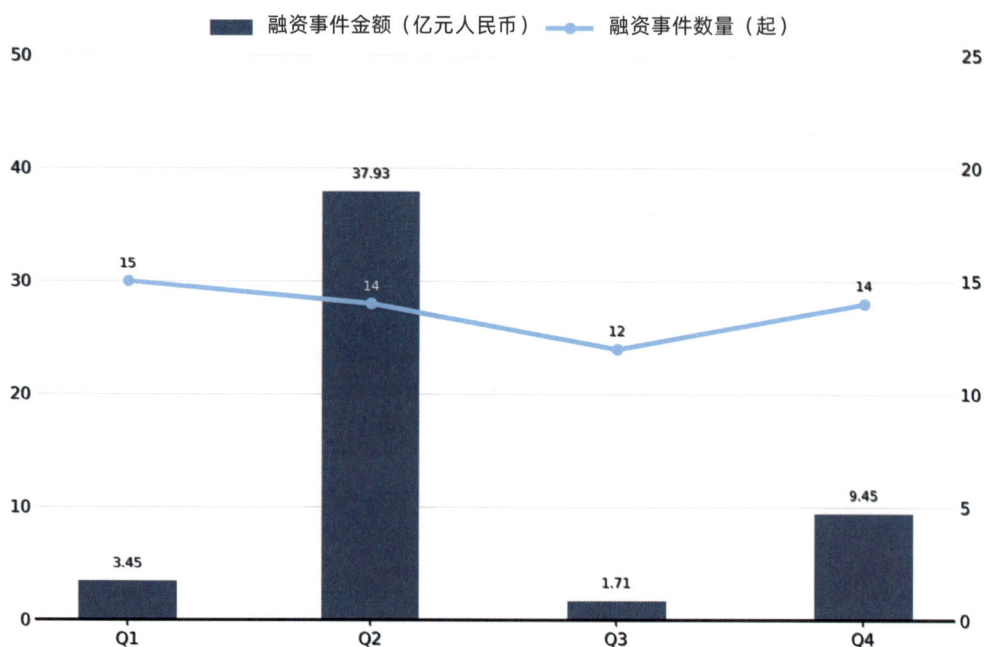

图 2-6-1 2023 年上海市松江区各季度科创融资事件数量和金额

　　图 2-6-1 显示，2023 年松江区科创融资事件的数量比较稳定。融资金额方面，除第二季度较高外，其他三个季度的融资金额均维持在较低水平。第一季度，松江区有 15 起科创融资事件，融资金额为 3.45 亿元。第二季度，融资事件数量略微下降至 14 起，但融资金额大幅增加 999.4% 至 37.93 亿元，说明该季度有规模较大的融资项目落地。第三季度，融资事件数量进一步下降至 12 起，融资金额则缩减至 1.71 亿元，相比上一季度降幅高达 95.5%。第四季度，融资事件数量回升至 14 起，融资金额增长约 4.5 倍至 9.45 亿元。这表明松江区科创企业的融资需求在第四季度较为旺盛，资本市场热情高涨。整体来看，2023 年松江区科创融资保持活跃，各季度的

融资事件数量和融资金额虽然存在不小波动，但资本市场对该区科技企业仍然保持关注并抱有投资热情。

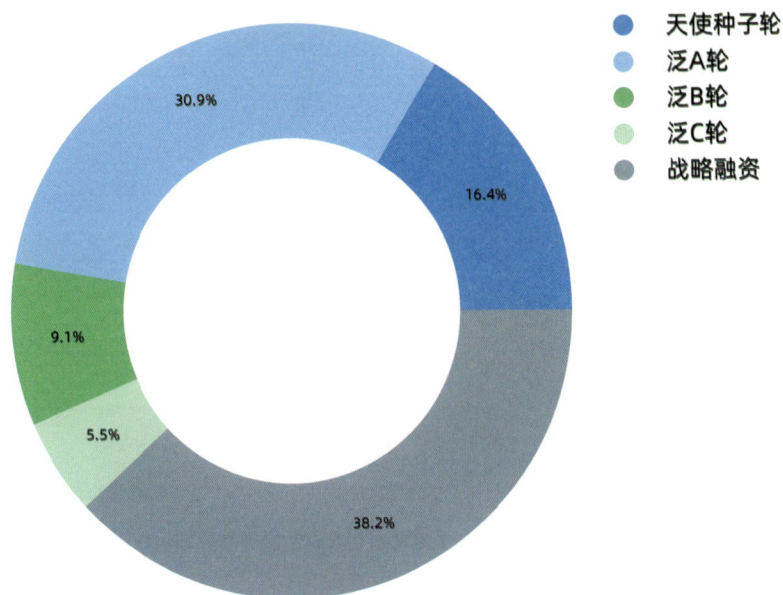

图 2-6-2 2023 年上海市松江区科创融资事件轮次分布

    2023 年，松江区的科创融资活动主要集中在战略融资阶段，其次是泛 A 轮融资。如图 2-6-2 所示，战略融资事件共 21 起，占融资事件总数的 38.2%。泛 A 轮融资事件共 17 起，天使种子轮融资事件共 9 起，占比分别为 30.9% 和 16.4%。相比之下，泛 B 轮和泛 C 轮的融资事件数量较少，分别有 5 起和 3 起，占比分别为 9.1% 和 5.5%。天使种子轮和泛 A 轮的融资事件数量比较可观，表明该区处于发展初期和早期的科创企业融资活动较为活跃。

    2023 年，松江区的科创融资以金额较小的融资事件为主。根据图 2-6-3，金额在 1 千万元人民币及以下的融资事件共有 35 起，占融资事件总数的 63.6%。金额在 1 千万元至 5 千万元人民币的融资事件共有 9 起，占比 16.4%。此外，1 亿元至 5 亿元人民币的融资事件有 7 起，占比 12.7%，这些较大规模的融资活动对于该区科技创新生态系统的发展具有一定的重要性。金额在 5 千万元至 1 亿元人民币的融资事件，

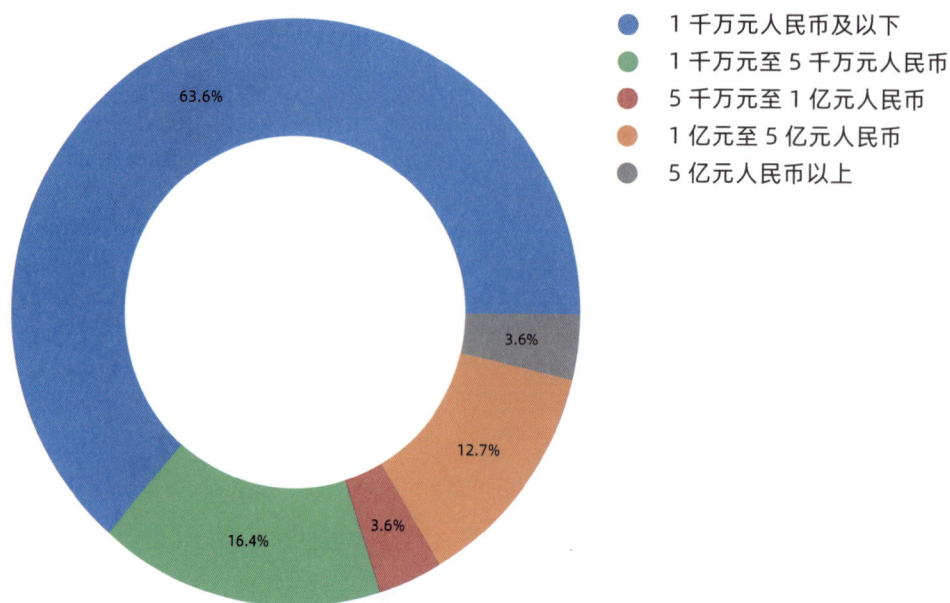

图 2-6-3 2023 年上海市松江区科创融资事件金额分布

以及金额在 5 亿元人民币以上的融资事件，各有 2 起，占比均为 3.6%。总体来说，松江区的科创融资市场呈现出多样化的特点，不同规模的融资项目共同构筑了该区的科技创新生态系统。

2.7 杨浦区

杨浦区作为上海滨江发展的核心区域，正在围绕"新时代人民城市建设示范区域、中国式现代化发展绣带、民族复兴绽放窗口"的战略定位，全面深化改革开放，加快建设具有全球影响力的滨江发展新高地。

杨浦区立足滨江资源优势，着力打造"长阳秀带"在线新经济生态园，集聚新经济、新业态、新模式发展力量。杨浦区大力引进了一批代表性新经济项目，如美团上海科技中心、哔哩哔哩新世代产业园、抖音上海滨江中心等，为区域经济发展注入新活力。同时，杨浦区以传统产业资源为基础，注重在修缮过程中赋予老建筑新的城市功能，并融入新经济新业态元素，力求实现新旧动能深度融合。此外，坚持改革创新，大力推进政策、模式、制度等方面创新，为滨江发展注入更多新动能。

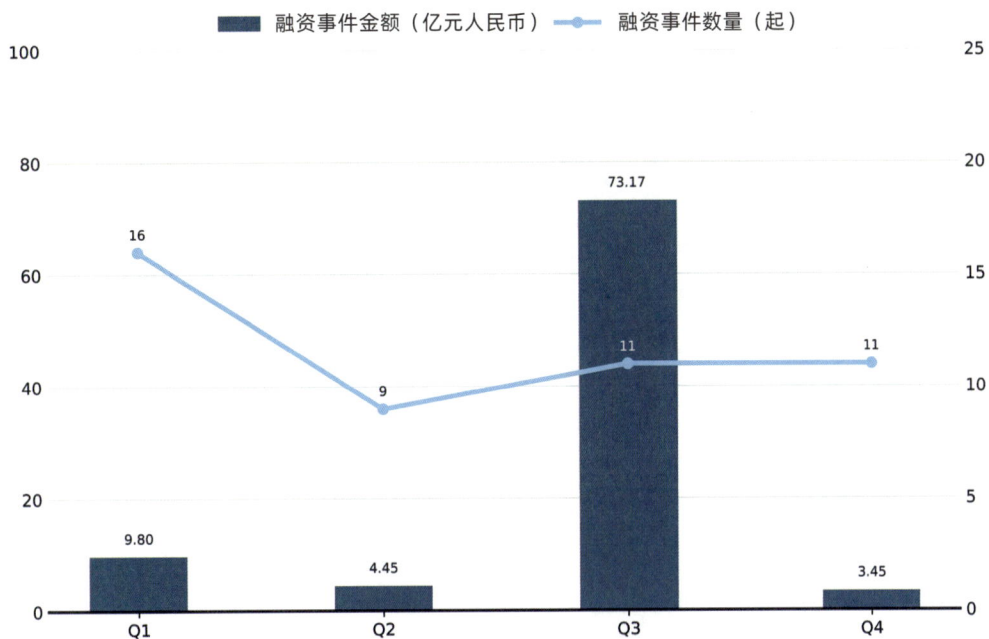

图 2-7-1 2023 年上海市杨浦区各季度科创融资事件数量和金额

2023 年，杨浦区的科创融资事件数量在经历下滑后趋于平稳，而在融资金额方面，除第三季度较高之外，其他几个季度均显出一定的疲态。图 2-7-1 显示，第一季度有 16 起融资事件，第二季度下降 43.8% 至 9 起，第三季度较第二季度增长22.2% 至 11 起，第四季度的融资事件数量与上一季度持平。融资金额方面，第一季度为 9.80 亿元，第二季度下降 54.6% 至 4.45 亿元。第三季度的融资金额为全年最高，达 73.17 亿元，较上一季度暴增约 15.4 倍。第四季度的融资金额为全年最低，为 3.45亿元，较上一季度下降 95.3%。总的来说，2023 年杨浦区科创融资事件数量在第二季度有所下滑后，第三季度有所回升，第四季度企稳；就融资规模而言，第三季度的融资活跃度为当年最高。

2023 年，杨浦区的科创融资活动主要集中在泛 A 轮和战略融资阶段。如图 2-7-2所示，泛 A 轮的融资事件占融资事件总数的 40.4%，而天使种子轮的融资事件占比为 12.8%。这说明，初期和早期的融资项目的活跃度颇高，这为杨浦区创新创业生态的培育奠定了基础。同时，杨浦区有不少科创企业获得了战略投资者的支持，战

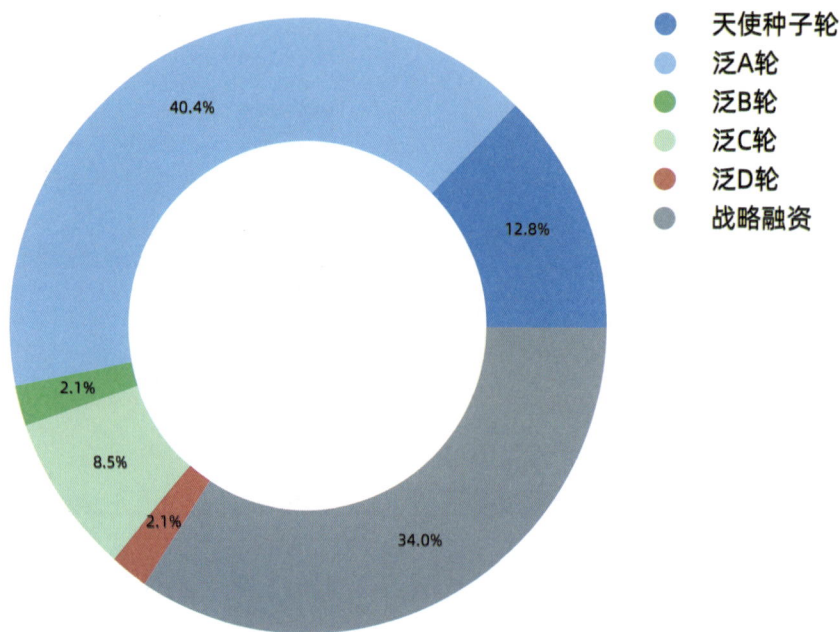

图 2-7-2 2023 年上海市杨浦区科创融资事件轮次分布

略融资事件占比为 34.0%。与之相比，泛 B 轮和泛 D 轮的融资事件占比较低，均为 2.1%，说明杨浦区只有相对较少的处于成熟发展阶段的企业完成了后续融资。泛 C 轮融资事件占比 8.5%，说明有一部分企业进入了较为成熟的发展阶段，并获得了相应的资金支持。总体而言，杨浦区的科创融资主要集中在初创期和战略融资阶段，反映了该区域新兴企业和创新项目的发展状况和活跃度。

2023 年，杨浦区的科创融资活动以融资规模较小的事件为主。图 2-7-3 显示，融资金额在 1 千万元人民币及以下的融资事件有 25 起，占融资事件总数的 53.2%。其次，金额在 1 千万元至 5 千万元人民币之间的融资事件有 10 起，占比 21.3%。由此可以推断，处在发展关键阶段的初创企业获得了必要的资金支持，从而得以推动其业务进一步发展。此外，有 12.8% 的融资事件的金额在 5 千万元至 1 亿元人民币之间。金额超过 5 亿元人民币的大规模融资事件有 2 起，占比 4.3%。

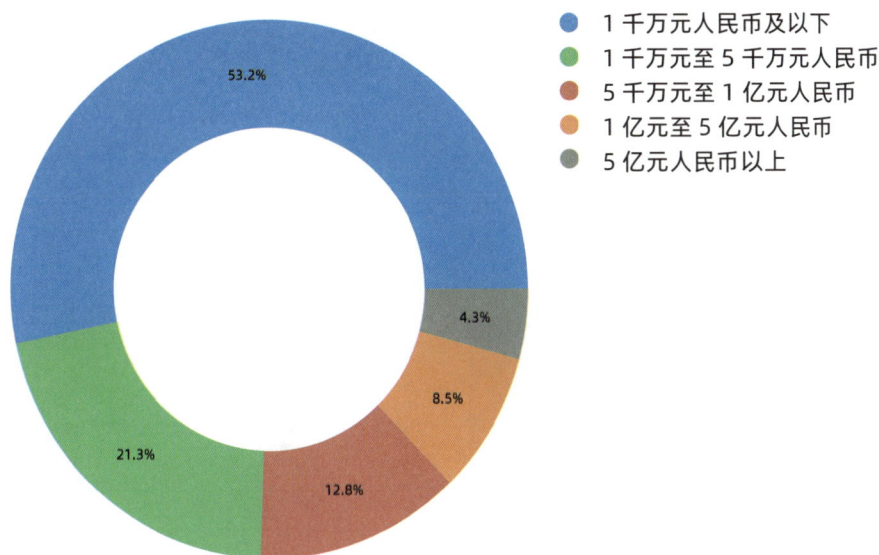

图例：
- 1 千万元人民币及以下
- 1 千万元至 5 千万元人民币
- 5 千万元至 1 亿元人民币
- 1 亿元至 5 亿元人民币
- 5 亿元人民币以上

53.2%
4.3%
8.5%
12.8%
21.3%

图 2-7-3 2023 年上海市杨浦区科创融资事件金额分布

2.8 宝山区

作为上海科创中心建设的主阵地之一，宝山区在"南北转型"战略中承担着重要角色，旨在通过科技创新推动区域转型和产业升级。[1] 近年来，宝山区正在加速推进发展动能的新旧转换，通过引进大型项目、加快智能制造空间建设等举措，努力实现经济增长模式的转型升级。这表明宝山区在吸引资金和资源方面取得了一定的突破，为区域经济发展注入了新活力。除了新增项目，宝山区还注重推进现有项目的建设和发展，致力于打造更具竞争力和创新力的产业格局。综合来看，宝山区为促进经济发展采取了多方面的举措，既注重引进大型项目和吸引外部资金，又重视推进现有项目的建设和发展，以此实现经济增长模式的转型和升级。这些努力为宝山区的可持续发展奠定了坚实基础，为未来经济的繁荣和创新提供了良好的环境。

---

1 《上海宝山："北转型"新篇章大幕开启 科创战略进入全面施工期》，https://sh.chinadaily.com.cn/a/202101/28/WS6012a8e0a3101e7ce973d506.html，访问时间：2024年4月15日。

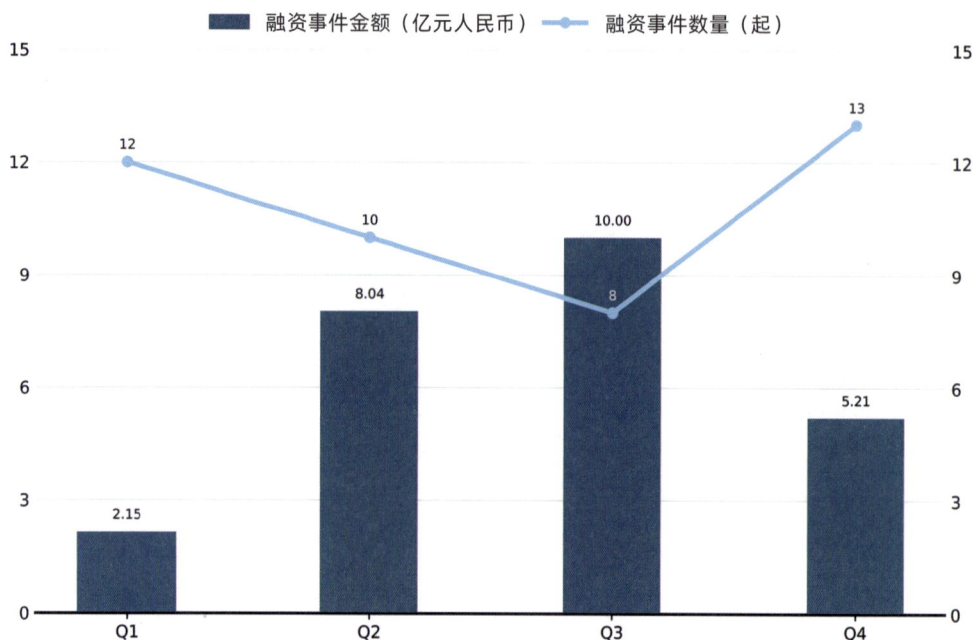

图 2-8-1 2023 年上海市宝山区各季度科创融资事件数量和金额

2023 年，宝山区的科创融资事件数量先降后升，而融资金额则是先升后降。据图 2-8-1，第一季度有 12 起融资事件，第二季度下降 16.7% 至 10 起，第三季度融资事件数量继续下降至 8 起，第四季度则回升 62.5% 至 13 起。再看融资金额，第一季度实现融资 2.15 亿元，第二季度融资金额较第一季度增长 274.0%，达到了 8.04 亿元，第三季度进一步增长 24.4% 至 10.00 亿元。融资金额在第二季度和第三季度的持续增长，表明区域内科创企业在这一时期的融资需求较为强烈。最后，第四季度的融资事件数量虽然为全年最高，但融资金额较上一季度下降 47.9% 至 5.21 亿元。

2023 年，宝山区的科创融资活动主要集中在早期融资阶段。图 2-8-2 的数据显示，泛 A 轮的融资事件共 19 起，占融资事件总数的 44.2%，体现了区域内早期科创企业获得了投资机构的青睐。其次是战略融资和天使种子轮，融资事件数量分别为 10 起和 6 起，占比分别为 23.3% 和 14.0%。泛 B 轮、泛 C 轮和泛 D 轮的融资事件数量相对较少，分别为 3 起、2 起和 3 起，占比分别为 7.0%、4.7% 和 7.0%。总体来看，宝山区科创融资较为活跃，融资事件尤其集中在处于初始发展阶段的企业。

天使种子轮
泛A轮
泛B轮
泛C轮
泛D轮
战略融资

44.2%
14.0%
23.3%
7.0%
4.7%
7.0%

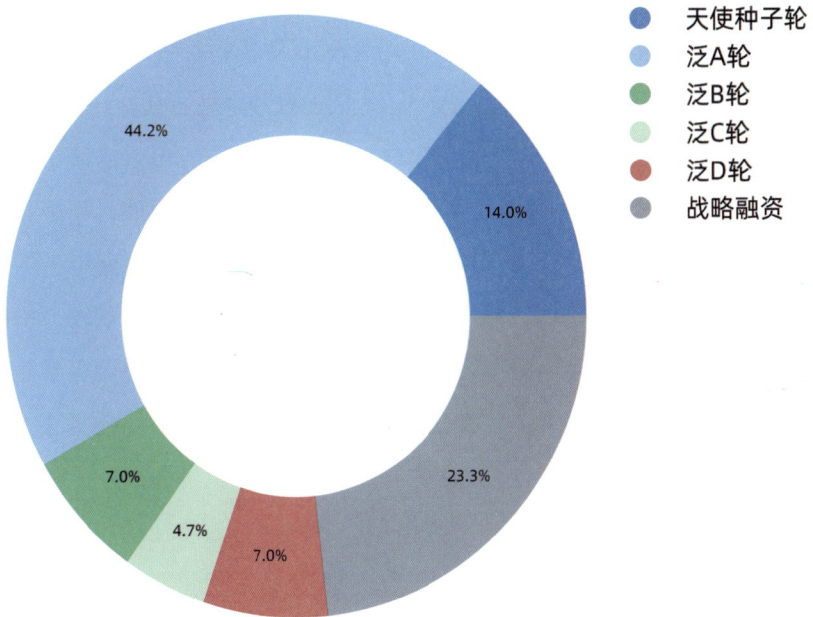

图 2-8-2 2023 年上海市宝山区科创融资事件轮次分布

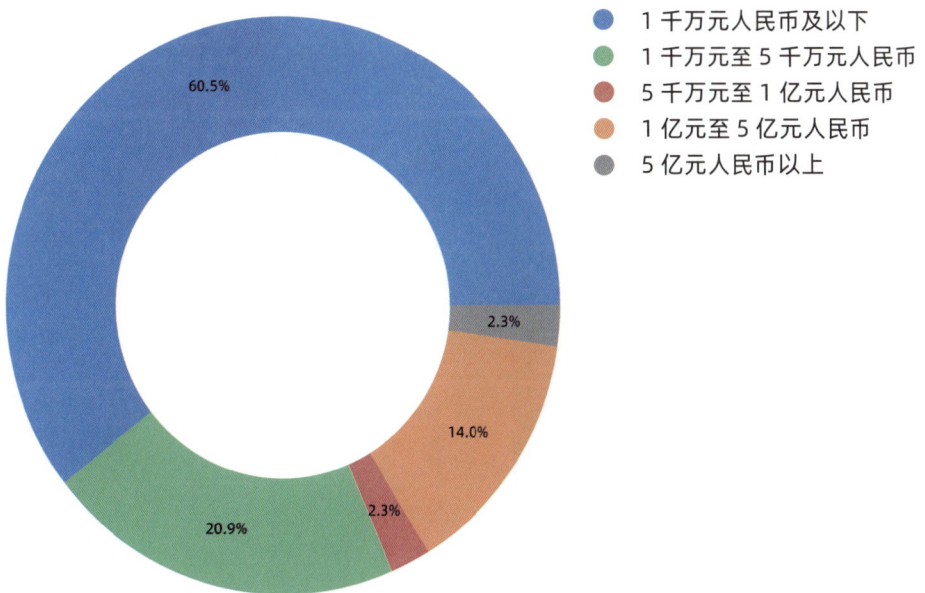

1 千万元人民币及以下
1 千万元至 5 千万元人民币
5 千万元至 1 亿元人民币
1 亿元至 5 亿元人民币
5 亿元人民币以上

60.5%
2.3%
14.0%
2.3%
20.9%

图 2-8-3 2023 年上海市宝山区科创融资事件金额分布

就融资金额而言，如图 2-8-3 所示，2023 年宝山区的融资活动以小额融资事件为主。具体而言，融资金额在 1 千万元人民币及以下的事件占融资事件总数的 60.5%。金额在 1 千万元至 5 千万元人民币之间的融资事件占比 20.9%。金额在 1 亿元至 5 亿元人民币之间的融资事件占比 14.0%。这表明，宝山区也存在一定数量的中等以上规模融资项目，区域内已经孕育了一批具有成长潜力的科创企业，资本市场为它们的进一步发展提供了一定的支撑。此外，金额在 5 千万元至 1 亿元人民币的融资事件，以及金额在 5 亿元人民币以上的融资事件，两者数量较少，占比均为 2.3%。综合来看，2023 年宝山区科创融资结构呈现出"以小规模融资事件为主，大规模融资项目相对较少"的特点，反映了该区创新创业生态发展的阶段性特征。

2.9 徐汇区

近年来，徐汇区大力推进产业转型升级，着力培育战略性新兴产业集群，为实现区域经济高质量发展注入新动力。区域产业结构持续优化调整，数字经济、生命健康、文化创意、现代金融四大"千亿级"产业集群稳步壮大，成为徐汇区推动高质量发展的主导力量。徐汇区高度重视培育未来产业新动能，聚焦未来智能、未来健康、未来能源、未来材料等领域，着力打造新的经济增长极和创新核心区。在未

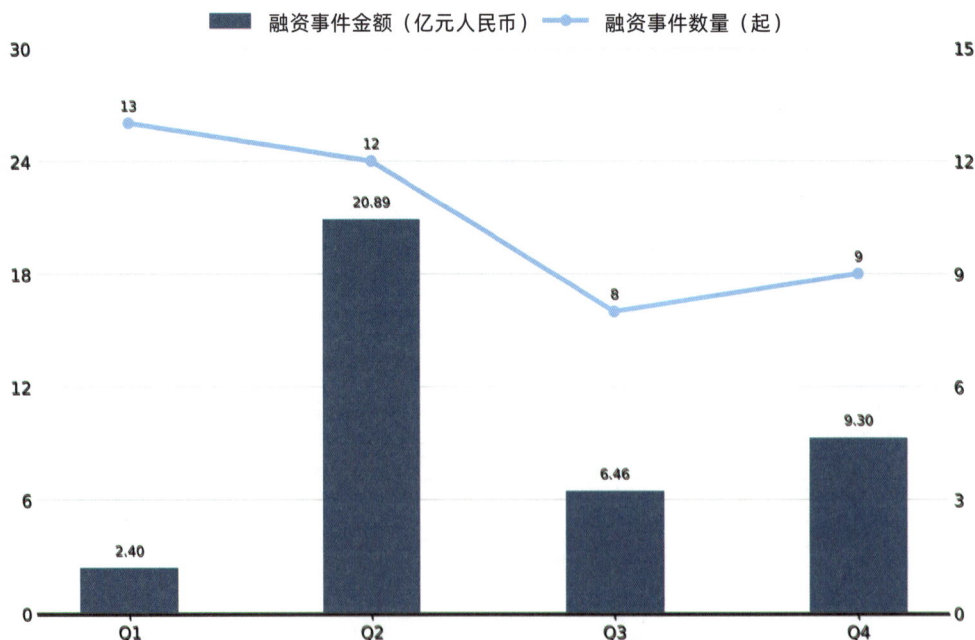

图 2-9-1 2023 年上海市徐汇区各季度科创融资事件数量和金额

来智能产业方面，徐汇区立足现有人工智能产业基础，加快布局大模型等前沿领域。徐汇区内业已通过全国大模型产品备案的企业数量占全市该类企业总数量的比重较高，充分反映出徐汇区人工智能产业发展的活力和实力。在未来健康产业方面，徐汇区立足生物医药、医疗器械等优势领域，重点发展智能诊疗、智慧医疗等前沿方向，努力为健康医疗领域赋能。同时，借助徐汇区优良的生态环境和人文资源，积极培育健康养老、体育休闲等相关产业，全方位打造"健康徐汇"品牌。

如图 2-9-1 所示，2023 年徐汇区的科创融资事件数量总体上呈下降趋势；融资金额方面，一季度为全年最低，二季度最高，四季度较三季度有所增长。具体来说，第一季度有 13 起融资事件，融资金额为 2.40 亿元。第二季度融资事件略微减少至 12 起，但融资金额增至 20.89 亿元，较上一季度增长约 7.7 倍。第三季度有 8 起融资事件，较第二季第下降 33.3%；融资金额为 6.46 亿元，较第二季度下降 69.1%。第四季度融资活动有所回暖，融资事件数量增至 9 起，融资金额增至 9.30 亿元，分别较上一季度增长了 12.5% 和 44.0%。这反映了 2023 年徐汇区科创融资市场在各季度间的动态变化。

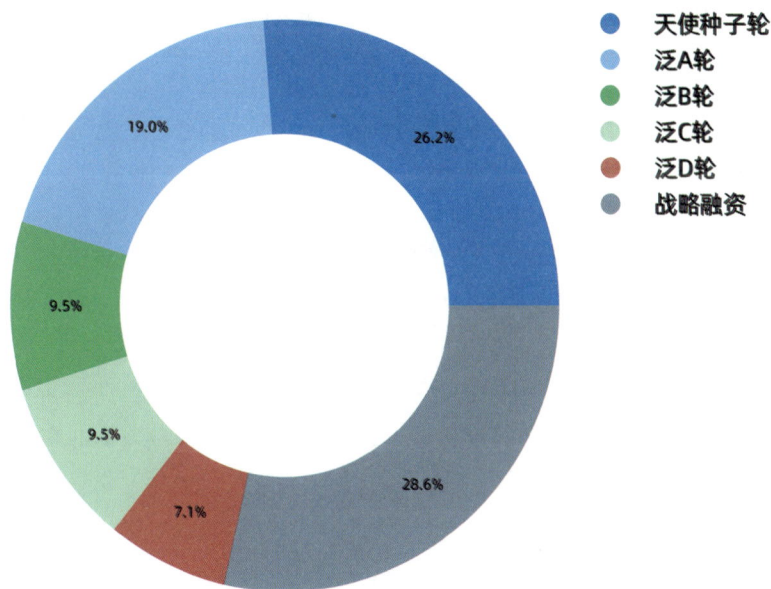

图 2-9-2 2023 年上海市徐汇区科创融资事件轮次分布

从融资轮次来说，2023 年徐汇区科创融资活动的轮次分布相对比较均衡。据图 2-9-2，天使种子轮、泛 A 轮、战略融资的事件数量分别占融资事件总数的 26.2%、

19.0%、28.6%。这表明徐汇区的科创融资环境较友好，活跃的早期融资项目为初创企业的发展奠定基础，而符合条件的企业也吸引了一定数量的战略融资。泛 B 轮、泛 C 轮和泛 D 轮融资事件的占比分别是 9.5%、9.5%、7.1%，可见徐汇区有一批中后期融资项目，反映出区域内科创企业处于不同发展阶段，融资需求多元化。总体而言，2023 年徐汇区科创融资在各轮次分布较均衡，体现了该区科创生态系统的多样性和成熟度，从初创企业到成长型公司，各个发展阶段的科创企业都能够在徐汇区充满活力的环境中找到必要的融资支持。

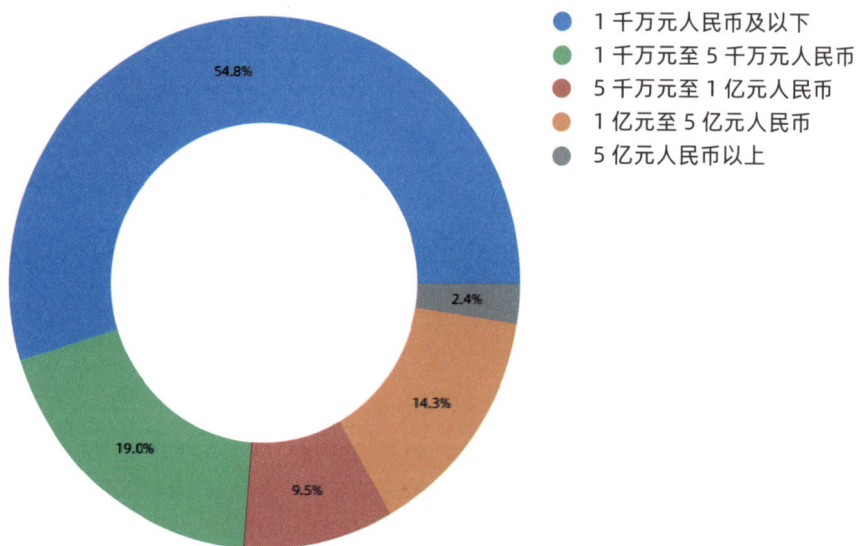

图 2-9-3 2023 年上海市徐汇区科创融资事件金额分布

2023 年，徐汇区科创融资以规模较小的融资事件为主。据图 2-9-3，金额在 1 千万元人民币及以下的融资事件有 23 起，占融资事件总数的 54.8%。金额在 1 千万元至 5 千万元人民币之间的融资事件有 8 起，占比 19.0%。共有 6 起事件的融资金额在 1 亿元至 5 亿人民币之间，占事件总数的 14.3%。金额在 5 千万元至 1 亿元人民币的融资事件有 4 起，占比 9.5%。金额在 5 亿元人民币以上的融资事件有 1 起，占比为 2.4%。

2.10 普陀区

普陀区坚持产业第一导向，深入实施创新驱动发展战略，重点培育智能软件、研发服务、科技金融、生命健康四大产业集群，已初步形成区域经济发展的最强支撑力量。2023 年普陀区四大重点培育产业的产值占区级税收比重达到 41.04%。[1] 智能软件是普陀区培育的重点新兴产业之一。区内已集聚一批软件和信息技术服务企业，涉及云计算、大数据、人工智能等新兴领域，智能软件和技术正加速融入实体经济各领域，推动传统产业智能化转型升级。研发服务也是普陀区着力发展的现代服务业。普陀区重点发展技术转移、检测认证、知识产权等领域，全力打造一站式研发服务体系。科技金融是普陀区努力壮大的新兴金融业态。区内已初步形成涵盖股权投资、创业投资、科技信贷等方面的全业务链条，为科技型中小企业提供全流程融资服务。生命健康是普陀区依托生物医药、医疗器械等传统优势产业做大做强的新兴支柱产业。同时，普陀区正加快布局生物制药、生物医学工程、智慧医疗等新兴领域，塑造产业新优势。

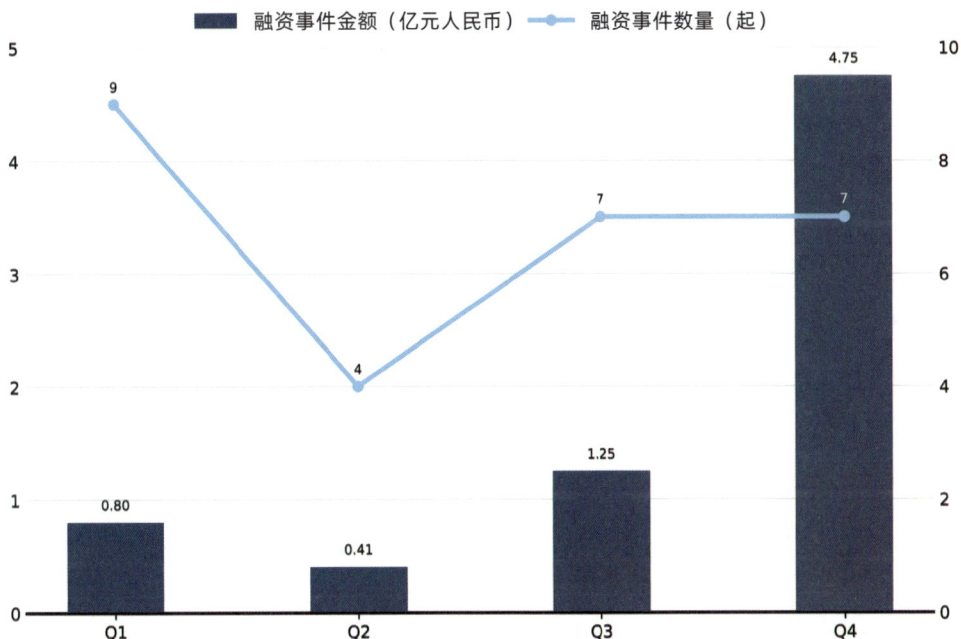

图 2-10-1 2023 年上海市普陀区各季度科创融资事件数量和金额

---

1 参见《夯实基础、激发优势，普陀着力构建产业高质量发展新格局》，https://www.shanghai.gov.cn/nw15343/20240218/f50b9265269245438b651f89aa9819e1.html，访问日期：2024 年 4 月 15 日。

2023 年，普陀区科创融资事件数量先降后升，四季度趋于平稳；前三季度的融资金额较低，第四季度有较明显提升。如图 2-10-1 所示，第一季度共有 9 起融资事件，融资金额为 0.80 亿元人民币。第二季度有 4 起融资事件，融资金额为 0.41 亿元人民币，分别较上一季度下降 55.6% 和 48.8%。第三季度融资活动有所回暖，融资事件数量增至 7 起，融资金额增至 1.25 亿元人民币，分别较上一季度增长 75.0% 和 204.9%。第四季度的融资事件数量维持不变，仍为 7 起，但融资金额较上一季度增长了 2.8 倍，达 4.75 亿元人民币。

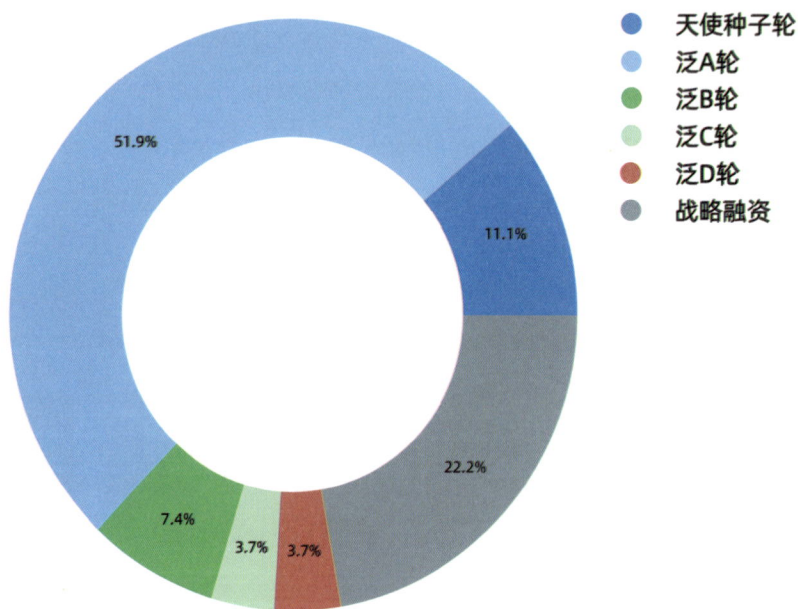

图 2-10-2 2023 年上海市普陀区科创融资事件轮次分布

如图 2-10-2，2023 年，普陀区科创融资主要集中在泛 A 轮和战略融资，其中泛 A 轮融资事件数量占比最高，达到 51.9%，战略融资事件数量占比为 22.2%。其次是天使种子轮和泛 B 轮，占比分别为 11.1% 和 7.4%。泛 C 轮和泛 D 轮的融资事件较少，占比均为 3.7%。总体来说，普陀区早期的科创融资活动比较活跃，中后期的科创融资项目相对较少。

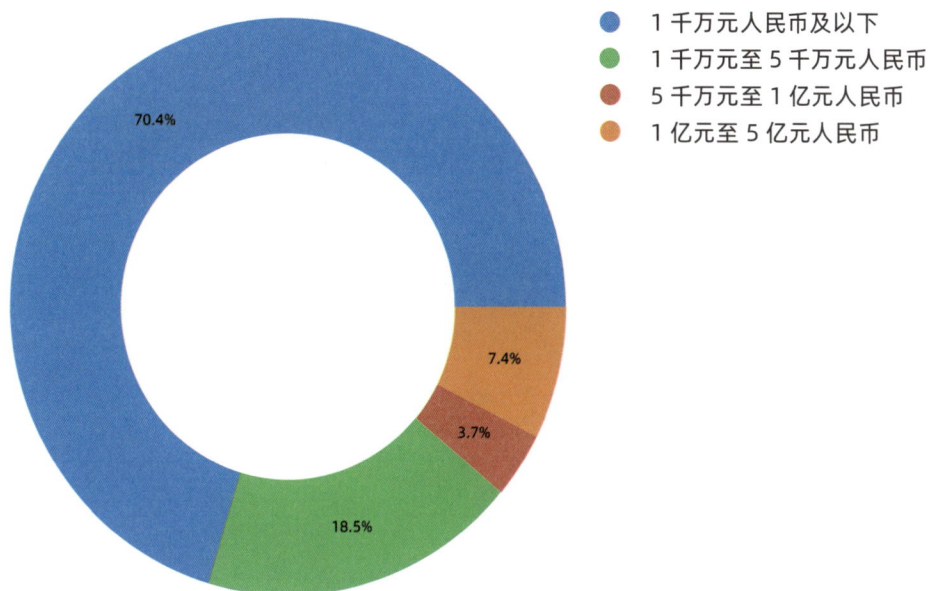

图 2-10-3 2023 年上海市普陀区科创融资事件金额分布

图 2-10-3 显示，2023 年普陀区的科技创新融资绝大多数是金额较小的融资事件。其中，金额在 1 千万元人民币及以下的事件占融资事件总数的 70.4%。金额在 1 千万元至 5 千万元人民币的融资事件占比 18.5%。金额在 5 千万元至 1 亿元人民币之间的融资事件占比 3.7%，金额在 1 亿元至 5 亿人民币之间的融资事件占比 7.4%。

2.11 崇明区

崇明区致力于发展现代绿色农业，加快国家现代农业产业园和国家农业现代化示范区的建设。崇明区致力于通过科技创新推动农业现代化，围绕"高科技、高品质、高附加值"的发展方向，打造与世界级生态岛建设相匹配的都市现代绿色农业。

图 2-11-1 显示，2023 年崇明区科创融资的事件数量和金额总体上呈逐渐下滑的态势。具体而言，第一季度有 8 起融资事件，融资金额为 2.15 亿元人民币。第二季度的融资活跃度显著下降，仅有 1 起融资事件，融资金额减少 76.3% 至 0.51 亿元。第三季度，融资事件数量回升至 3 起，但融资金额仍然较低，为 0.30 亿元人民币。尽管第三季度的融资事件数量增长了 2 倍，融资金额却较上季度下降了 41.2%。第四季度，融资事件数量又回落至 1 起，且融资金额未披露，反映了科创融资较为疲软的态势。

融资事件金额（亿元人民币） ━━ 融资事件数量（起）

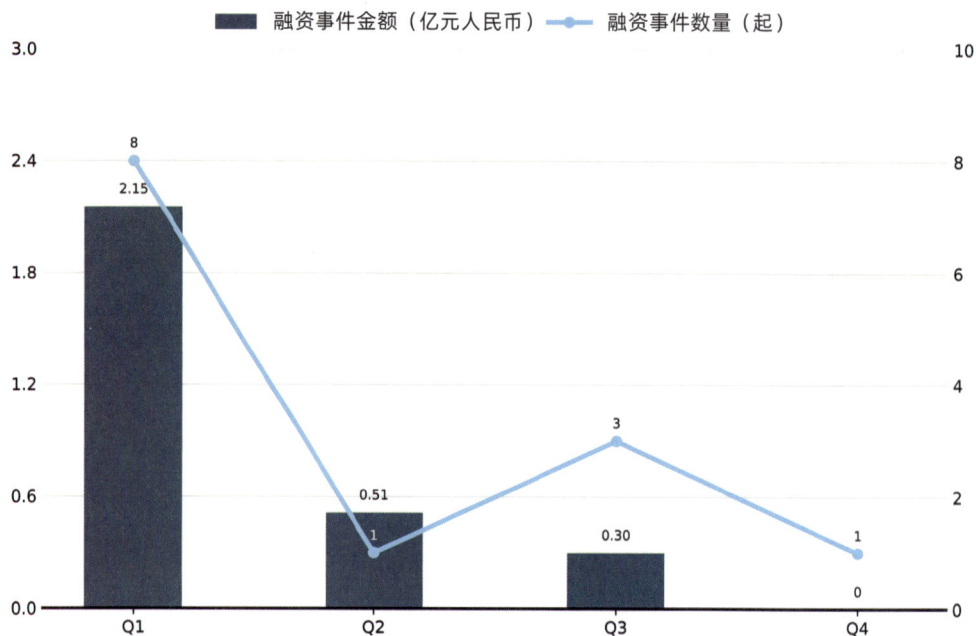

图 2-11-1 2023 年上海市崇明区各季度科创融资事件数量和金额

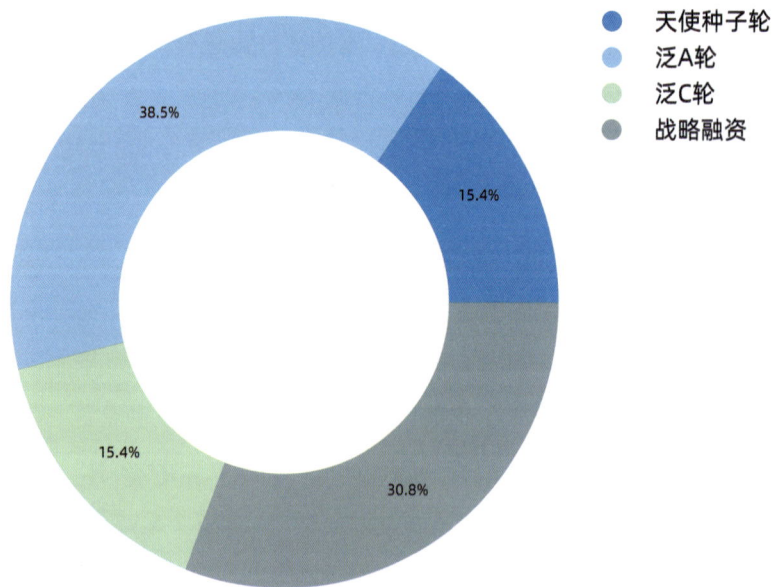

天使种子轮
泛A轮
泛C轮
战略融资

图 2-11-2 2023 年上海市崇明区科创融资事件轮次分布

2023 年，崇明区的科创融资活动以泛 A 轮和战略融资为主。据图 2-11-2，战略融资和泛 A 轮的融资事件分别有 4 起和 5 起，占比分别为 30.8% 和 38.5%。此外，天使种子轮和泛 C 轮均有 2 起融资事件，占比均为 15.4%。这些数据说明崇明区的科创企业处在不同的发展阶段，不同阶段融资项目的活跃度也有所不同。

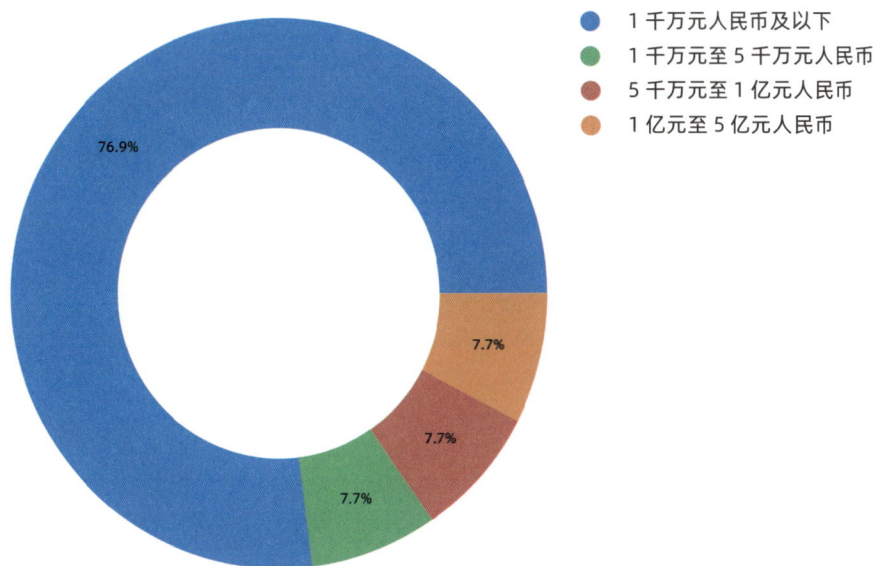

图 2-11-3 2023 年上海市崇明区科创融资事件金额分布

2023 年，崇明区科创融资以小规模的融资事件为主，尽管实现了一定的资金流入，但金额较大的融资事件仍较为有限。据图 2-11-3，金额在 1 千万元人民币及以下的融资事件共 10 起，占融资事件总数的 76.9%。据此可以推测，区域内科创融资项目主要集中在初创企业或小型企业。1 千万元至 5 千万元、5 千万元至 1 亿元、1亿元至 5 亿元人民币，金额在这三个区间内的融资事件数量相对较少，说明崇明区在吸引大规模科创投资方面还相对薄弱。

2.12 静安区

静安区是上海首个以大数据为主导产业的国家新型工业化产业示范基地,其"云、数、智、链"产业优势明显。近年来,静安区的数字健康、"文创+科创"等新兴产业快速崛起,为未来产业发展奠定了一定的基础。数据智能产业在静安区尤为突出,市北高新区打造了"市北数智生态园",聚集了近 600 家数据智能企业,为未来智能和数字化融合新业态的发展提供支撑。在大数据、区块链和人工智能方面,静安区有 170 多家大数据企业,还建成了上海首个区块链主题产业园区,集聚了蚂蚁链等 70 余家相关企业。同时,静安区的生命健康产业也在蓬勃发展,吸引了全球知名药企的总部落户，并在数字医疗等领域形成了基础优势。创新设计是驱动未来产业转型的重要力量，静安区已集聚了一批创新设计领军企业，并成功引进了全球顶级艺术设计院校——纽约帕森斯设计学院，建立了帕森斯中国设计创新中心，为未来产业发展提供了先行示范路径。

　　静安区作为中心城区，在商贸、金融、文创、旅游等现代服务业发达的同时，也具备丰富的医疗资源和基础教育资源，适合通过多元全域场景，赋能和推动未来产业应用落地。在消费、文创和医疗等领域，静安区已有显著的发展优势，为未来产业的蓬勃发展提供了有力支持。

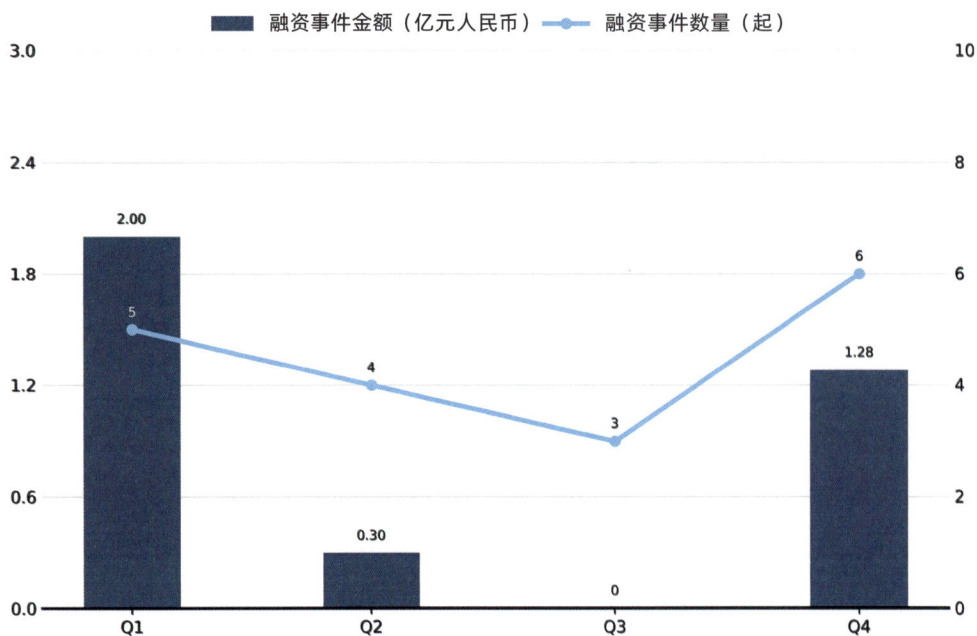

图 2-12-1 2023 年上海市静安区各季度科创融资事件数量和金额 [1]

　　2023 年，静安区科创融资事件数量和融资金额都维持在相对较低的水平。图 2-12-1 显示，第一季度共发生了 5 起融资事件，实现了 2.00 亿元人民币的融资。第二季度有 4 起融资事件，融资金额较上一季度下降 85.0% 至 0.30 亿元人民币。第三季度，融资事件进一步下滑至 3 起。第四季度数据出现反弹，融资事件增至 6 起，融资金额升至 1.28 亿元。

1 作者按：静安区2023年第3季度的科创融资金额未披露。

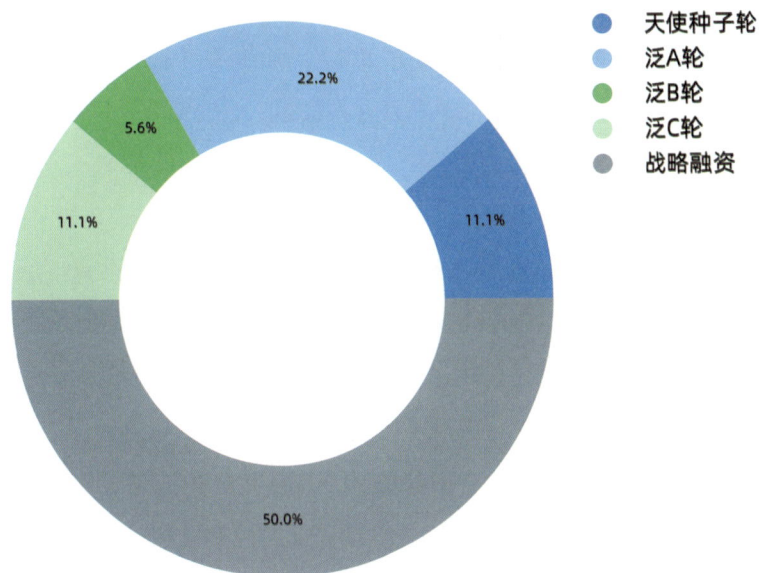

图 2-12-2 2023 年上海市静安区科创融资事件轮次分布

图 2-12-2 显示，战略融资事件占 2023 年静安区科创融资事件总数的 50.0%。其次是泛 A 轮融资事件，占比 22.2%。天使种子轮、泛 B 轮、泛 C 轮融资事件数量的占比分别是 11.1%、5.6% 和 11.1%，反映了静安区不同发展阶段的科创企业都获得了一定的资金支持。

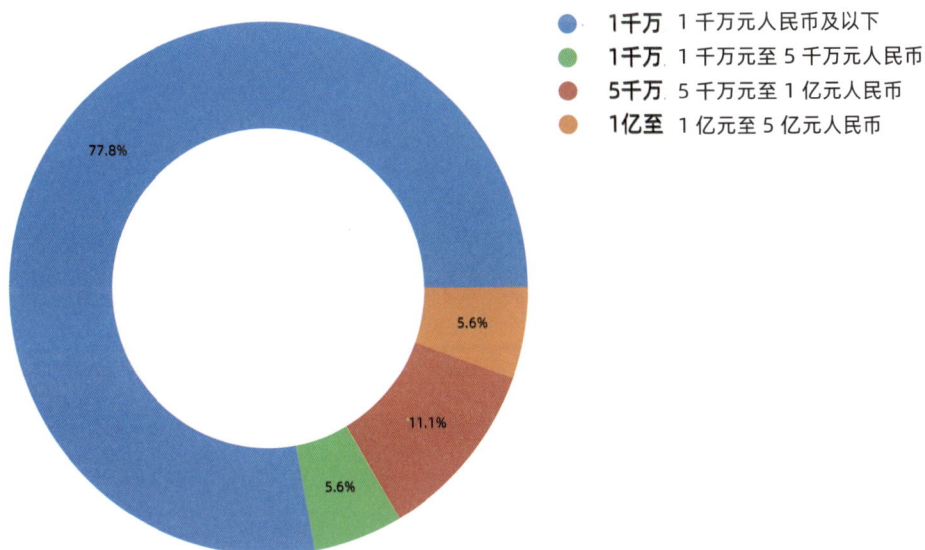

图 2-12-3 2023 年上海市静安区科创融资事件金额分布

图 2-12-3 显示，2023 年静安区的科创融资绝大多数为金额在 1 千万元人民币及以下的小规模融资（事件数量占比 77.8%）。金额在 5 千万元至 1 亿元人民币的融资事件占比 11.1%。1 千万元至 5 千万元人民币、1 亿元至 5 亿元人民币的融资事件相对较少，占比均为 5.6%。

2.13 黄浦区

黄浦区作为上海中心城区核心区，是上海的心脏、窗口和名片。据《2023 年黄浦区政府工作报告》，2023 年黄浦区 GDP 在全市排名第二，在上海中心城区排名第一，展现了强大的经济实力。黄浦区在经济密度方面一直处于国内领先地位。[1] 该区拥有丰富的金融服务、文化设施、剧场资源、咖啡馆资源、其他餐饮和酒店资源，能够为人才提供高品质生活所需的各种服务。近年来，黄浦区在科创领域的布局不断做大，取得了显著成效。围绕区块链、机器人、半导体芯片和临床转化服务等方面，吸引了一批创新企业的集聚。

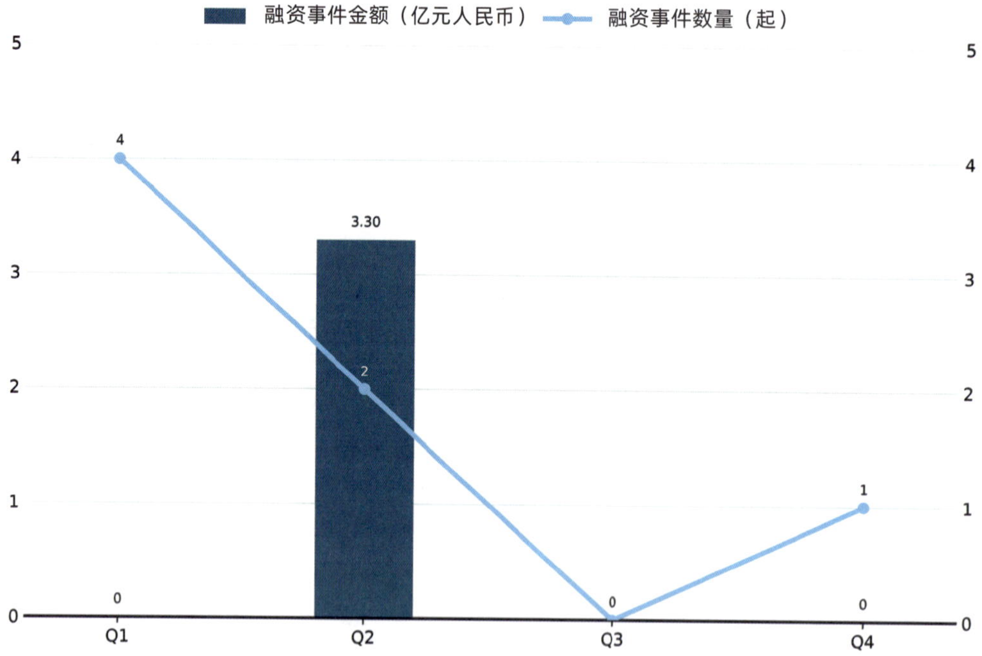

图 2-13-1 2023 年上海市黄浦区各季度科创融资事件数量和金额

---

1 《2023 年黄浦区政府工作报告》，https://www.shhuangpu.gov.cn/zw/009001/009001005/009001005002/009001005002001/20230120/f088dbf2-aa1a-4604-96f2-bd71312a2ddb.html，访问日期：2024 年 4 月 21 日。

图 2-13-1 显示，2023 年黄浦区科创融资事件总共只有 7 起，除第二季度外，其余三个季度的融资金额都较低。具体来看，第一季度有 4 起融资事件，但这些事件的融资金额都较小。这可能反映了一些初期阶段项目正在进行融资，但尚未形成实质性的融资规模。第二季度，融资事件减少至 2 起，但融资金额达到了 3.30 亿元人民币；尽管融资事件数量比上个季度减少了一半，但融资金额有较明显增加。第三季度没有科创融资事件发生，而第四季度有 1 起融资事件。（第一和第四季度的具体融资金额均未披露。）

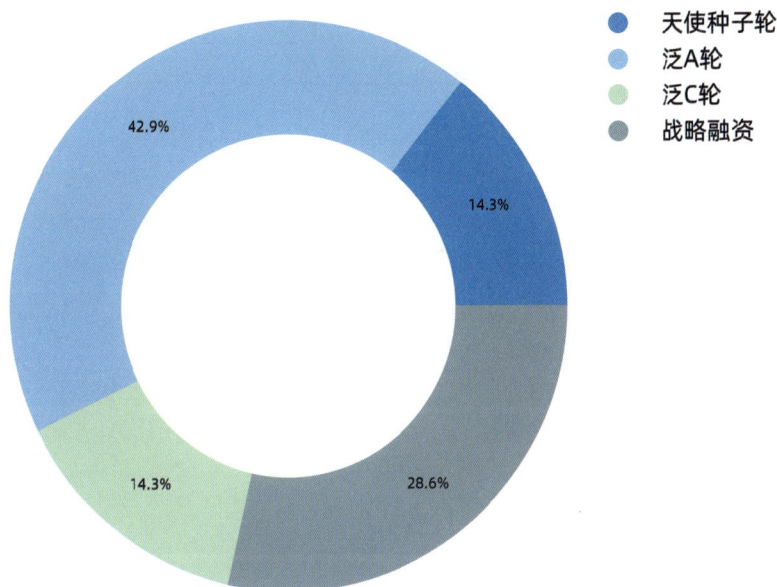

图 2-13-2 2023 年上海市黄浦区科创融资事件轮次分布

如图 2-13-2 所示，2023 年黄浦区的科创融资事件主要集中在泛 A 轮和战略融资。其中，泛 A 轮事件数量占比 42.9%，战略融资事件数量占比 28.6%。这表明，2023 年黄浦区的科创融资主要聚焦于具有较大潜力的项目和处于成熟阶段的公司。此外，天使种子轮和泛 C 轮的融资事件占比均为 14.3%，表明投资者密切关注初创阶段和加速发展阶段的科创企业。

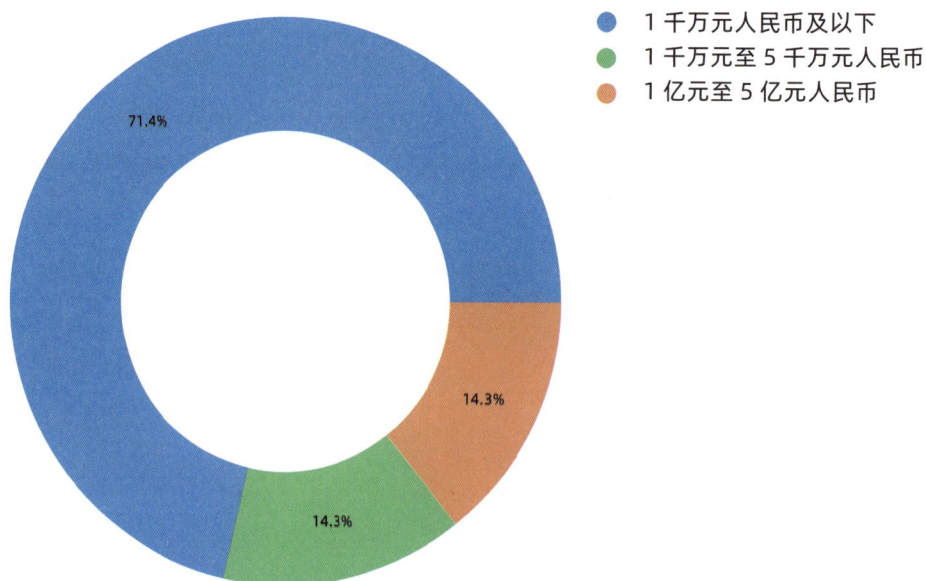

图 2-13-3 2023 年上海市黄浦区科创融资事件金额分布

图例：
- 1 千万元人民币及以下
- 1 千万元至 5 千万元人民币
- 1 亿元至 5 亿元人民币

71.4%
14.3%
14.3%

2023 年，黄浦区的科创融资活动以金额较小的融资事件为主。据图 2-13-3，1 千万元人民币及以下的事件占融资事件总数的 71.4%。这可能反映了区域内初创公司或小型项目的融资活动占主导。1 千万元至 5 千万元人民币、1 亿元至 5 亿元人民币的融资事件均占比 14.3%。

2.14 金山区

金山区是中国七大化工产业基地之一，拥有完整的化工产业链，涵盖炼油、基础化工和精细化工等领域，其总产值已突破千亿元。近年来，金山区大力推进绿色高端化工产业发展，着力培育新材料产业，与上海化工区和上海石化两大化工基地共同推动碳谷绿湾产业园的"绿色升级"。新材料产业在金山区初具规模，其中"金山区纤维材料产业集群"成功入选国家工信部 2022 年度中小企业特色产业集群。

生物医药产业规模在金山区持续扩大。金山区与张江科学城合作设立了张江金山生物医药园，推动生物医药产业的发展。金山区还着力发展无人机产业，初步构建了"一基地七中心"的无人机产业生态。作为全市唯一的无人机特色产业园区和全国首批"民用无人驾驶航空试验区"，金山区在适航审定技术研究和低空物流运输商业化方面取得了多项国内"首次"。同时，金山区出台了多项政策扶持无人机产业发展，设立了无人机产业专项资金。金山区以上海湾区科创中心为核心，集聚创新要素，搭建科创平台，激活区域发展新动能。

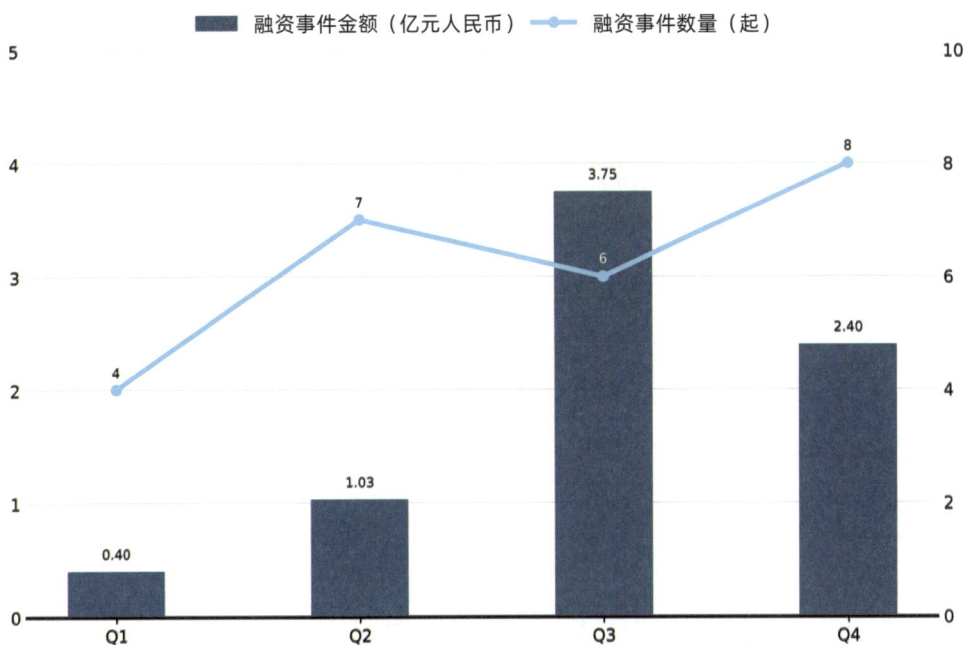

图 2-14-1 2023 年上海市金山区各季度科创融资事件数量和金额

2023 年，金山区科创融资总体上呈增长趋势，但季度间的波动较大。图 2-14-1 显示，第一季度有 4 起融资事件，融资金额为 0.40 亿元人民币。第二季度有 7 起融资事件，较第一季度增长了 75.0%，融资金额较第一季度增长约 1.6 倍至 1.03 亿元。

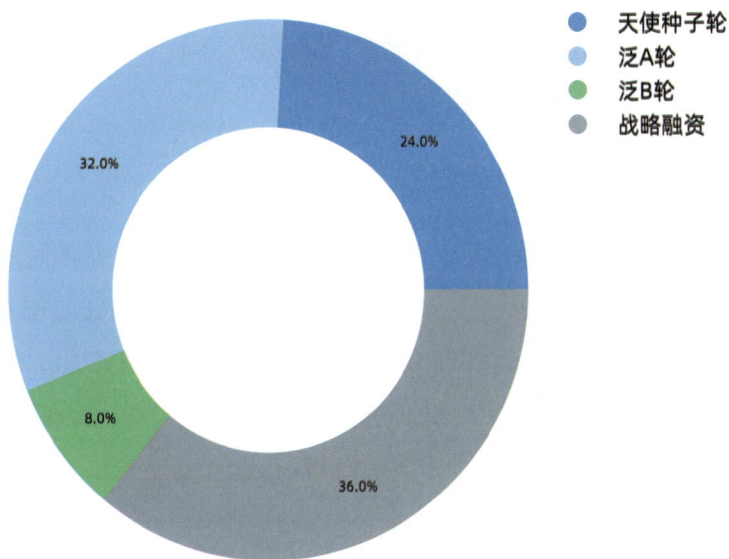

图 2-14-2 2023 年上海市金山区科创融资事件轮次分布

第三季度，融资事件数量略微下降至 6 起，但融资金额增至 3.75 亿元，较上一季度增长了 264.1%。第四季度，融资事件数量较第三季度增长 33.3% 至 8 起，而融资金额较上季度下降 36.0% 至 2.40 亿元。综合来看，2023 年金山区科创融呈上升趋势，但仍面临着一些挑战和不确定因素。

如图 2-14-2 所示，2023 年金山区科创融资以天使种子轮、泛 A 轮和战略融资为主。具体来看，天使种子轮有 6 起融资事件，数量占比为 24.0%；泛 A 轮有 8 起融资事件，占比 32.0%；战略融资有 9 起事件，占比 36.0%。泛 B 轮融资事件数量较少，仅有 2 起，占比 8.0%。总体而言，金山区吸引了不少初期和早期科创融资，战略融资事件的数量也超过了三分之一。

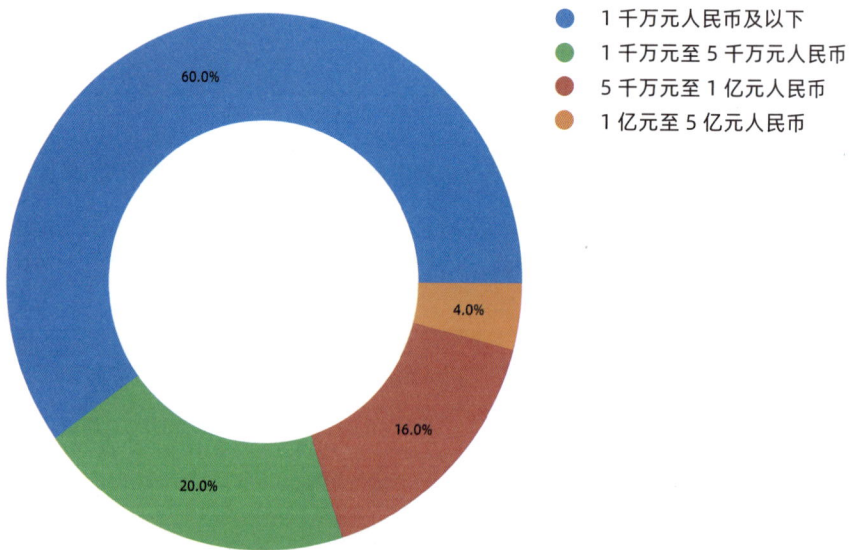

图 2-14-3 2023 年上海市金山区科创融资事件金额分布

2023 年，金山区科创融资以 5 千万元人民币以下的较小规模的融资事件为主。据图 2-14-3，1 千万元人民币及以下的事件占融资事件总数的 60.0%，1 千万元至 5 千万元人民币的融资事件占比 20.0%。较小金额的融资活动占比高，可能反映了区域内早期项目的融资需求比较旺盛。5 千万元至 1 亿元人民币的融资事件占比 16.0%，说明一定数量的中后期融资需求得到了满足。1 亿元至 5 亿人民币的融资事件数量最少，占比仅为 4.0%。综合来看，金山区的科创企业处于不同发展阶段，其融资需求也比较多样化。

2.15 长宁区

长宁区作为"虹桥"品牌的发源地，是连接长三角和国际社会的核心节点城区之一，也是最具"互联网基因"的城区之一。近年来，长宁区积极抓住虹桥国际商务区建设和"互联网+"发展机遇，区域内数字经济和开放经济蓬勃发展。长宁区是上海最早迈入全域城市更新的城区之一，在城市更新的同时，也在精心打造小尺度魅力科创街区，吸引了众多科创企业的关注。

长宁区早在 2000 年就打出了"数字长宁"品牌，经过 20 余年的积淀，数字经济已在此形成了一片沃土。尤其是近年来，以拼多多为代表的一批数字经济头部企业涌现，长宁区的数字经济增长迅猛。

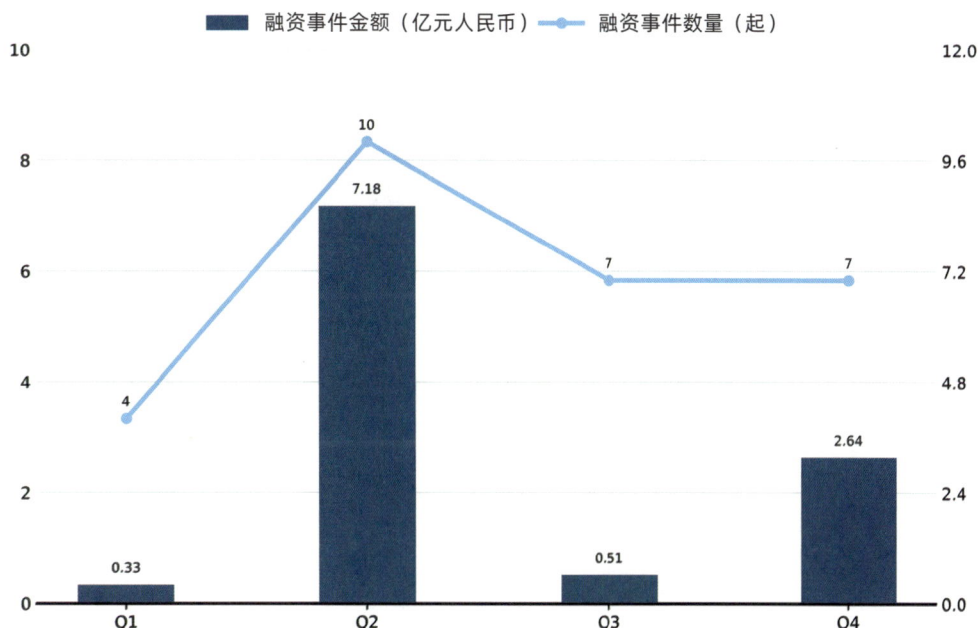

图 2-15-1 2023 年上海市长宁区各季度科创融资事件数量和金额

如图 2-15-1 所示，2023 年长宁区的科创融资情况有较明显的波动，其中第二季度的融资事件数量和融资金额最为突出。第一季度共有 4 起融资事件发生，融资金额为 0.33 亿元人民币。第二季度有 10 起融资事件，数量较上一季度增长了 1.5 倍，融资金额则暴增约 20.8 倍至 7.18 亿元。第三季度，融资事件数量减少到 7 起，融资金额下降 92.9% 至 0.51 亿元人民币。第四季度的融资事件数量保持稳定，仍为 7 起，但融资金额上升至 2.64 亿元，是上一季度融资金额的约 5.2 倍。

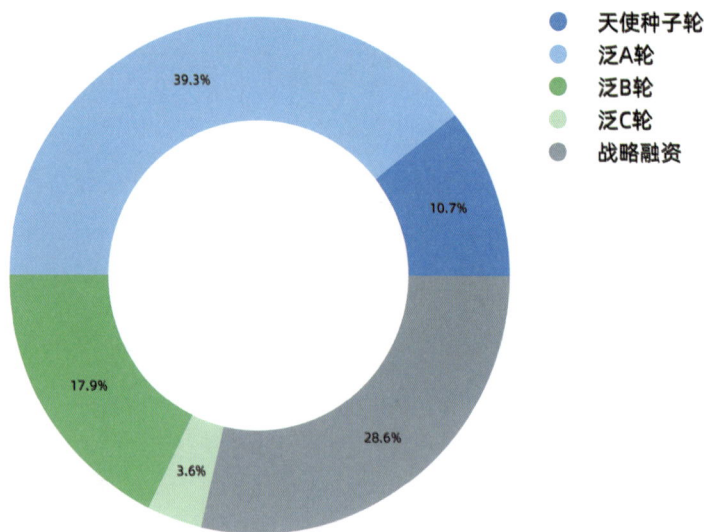

图 2-15-2 2023 年上海市长宁区科创融资事件轮次分布

2023 年，长宁区不同阶段的融资事件总体上分布较为均衡。如图 2-15-2 所示，泛 A 轮事件占融资事件总数的 39.3%，反映了区域内一些初创企业在吸引早期投资方面的活跃度。其次是战略融资事件，占比为 28.6%，说明一些科创企业正在寻求与其他公司或投资者达成战略合作，以实现更快速的发展。天使种子轮和泛 B 轮的融资事件数量分别占比 10.7% 和 17.9%。泛 C 轮融资事件相对较少，仅占 3.6%。整体来看，长宁区科创生态系统具有较好的完整性和成熟度。

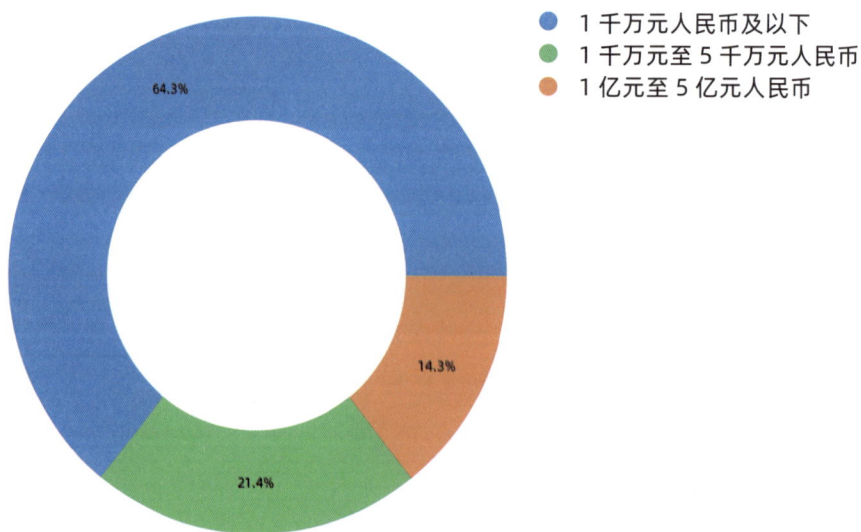

图 2-15-3 2023 年上海市长宁区科创融资事件金额分布

2023 年，长宁区科创融资活动以小额融资事件为主。图 2-15-3 显示，1 千万元人民币及以下的融资事件数量占比最高，达 64.3%。金额在 1 千万元至 5 千万元人民币之间的事件占融资事件总数的 21.4%，1 亿元至 5 亿元人民币的融资事件占比 14.3%。总体而言，长宁区科创融资活动具有巨大的发展潜力。该区可以继续保持对早期科创企业的扶持力度，为企业提供多元化的融资渠道，帮助企业在早期发展阶段获得充足的资金支持。同时，引导更多投资机构关注区域内其他发展阶段的科创企业的融资需求，另一方面，也要鼓励科创企业不断提升自身竞争力，实现可持续发展。

2.16 虹口区

虹口区是上海都市经济的重要支柱，也是上海海派文化的发源地和先进文化的源泉。作为上海市提升"中心辐射"功能的重要引擎之一，北外滩正在成为新时代都市发展的标杆，同时也是新科创引擎的布局之地。虹口区积极布局新产业赛道，包括元宇宙和绿色低碳等。虹口区还着力发展绿色领域，建立"双碳"示范区，支持全国碳排放权交易市场的运营，并引进了绿色金融研究院、绿色技术银行等高端平台。虹口区聚集了多所高校和科研机构，为区域经济发展和科技创新提供支持。北中环科创集聚带汇集了多个园区，围绕大数据、大健康、新能源、新材料等领域，

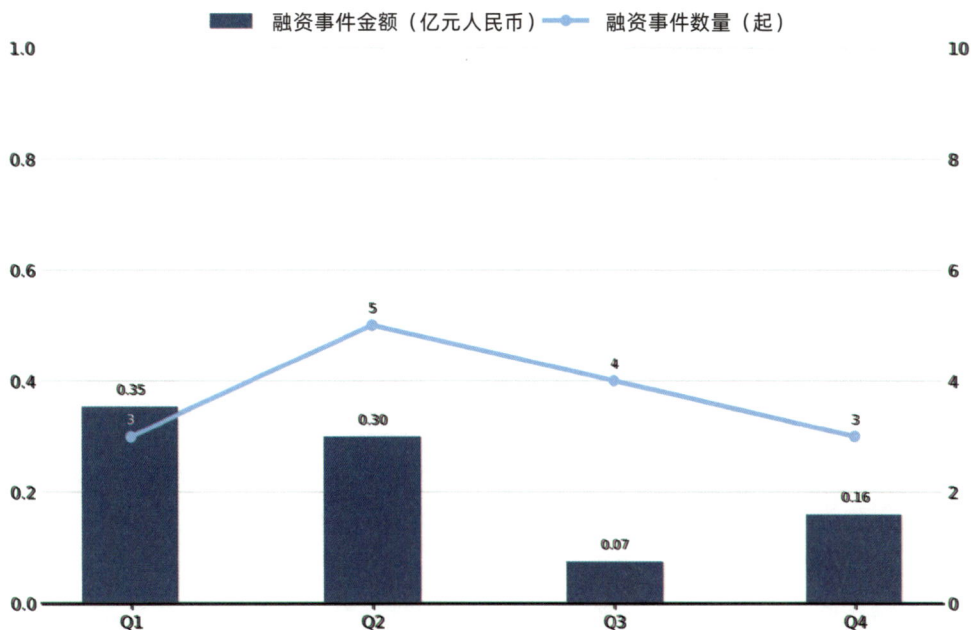

图 2-16-1 2023 年上海市虹口区各季度科创融资事件数量和金额

积极培育未来产业集群。虹口区还是文化和科技融合的示范区,如迷塔城1933和虹口足球场等项目,通过元宇宙技术和数字化手段,为传统文化和体育活动注入新的活力和体验。

2023年,虹口区的科创融资事件数量呈先升后降的态势,融资金额总体上呈逐渐下降的态势。如图2-16-1所示,尽管各季度间融资事件数量的变化不大,但仍存在一定的波动。例如,第二季度的融资事件数量较第一季度有所增长,由3起增长66.7%至5起。之后,融资事件数量持续下降,第三季度有4起,第四季度有3起。融资金额则一直处于0.40亿元人民币以下。第二季度较第一季度下降14.3%至0.30亿元人民币,第四季度较第三季度上升128.6%至0.16亿元。

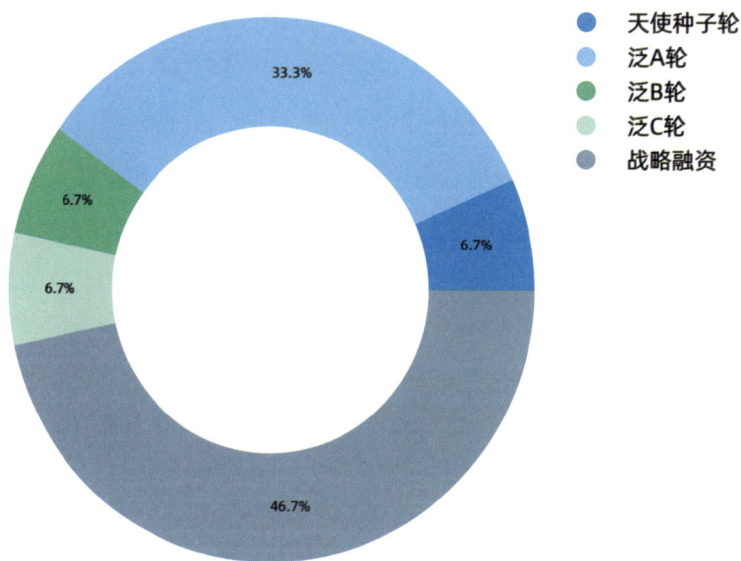

图2-16-2 2023年上海市虹口区科创融资事件轮次分布

从融资轮次来看,在2023年虹口区的科创战略中,战略融资和泛A轮比较突出。图2-16-2显示,战略融资事件占融资事件总数的46.7%,泛A轮融资事件占比为33.3%。这些数据反映了区域内一些科创企业对战略性合作伙伴的吸引力,也反映了部分早期融资的活跃度。天使种子轮、泛B轮和泛C轮的融资事件相对较少,占比均为6.7%,但依然展现了虹口区科创企业融资需求的多样性。

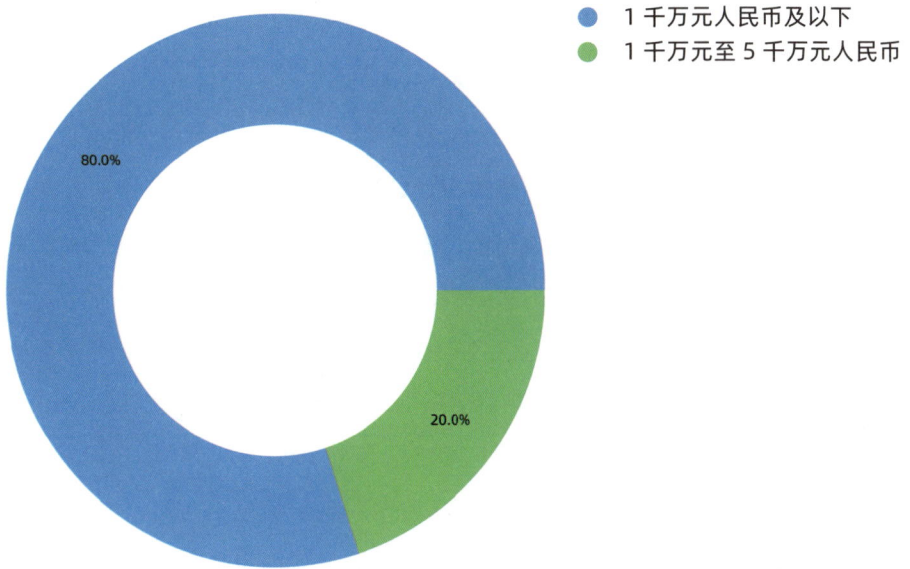

● 1 千万元人民币及以下
● 1 千万元至 5 千万元人民币

图 2-16-3 2023 年上海市虹口区科创融资事件金额分布

　　如图 2-16-3 显示，2023 年虹口区科创融资活动主要为 1 千万元人民币及以下的融资事件，该类事件占融资事件总数的 80%。剩余的 20% 则是金额在 1 千万元至5 千万元人民币之间的融资事件。

第3章 2023年上海市"3+6"产业融资情况

3.1 上海"3+6"产业融资总体态势

上海市国民经济和社会发展第十四个五年规划指出，聚焦集成电路、生物医药、人工智能等关键领域，以国家战略为引领，推动创新链、产业链融合布局，培育壮大骨干企业，努力实现产业规模倍增，着力打造具有国际竞争力的三大产业创新发展高地。瞄准产业发展前沿，突出集群发展理念，打响"上海制造"品牌，在传承、创新和提升既有优势产业中，重点打造具备产业比较优势、制造服务交互融合、未来发展潜力巨大的六大重点产业集群。根据张通社Link数据库统计，2023年全市三大先导产业的融资事件数量分别为：集成电路175起，生物医药214起，人工智能134起。六大重点产业的融资事件数量分别为：电子信息109起，生命健康17起，汽车59起，高端装备123起，先进材料44起，时尚消费品82起。[1]

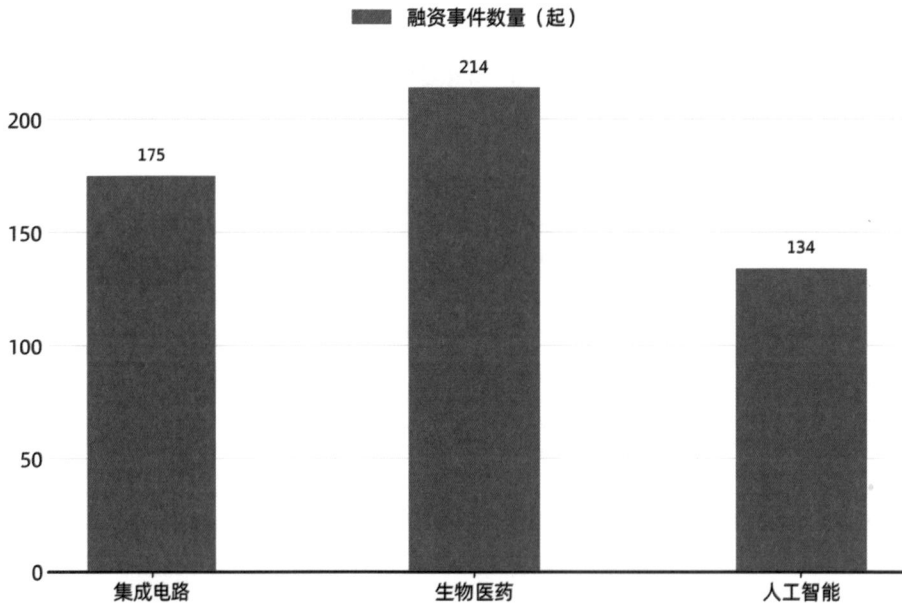

图 3-1-1 2023年上海市先导产业融资事件数量

---

1 作者按：为了避免重复统计，在先导产业中统计过的融资事件，将不会在重点产业中再加以统计。先导产业和重点产业的归类均基于企业所在的子行业。

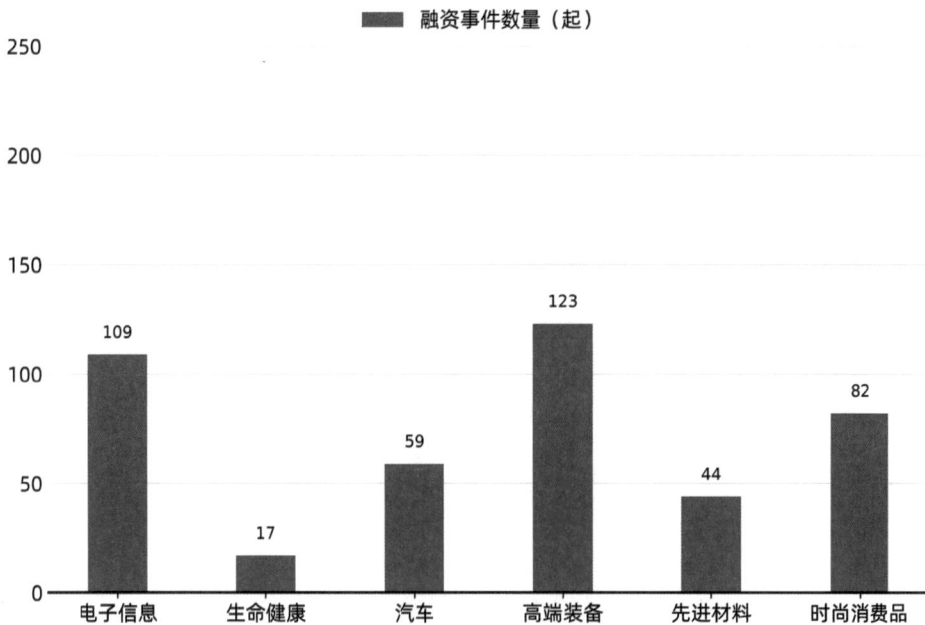

图 3-1-2 2023 年上海市重点产业融资事件数量

3.2 上海先导产业科创融资情况

3.2.1. 总体情况

从融资轮次来看（见图 3-2-1），2023 年上海三大先导产业的融资事件中，接近或者超过半数的事件集中在早期发展阶段的企业（天使种子轮或者泛 A 轮），体现了上海科创融资市场在关键领域培育和扶持新兴企业的积极度。在生物医药和人工智能领域，有接近 60% 的投资都流向了早期发展阶段的企业。对处于早期发展阶段的企业的资金支持，为持续提升上海在关键产业领域的未来竞争力打下基础。与此同时，在三大先导产业中，有超过 20% 的融资事件为战略融资，这些基于战略发展目标的融资活动，凸显了上海市科创融资市场在推动创新链、产业链融合布局中所发挥的引导作用。

从融资规模来看（见图 3-2-2），在 2023 年三大先导产业的融资活动中，有接近或超过半数的融资事件，其融资金额在 1 千万元人民币及以下。这与融资事件主要集中于早期发展阶段企业的观察相一致。尽管融资金额较小，但对于处于早期发展阶段的企业而言，所获得的资金支持能够帮助企业进一步发展壮大，推动创新成果价值转化。

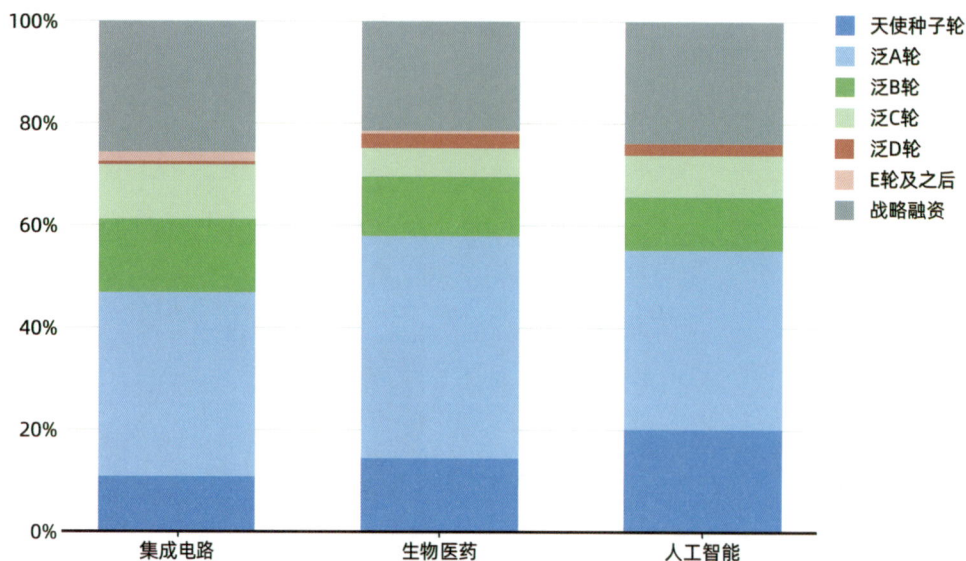

图 3-2-1 2023 年上海市先导产业融资事件轮次分布

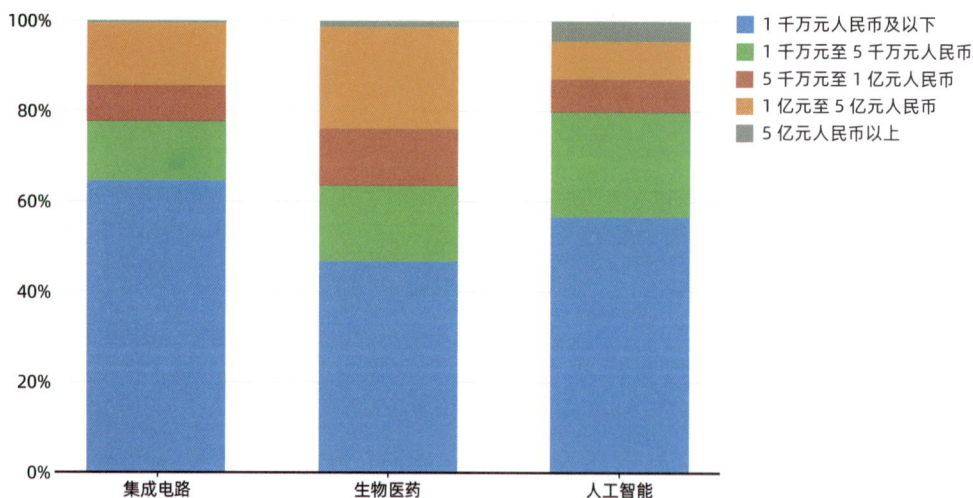

图 3-2-2 2023 年上海市先导产业融资事件金额分布

三大先导产业中，获得投资的科创企业的空间分布差异、所处行业差异，见图 3-2-3、图 3-2-4。浦东新区的科创企业的融资事件总数居全市首位，相较于其他行政区，具有较大优势。浦东新区分别有 112 起、46 起、109 起融资事件发生在生物医药、人工智能和集成电路领域。这与浦东新区将科技创新作为打造"社会主义现代化建设引领区"的第一要务的战略部署相一致，浦东作为上海科创中心核心区，支撑引领着三大先导产业的高质量发展。然而，相较于生物医药和集成电路而言，浦东新区的人工智能融资事件数量仍处于低位，未来仍具有较大增长空间。闵行区和嘉定区的三大先导产业的融资事件数量位居全市第二位和第三位。闵行区的生物医药和人工智能产业呈现集聚优势，而嘉定区的人工智能产业的融资活动也较为频繁。

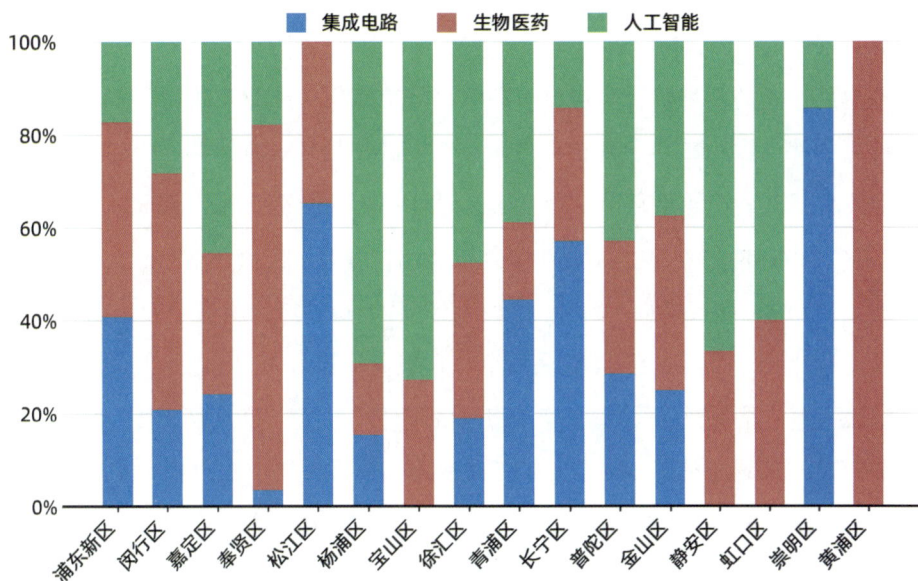

图 3-2-3 2023 年上海市各行政区划内先导产业融资事件分布

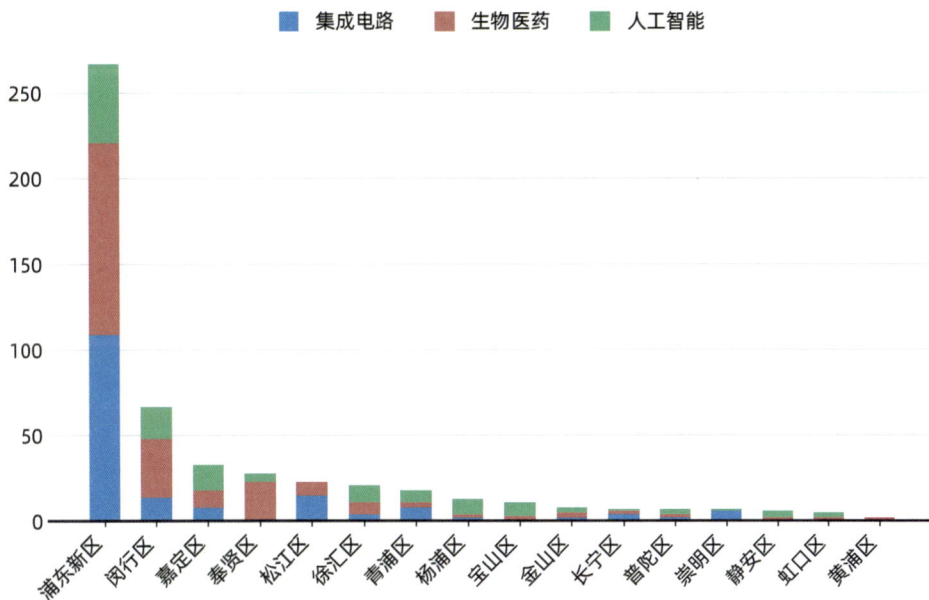

图 3-2-4 2023 年上海市各行政区划内先导产业融资事件数量

3.2.2. 集成电路产业

作为三大先导产业之一，上海的集成电路产业处于全国领先地位。上海市集成电路产业协会的统计数据显示，2023年本市集成电路产业销售规模达3251.9亿元，同比增长6.3%。[1] 上海市国民经济和社会发展第十四个五年规划指出，要增强集成电路产业自主创新能力，努力打造完备产业生态。

集成电路产业的发展趋势呈现出市场垂直分工深化，产业链结构复杂并且相互依存程度高的特点。2023年上海市集成电路产业的科创融资事件共175起，分布于集成电路产业链的各个重要环节，包括芯片设计、芯片制造、封装测试三大环节，也包括EDA、半导体材料及化学品、半导体设备制造等关键支撑领域（见图3-2-5）。具体来看，41.1%的融资事件（72起）发生在芯片制造领域，融资金额达159.07亿元人民币。芯片设计子行业有44起融资事件，融资金额为32.88亿元人民币。居于第三位的是半导体设备制造领域，共有34起融资事件，融资金额为16.20亿元人民币。

从融资轮次来看（见图3-2-7），有大量的融资事件集中在天使种子轮或者泛A轮：36.0%的融资事件发生在泛A轮，10.9%的事件为天使种子轮融资。此外，25.7%的事件为战略融资，27.5%的融资事件发生在泛B轮或之后的轮次（包括泛B轮、泛C轮、泛D轮和E轮及之后）。从融资金额来看（见图3-2-8），有64.6%

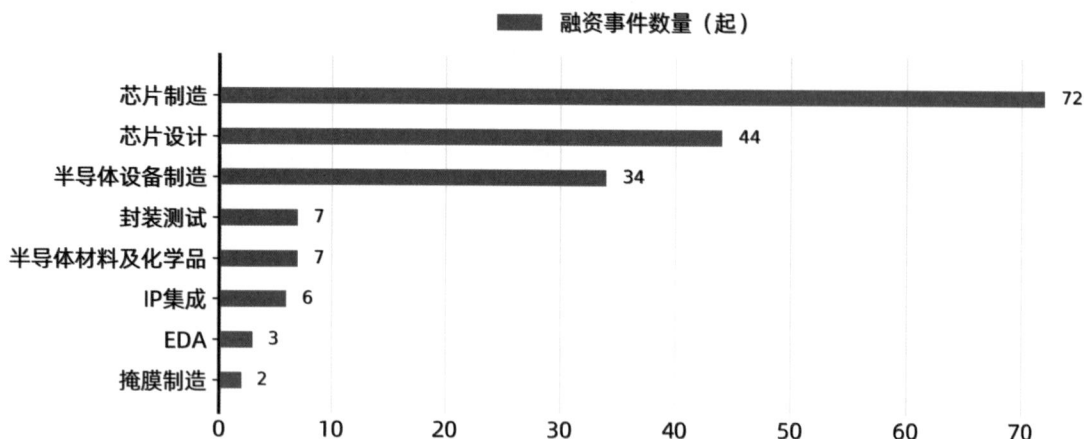

融资事件数量（起）

图 3-2-5 2023 年上海市集成电路各子行业融资事件数量

---

[1] https://m.21jingji.com/article/20240617/herald/2ac5d80351809c418670d2a117aefflc.html，访问日期：2024年11月8日。

的融资事件的披露金额在 1 千万元人民币及以下。另外，与集成电路产业投入需求大的特点相符合，有 22.3% 的投资事件的披露金额高于 5 千万元人民币。

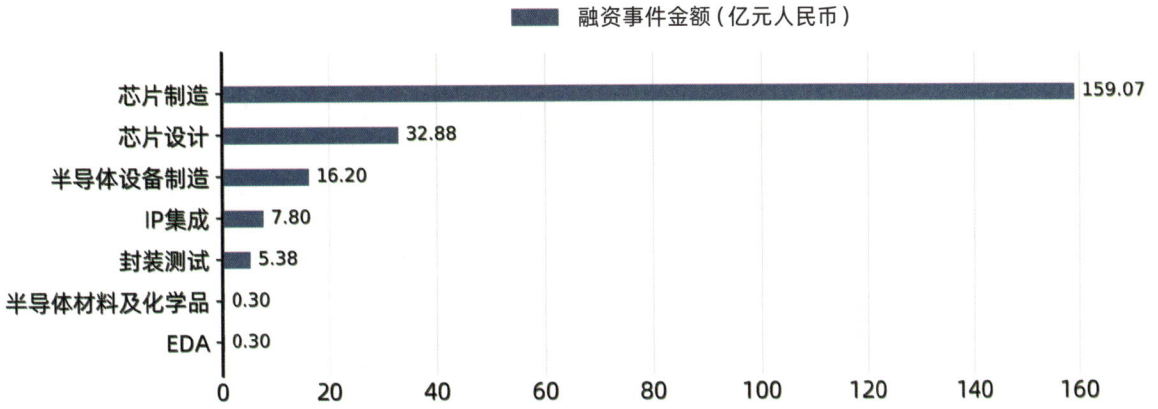

图 3-2-6 2023 年上海市集成电路各子行业融资金额

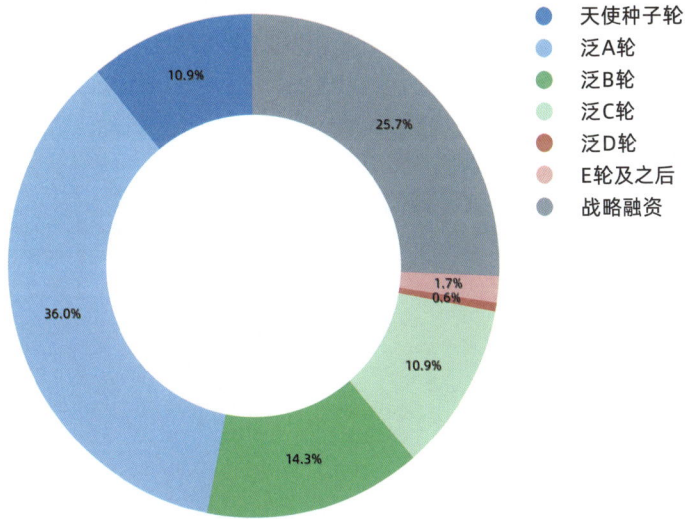

图 3-2-7 2023 年上海市集成电路产业融资轮次分布

从空间布局来看，上海集成电路产业目前形成了"一核多极，一体两翼"的发展格局。其中"一核多极"指的是以张江高科技园区为核心，以嘉定区、临港地区、杨浦区、漕河泾开发区、松江经开区、青浦区和金山区为主要发展极的空间布局。"一体两翼"是指以张江为主体，以临港和嘉定为两翼，提升张江国家集成电路产业基地能级，增强临港集成电路高端装备制造能力，培育嘉定集成电路新兴产业带的发展规划。2023年，浦东新区的集成电路产业融资事件总数为109起，居全市首位。其次为松江区的15起和闵行区的14起。此外，青浦区和嘉定区各有8起集成电路产业的融资事件(见图3-2-9)。

参与2023年集成电路产业投资的投资机构呈现出多样化特征（见图3-2-10）。62.6%的投资机构为市场化股权投资机构，23.7%为国资股权投资机构，13.4%为企业风险投资机构。多元化的投资主体协同合作，共同推动集成电路产业的深化创新发展。2023年，集成电路领域最为活跃的投资机构也呈现出多元化的特点（见表3-2-1），包括海望资本（7起）、中芯聚源投资（6起）、临芯投资（5起）、元禾璞华（5起）和毅达资本（5起）等。其中，海望资本是由浦东科创集团发起成立的国资创投平台，成立于2020年，专注于集成电路、生物医药、航空航天等"硬科技"产业的投资。元禾璞华也是国资背景的投资机构。临芯投资和毅达资本则为市场化股权投资机构。中芯聚源投资是中芯国际的企业风险投资机构，专注于集成电路领域的投资。

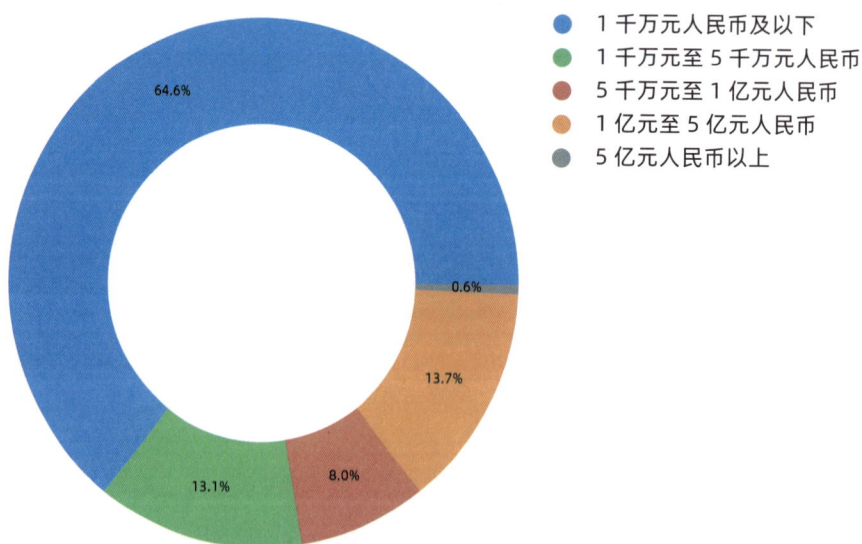

图 3-2-8 2023 年上海市集成电路产业融资事件金额分布

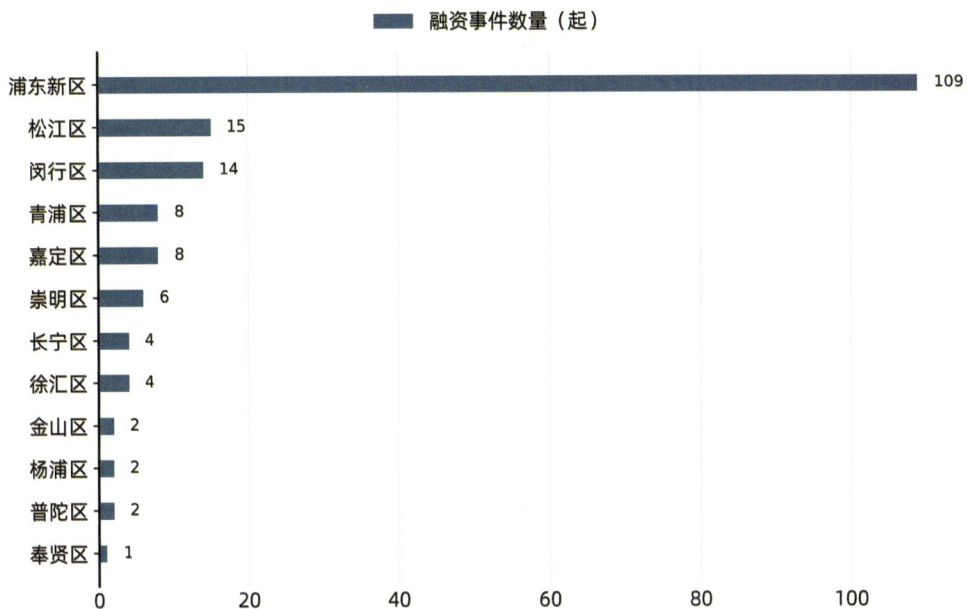

图 3-2-9 2023 年上海市各行政区划内集成电路产业融资事件数量

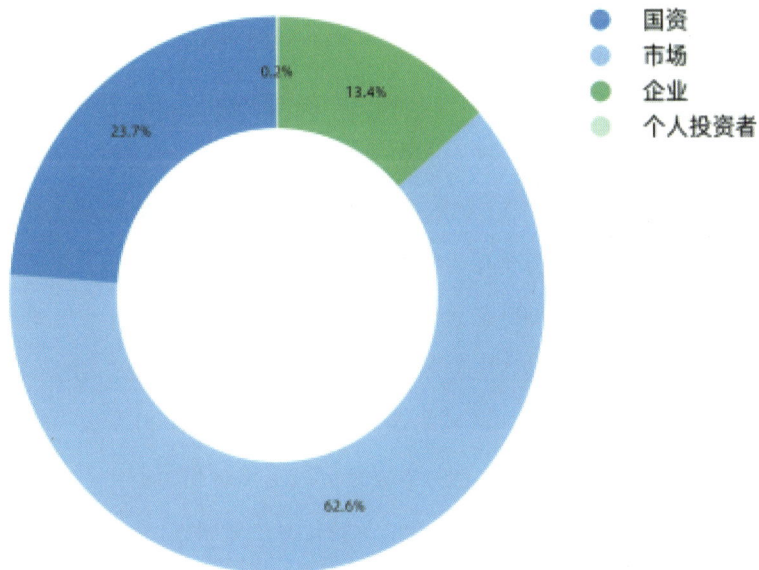

图 3-2-10 2023 年上海市集成电路产业活跃投资机构类型分布

机构名称	该产业融资事件数量
海望资本	7
中芯聚源投资	6
临芯投资	5
元禾璞华	5
毅达资本	5
临港科创投	4
浦东科投	4
深创投	4
清石资管	4
盛盎投资	4

表 3-2-1 2023 年上海市集成电路产业活跃投资机构

3.2.3. 生物医药产业

《上海市生物医药产业发展"十四五"规划》提出，到 2025 年，上海将初步建成世界级生物医药产业集群核心承载地，产业规模超过 1 万亿元。2022 年 10 月发布的《上海市加快打造全球生物医药研发经济和产业化高地的若干政策措施》进一步提出，到 2025 年，上海全球生物医药研发经济和产业化高地发展格局初步形成，研发经济总体规模达到 1000 亿元以上，培育或引进 100 个以上创新药和医疗器械重磅产品，培育 50 家以上具备生物医药研发、销售、结算等复合功能的创新型总部，培育 20 家以上高水平生物医药孵化器和加速器，推动 1000 个以上生物医药专利在沪挂牌交易，新增布局 5 个以上生物医药市级工程研究中心，为 100 项以上高校和科研院所早期优质成果提供工程化验证及转化等创新服务。

2023 年，上海市生物医药产业规模稳步增长、产业结构优化升级、创新成果不断涌现。就科创企业的融资情况而言，上海生物医药产业在 2023 年发生了 214 起融资事件。其中，医疗器械、生物医药和生物技术三个子行业的融资事件最多，分别为 68 起、55 起和 40 起，其对应的融资金额分别达到了 37.17 亿元、52.44 亿元和

54.04 亿元人民币（见图 3-2-11、图 3-2-12）。

生物医药产业的融资事件主要集中在早期融资阶段（见图 3-2-13），14.5%的融资事件发生在天使种子轮，43.5% 的融资事件发生在泛 A 轮。与之相应，有46.7% 的融资事件的金额为 1 千万元人民币及以下（图 3-2-14）。生物医药产业的地理集聚特点鲜明，张江作为生物医药创新引领核心区，对科创企业、投资机构和创新人才持续产生吸引力。故此，2023 年共有 112 起生物医药融资事件发生在浦东新区，约占全市该类融资事件总数的 52.3%（图 3-2-15）。

2023 年，上海生物医药产业的活跃投资机构中，绝大部分为市场化股权投资机构（占 62.7%）。与此同时，国资背景的股权投资机构也在积极引导上海生物医药产业发展，其占当年活跃投资机构的比例达 22.8%。另有 14.3% 的投资机构为企业风险投资机构，体现了大中小企业融通创新机制在生物医药产业的深化（见图 3-2-16）。2023 年，启明创投共参与了 10 起上海生物医药产业的融资，位居所有投资机构之首。启明创投所投资的子领域包括新药研发、医疗器械，以及与人工智能和移动互联网等技术相结合的数字医疗领域。德同资本、怀格资本、斯道资本和龙磐投资均有 5 起针对生物医药产业的投资，并列活跃投资机构的第二位 (见表 3-2-2)。

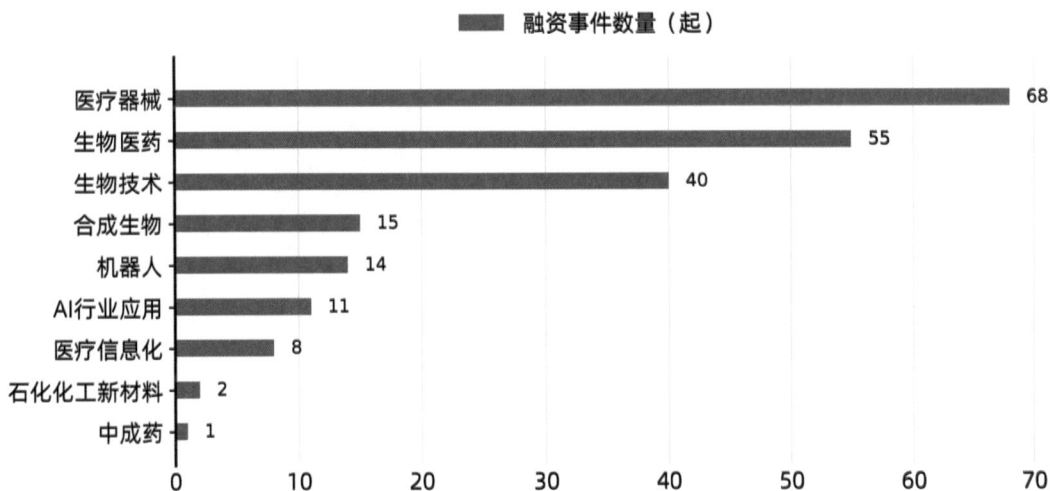

■ 融资事件数量（起）

子行业	数量
医疗器械	68
生物医药	55
生物技术	40
合成生物	15
机器人	14
AI行业应用	11
医疗信息化	8
石化化工新材料	2
中成药	1

图 3-2-11 2023 年上海市生物医药各子行业融资事件数量

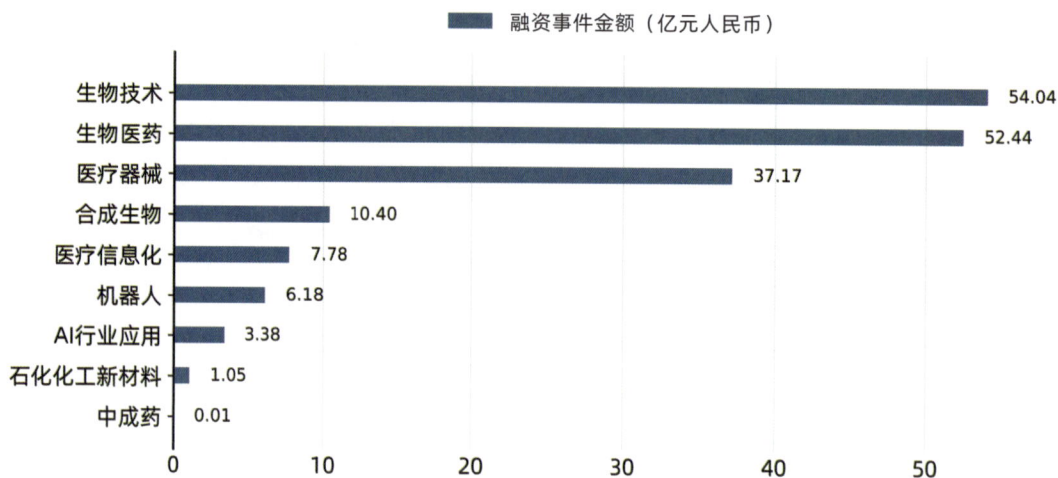

图 3-2-12 2023 年上海市生物医药各子行业融资金额

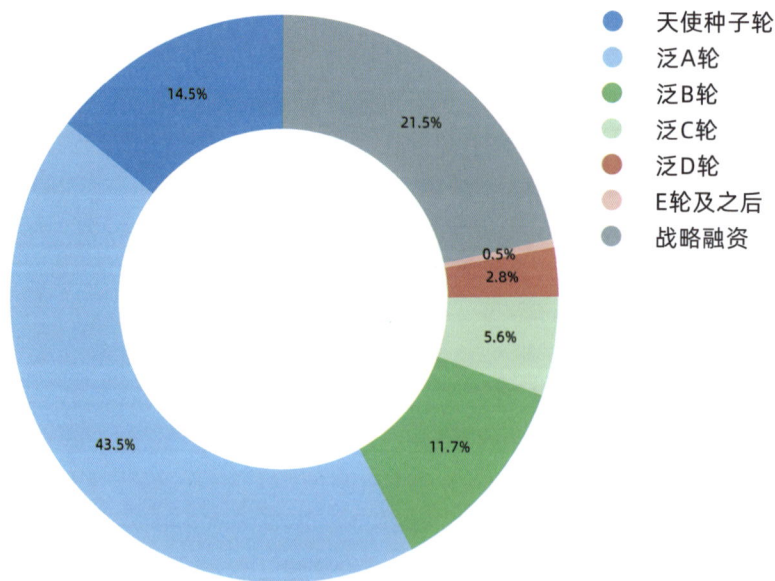

图 3-2-13 2023 年上海市生物医药产业融资轮次分布

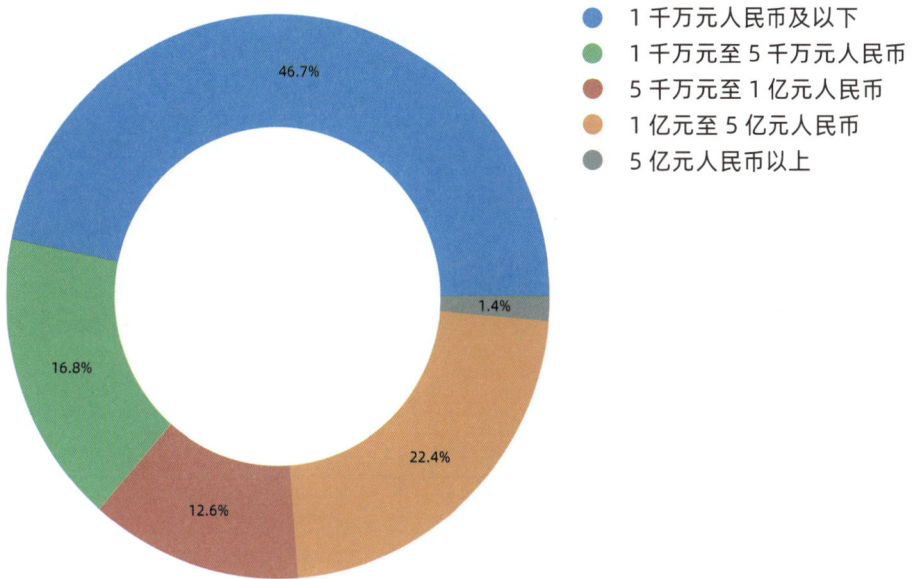

图 3-2-14 2023 年上海市生物医药产业融资金额分布

融资事件数量（起）

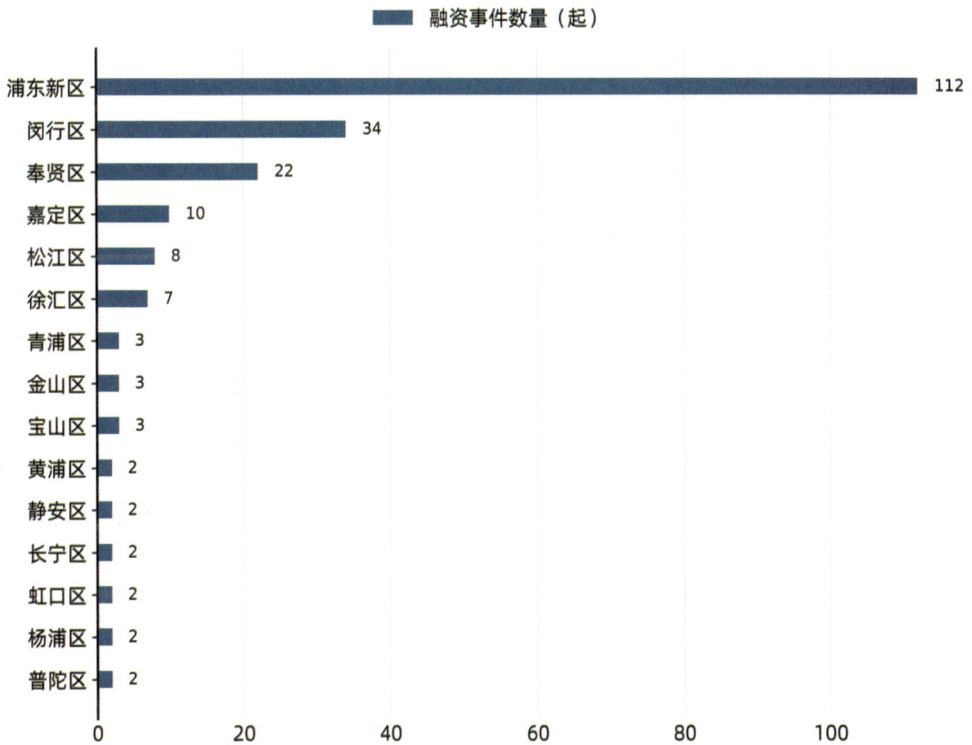

图 3-2-15 2023 年上海市各行政区划内生物医药产业融资事件数量

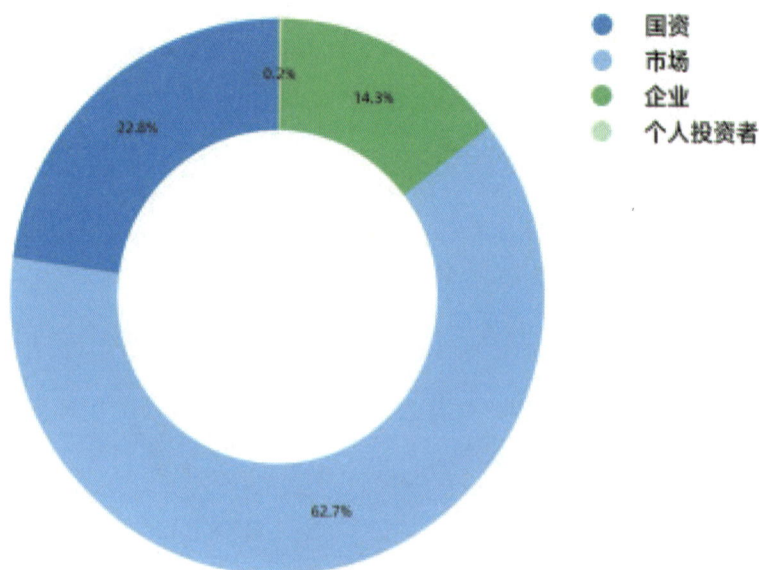

图 3-2-16 2023 年上海市生物医药产业活跃投资机构类型分布

图例：
- 国资
- 市场
- 企业
- 个人投资者

饼图数据：0.2%、14.3%、22.8%、62.7%

机构名称	该产业融资事件数量
启明创投	10
德同资本	5
怀格资本	5
斯道资本	5
龙磐投资	5
三一创新投资	4
上海生物医药基金	4
君联资本	4
复容投资	4
奇绩创坛	4
泰鲲基金	4
礼来亚洲基金	4

表 3-2-2 2023 年上海市生物医药产业活跃投资机构

3.2.4. 人工智能产业

上海市国民经济和社会发展第十四个五年规划指出，在智能芯片、智能软件、智能驾驶、智能机器人等领域，持续落地一批重大产业项目。围绕制造、医疗、交通、教育、金融、城市管理等领域，形成更广泛的"智能＋"深度融合应用和技术迭代。上海市积极引导人工智能产业的发展，通过出台上海市人工智能高质量发展"22条"，以及《推动新一代人工智能发展实施意见》《产业发展三年行动计划》《构建一流创新生态行动方案》《算法创新行动计划》《人工智能标准体系》等政策性文件，全方面推动上海人工智能产业高质量发展。

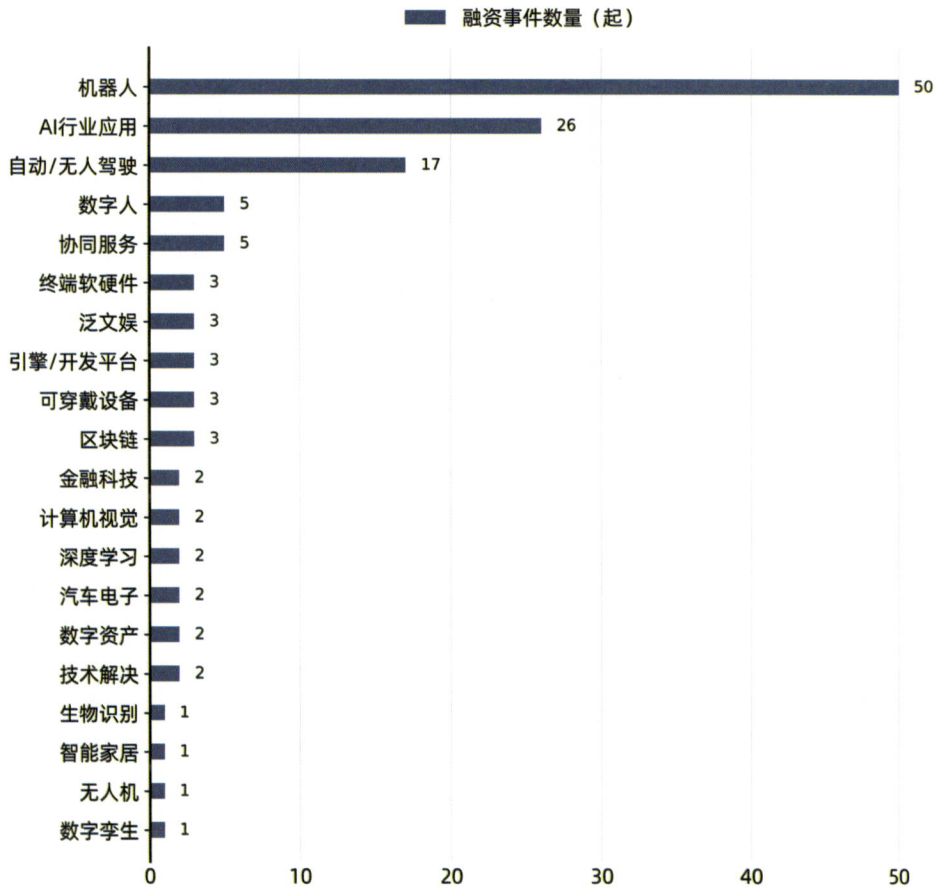

融资事件数量（起）

子行业	数量
机器人	50
AI行业应用	26
自动/无人驾驶	17
数字人	5
协同服务	5
终端软硬件	3
泛文娱	3
引擎/开发平台	3
可穿戴设备	3
区块链	3
金融科技	2
计算机视觉	2
深度学习	2
汽车电子	2
数字资产	2
技术解决	2
生物识别	1
智能家居	1
无人机	1
数字孪生	1

图 3-2-17 2023 年上海市人工智能各子行业融资事件数量

2023 年上海人工智能创新生态进一步优化，全年共有 134 起融资事件，分布在机器人、AI 行业应用、自动驾驶 / 无人驾驶等子行业。其中，机器人子行业的科创企业的融资事件数量最高，有 50 起，融资金额达 32.17 亿元人民币。AI 行业应用子行业的融资事件数量为 26 起，其融资金额居各子行业首位，达到了 42.45 亿元人民币。自动驾驶 / 无人驾驶子行业的融资事件数量（17 起）和融资金额（28.17 亿元）均居第三位（见图 3-2-17、图 3-2-18）。

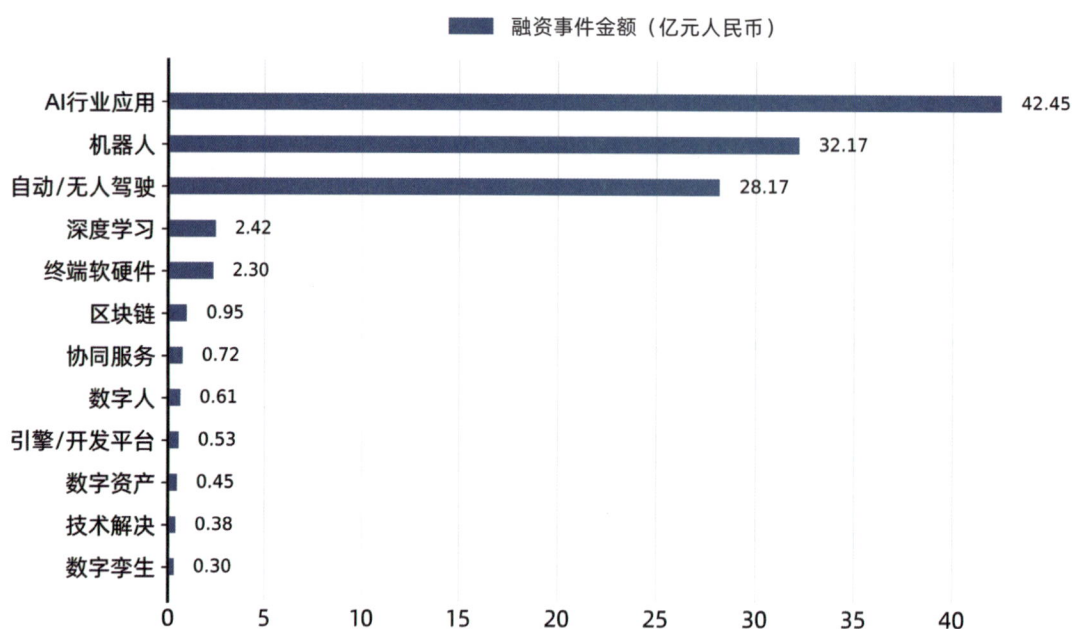

图 3-2-18 2023 年上海市人工智能各子行业融资金额

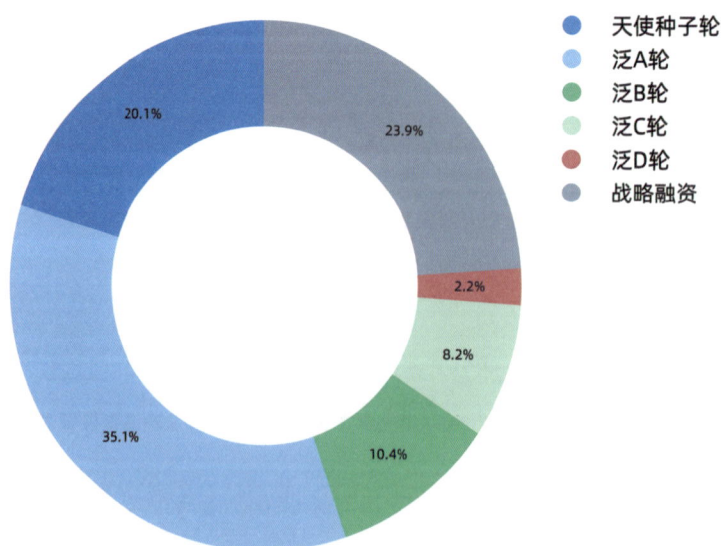

图 3-2-19 2023 年上海市人工智能产业融资事件轮次分布

从融资轮次来看（见图 3-2-19），有超过一半的融资事件（55.2%）发生在天使种子轮和泛 A 轮，23.9% 的融资事件为战略融资，其余大约 20.8% 为泛 B 轮及之后轮次的融资。就融资规模而言（见图 3-2-20），56.7% 的融资事件的披露金额在 1 千万元人民币及以下，有 20.2% 的融资事件的披露金额高于 5 千万元人民币。

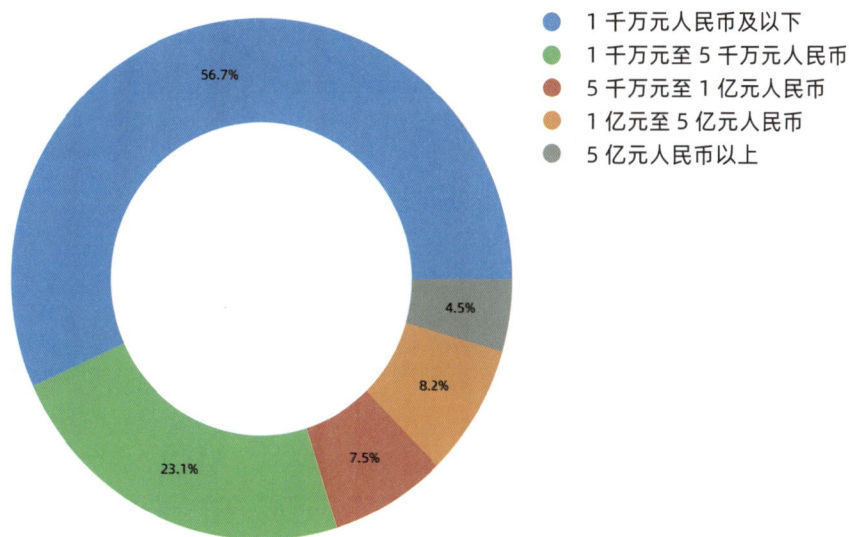

图 3-2-20 2023 年上海市人工智能产业融资事件金额分布

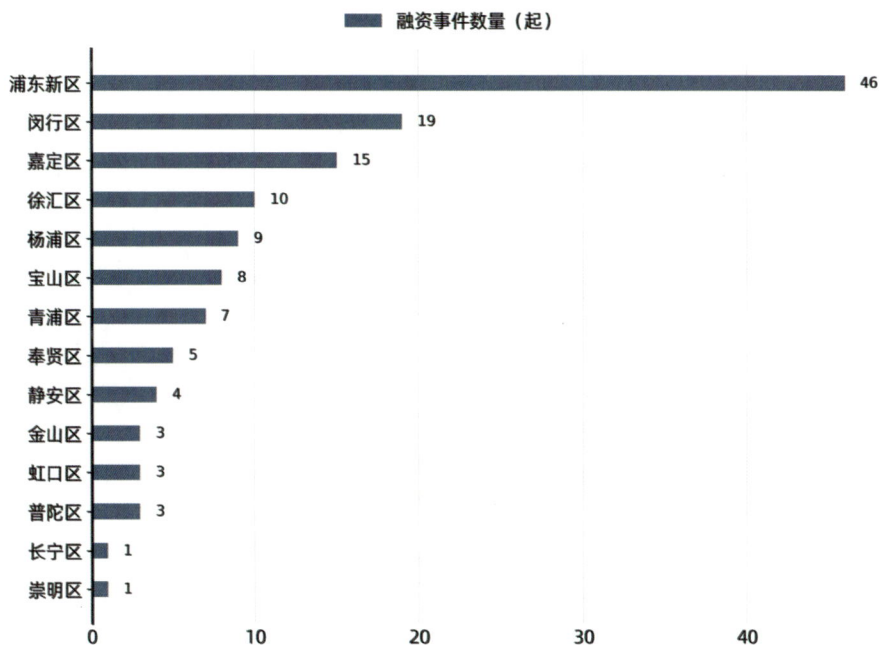

图 3-2-21 2023 年上海市各行政区划内人工智能产业融资事件数量

浦东新区是发生人工智能领域融资事件最多的行政区，全年共有 46 起该类融资事件。位于浦东的张江人工智能岛，是上海人工智能创新应用先导区产业核心载体之一，人工智能产业的集聚效应显著。闵行区有 19 起该类融资事件，排名第二，嘉定区以 15 起融资事件居于第三位（图 3-2-21）。

人工智能作为应用前景广阔且高速发展的技术领域，持续吸引各类投资机构进入。从投资机构的类型来看（图 3-2-22），2023 年，有 60.6% 的活跃投资机构为市场化股权投资机构，20.8% 为国资股权投资机构，18.1% 为企业风险投资机构。红杉中国为当年最活跃的投资机构，共参与了 6 起融资事件，紧随其后的是奇绩创坛和蓝驰创投，均参与了 5 起融资事件（表 3-2-3）。

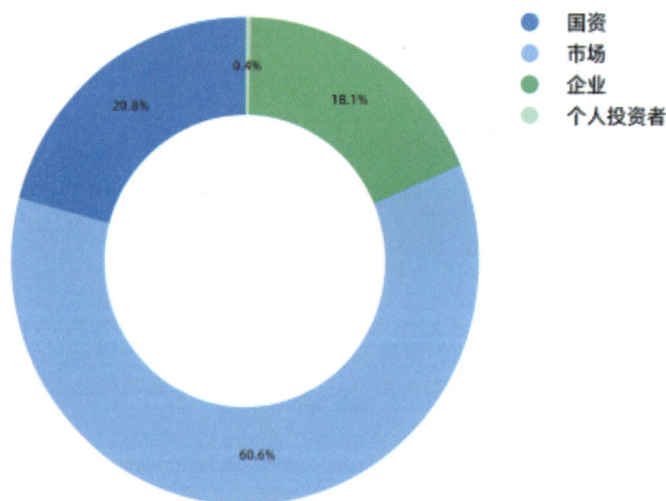

图 3-2-22 2023 年上海市人工智能产业活跃投资机构类型分布

机构名称	该产业融资事件数量
红杉中国	6
奇绩创坛	5
蓝驰创投	5
高瓴创投	4
深创投	3
真格基金	3
经纬创投	3

| 绿洲资本 | 3 |
| 腾讯投资 | 3 |

表 3-2-3 2023 年上海市人工智能产业活跃投资机构

3.3 上海重点产业科创融资情况

3.3.1. 总体情况

从融资轮次来看（见图 3-3-1），2023 年上海六大重点产业的融资活动中，有接近或超过半数的融资事件面向处于早期发展阶段的企业（天使种子轮或者泛 A 轮），这体现了重点产业科创融资市场扶持新兴企业的积极性和力度。在时尚消费品产业中，战略融资的占比较高，超过了 40.0%；电子信息与高端装备产业也分别有 32.1% 和 30.9% 的融资事件为战略融资。从融资规模来看（图 3-3-2），电子信息、汽车、高端装备的 1 亿元以上融资规模的融资事件占比较高。作为"重资产"类的产业领域，这些领域内的企业需要更多的前期投资和基础设施建设的支持。

从空间分布来看（见图 3-3-4），2023 年浦东新区在六大重点产业领域的融资事件总数最高。这充分体现了浦东新区打造社会主义现代化建设引领区的力度，反映了张江核心功能区和临港主体承载区在上海科创中心建设中的关键作用。浦东新区在电子信息与高端装备两大产业的投资活跃度最高（见图 3-3-3），体现了相关

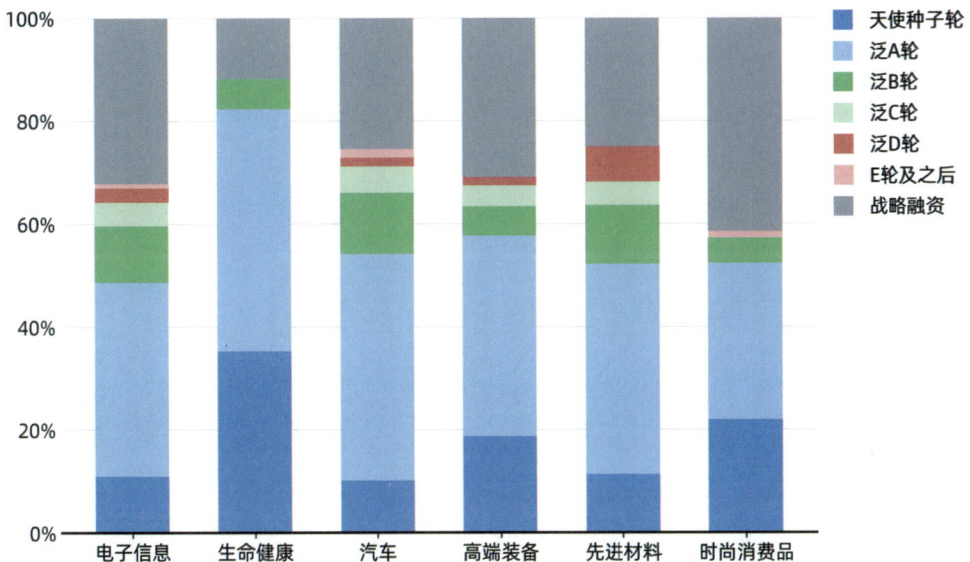

图 3-3-1 2023 年上海市重点产业融资事件轮次分布

领域的创新创业生态圈已经在浦东新区发展至较为成熟的阶段，发挥了较强的集聚引领效应。嘉定区和闵行区在六大重点产业的融资事件总数居于全市第二和第三位。嘉定区在汽车产业的融资事件数量为各区最高，反映了嘉定区努力为深化世界级汽车产业中心承载区建设提供创新源动力。闵行区在高端装备和电子信息产业也有集聚优势，伴随"大零号湾"科技创新策源功能区的策源功能进一步增强，预期未来其科创生态体系还将不断发展壮大。

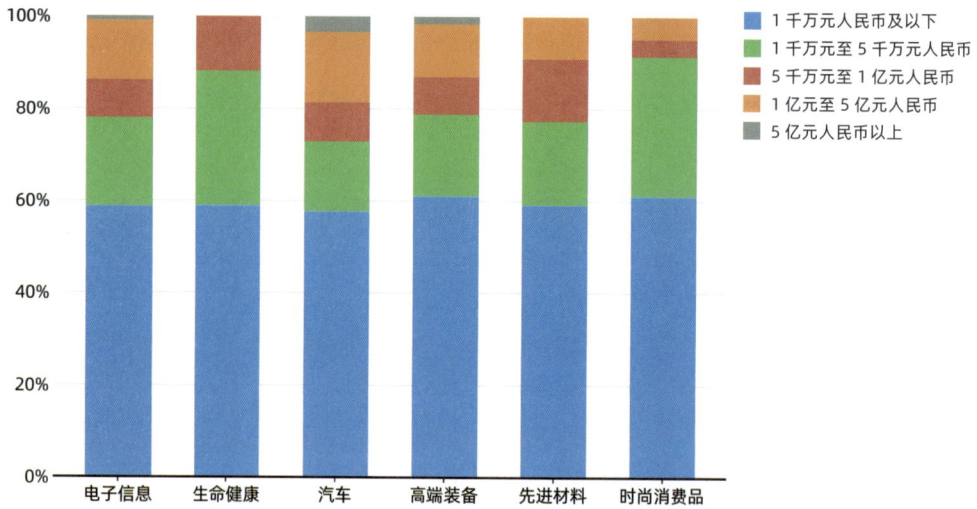

图 3-3-2 2023 年上海市重点产业融资事件金额分布

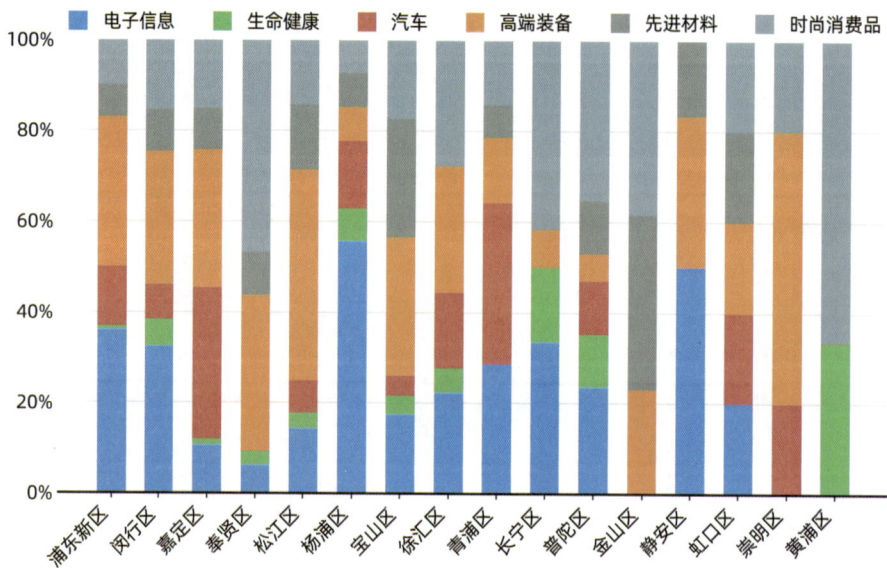

图 3-3-3 2023 年上海市各行政区划内重点产业融资事件分布

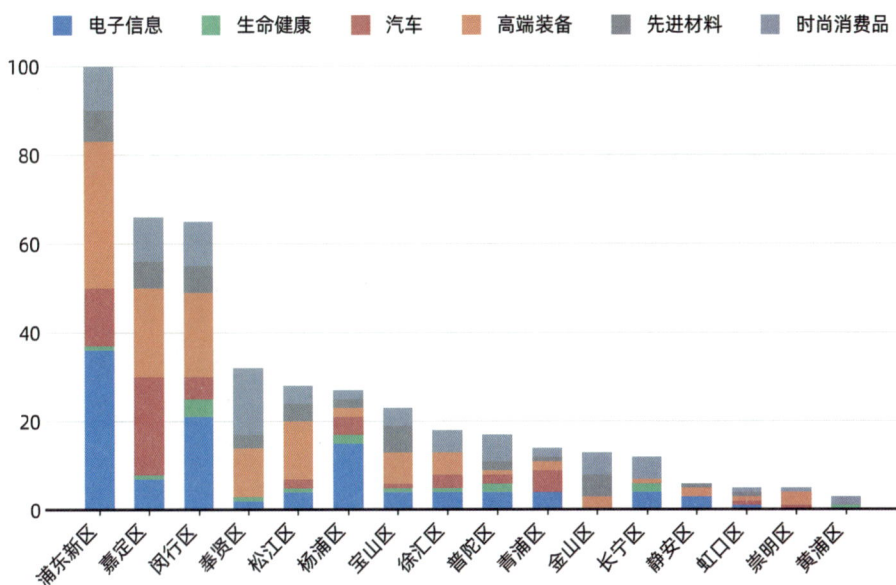

图 3-3-4 2023 年上海市各行政区划内重点产业融资事件数量

3.3.2. 电子信息产业

电子信息产业作为上海市着力打造的高端产业集群之一，相关政策引导和鼓励

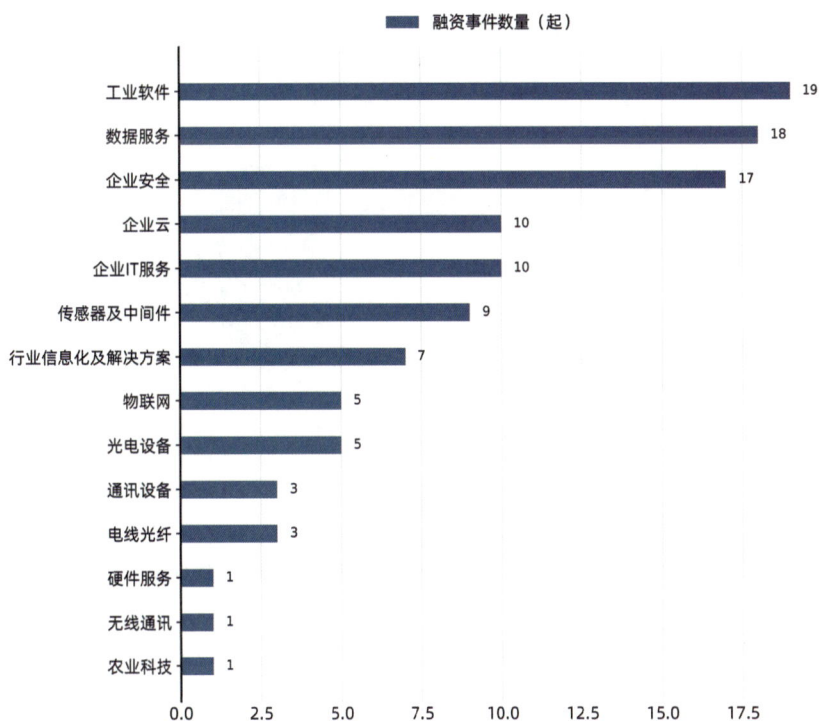

图 3-3-5 2023 年上海市电子信息各子行业融资事件数量

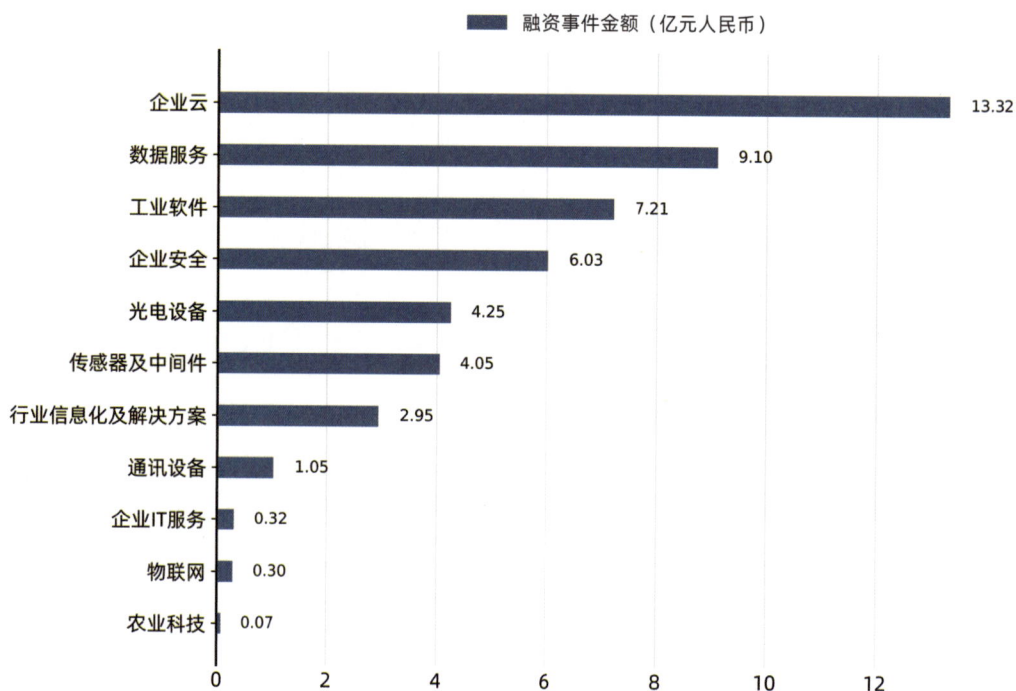

图 3-3-6 2023 年上海市电子信息各子行业融资金额

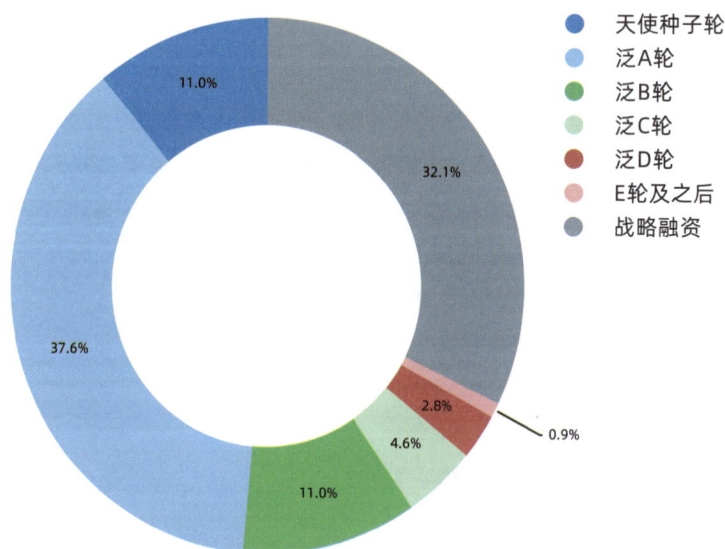

图 3-3-7 2023 年上海市电子信息产业融资事件轮次分布

机制不断完善，促进了 2023 年上海市电子信息产业的发展。全年共有 109 起电子信息产业领域的科创融资事件。就事件数量而言，工业软件、数据服务、企业安全分别有 19 起、18 起、17 起，居电子信息产业各子行业的前三位。就融资规模而言，企业云、数据服务、工业软件分别实现了 13.32 亿元、9.10 亿元、7.21 亿元人民币的融资，居电子信息产业各子行业的前三位。

从融资轮次来看（见图 3-3-7），2023 年上海电子信息产业中有 48.6% 的融资事件为早期阶段融资（天使种子轮或泛 A 轮），19.3% 的事件为泛 B 轮至 E 轮及之后的融资，另有 32.1% 的事件为战略融资。超过一半（58.7%）的披露了金额的融资事件，其规模在 1 千万元人民币及以下。金额在 1 亿元至 5 亿元人民币之间的融资事件占比 12.8%。浦东新区的电子信息产业融资事件最多（36 起），其次为闵行区（21 起）和杨浦区（15 起）。

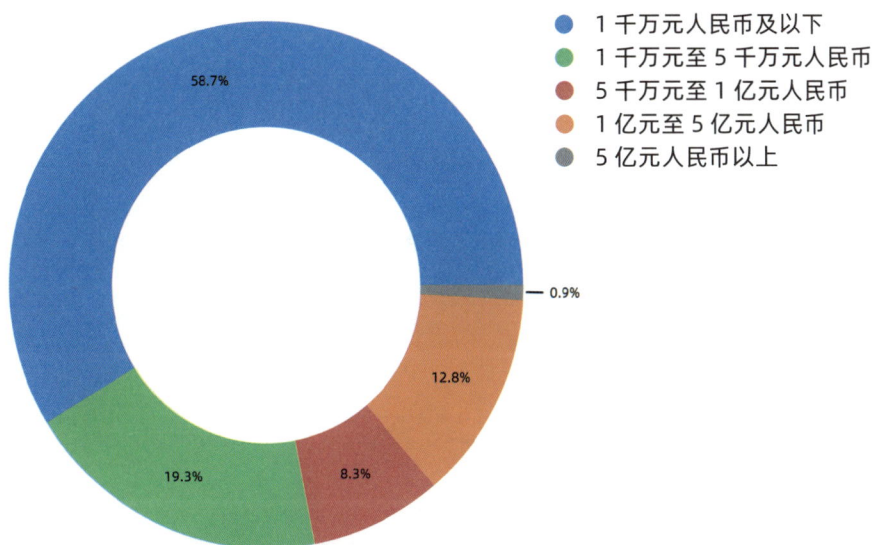

图 3-3-8 2023 年上海市电子信息产业融资事件金额分布

2023 年，活跃投资上海电子信息产业的绝大多数为市场化股权投资机构（占比 63.1%）。国资股权投资机构的投资参与度也较高，有 21.9% 的活跃投资机构为国资背景。另外有 15.0% 的投资机构为企业风险投资机构。参与融资事件数量居前列的投资机构的名单，也反映了活跃投资机构的类型多元化，包括张江科投、云启资本、君联资本、国鑫创投、小米集团等。

融资事件数量（起）

浦东新区 36
闵行区 21
杨浦区 15
嘉定区 7
青浦区 4
长宁区 4
松江区 4
普陀区 4
徐汇区 4
宝山区 4
静安区 3
奉贤区 2
虹口区 1

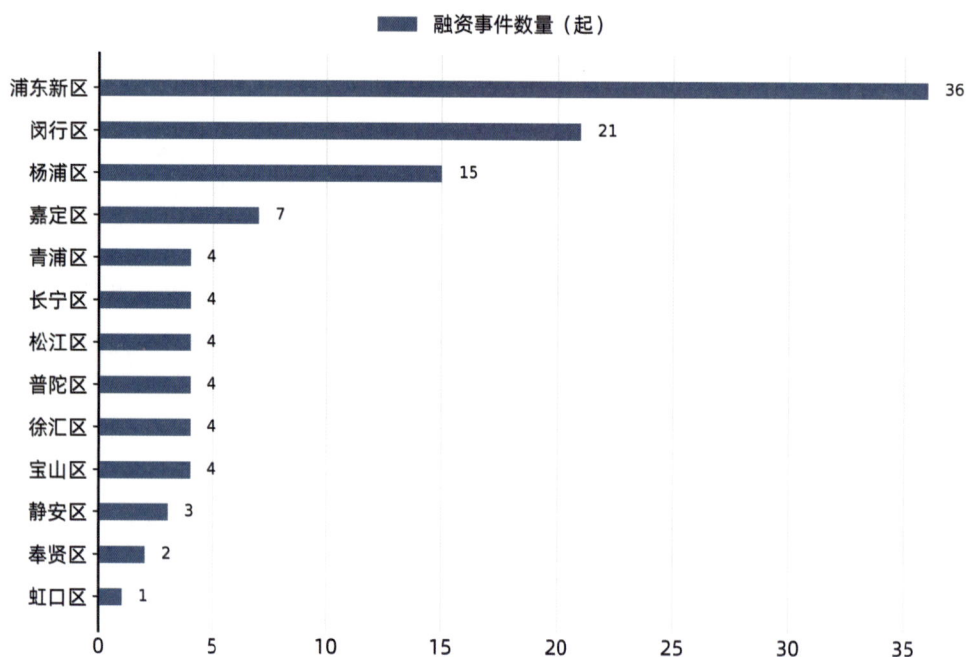

图 3-3-9 2023 年上海市各行政区划内电子信息产业融资事件数量

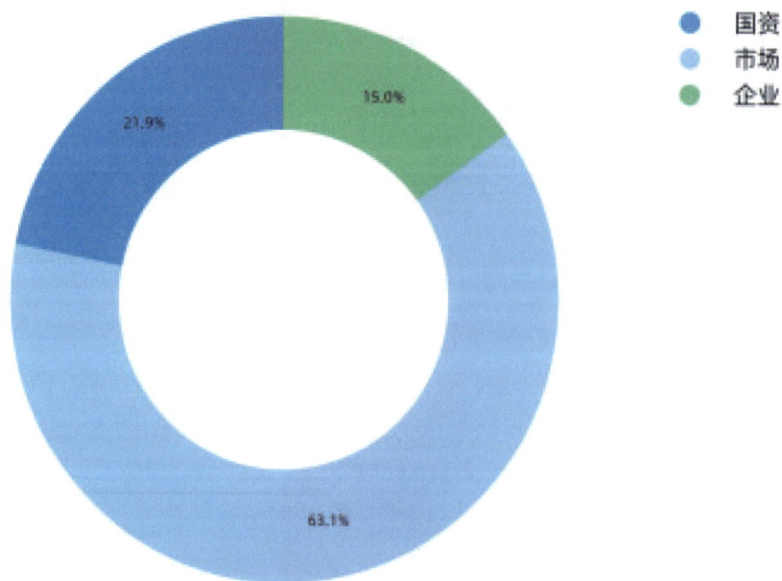

国资
市场
企业

21.9%
15.0%
63.1%

图 3-3-10 2023 年上海市电子信息产业活跃投资机构类型分布

机构名称	该产业融资事件数量
张江科投	4
云启资本	3
君联资本	3
国鑫创投	3
小米集团	3
小苗朗程	3
海望资本	3
深圳高新投	3
睿川创业	3
顺为资本	3

表 3-3-1 2023 年上海市电子信息产业活跃投资机构

3.3.3. 生命健康产业

《上海市先进制造业发展"十四五"规划》中提到，对于生命健康产业，需要重点发展生物医药、高端医疗器械、智能健康产品等制造领域，延伸发展健康服务、医药流通等服务领域。2023 年上海生命健康产业有 17 起融资事件，其中健康管理和专科服务两个子行业的融资事件数量最多，均为 5 起（见图 3-3-11）。如果仅考虑披露金额的融资事件，则宠物服务的融资总金额最高，达 1.13 亿元人民币；其次为健康管理，融资总金额为 0.82 亿元；居第三位的为医疗服务，融资总金额为 0.50 亿元（见图 3-3-12）。

从融资轮次来看，天使种子轮和泛 A 轮合计有 14 起事件，占 2023 年上海生命健康产业融资事件总数的 82.4%（见图 3-3-13）。在披露金额的融资事件中，58.8% 的事件的融资金额在 1 千万元人民币及以下，29.4% 的事件的融资金额在 1 千万元至 5 千万元之间（见图 3-3-14）。在空间分布上，闵行区生命健康产业的融资事件最多，共有 4 起；长宁区、杨浦区和普陀区各有 2 起融资事件，并列第二位（见图 3-3-15）。较为均衡的区位分布体现了在上海"1+5+X"生物医药产业园的布局下，各区域发挥资源优势，发展特色生命健康产业的格局。2023 年活跃于上海生命健康产业的投资机构中，71.4% 为市场化股权投资机构，国资背景投资机构占 9.5%，企业风险投资机构则占 19.0%，体现了该领域的融资活动高度市场化的特点（见图 3-3-16）。[1]

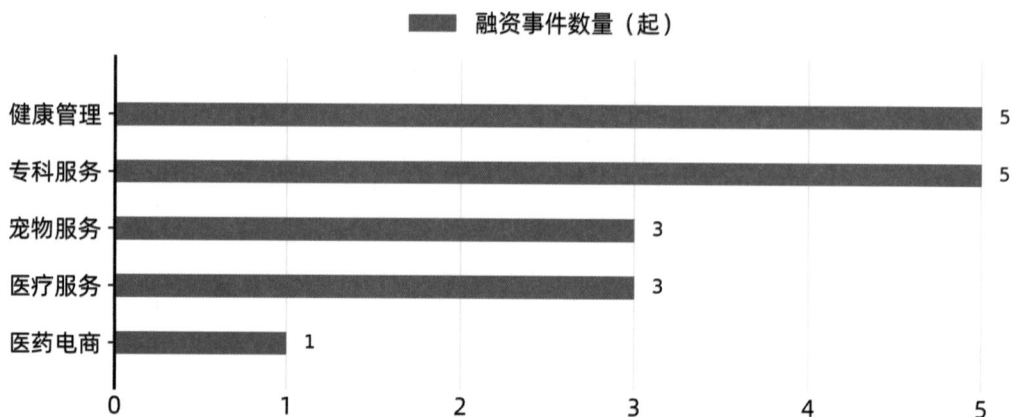

图 3-3-11 2023 年上海市生命健康产业各子行业融资事件数量

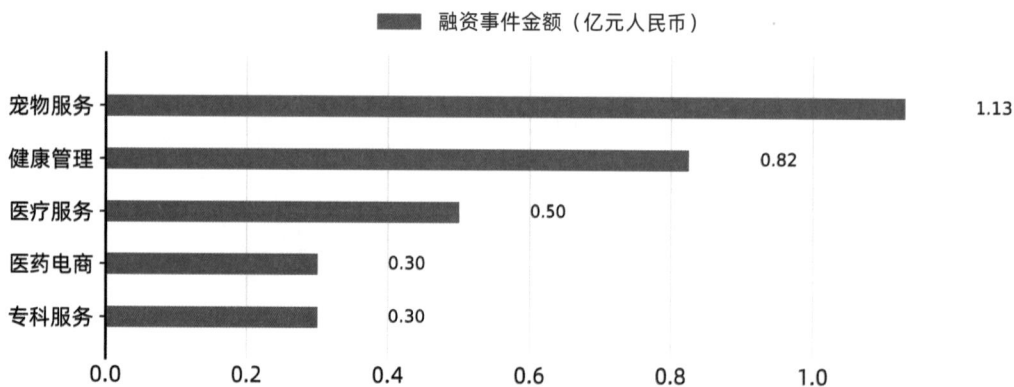

图 3-3-12 2023 年上海市生命健康产业各子行业融资金额

---

1 作者按：2023 年，仅有一家机构（金鼎资本）在上海生命健康产业参与了超过一起融资事件，因此本节未统计并罗列活跃投资机构的名单。

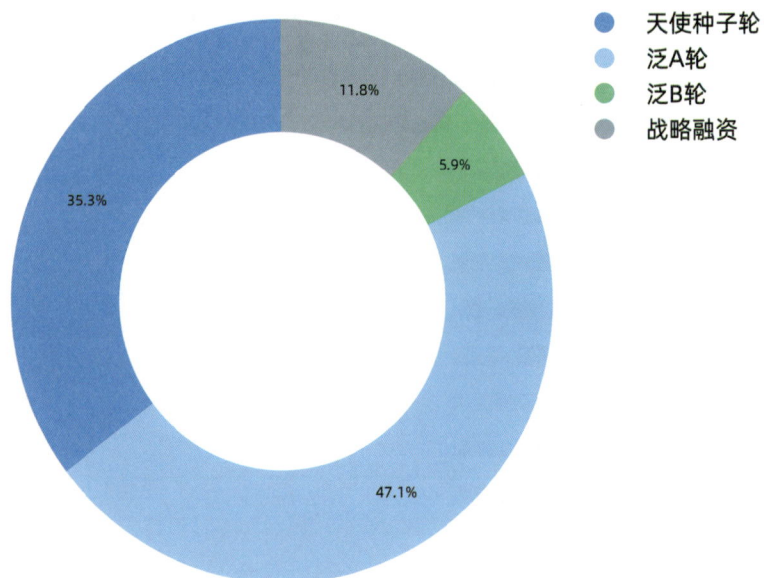

图 3-3-13 2023 年上海市生命健康产业融资事件轮次分布

天使种子轮
泛A轮
泛B轮
战略融资

35.3%

47.1%

5.9%

11.8%

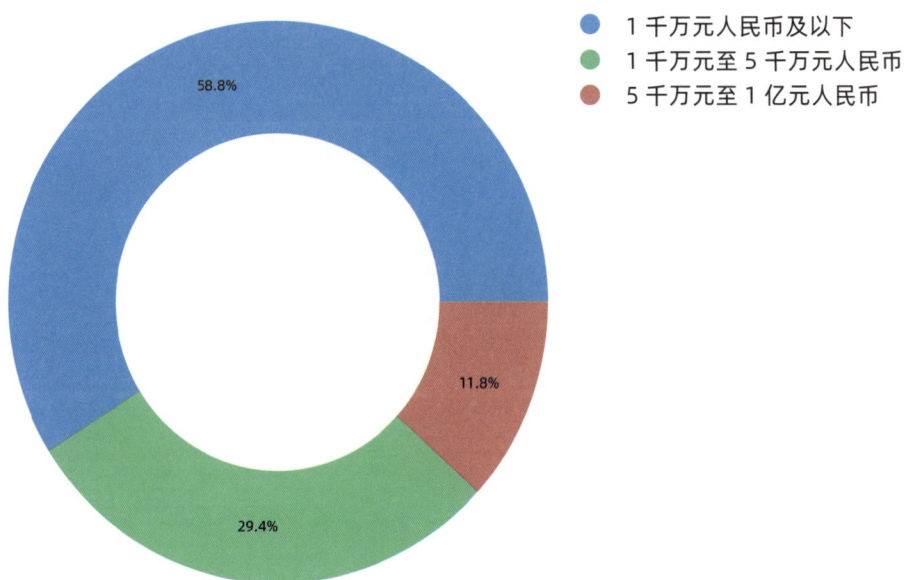

图 3-3-14 2023 年上海市生命健康产业融资事件金额分布

1 千万元人民币及以下
1 千万元至 5 千万元人民币
5 千万元至 1 亿元人民币

58.8%

29.4%

11.8%

融资事件数量（起）

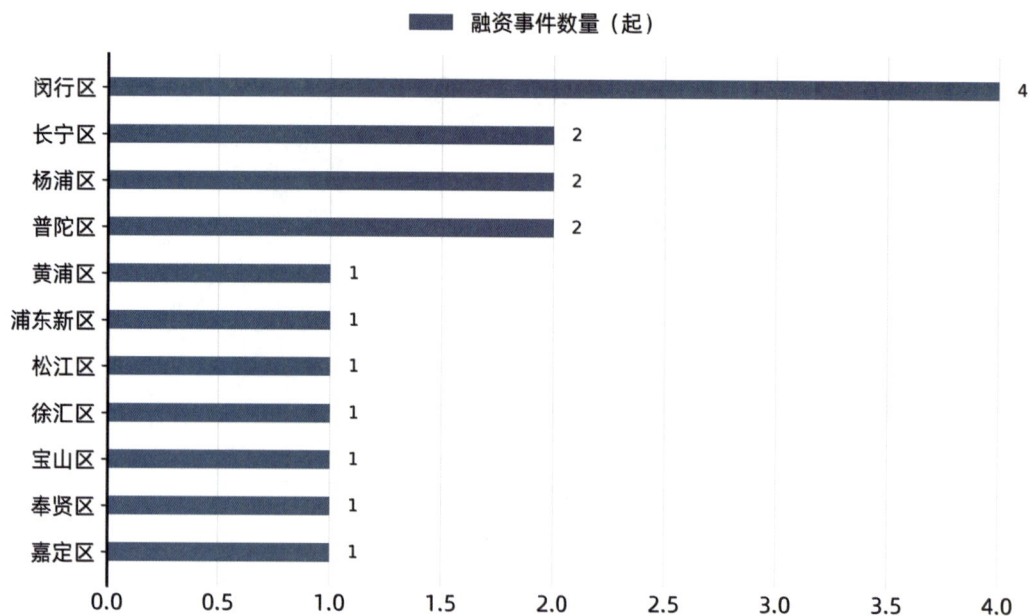

图 3-3-15 2023 年上海市各行政区划内生命健康产业融资事件数量

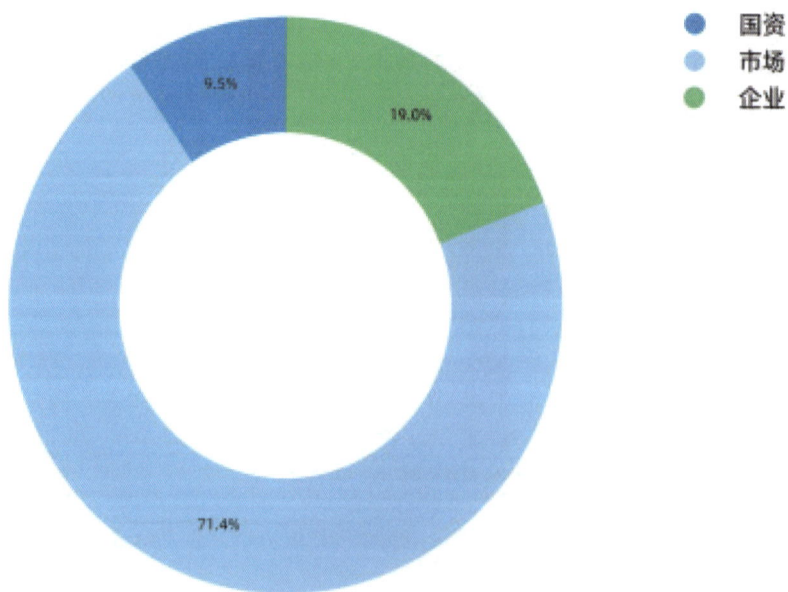

图 3-3-16 2023 年上海市生命健康产业活跃投资机构类型分布

3.3.4. 汽车产业

上海是我国汽车产业重要的生产、研发和销售中心。《上海市先进制造业发展"十四五"规划》中提到，要实现万亿级产业规模，着力打造世界级汽车产业中心。需要重点发展新能源汽车、智能网联汽车、整车及零部件等制造领域，延伸发展智慧出行、汽车金融等服务领域。2021年发布的《上海市加快新能源汽车产业发展实施计划（2021-2025年）》提出，到2025年，本地新能源汽车年产量超过120万辆，新能源汽车产值突破3500亿元，占全市汽车制造业产值35%以上。同时明确了核心技术攻关方向，包括动力电池等关键零部件研发制造达到国际领先水平，汽车网联化与智能化核心技术取得重大进展，形成完整供应链。

2023年，全市汽车产业的融资事件共有59起。融资事件数量排在前列的子行业包括汽车电子（19起）、相关设施制造（8起）和发动机制造（7起）。就融资规模而言，在汽车产业各子行业中，排在前三位的是整车制造、汽车电子、汽车后服务，分别实现融资73.27亿元、11.46亿元、7.14亿元人民币（见图3-3-17、图3-3-18）。

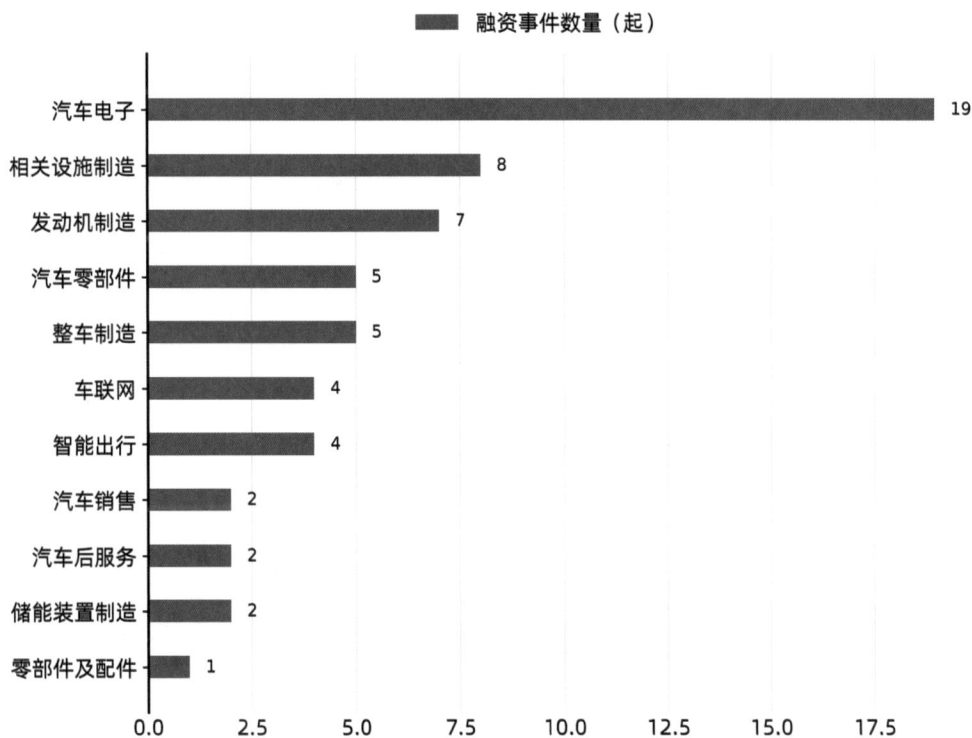

图 3-3-17 2023 年上海市汽车各子行业融资事件数量

从轮次分布来看（见图 3-3-19），54.3% 的融资事件发生在天使种子轮或泛 A 轮，25.4% 的事件为战略融资，20.4% 的事件为泛 B 轮至 E 轮及之后的融资。与一半以上的融资事件为早期阶段融资的观察相符，55.9% 披露了金额的事件的融资规模在 1 千万元人民币及以下（见图 3-3-20）。嘉定区作为建设世界级汽车产业中心承载区，其全年的汽车产业融资事件数量居全市首位，共有 22 起；居次位的是浦东新区，共有 13 起汽车产业的融资事件（见图 3-3-21）。

从投资机构的类型来看（见图 3-3-22），2023 年上海汽车产业的融资活动中，市场化股权投资机构发挥了重要作用，占所有活跃投资机构的 58.3%。国资股权投资机构的作用进一步深化，有 21.7% 的活跃投资机构为国资背景，充分显示了各级政府对汽车产业企业的早期发展及后续产业化的支持。企业风险投资机构占比为 19.2%，体现了成熟企业促进产业链创新链升级的关键作用。2023 年活跃投资机构的名单（见表 3-3-2）反映了汽车产业不同类型投资机构所形成的融合支持创新生态初见成效，其中既包括佐誉资本、国科新能创投、毅达资本等专业股权投资机构，也包括小米、腾讯等企业风险投资，还有国家电投这样的国资股权投资机构。

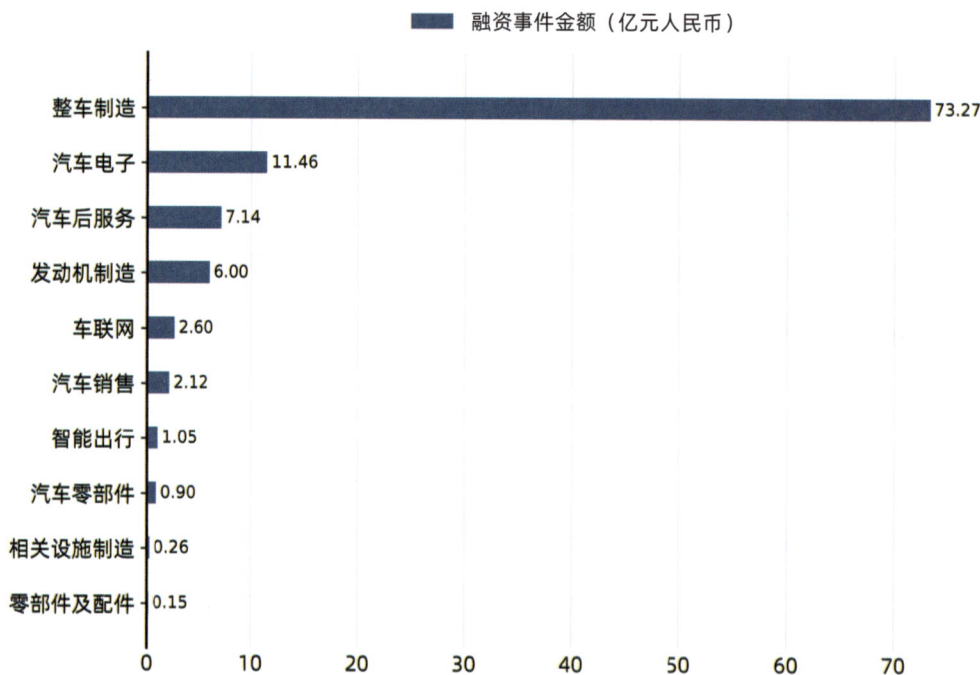

图 3-3-18 2023 年上海市汽车各子行业融资金额数量

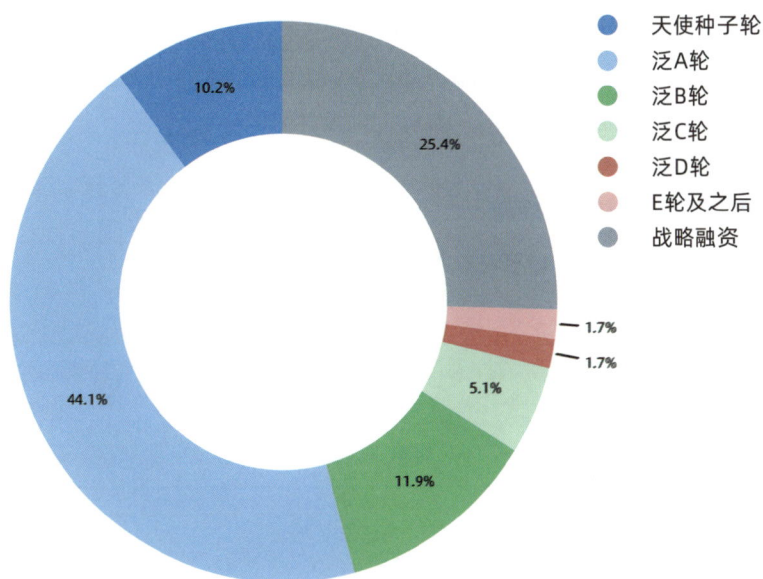

图 3-3-19 2023 年上海市汽车产业融资事件轮次分布

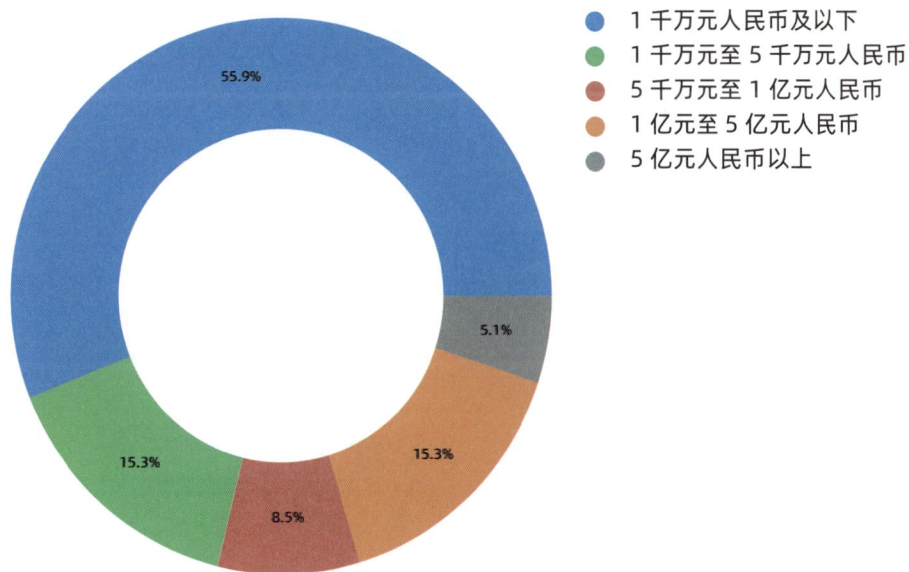

图 3-3-20 2023 年上海市汽车产业融资事件金额分布

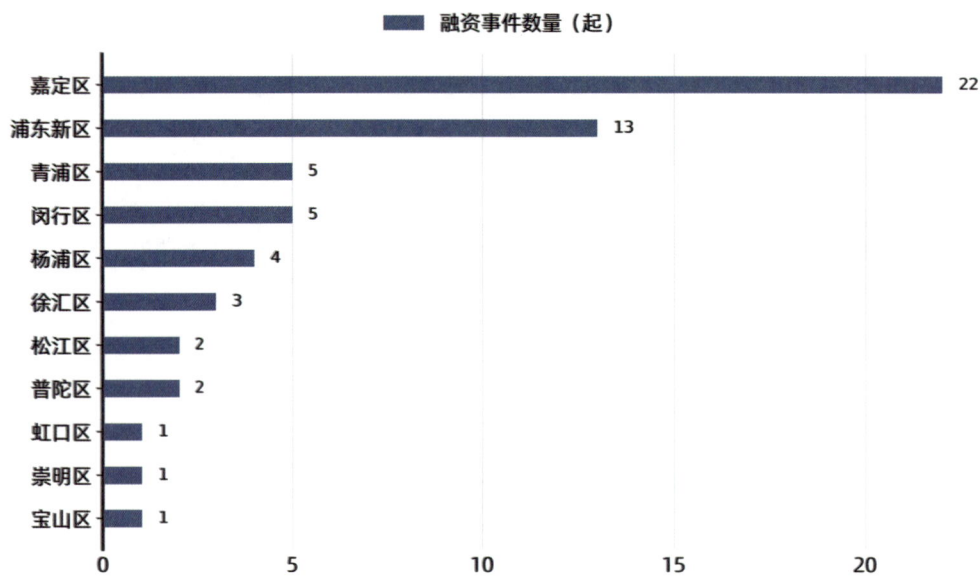

图 3-3-21 2023 年上海市各行政区划内汽车产业融资事件数量

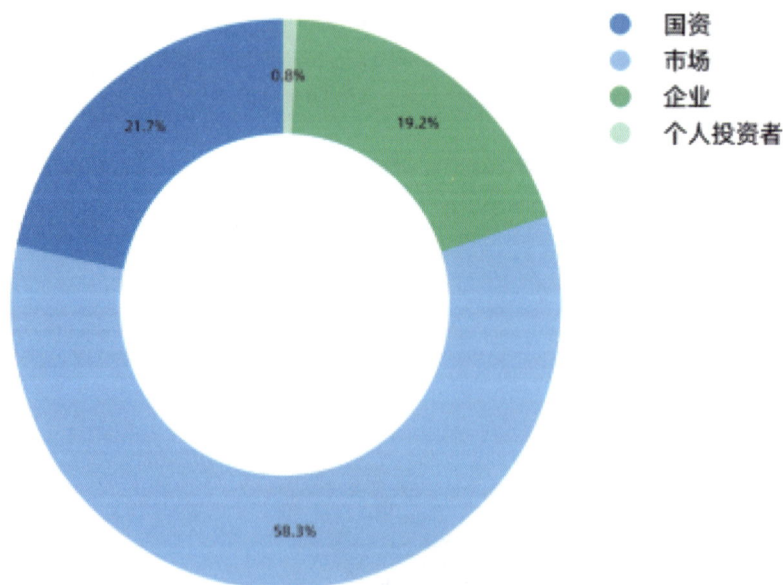

图 3-3-22 2023 年上海市汽车产业活跃投资机构类型分布

机构名称	该产业融资事件数量
小米集团	4
丰年资本	2
佐誉资本	2
国家电投	2
国科新能创投	2
新尚资本	2
毅达资本	2
腾讯投资	2
蔚来资本	2
轩元资本	2
顺为资本	2

表 3-3-2 2023 年上海市汽车产业活跃投资机构

3.3.5 高端装备产业

《上海市先进制造业发展"十四五"规划》中提到，对于高端装备产业，需要重点发展航空航天、船舶海工、智能制造装备、高端能源装备、节能环保装备、轨道交通装备、先进农机装备等制造领域，以及系统集成、智能运维等服务领域。2022 年 9 月发布的《上海市推进高端制造业发展的若干措施》进一步指出，上海将支持企业技术改造和数字化改造，并会强化产业基金投资引导功能。2023 年 5 月出台的《上海市推动制造业高质量发展三年行动计划（2023-2025 年）》提出，到2025 年，工业战略性新兴产业产值占规模以上工业总产值比重达 45%，工业劳动生产率超过 50 万元 / 人，实现数字化和绿色化转型。

2023 年，上海共有 123 起高端装备产业的融资事件。在各个子行业中，电池与储能技术领域的企业融资活动最为频繁，共完成 38 起融资事件，融资总金额达到 17.40 亿元；其次，工业自动化领域的企业共完成 28 起融资事件，融资总金额为 10.88 亿元（见图 3-3-23、图 3-3-24）。从融资轮次来看（见图 3-3-25），天使种子轮和泛 A 轮的事件合计占融资事件总数的 57.7%，战略融资事件占比 30.9%，泛 B 轮至泛 D 轮的事件合计占比 11.4%。61.0% 披露了金额的事件的融资规模在 1 千万元人民币及以下，21.1% 披露了金额的事件的融资规模超过了 5 千万元人民币（见图 3-3-26）。就实现融资的企业所在地来看（见图 3-3-27），浦东新区共有 33 起

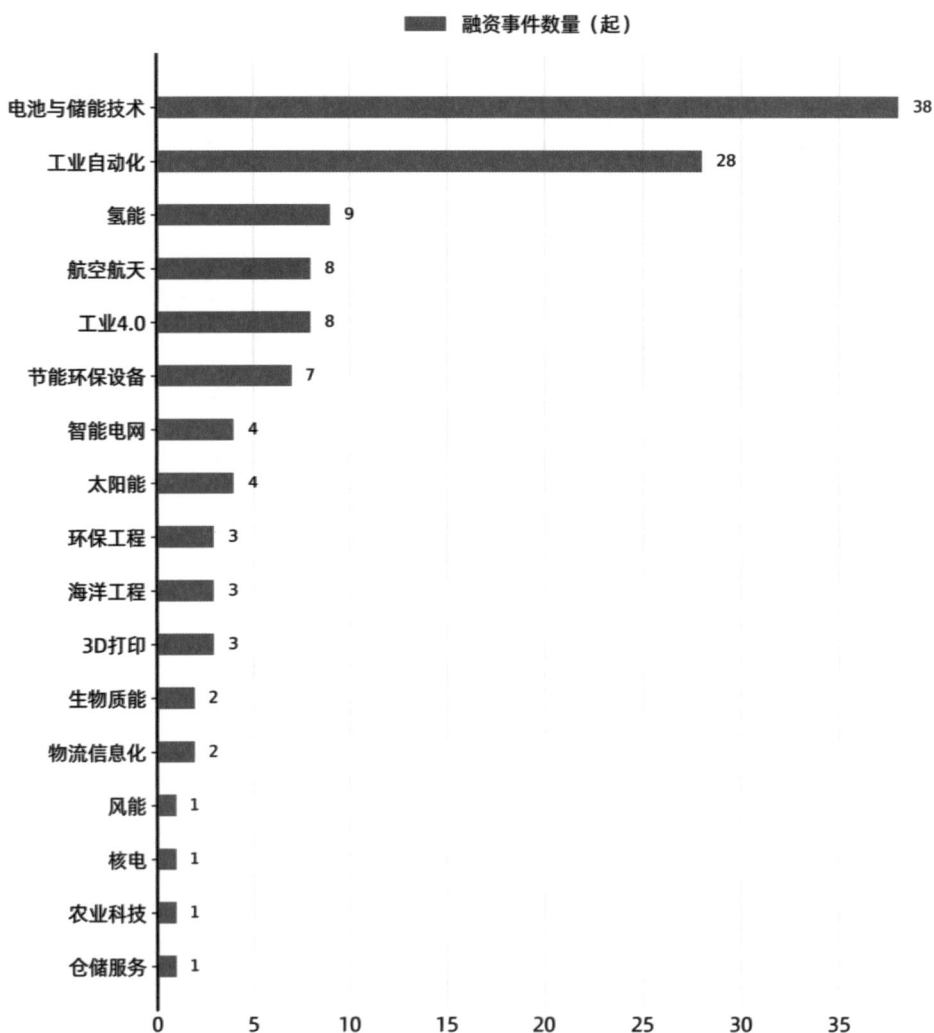

图 3-3-23 2023 年上海市高端装备各子行业融资事件数量

融资事件，居全市首位；其次为嘉定区，共有 20 起融资事件；第三位为闵行区，共有 19 起融资事件。

2023 年度活跃于高端装备产业的投资机构中，有 53.6% 为市场化股权投资机构，29.4% 为国资股权投资机构，16.6% 为企业风险投资机构（见图 3-3-28）。在最为活跃的投资机构中（见表 3-3-3），毅达资本以参与了 4 起融资事件居于首位，并且资金全部投向早期轮次（天使种子轮或者泛 A 轮）。多家国资背景的投资机构在该领域有较为活跃的投资记录，包括松江国投和金浦投资。

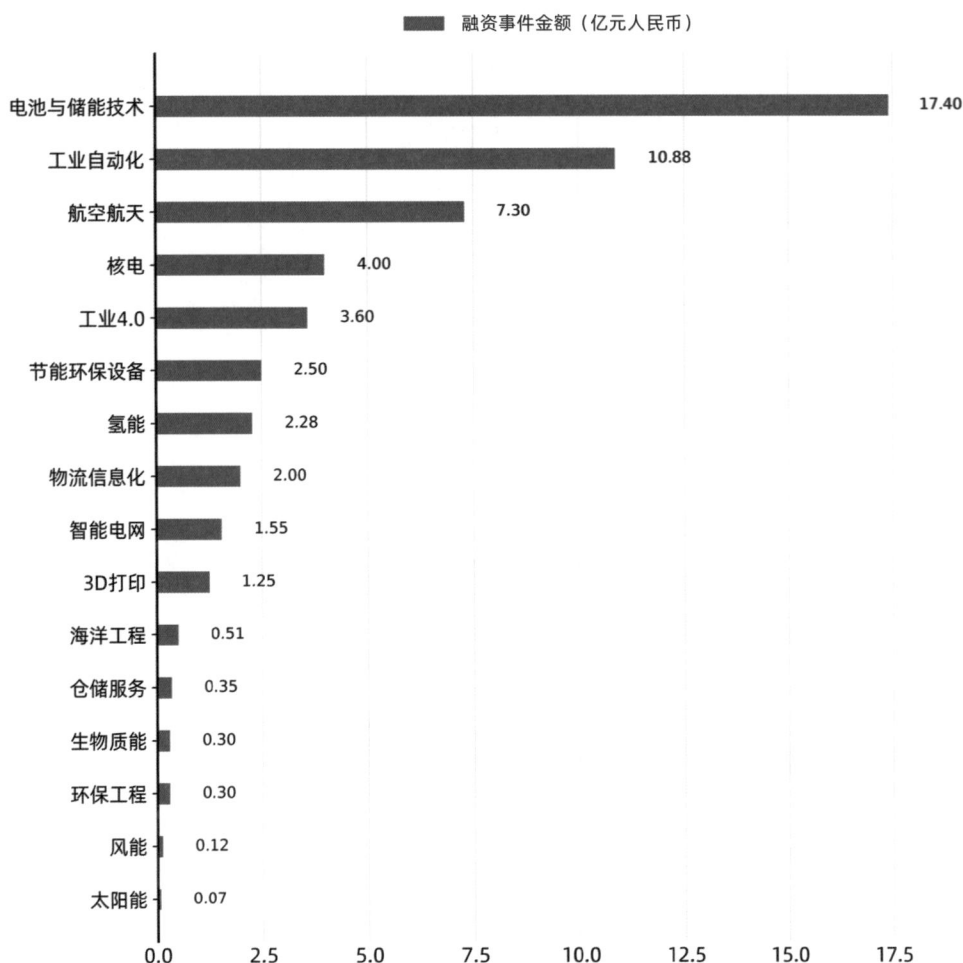

融资事件金额（亿元人民币）

子行业	融资金额
电池与储能技术	17.40
工业自动化	10.88
航空航天	7.30
核电	4.00
工业4.0	3.60
节能环保设备	2.50
氢能	2.28
物流信息化	2.00
智能电网	1.55
3D打印	1.25
海洋工程	0.51
仓储服务	0.35
生物质能	0.30
环保工程	0.30
风能	0.12
太阳能	0.07

图 3-3-24 2023 年上海市高端装备各子行业融资金额

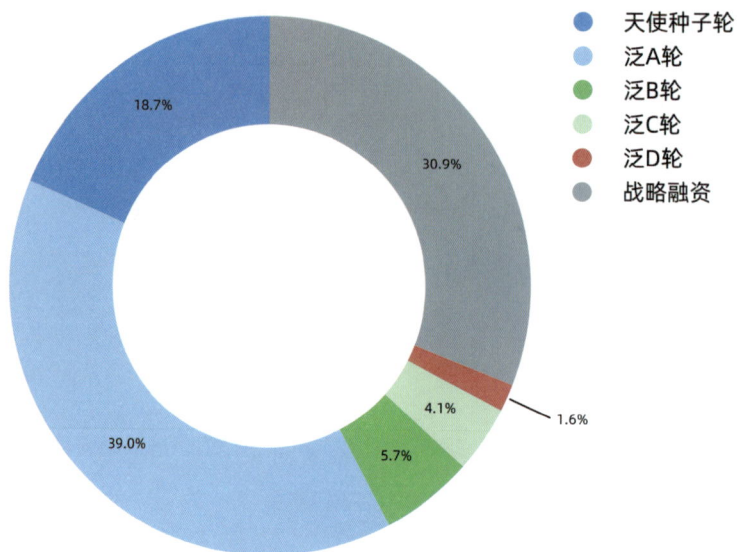

图 3-3-25 2023 年上海市高端装备产业融资事件轮次分布

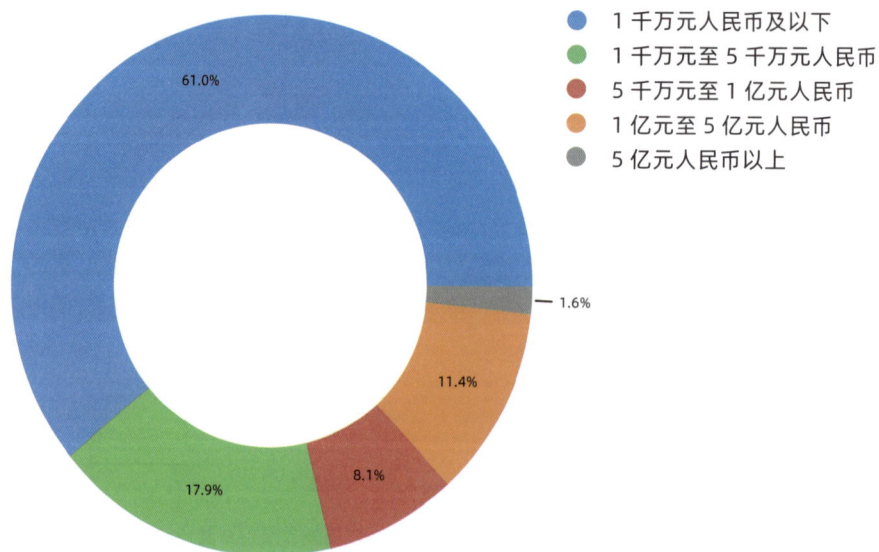

图 3-3-26 2023 年上海市高端装备产业融资事件金额分布

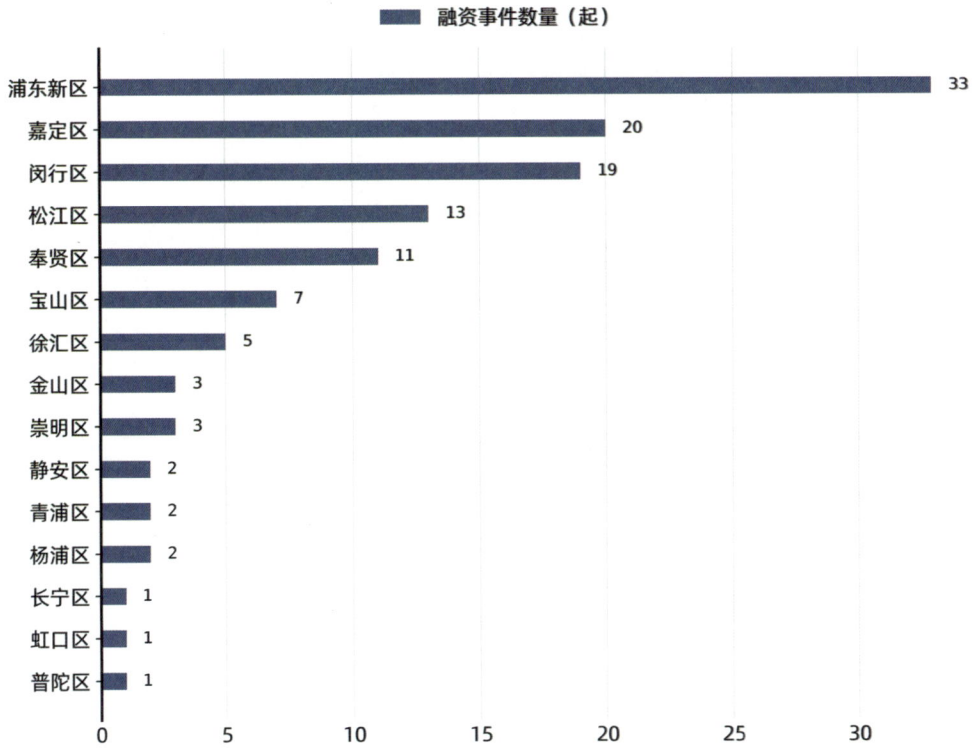

图 3-3-27 2023 年上海市各行政区划内高端装备产业融资事件数量

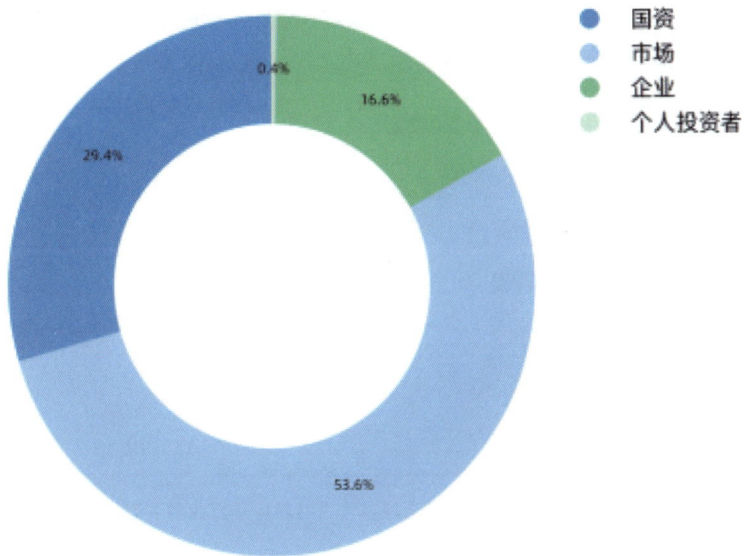

图 3-3-28 2023 年上海市高端装备产业活跃投资机构类型分布

机构名称	该产业融资事件数量
毅达资本	4
松江国投	3
科源产业基金	3
红杉中国	3
金浦投资	3
高瓴创投	3

表 3-3-3 2023 年上海市高端装备产业活跃投资机构

3.3.6 先进材料产业

《上海市先进材料发展"十四五"规划》中提到，到 2025 年，先进材料集群制造业规模达到 4300 亿元。其中新材料产值 3200 亿元，年均增长率达 5% 以上，重点企业研发投入占主营业务收入比重达到 4% 以上。要建设一批技术创新中心，新增2-3 个先进材料特色园区，突破 8-10 项关键材料和技术，培育 150 个首批次产品，

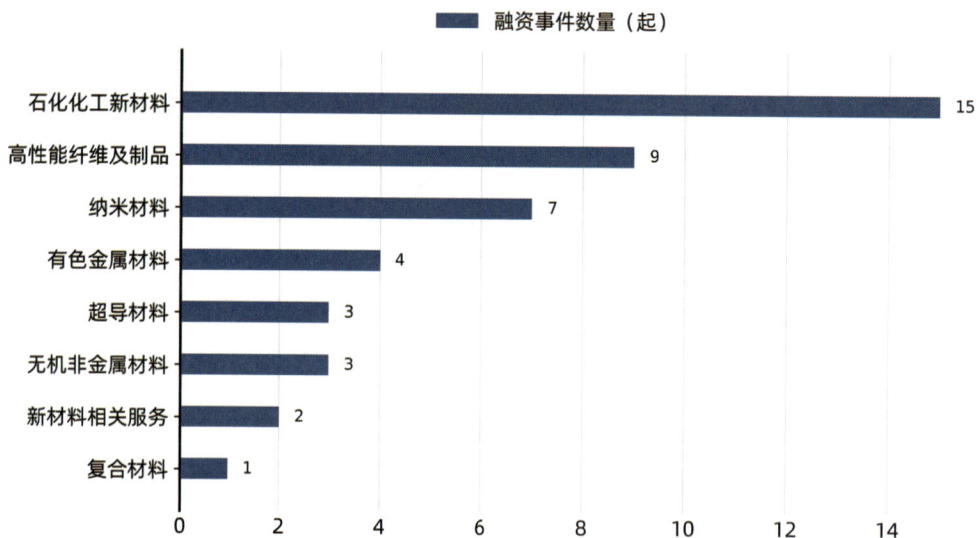

图 3-3-29 2023 年上海市先进材料各子行业融资事件数量

培育 5-10 家科创板上市企业，提升上海先进材料产业的国际国内竞争力。

2023 年，上海先进材料产业共发生了 44 起融资事件。石化化工新材料、高性能纤维及制品、纳米材料是当年的热点投资领域，分别有 15 起、9 起和 7 起融资事件（见图 3-3-29）。就融资规模而言，在上海市先进材料产业各子行业中，排在前三位的是石化化工新材料、复合材料、高性能纤维及制品，分别实现融资 5.95 亿元、3.40 亿元、2.15 亿元人民币（见图 3-3-30）。从融资轮次来看（见图 3-3-31），有 52.3% 的事件属于早期阶段融资（天使种子轮或者泛 A 轮），25.0% 的事件为战略融资，另有 22.7% 为泛 B 轮至泛 D 轮的融资事件。从融资规模来看（图 3-3-32），有 59.1% 的融资事件的披露金额为 1 千万元人民币及以下，22.7% 的融资事件的披露金额超过了 5 千万元人民币。融资企业的地区分布总体来说较为均衡（见图 3-3-33），融资事件数量排在前列的行政区包括浦东新区（7 起）、闵行区（6 起）、宝山区（6 起）和嘉定区（6 起）。

2023 年，活跃于上海先进材料产业的投资机构中，有 59.0% 为市场化股权投资机构，20.5% 为国资股权投资机构，19.7% 为企业风险投资机构（见图 3-3-34）。2023 年，张江科投共参与了 4 起先进材料产业的融资事件，为当年该领域最为活跃的投资机构（见表 3-3-4）。其他较为活跃的投资机构包括云启资本、君联资本、国鑫创投和小米集团等。

■ 融资事件金额（亿元人民币）

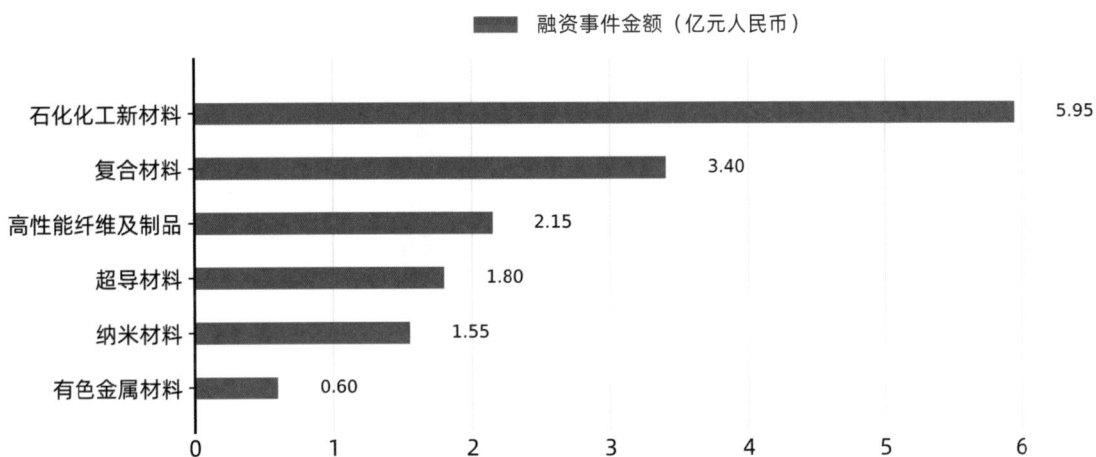

图 3-3-30 2023 年上海市先进材料各子行业融资金额

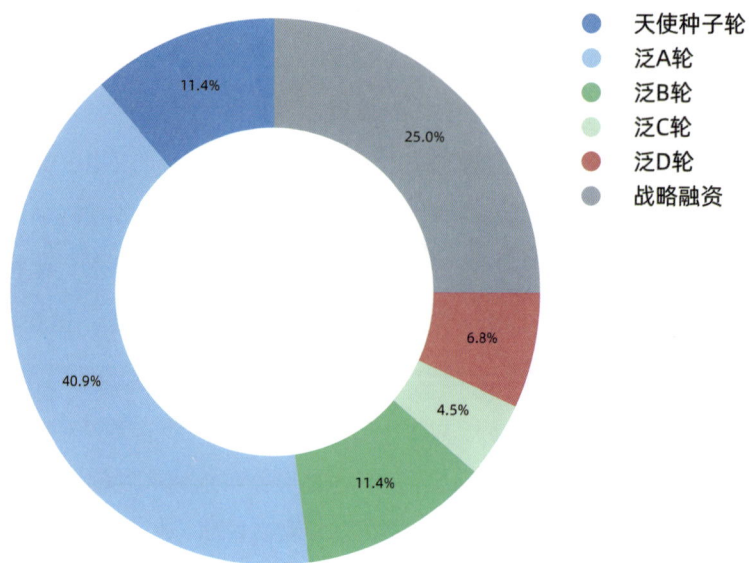

图 3-3-31 2023 年上海市先进材料产业融资事件轮次分布

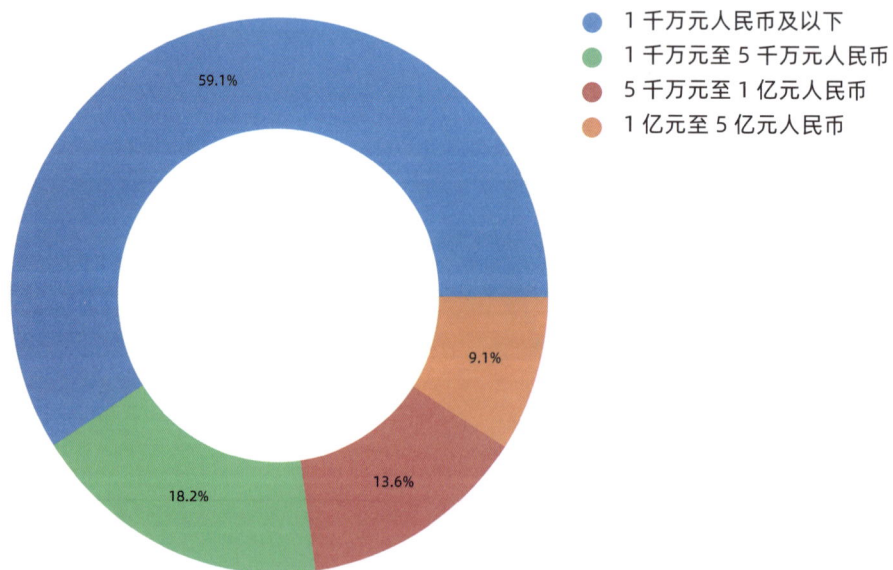

图 3-3-32 2023 年上海市先进材料产业融资事件金额分布

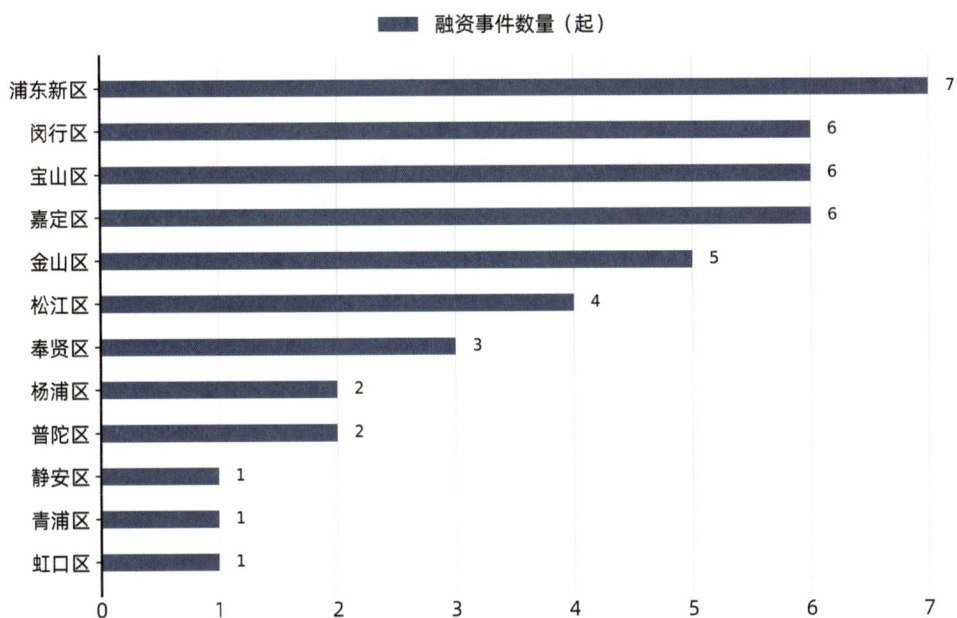

图 3-3-33 2023 年上海市各行政区划内先进材料产业融资事件数量

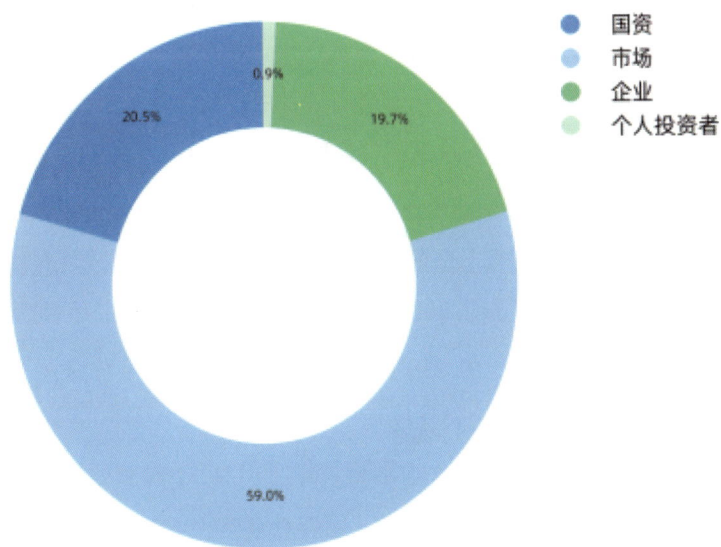

图 3-3-34 2023 年上海市先进材料产业活跃投资机构类型分布

机构名称	该产业融资事件数量
张江科投	4
云启资本	3
君联资本	3
国鑫创投	3
小米集团	3
小苗朗程	3
海望资本	3
深圳高新投	3
睿川创业	3
顺为资本	3

表 3-3-4 2023 年上海市先进材料产业活跃投资机构

3.3.7 时尚消费品产业

《上海市先进制造业发展"十四五"规划》提出，要重点发展时尚服饰、特色食品、智能轻工等制造领域，延伸发展创意设计、时尚体验等服务领域。着力将上海打造成品牌荟萃、市场活跃、消费集聚、影响广泛的国际时尚之都、品牌之都。2022 年12 月印发的《上海市时尚消费品产业高质量发展行动计划（2022-2025 年）》提出，到 2025 年实现产业规模超 5200 亿，年均增速 5%。培育 3-5 家营业收入千亿级的领军企业集团，20 家百亿级头部企业集团，200 家十亿级重点企业；培育一批专精特新时尚企业，引进一批全球、全国头部企业职能性总部，推动可持续时尚发展。把握数字时尚消费崛起趋势，推动数字技术在制造端和消费端的场景应用，建设 10 个时尚消费品产业智慧工厂，100 个时尚消费品产业特色数字化应用场景，1000 个时尚消费品与购物、服务、文化融合场景。

2023 年，上海时尚消费品产业的融资事件共计 82 起。融资事件数量最多的子行业为美食餐饮，共有 34 起融资事件，融资总金额达 221.20 亿元人民币；游戏子行业有 11 起融资事件，融资总金额为 1.00 亿元；宠物服务子行业有 7 起融资事件，融资总金额为 2.23 亿元（见图 3-3-35、图 3-3-36）。从融资轮次来看（见图 3-3-37），

52.5% 的事件为早期轮次融资（天使种子轮或泛 A 轮），41.5 的事件为战略融资，另有 6.1% 的事件为泛 B 轮及之后轮次的融资。从融资金额来看（见图 3-3-38），作为"轻资产"类的时尚消费品产业，其融资规模通常较小，过半（59.8%）披露了金额的融资事件的规模在 1 千万元人民币及以下，9.8% 的融资事件的披露金额高于 5 千万元人民币。融资事件的地区分布总体而言较为均衡（见图 3-3-39），奉贤区的时尚消费品产业融资事件为全市最多（15 起），紧随其后的是闵行区、浦东新区、嘉定区，均有 10 起该类融资事件。

市场化股权投资机构在时尚消费品产业的科创融资中发挥了关键支持作用（见图 3-3-40），该类机构占 2023 年该产业活跃投资机构总数的 55.1%。企业风险投资机构占 30.8%，国资背景的投资机构占 14.0%。鹰角网络是最为活跃的投资机构，总共参与了 3 起融资事件。其他较为活跃的投资机构包括君乐宝、桉树资本、红杉中国、长岭资本等（见表 3-3-5）。

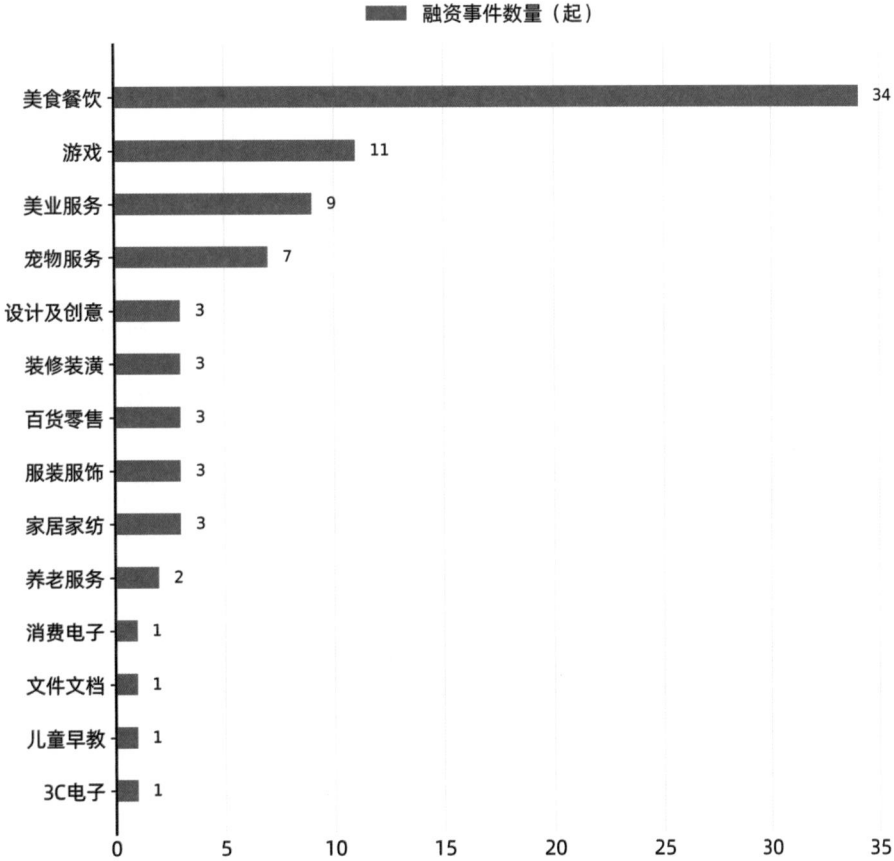

图 3-3-35 2023 年上海市时尚消费品各子行业融资事件数量

95

融资事件金额（亿元人民币）

美食餐饮	221.20
宠物服务	2.23
美业服务	1.60
游戏	1.00
百货零售	0.50
装修装潢	0.30
文件文档	0.30
家居家纺	0.30
养老服务	0.30
3C电子	0.30
设计及创意	0.03
服装服饰	0.03

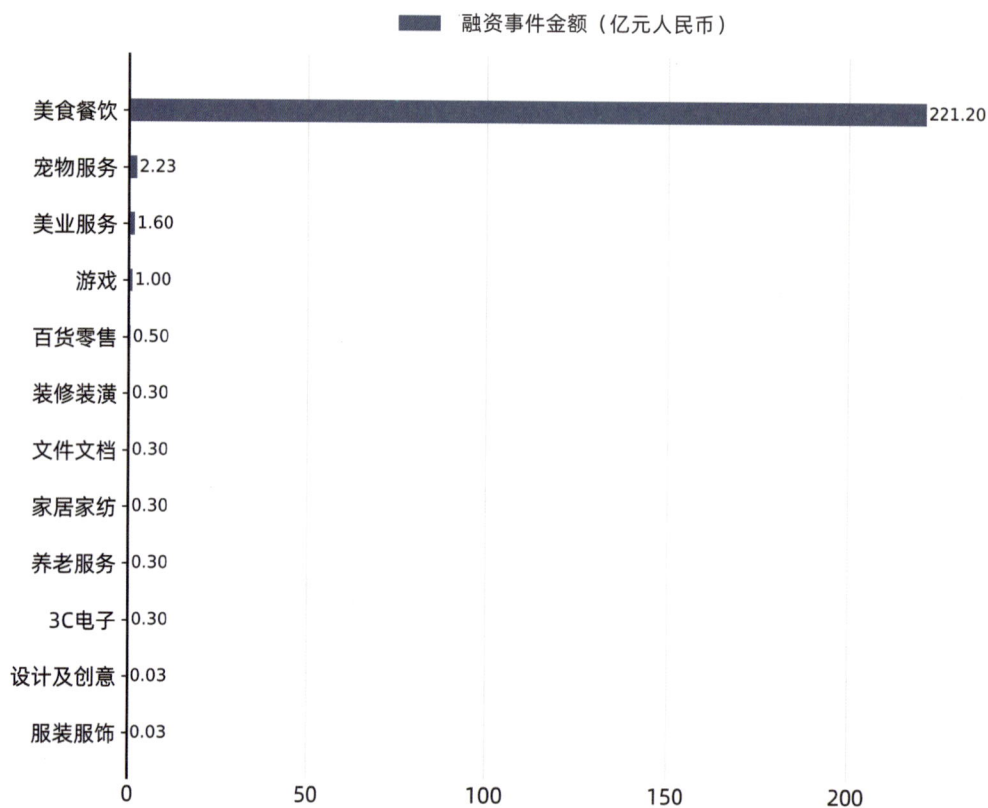

图 3-3-36 2023 年上海市时尚消费品各子行业融资金额

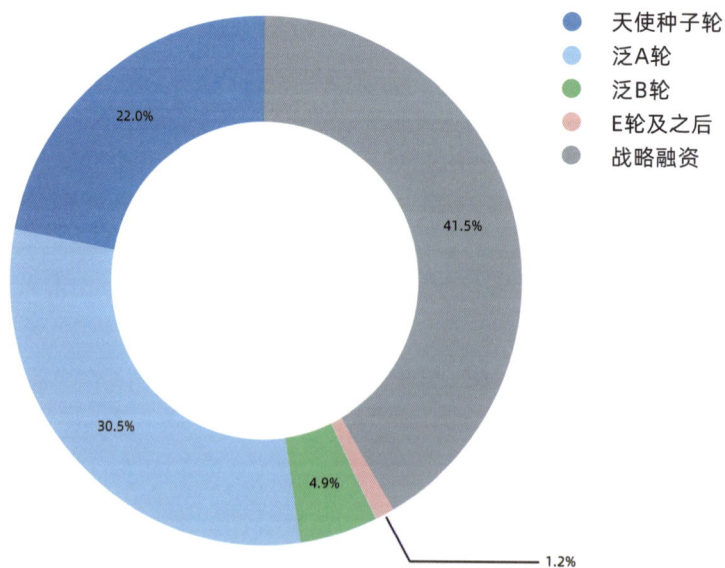

天使种子轮
泛A轮
泛B轮
E轮及之后
战略融资

22.0%
41.5%
30.5%
4.9%
1.2%

图 3-3-37 2023 年上海市时尚消费品产业融资事件轮次分布

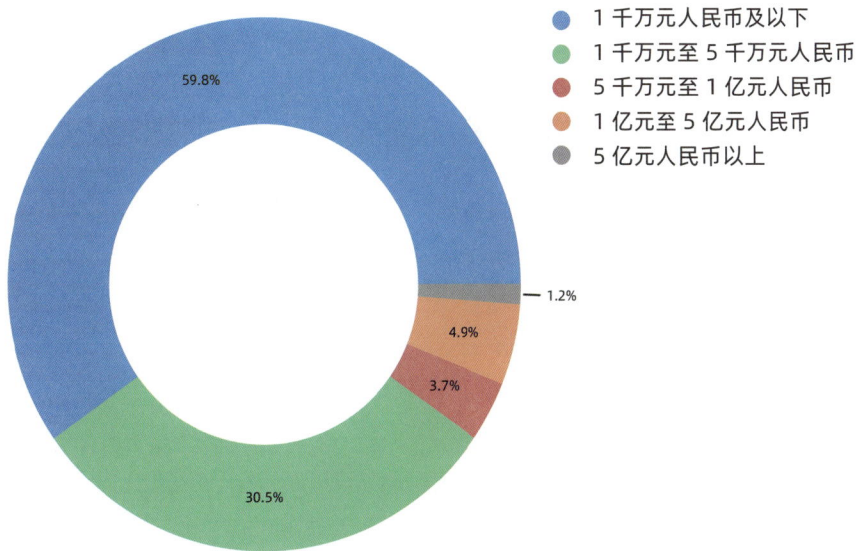

图 3-3-38 2023 年上海市时尚消费品产业融资事件金额分布

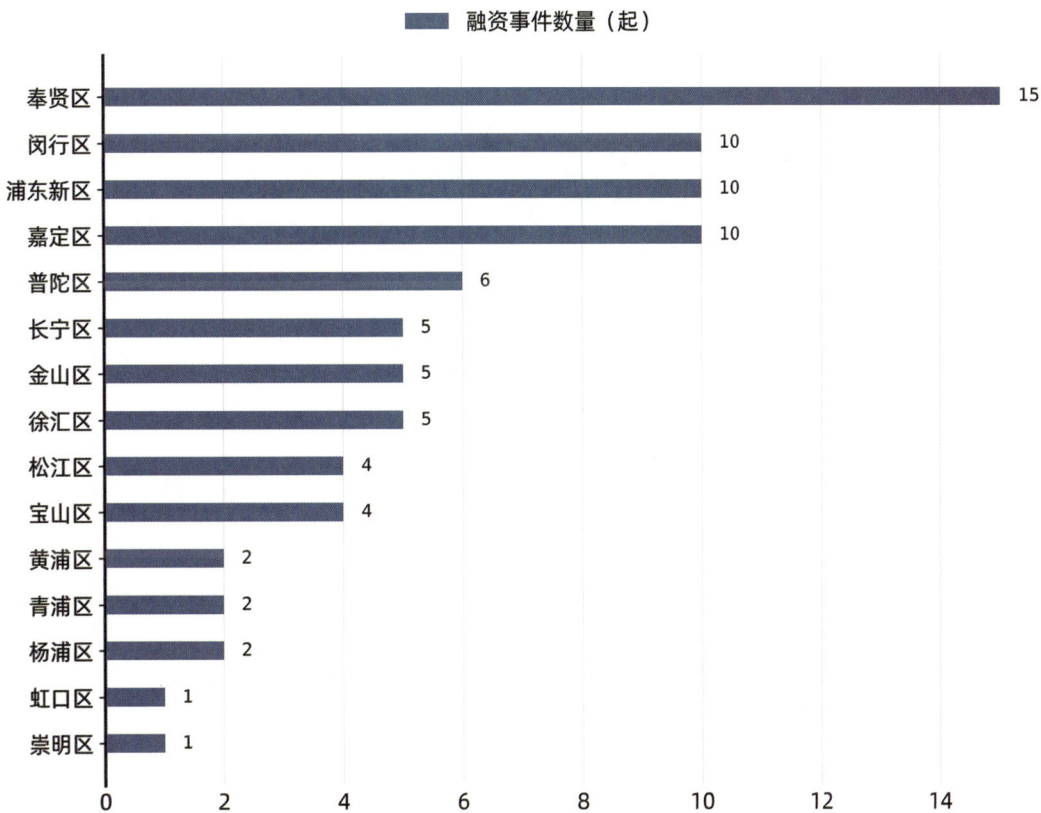

图 3-3-39 2023 年上海市各行政区划时尚消费品产业融资事件数量

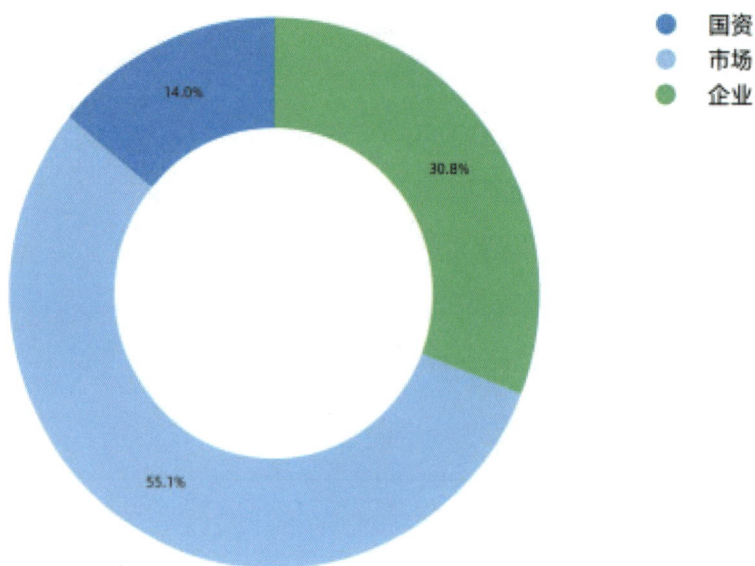

14.0%
30.8%
55.1%

国资
市场
企业

图 3-3-40 2023 年上海市时尚消费品产业活跃投资机构类型分布

机构名称	该产业融资事件数量
鹰角网络	3
君乐宝	2
桉树资本	2
红杉中国	2
长岭资本	2
青山资本	2
顺为资本	2
麟阁创投	2

表 3-3-5 2023 年上海市时尚消费品产业活跃投资机构

第 4 章 2023 年上海市股权投资机构情况

以风险投资为代表的股权投资机构是促进科技创新创业发展的重要力量。股权投资机构不仅为创业企业提供资金支持，还从团队管理、产品开发、市场营销等各方面，帮助科技创业企业成长（Hellmann & Puri, 2002）。上海是中国最早开展股权投资的地区之一，除了本地投资机构的积极参与，上海涌现的高质量科技创新创业企业及其成果也吸引了外地投资机构，这使得上海股权投资市场的规模和活跃度都位居全国前列。本章统计梳理了 2023 年投资于上海科创企业的股权投资机构的情况。

4.1 股权投资机构类型与分布

按照股权投资机构的资金来源和运作目标，本书将股权投资机构划分为三种类型：市场化股权投资机构、国资股权投资机构和企业风险投资机构。过去 20 年来，金融学者开展了广泛而深入的分析，发现不同类型的投资机构在投资决策、投资目标、对被投企业的影响效应方面，存在鲜明的差异。

市场化股权投资机构是最早诞生的股权投资机构类型，其历史可追溯至 20 世纪 40 年代半导体行业在美国旧金山湾区的生根发芽，这些投资机构为早期科技创业企业提供资金支持，培育了人们所熟知的"硅谷"创新创业枢纽带。市场化独立股权投资机构以实现财务回报为目标，它们通过筛选优质项目，并在投资后提供专业化的价值增值服务，从而积极影响科创企业的成长和发展。

另一种重要的股权投资机构是企业风险投资机构 (corporate venture capital, CVC)。CVC 指直接投资于外部创业企业的企业基金，不包括企业内部投资或通过第三方的投资（Chesbrough, 2002）。通常意义上，企业风险投资主要针对非金融企业。这种股权投资组织方式起源于 20 世纪 30 年代的美国，目前已成为全球范围内被企业广泛采用的、旨在培育企业创新能力的战略举措。Lantza 等（2011）对 2008 年间 142 个美国和欧洲市值最高的科技公司做了研究，发现 60% 的美国公司和 40% 的欧洲公司拥有 CVC 基金，其平均规模分别达到了 1.40 亿美元和 1.20 亿美元。企业风险投资主要基于战略投资目标开展，相较于单纯追求财务回报的市场化投资基金，企业风险投资的周期会更长，其投资金额也会更高（Guo 等，2015）。与传统的有限合伙企业投资基金不同，CVC 基金通常是以子公司的形式设立。我国的 CVC 起步相对较晚，但经过近年来的发展，我国 CVC 目前已经初具规模，俨然成为我国资本市场不可或缺的中坚力量。大量知名企业，如联想、BAT（百度、阿里巴巴、腾讯）、小米、京东、海尔等，都建立了自己的企业投资部门或者投资子公司。

第三种重要的股权投资机构是国资股权投资机构。为了促进科技创新，世界各国政府纷纷设立引导基金，支持重点科技领域的创业活动（Bai 等，2022）。已有研究发现，政府支持的股权投资基金对于所投企业的发展施加了积极的影响（Brander 等，2015；Guerini & Quas, 2016；彭涛等，2022；吴超鹏和严泽浩，2023）。近年来，中国科创融资市场持续稳健发展，政府引导基金的活跃度攀升，已经发展成为创投市场的中坚力量。根据投中研究院《2023 年政府引导基金专题研究报告》，截至2023 年，我国各级政府成立的引导基金累计达 1557 只。本书计入统计的国资股权投资机构包括各级政府引导基金、产业基金以及国有企业出资成立的股权投资机构。

2023 年共有 1647 家投资机构投资于上海的科创企业，其中大部分（58.6%）为市场化股权投资机构，企业风险投资机构与国资股权投资机构可谓平分秋色，分别占比 19.7% 和 21.4%。该分布数据展示了上海科创融资以市场化机构为主导，企业风险投资和国资股权投资机构协同合作的特征。作为中国最早出现股权投资交易的地区，上海的股权投资市场有较长的发展历史，市场化投资机构积极支持科创企业发展，展现了较强的活力。本地的国资股权投资机构布局在重点发展的战略领域，推动现代化产业体系建设。与此同时，得益于上海优质的营商环境、科技人才支持以及高效的城市治理，大批科技创新企业纷纷选择上海作为其发展运营的重要阵地，

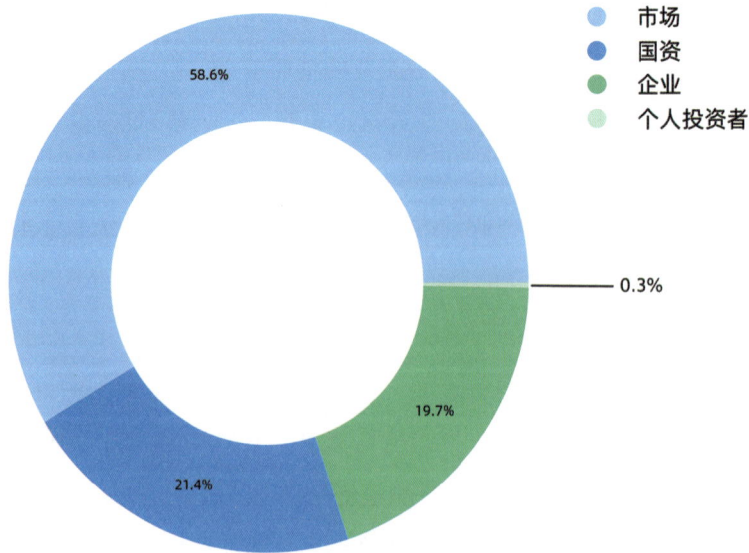

图 4-1-1 2023 年投资上海科创企业的投资机构分类与占比

进而选择将其企业风险投资布局于上海。随着上海加快建设具有全球影响力的科技创新中心，不同类型的股权投资机构之间需要加强协同合作，促进创新链、资金链、产业链和人才链的深度融合。

股权投资机构的地理分布呈现出本地化的特征。2023 年的活跃投资机构中，上海本地的投资机构占 29.8%。与此同时，上海所拥有的优质科创企业资源，也吸引了上海以外的投资机构，其中投资机构的来源地（除上海之外）排名前五的是：北京（16.0%，263 家）、广东省（11.1%，183 家）、浙江省（10.4%，171 家）、江

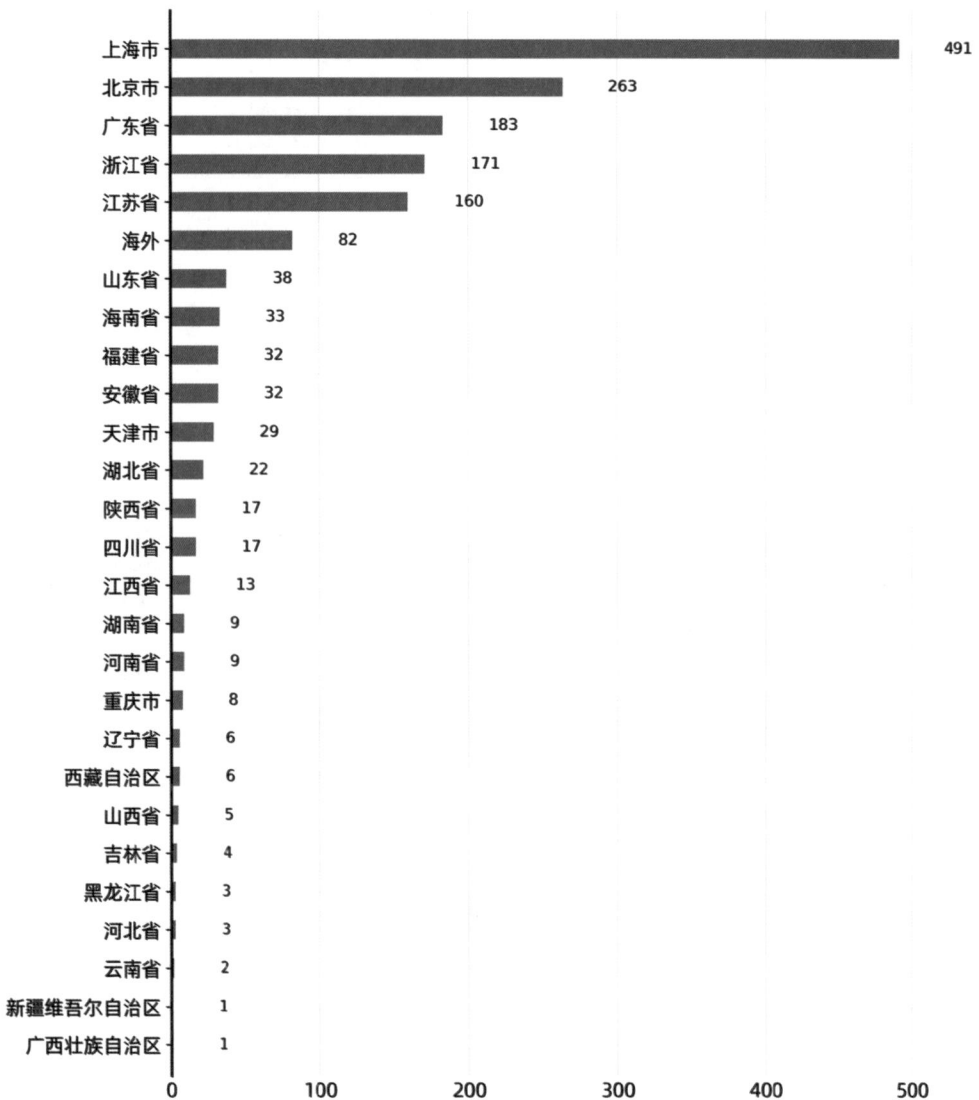

图 4-1-2 2023 年投资上海科创企业的投资机构地区分布

苏省（9.7%，160家）和海外（5.0%，82家）。已有研究发现，对新兴技术领域的创新企业进行投资，可能面临严峻的信息不对称问题。通过选择投资地理位置更近的科创企业，股权投资机构可以缓解其所面临的信息困境，获得更多的信息用于筛选高质量企业，同时较短的地理距离也有助于投资机构对科创企业进行更为有效的监督与管理（Berstein等，2016）。上海科创融资数据与这些已有研究的结论相一致。

4.2 市场化股权投资机构

市场化股权投资机构是创业融资市场上的重要力量。经过近二十年的发展，上海的股权投资机构数量已颇具规模。市场化股权投资机构的积极参与，为推动上海科创生态的健康蓬勃发展发挥了重要作用。2023年，参与上海科创融资的市场化股权投资机构共有965家。对2023年市场化股权投资机构的成立年限进行统计，41.3%的市场化股权投资机构是成立超过10年的"老牌"投资机构。成立年限在5-10年的"中生代"投资机构占比34.6%。成立年限不超过5年的"新生代"投资机构占比24.1%。股权投资机构的年龄分布呈现出"老多少稀"的特征。2023年，市场化股权投资机构中有312家为上海本土机构，占总数的32.3%。来源地非上海的市场化股权投资机构，来自北京市的最多，有158家，其次为来自广东省（114家）、

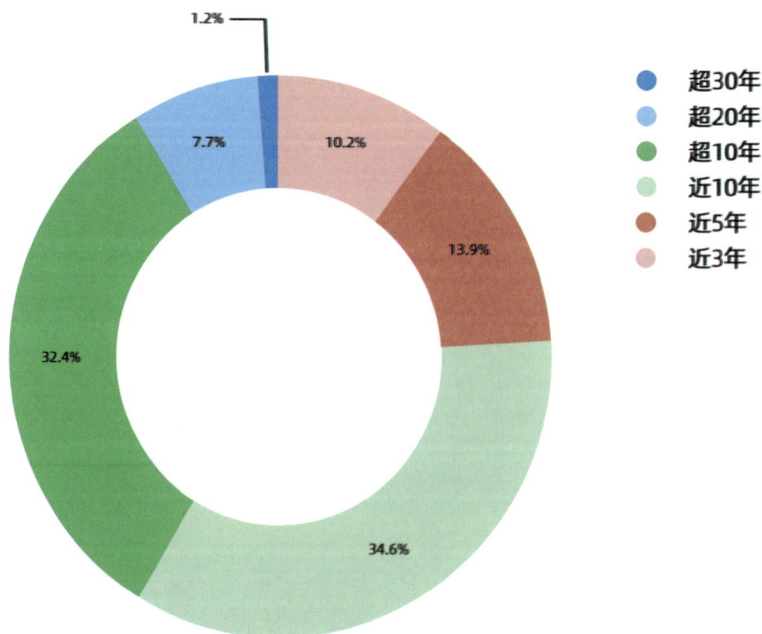

图 4-2-1 2023年投资上海科创企业的市场化股权投资机构成立时间情况

浙江省（106 家）、江苏省（74 家）和海外（63 家）的投资机构。

从融资轮次来看，2023 年，市场化股权投资机构的大部分投资都布局在天使种子轮、泛 A 轮，其中 13.6% 的融资事件是天使种子轮融资，39.7% 是泛 A 轮融资。由此可见，2023 年市场化股权投资机构为支持高风险、高增长潜力的早期科创企业的发展发挥了重要作用。

从投资事件的产业分布来看，2023 年市场化股权投资机构投资最多的产业是医疗健康、集成电路和人工智能，分别有 144 起、141 起和 98 起融资事件。据此可见，市场化股权投资机构对上海市重点产业的创新发展与升级优化发挥了积极支持作用。

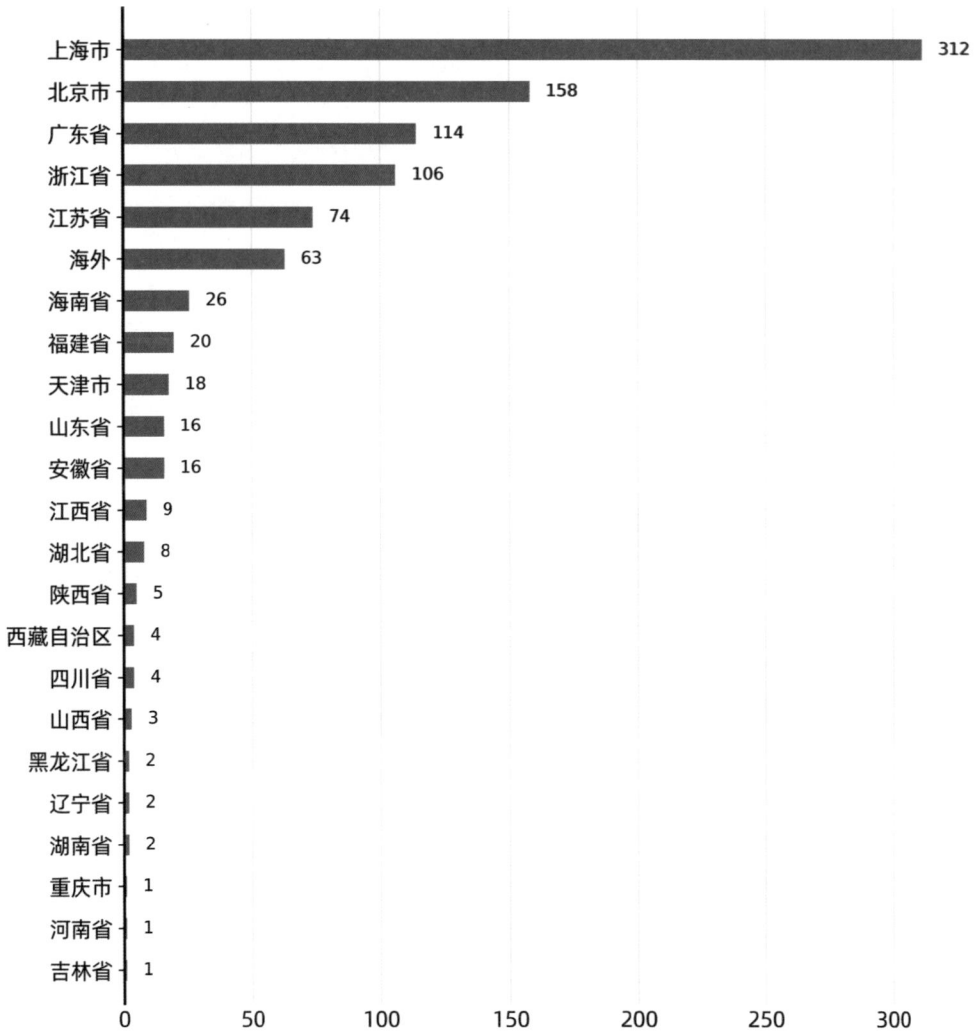

图 4-2-2 2023 年投资上海科创企业的市场化股权投资机构来源地分布

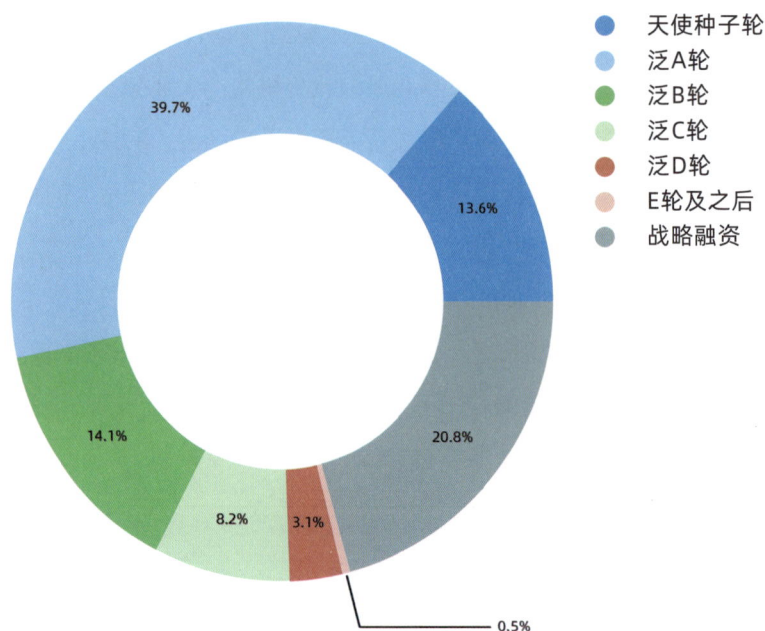

图 4-2-3 2023 年投资上海科创企业的市场化股权投资机构投资轮次分布

4.3 国资股权投资机构

国有资本追求长期投资、关注社会效益，能够有效服务为攻克关键核心技术而开展的"硬科技"创新创业活动。从发展历史来看，上海市国资股权投资机构在全

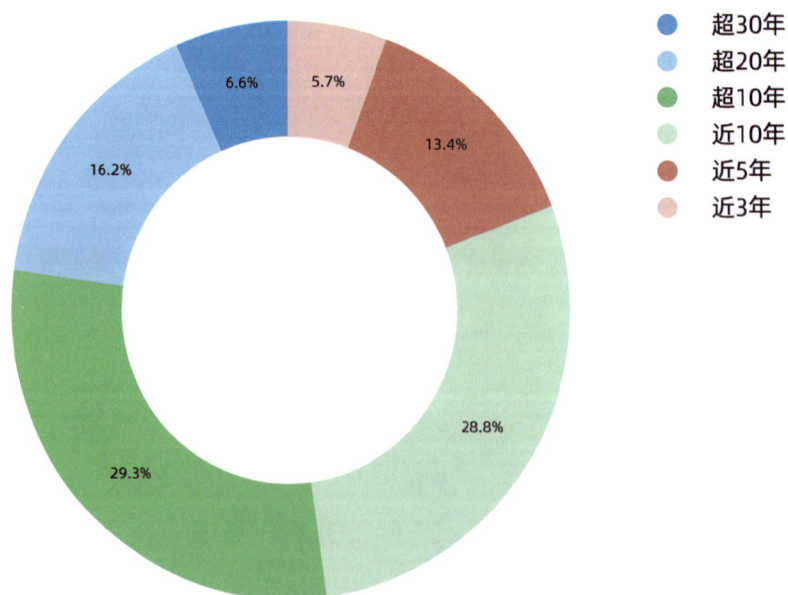

图 4-3-1 2023 年投资上海科创企业的国资股权投资机构成立时间情况

国范围内起步和发展较早。上海国有创业投资始于 1992 年，一直是国有创业投资的模式创新先驱者。在创新驱动战略的指引下，有必要推动"有为政府"与"有效市场"协同合作，发挥国资股权投资机构的引导作用。《关于进一步促进上海股权投资行业高质量发展的若干措施》明确提出，要完善政府引导基金体系，引导投早投小投科技。

2023 年，参与上海市科创融资的国资股权投资机构共 352 家。其中有 97 家国资股权投资机构来自上海本地，71 家来自北京市，45 家来自江苏省。来自上海以外

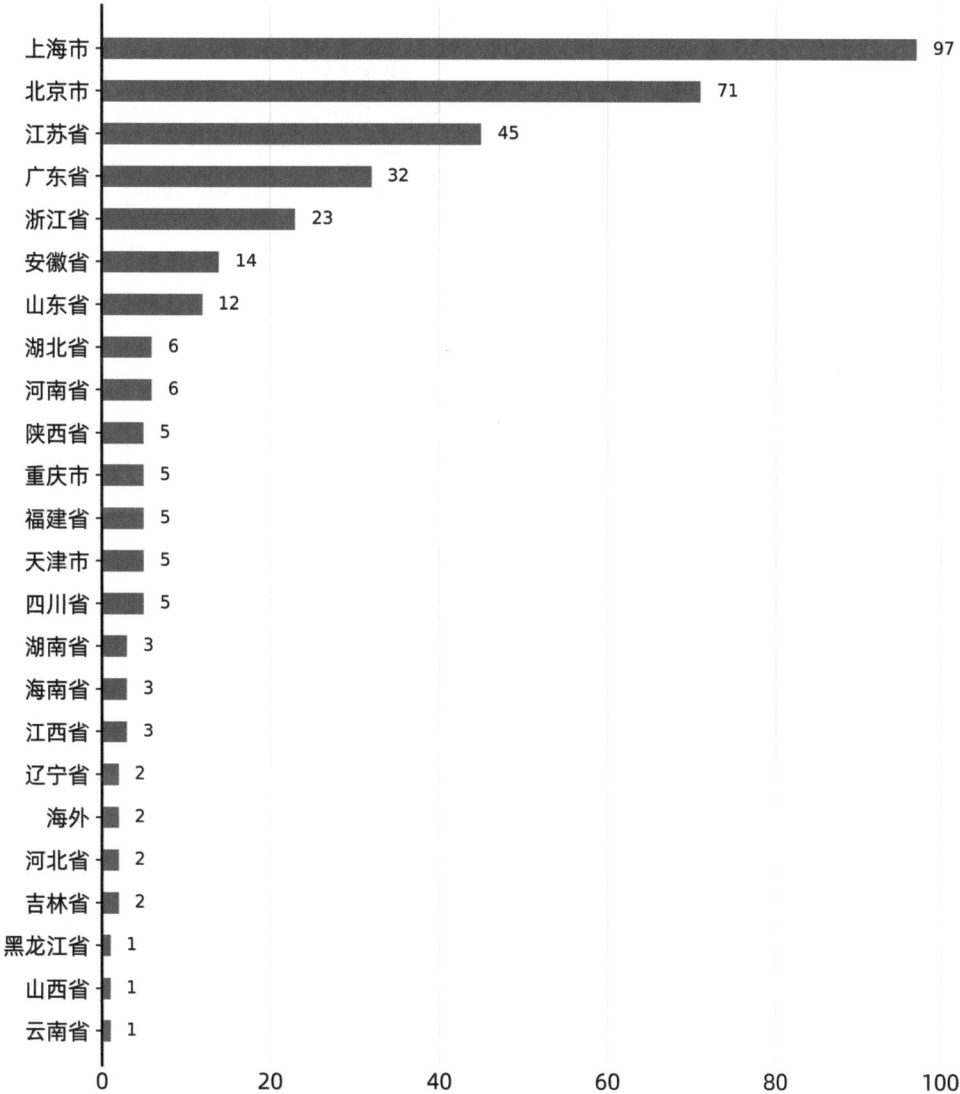

图 4-3-2 2023 年投资上海科创企业的国资股权投资机构来源地分布

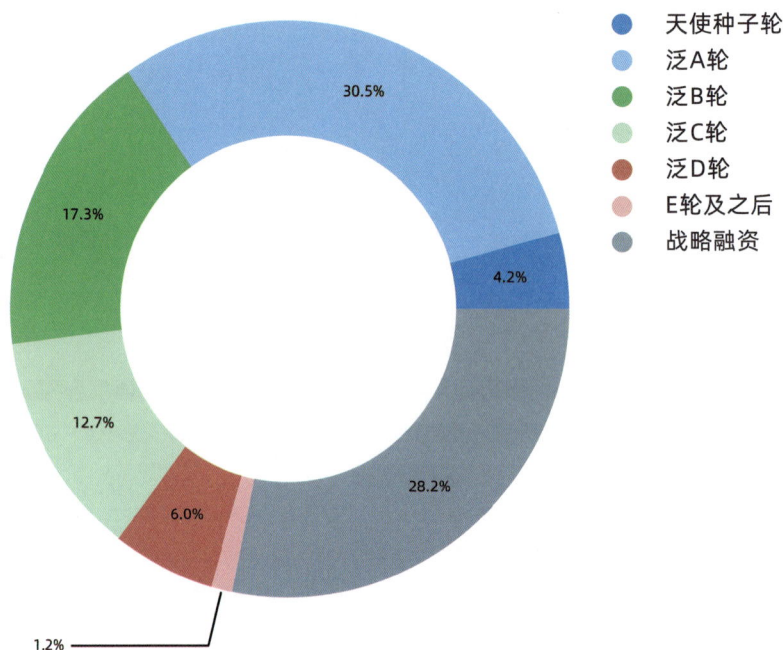

图 4-3-3 2023 年投资上海科创企业的国资股权投资机构投资轮次分布

地区的国资股权投资机构的积极参与，不仅显示了上海市优质科创企业的吸引力，同时更反映了我国国资创投机构的市场化运作越发成熟，在完成自身功能性使命的同时，积极探索本地区以外其他市场的投资机会，以实现长期的可持续性发展。超过半数（52.1%）的活跃国资股权投资机构的成立年限超过 10 年，28.8% 的投资机构的成立年限在 5-10 年之间，另有 19.1% 的投资机构的成立年限在 5 年之内。

从投资轮次来看，国资股权投资机构的投资事件主要集中在天使种子轮（4.2%）、泛 A 轮（30.5%）和战略融资（28.2%）。这与国资股权投资机构支持创新创业、支持中小企业发展、支持产业转型升级和发展的使命相一致。从所投资的产业来看，国资股权投资机构对上海集成电路、医疗健康和人工智能三大产业的投资事件占投资事件总数的 53.3%，充分显示了国资股权投资机构积极贯彻落实国家战略部署和任务，发挥重要战略引导的作用。

4.4. 企业风险投资机构

企业风险投资已经成为推动创新创业企业成长的重要力量。成熟企业通过成立企业风险投资部门，力求捕捉技术发展的新趋势和市场需求的新动态，并支持新兴创业企业的发展。与市场化股权投资机构相比，除了实现财务回报，CVC 还关心战略回报，如发展新的相关业务（Chemmanur 等，2014）。CVC 在本质上打破了成熟企业和创新企业的边界：通过设立独立的投资部门，不会干扰母公司的主营业务，进而鼓励公司在内部增长的基础上寻找新的行业增长点，帮助成熟型企业克服"创新者的窘境"(Christensen, 1997)。《关于进一步促进上海股权投资行业高质量发展的若干措施》明确提出，支持产业链链主企业开展企业风险投资，吸引 CVC 基金在沪发展。

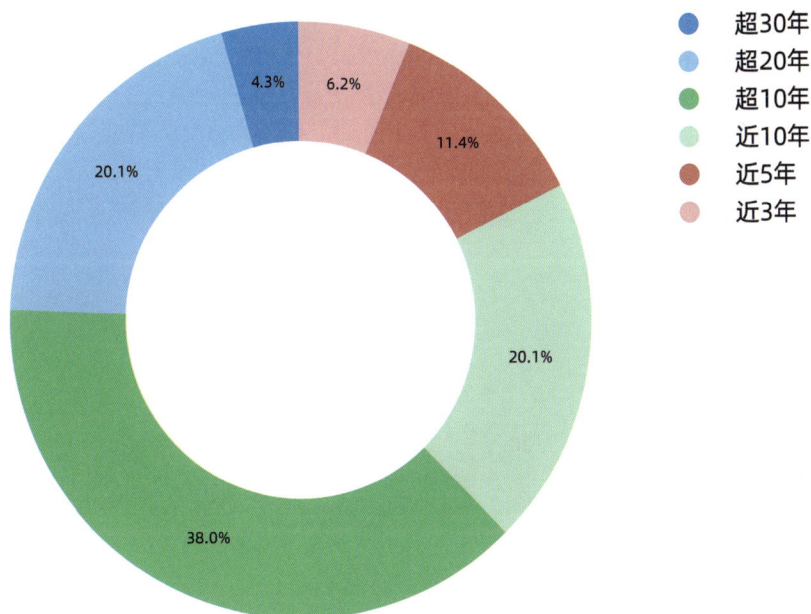

图 4-4-1 2023 年投资上海科创企业的企业风险投资机构成立时间情况

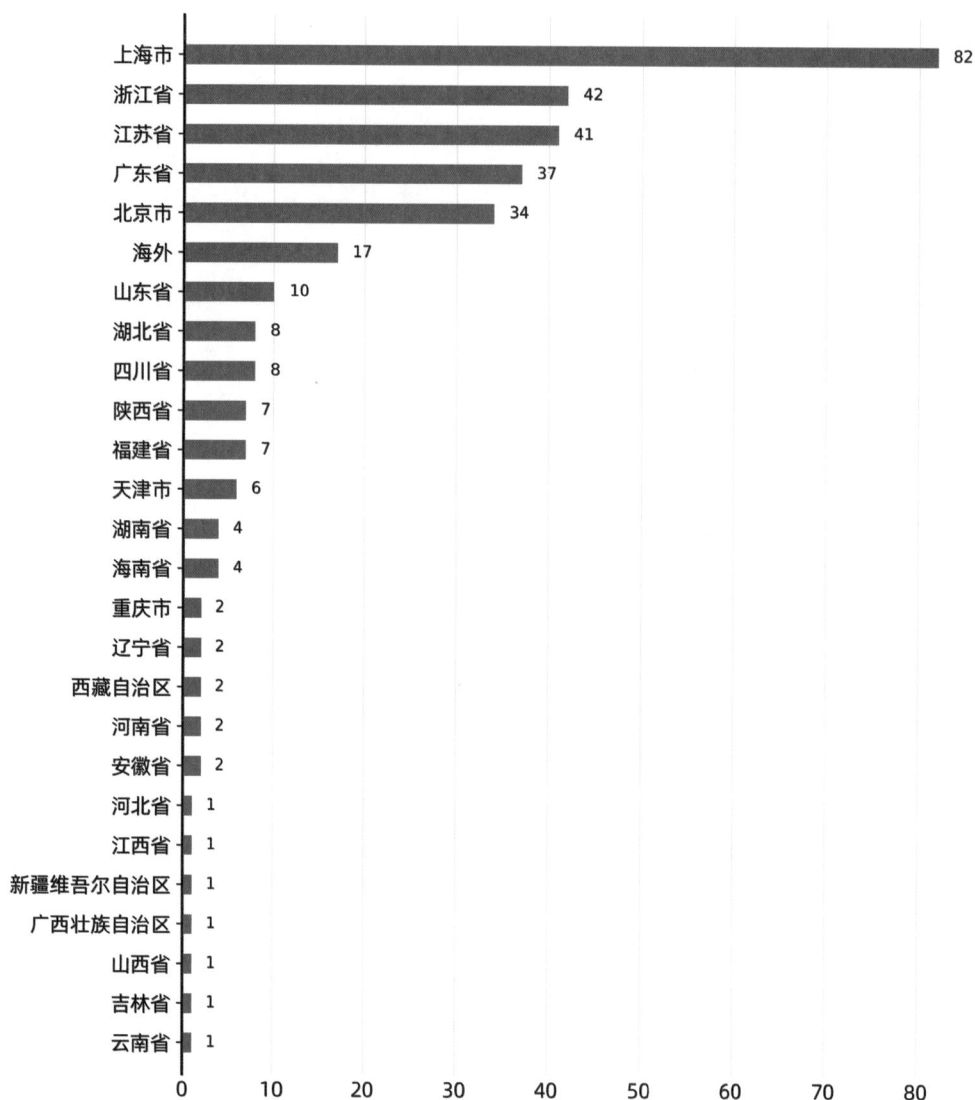

图 4-4-2 2023 年投资上海科创企业的企业风险投资机构来源地分布

2023 年，参与上海科创融资的企业风险投资机构共 324 家（另有 6 家是个人投资者或未披露类型的机构投资者）。其中，62.4% 的投资机构的成立时间在 10 年以上。就所在地而言，25.3% 的企业风险投资机构来自上海本地，并且有大约一半（50.9%）的企业风险投资机构来自长三角地区，反映出企业风险投资正积极推动长三角地区科技创新和产业创新的跨区域协同。2023 年，企业风险投资机构总共参与了 315 起上海科创融资事件，其中有 33.2% 为战略投资，显著高于市场化股权投资机构的同类指标（20.8%），这与企业风险投资的功能相一致。同时也有 47.8% 的 CVC 投资事件属于天使种子轮或者泛 A 轮，面向早期发展阶段的初创企业。这反映了成熟企业孕育和扶持新兴初创企业的支持力度。企业风险投资机构的投资集中在医疗健康、集成电路和人工智能等战略新兴产业领域。

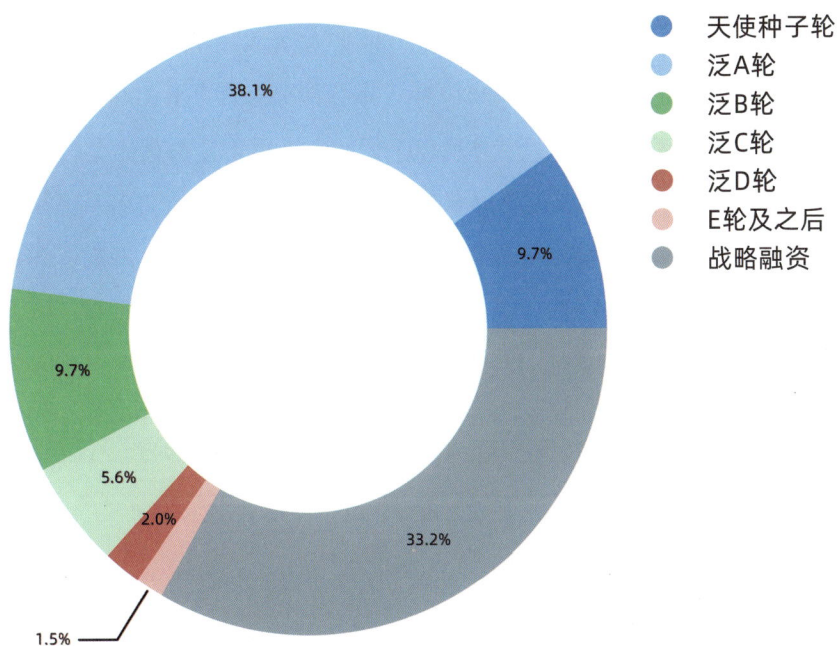

图 4-4-3 2023 年投资上海科创企业的企业风险投资机构投资轮次分布

第5章 2018-2022年上海科创融资综述

本章对 2018 年至 2022 年上海科创融资趋势进行总结。通过融资事件数量、融资金额、融资轮次和融资规模四个方面，对这一时期的融资情况进行概述，同时也关注不同行业和行政区域间融资趋势的变化。

根据张通社 Link 数据库数据，2018 年至 2022 年，上海年度平均融资事件数量为 1147 起。图 5-1 展示了每年的融资事件总数量和融资总金额。2018-2022 年，上海科创融资市场经历了繁荣、紧缩、回暖、爆发与降温的波动周期，反映出宏观经济、政策、投资者风险偏好等因素对市场的影响。2018 年，科创融资市场处于繁荣期，融资事件数量（1247 起）和融资金额（2389.93 亿元人民币）都达到较高水平，反映出较强的经济活力和投资信心。2019 年，市场情况急转直下，融资事件数量锐减至 698 起，融资金额也大幅下降至 1211.31 亿元人民币，分别相比上一年减少了 44.0% 和 49.3%。这表明宏观经济环境和投资者风险偏好发生了变化，导致融资市场紧缩。2020 年，在宏观经济政策的支持下，市场信心有所提振，融资市场开始回暖，融资事件数量回升至 863 起，融资金额也随之增加至 1617.07 亿元人民币，分别较上一年增长 23.6% 和 33.5%。2021 年，创新型企业的崛起和资本市场的热情追

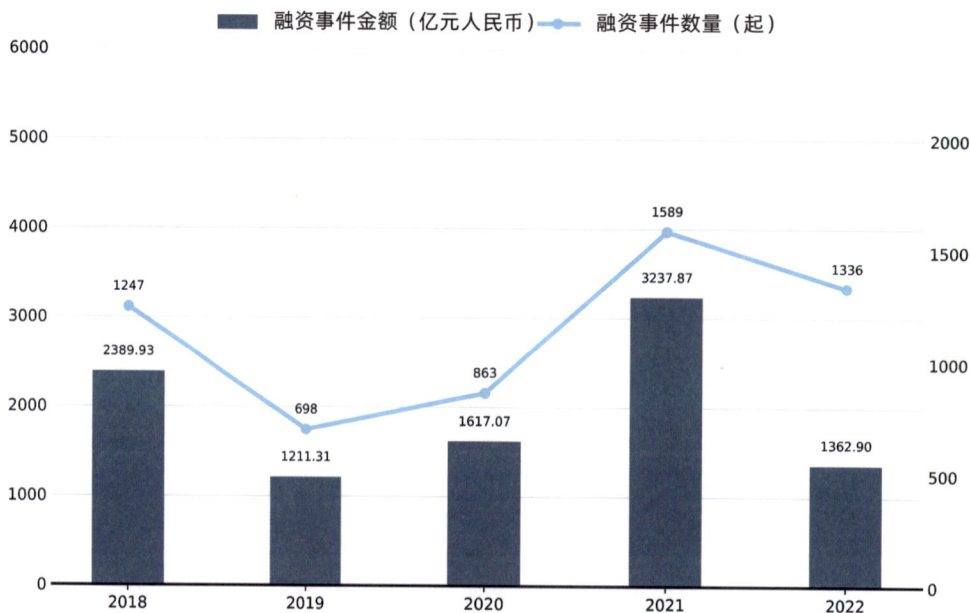

图 5-1 2018-2022 年上海市科创融资事件数量及金额（年度）

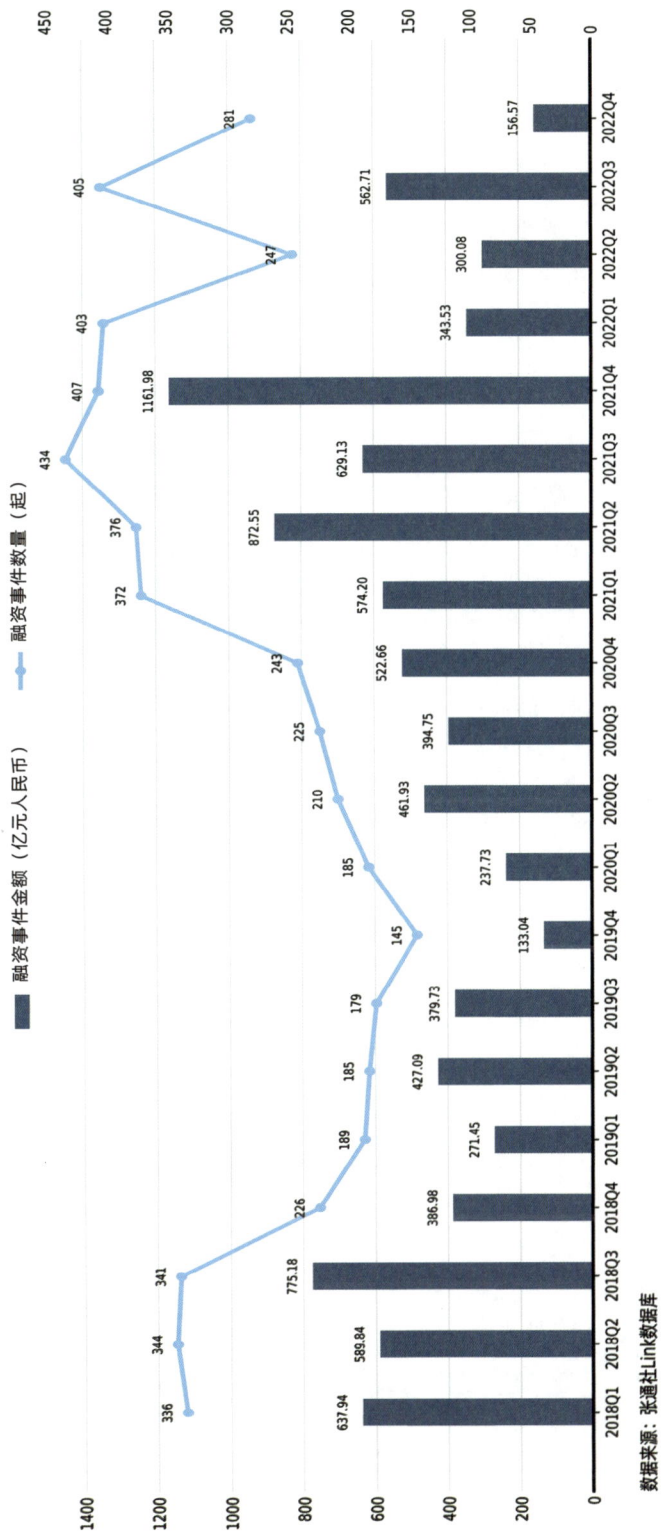

图 5-2 2018-2022 年上海市科创融资事件数量及金额（季度）

数据来源：张通社Link数据库

捧推动了融资市场爆发，融资事件数量和融资金额均为这五年的最高水平。这一年的融资事件共记 1589 起，较 2020 年增长了 84.1%；融资金额增长近一倍，跃升至 3237.87 亿元人民币。2022 年，受宏观经济下行压力和市场情绪影响，融资市场再次降温，融资事件数量下降至 1336 起，融资金额也减少至 1362.90 亿元人民币，相比上一年下降幅度分别为 15.9% 和 57.9%。

为更详细地剖析 2018 年至 2022 年间融资活跃度随时间变化的趋势，图 5-2 展示了每个季度的融资事件数量和融资金额。整体上，上海市科创融资活跃度从 2018 年第四季度开始逐渐下降，至 2019 年第四季度达到最低水平，随后逐步回升，至 2021 年第三季度达到最高点。在此之后，2022 年第二季度出现了显著下降，仅有 247 起融资事件。尽管 2022 年第二季度之后，融资事件数量有所回升，但各个季度的融资金额保持在较低水平，与 2021 年的高融资金额形成明显对比。总体来看，上海市科创融资活动在过去几年中经历了起伏和波动。

图 5-3 刻画了不同轮次的融资事件数量随时间变化的趋势。天使种子轮的融资事件数量在不同年份之间波动较大。2018 年，共有 309 起天使种子轮融资事件，但到了 2019 年，投资者对早期项目持较为谨慎的态度，该类融资事件数量骤降至 100 起，比上一年减少了 67.6%。2020 年天使种子轮融资事件数量略有回升，达到了 107 起，

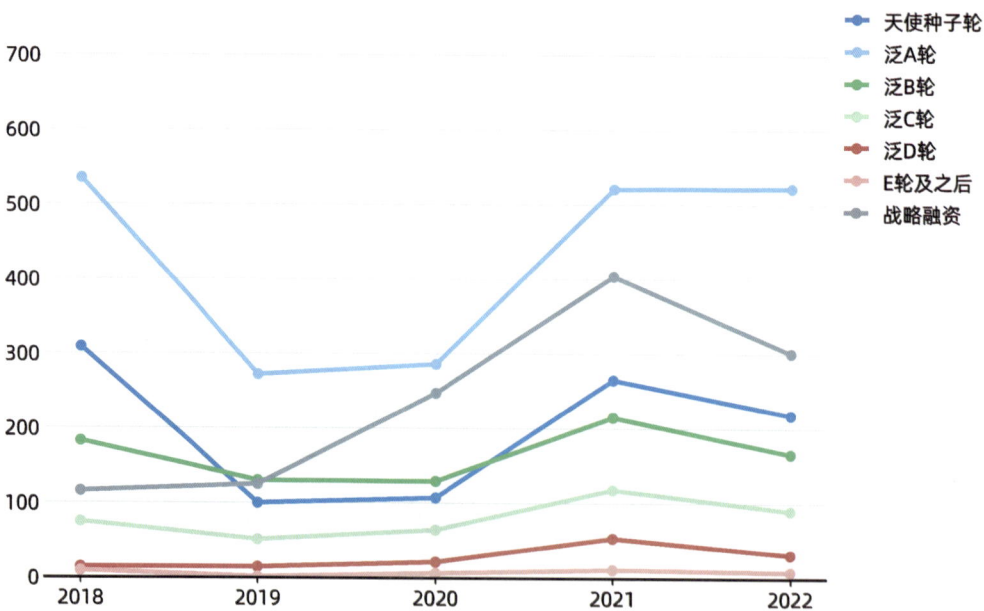

图 5-3 2018–2022 年上海市科创融资事件数量变化（按融资轮次）

较 2019 年增长了 7.0%。2021 年大幅增长 147.7% 至 265 起，说明市场重新燃起了对早期创业投资的热情。然而，到了 2022 年，投资者对早期项目持观望态度，天使种子轮融资事件数量比上年度减少 17.7%，下降至 218 起。

泛 A 轮融资在 2018 年占比比较高，数量达到 535 起，但在接下来的几年中出现了波动。2019 年，泛 A 轮融资事件数量骤减至 272 起，随后在 2020 年和 2021 年分别较上一年增长 5.9% 和 81.1%。2022 年，泛 A 轮融资事件数量略微增加至 522 起。这种波动可能反映了投资者的心理，即投资者认为，初创企业的潜力以及市场的潜在风险均具有不确定性，因此，泛 A 轮融资事件的数量在不同年份间存在较大差异。相较之下，泛 B 轮融资在 2018 年有 183 起，数量较多。2019 年，泛 B 轮融资事件数量减少至 130 起，2020 年维持在 129 起。2021 年，泛 B 轮融资事件数量增加至 215 起，但在 2022 年又下降至 166 起。这种波动可能反映了投资者对初创企业潜力和市场风险的态度在不断变化，该类事件数量的增减幅度在不同年份间也存在较大波动。对于泛 C 轮和泛 D 轮融资来说，虽然事件数量相对较少，但投资者展现了对处于较成熟发展阶段的、有融资需求的企业之认可。2018 年，泛 C 轮融资有 75 起，而泛 D 轮仅有 14 起融资事件。在不同年份间，泛 C 轮和泛 D 轮的事件数量的增减幅度相对较小，表明这些轮次的融资活动相对稳定。

E 轮及之后的融资事件数量在 2018 年达到了 15 起，但在 2019 年减少到 6 起，年度降幅高达 60.0%，表明市场对于后期融资项目的态度趋于谨慎。2020 年，E 轮及之后的融资事件数量又有所回升，达到了 9 起，比上年度增长了 50.0%，这可能是因为市场信心有所提振，投资者对于高成长潜力的企业重新给予关注。到了 2021 年，E 轮及之后的融资事件发生了 13 起，较 2020 年增长了 44.4%，但到了 2022 年，数量又下降至 8 起。

战略融资的事件数量在过去几年也经历了变化。2018 年，共有 116 起战略融资事件，2019 年增至 125 起，比 2018 年增长了 7.8%。随后的 2020 年，战略融资事件数量进一步增加至 247 起，较上一年增长 97.6%，这可能反映了企业对于战略合作和资本市场支持的需求有较大幅度的增加。到了 2021 年，战略融资事件数量进一步增加至 404 起。

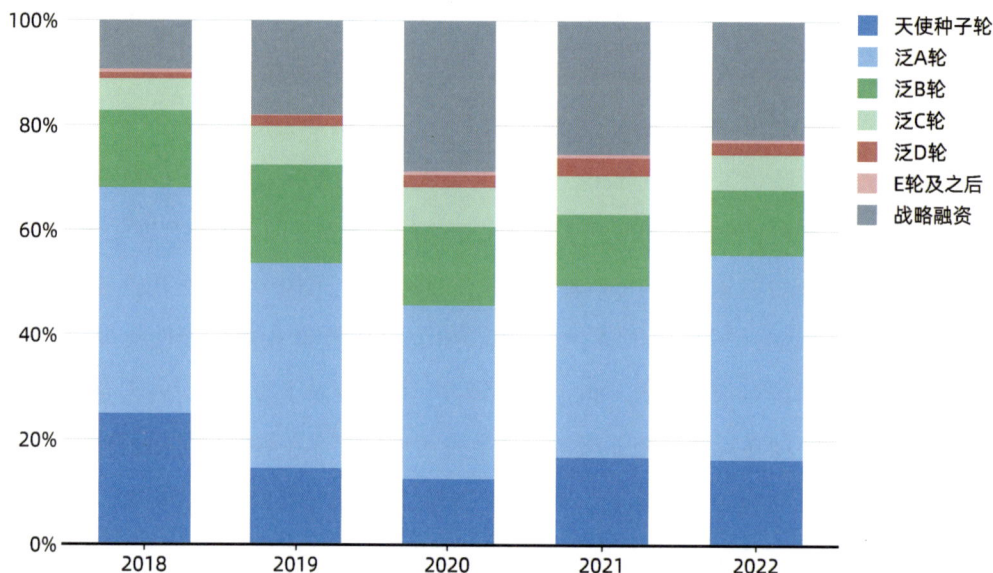

图 5-4 2018-2022 年上海市科创融资事件轮次分布

图 5-4 横向比较不同轮次的融资事件在 2018-2022 年间的相对分布比例。泛 A 轮、战略融资和泛 B 轮是主要的融资轮次，其事件数量占据较大份额。从 2018 年到 2019 年，天使种子轮的融资事件数量的占比从 24.8% 下降至 14.3%，泛 A 轮的融资事件数量的占比从 42.9% 略微下降至 39.0%。这表明投资者对于初创阶段科创企业的投资相对减少，而对成长阶段企业的投资有所增加。从 2019 年到 2020 年，战略融资事件数量占融资事件总数的百分比从 17.9% 增至 28.6%，这表明投资者对于有战略合作机会的企业相对看好。2021 年，战略融资和泛 A 轮的融资事件数量的占比分别为 25.4% 和 32.8%，天使种子轮的融资事件在事件数占比上相较于 2020 年略有提升，而泛 B 轮融资事件的占比有所下降。2022 年，天使种子轮的融资事件数量的占比与上一年相比基本保持稳定，而泛 A 轮的融资事件数量的占比有上升，战略融资的占比有所减少。这表明投资者对早期阶段的高增长企业依然具有较高的投资热情。

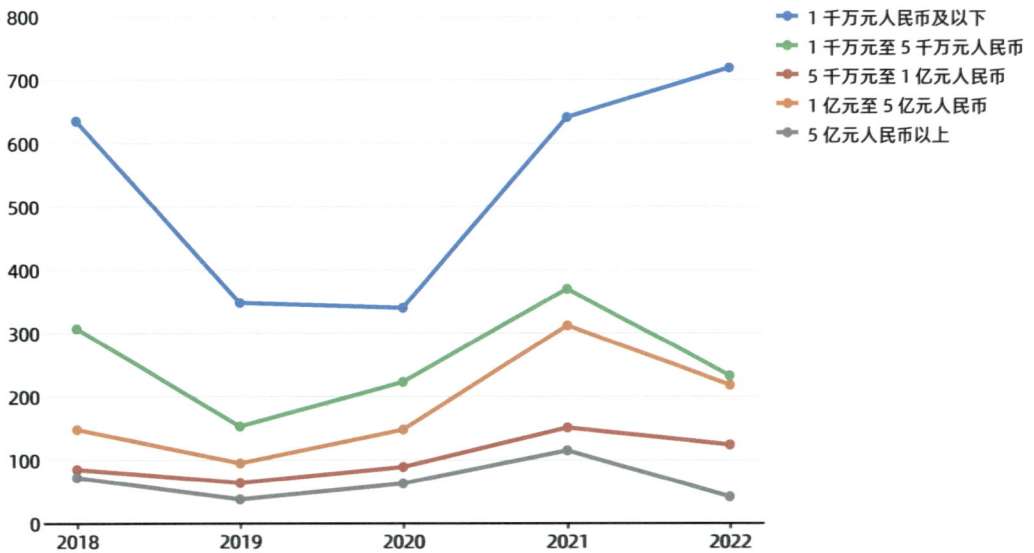

图 5-5 2018-2022 年上海市科创融资事件数量（按融资金额）

图 5-5 反映了 2018-2022 年间不同融资金额的科创融资事件的数量分布情况。受到市场风险偏好变化和经济不确定性的影响，在 2018 年到 2019 年之间，1 千万元人民币及以下的融资事件急剧减少 45.2%。然而，从 2020 年开始，金额在 1 千万元人民币及以下的融资事件数量的降幅变小，2020 年相对 2019 年仅降低了 2.3%。到了 2021 年，投资者对创新型企业的投资热情重燃，该类融资事件数量较上年度大幅增加 88.5% 至 641 起。2022 年，该类融资事件数量相比 2021 年发生了 12.2% 的小幅增长。这表明，面对宏观经济的不确定性，投资市场对于小规模的融资项目仍然有较大的兴趣。

观察金额在 1 千万元到 5 千万元人民币的融资事件数量，从 2018 年到 2019 年，这一类别的融资事件数量减少了 50.2%。这种下降可能受到市场风险偏好变化的影响，反映了投资者对于较小规模融资项目的偏好程度有所降低。然而，从 2020 年开始，该类融资事件数量有所回升，2020 年较 2019 年增长 45.8%，这可能反映了市场信心的提升和政策支持的加持效应。2021 年，融资事件数量较上年进一步增加，增长了 65.9%，这表明资本市场对于较小规模融资项目的兴趣在逐渐升温。然而，到了 2022 年，该类融资事件数量有所回落，较上一年下降了 37.0%。这可能反映了市场对于经济前景有一定程度的担忧，也反映了投资者对于较小规模项目的投资需求有所减少。

规模在 5 千万元至 1 亿元人民币之间的融资活动在过去几年里也经历了一定的波动。尽管 2019 年该类融资事件的数量较 2018 年有所减少，下降幅度为 24.7%，但自 2020 年起，该类融资事件的数量有所回升，同比增长 39.1%。2021 年，融资事件数量进一步较上一年增长 69.7%，表明市场对较大规模项目的投资需求在逐渐回升。然而到了 2022 年，投资者对经济前景持较为谨慎的态度，这一年该类融资事件的数量减少 17.9% 至 124 起。

金额在 1 亿元至 5 亿元人民币之间的融资事件，其在 2019 年的数量较 2018 年下降了 35.8%。然而，可能受市场信心提振和政策支持的影响，自 2020 年起，该类融资活动出现了一定程度的回暖。2020 年的事件数量较上一年增长了 55.8%，达到 148 起。2021 年，融资事件数量进一步增加到 312 起。然而，由于投资者对未来经济走势的担忧，2022 年，该规模的融资事件的数量下降了 30.1% 至 218 起。

金额在 5 亿元人民币以上的融资事件，其在 2019 年的数量较 2018 年减少了 47.2%，这反映了投资者对较大规模融资项目的谨慎投资态度。然而到了 2020 年，该类融资事件的数量较上一年增长 65.8% 至 63 起。2021 年，该类融资事件的数量继续增长 82.5%，表明资本市场对较大型项目的投资需求在逐渐回升。值得注意的是，2022 年该类融资事件仅有 42 起，比上一年下降了 63.5%。

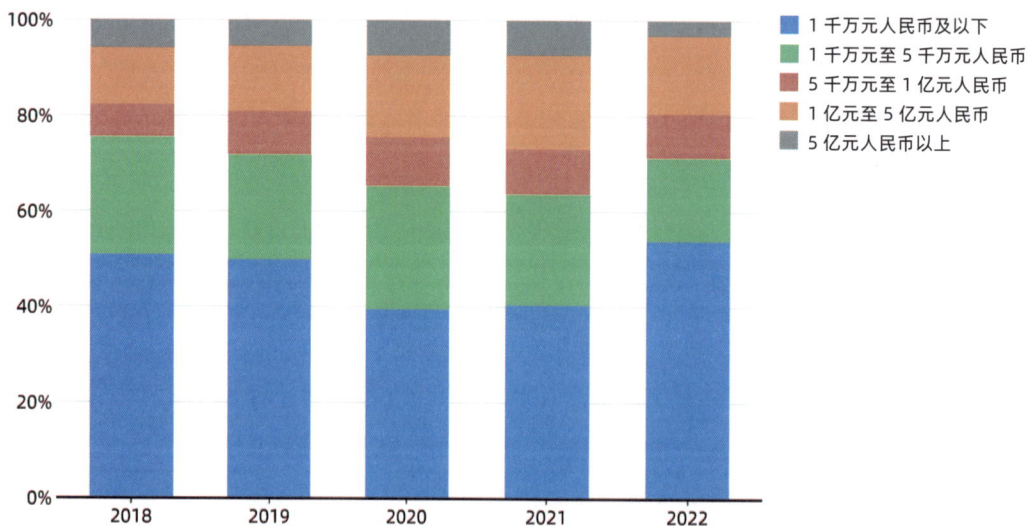

图 5-6 2018-2022 年上海市科创融资事件金额分布

图 5-6 描述了 2018 年至 2022 年间，融资事件数量根据不同融资金额区间进行划分后的分布情况。总体来看，1 千万元人民币及以下的融资事件占主导地位。其次，分别是金额在 1 千万元到 5 千万元人民币之间的融资事件、1 亿元到 5 亿元人民币之间的融资事件，以及 5 千万元到 1 亿元人民币之间的融资事件。从 2018 年到 2019 年，1 亿元至 5 亿元人民币的融资事件数量的占比从 11.9% 上升至 13.6%，在 2020 年和 2021 年持续上升，最后在 2022 年略微下降至 16.3%。至于金额在 1 千万元人民币及以下的融资事件，其数量占比在过去几年里均比较高，尽管从 2018 年的 50.9% 下降至 2021 年的 40.3%，但仍然是最主要的融资事件类型。1 千万元至 5 千万元人民币的融资事件，其数量在各个年份之间较为平稳，其占比基本保持在 20% 左右。至于 5 亿元人民币以上的和 5 千万元至 1 亿元人民币的融资事件，其数量占比相对较低，在各个年份之间出现轻微波动，但总体变化不大。

此外，本章还将融资事件按照不同的行业、事件发生地所属的不同行政区进行划分。图 5-7 分析比较融资事件在不同行业的分布特征。行业划分包括医疗健康、企业服务、消费生活、集成电路、文娱传媒、人工智能、电子商务、金融、教育、智能硬件、汽车交通、物流、新工业、新能源、房产家居和其他行业。2018 到 2022

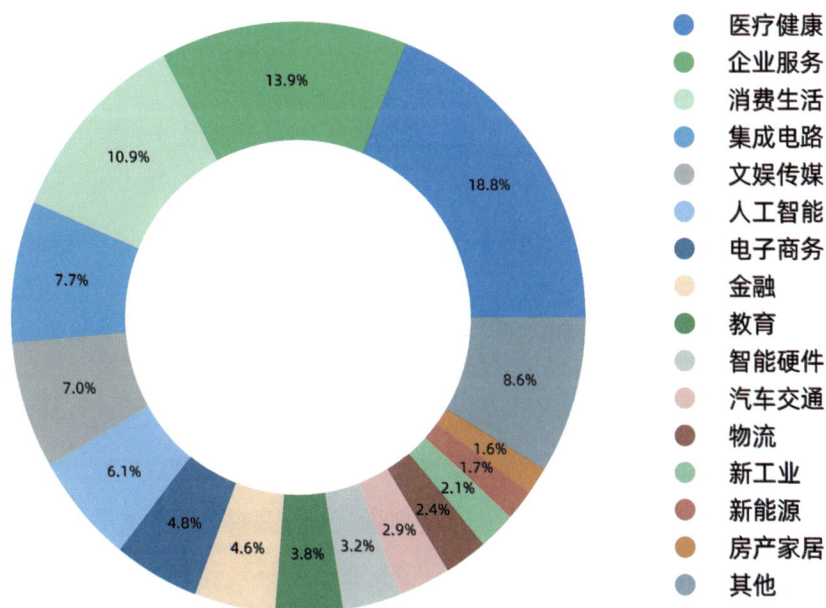

图 5-7 2018-2022 年上海市各行业科创融资事件数量分布

年间，医疗健康是占比最高的行业，共有 1078 起融资事件，占融资事件总数的 18.8%。紧随其后的是企业服务和消费生活行业，占比分别为 13.9% 和 10.9%。集成电路行业以 7.7% 的占比居于较前列，彰显了该行业的科创企业对资本的持续吸引力。文娱传媒行业占比 7.0%。作为新兴热门赛道，人工智能也颇受资本追捧，其占比为 6.1%。电子商务 (4.8%)、金融（4.6%）等行业的融资活动也较为频繁。受近年来教育相关政策变化的影响，教育行业的融资事件数量仅占 3.8%。智能硬件（3.2%）、汽车交通（2.9%）等制造业相关行业仍在资本青睐之列。物流（2.4%）、新工业（2.1%）、新能源（1.7%）等支撑实体经济的基础性行业开始引起资本关注。房产家居行业的融资事件数量则相对有限，占比仅为 1.6%。

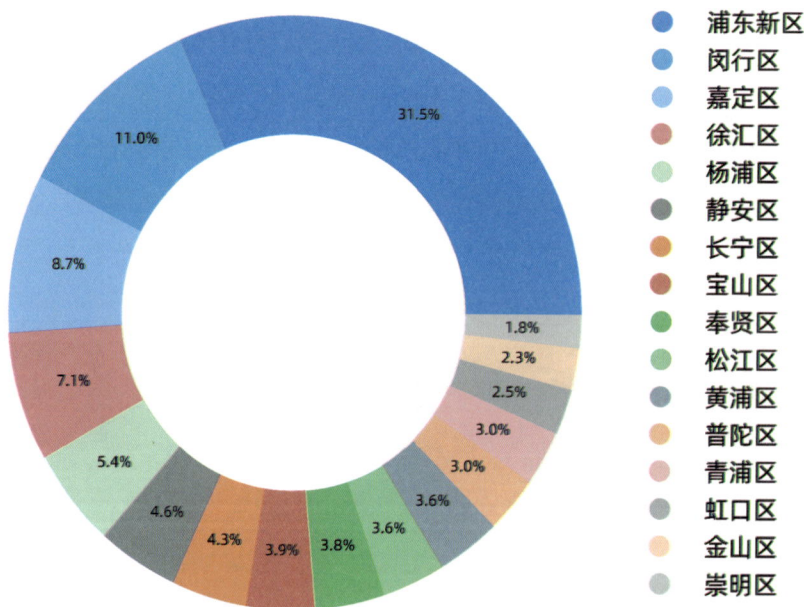

图 5-8 2018-2022 年上海市各行政区科创融资事件数量分布

图 5-8 将融资事件按照行政区进行了划分。2018 年至 2022 年间，浦东新区是科创融资事件发生最多的区域。浦东新区作为上海建设具有全球影响力的科创中心的核心承载区，拥有丰富的资源和优越的地理位置，集聚了众多高新技术企业、创新孵化器和科技园区，为创业公司提供了良好的发展环境和政策支持，吸引了大量国内外企业和投资者的关注。2018 年至 2022 年间，浦东新区共有 1807 起融资事件，占融资事件总数的 31.5%，在各区中排名第一，领先第二名近 20 个百分点，显示出

浦东新区在创新创业领域的活跃程度和竞争优势。

融资事件数量排在第二的是闵行区。2018年至2022年间，闵行区共有629起融资事件，占比11.0%。闵行区是上海建设具有全球影响力的科技创新中心的关键承载区之一，聚集了上海交通大学等高校和科研机构，形成了较为完善的科技创新体系。闵行区已经获批成为国家科技成果转移转化示范区、国家知识产权示范城区，吸引了大量科技企业和创新人才入驻。因此，闵行区的融资活动相对较为活跃，融资事件数量的占比自然也比较高，反映了该区在科技创新和产业发展方面的优势。

嘉定区以496起科创融资事件紧随其后，融资事件数量占总数的8.7%。嘉定区作为上海建设具有全球影响力的科技创新中心的重要承载区，拥有雄厚的制造业基础和明显的科创优势，是国内重要的高端制造和创新基地，聚集了包括中科院上海微系统与信息技术研究所、上海微技术工业研究院、华东计算技术研究所等"国家队"科研院所，区域内还有同济大学、上海大学等高校，因此嘉定区拥有较高的原始创新能力。嘉定区还致力于打造中国（上海）自由贸易试验区嘉定片区，吸引了大量科技企业和创新项目入驻。因此，嘉定区的科创融资活动也比较活跃，融资事件数量占比较高，反映了其在科技创新和产业发展方面的潜力和吸引力。

徐汇区和杨浦区分别有406起和309起融资事件，分别占融资事件总数的7.1%和5.4%。静安区和长宁区分别有261起和247起融资事件，占比分别为4.6%和4.3%。其他行政区的融资事件数量较少，如崇明区、金山区、虹口区、青浦区和普陀区等。

第 6 章 2018-2022 年上海各行政区科创融资情况

6.1 浦东新区

2018-2022 年，作为上海科技创新高地，浦东新区的科创融资活动经历了较大的波动。2018 年，浦东新区共发生 351 起融资事件，募资总额高达 929.44 亿元。2019 年，融资事件数量和金额均现大幅度下滑，分别为 194 起及 179.12 亿元，降幅较上年分别高达 44.7% 和 80.7%。2020 年，融资市场迅速升温，科创融资事件数量同比增长 49.5% 至 290 起。与之同步增长的是募资总金额，2020 年科创融资总金额升至 852.86 亿元人民币，同比上涨约 3.8 倍。2021 年升势未止，融资事件数量和金额再次增长，分别达 494 起及 1114.70 亿元，较上年分别增长 70.3% 和 30.7%。然而 2022 年融资形势出现回落，事件数量和募资金额分别为 478 起及 704.25 亿元，同比分别下降 3.2% 和 36.8%。

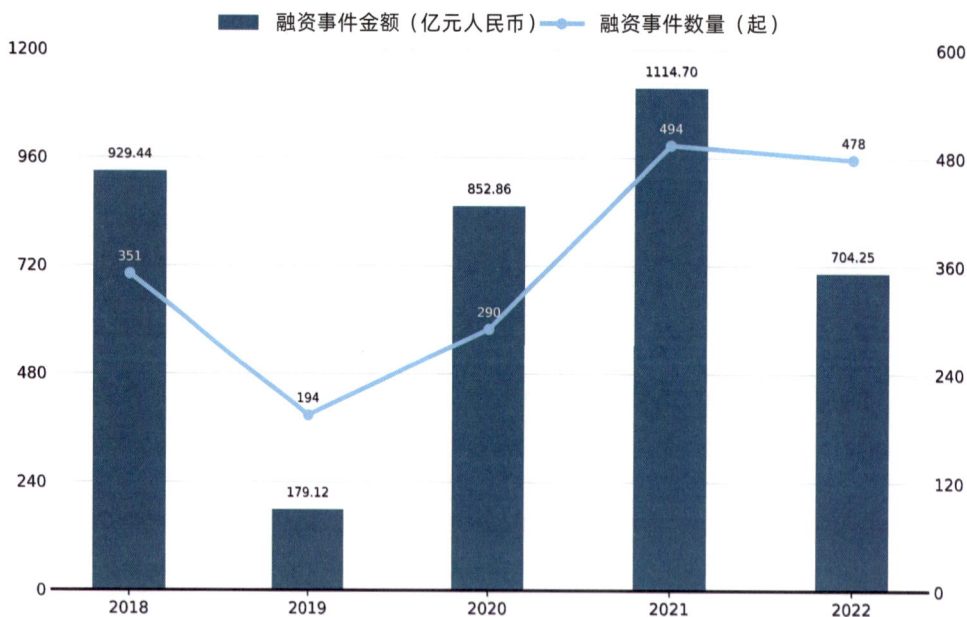

图 6-1-1 2018-2022 年上海市浦东新区科创融资事件数量和金额

图 6-1-2 显示，2018-2022 年浦东新区科创融资活动在不同轮次中，呈现出较为均衡的分布态势。其中发生最多的是泛 A 轮的融资事件，数量为 694 起，占融资事件总数（1807 起）的 38.4%。这表明浦东新区早期融资活力强劲。占比第二高

融资轮次为战略融资，事件数量为 343 起，占比 19.0%。这反映出浦东新区聚集了一批需要战略资金支持的优质科创企业。占比第三高的是泛 B 轮融资，事件数量为 324 起，体现了一批寻求扩大业务规模的科创企业的融资需求。此外，天使种子轮融资事件数量为 236 起，占比 13.1%。浦东新区泛 C（D）轮融资事件数量为 148（49）起，占比 8.2%（2.7%）。E 轮及之后融资事件数量较少，仅为 13 起，占比 0.7%。

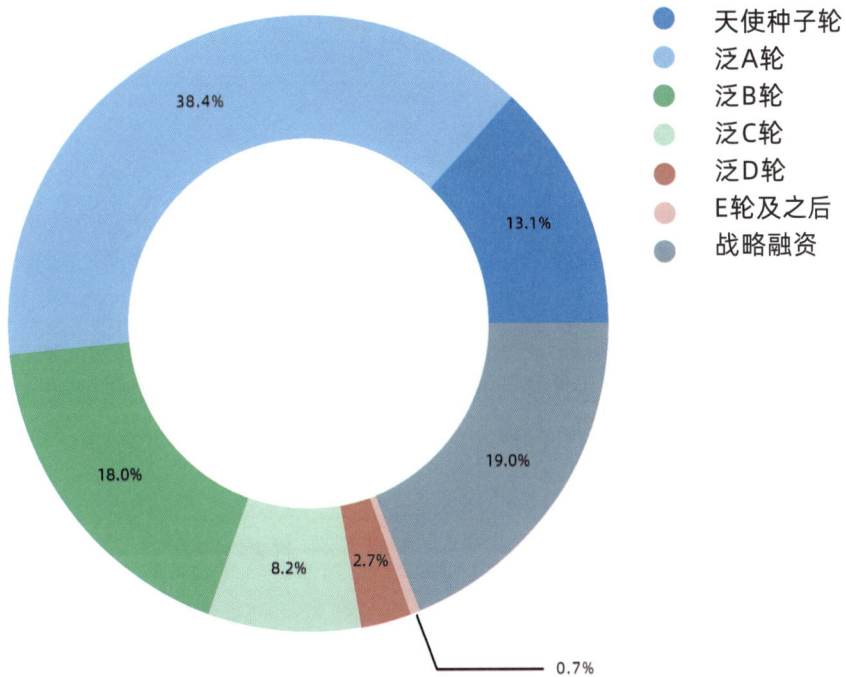

图 6-1-2 2018-2022 年上海市浦东新区科创融资事件轮次分布

图 6-1-3 显示，浦东新区 2018—2022 年的科创融资活动中，占比最高的是规模在 1 千万元人民币及以下的融资事件，该类事件有 763 起，占融资事件总数的 42.2%。在 1 千万元至 5 千万元人民币的金额区间中，浦东新区有 377 起融资事件，占比为 20.9%。浦东新区有 363 起融资事件（占比 20.1%）规模在 1 亿元至 5 亿元人民币。此外，在 5 千万元至 1 亿元人民币和 5 亿元人民币以上的金额区间中，浦东新区分别有 176 起和 128 起融资事件，占比分别为 9.7% 和 7.1%。

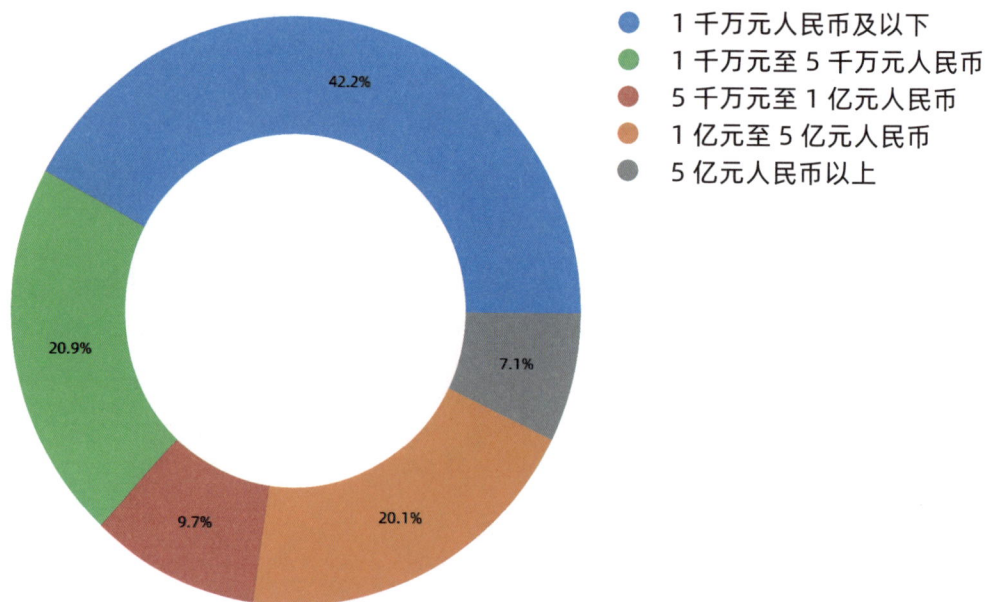

图 6–1–3 2018–2022 年上海市浦东新区科创融资事件金额分布

6.2 闵行区

在 2018–2022 年间，闵行区的科创融资活动呈现出一定的起伏波动。融资事件数量从 2018 年 87 起小幅回落至 2019 年的 72 起。融资总金额从 2018 年的 259.48

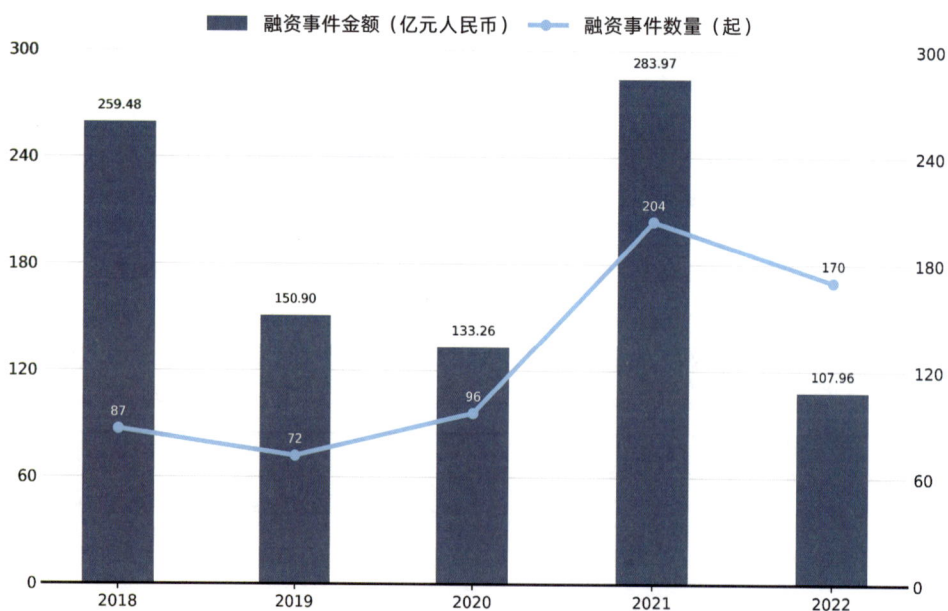

图 6–2–1 2018–2022 年上海市闵行区科创融资事件数量和金额

亿元人民币下降 41.8% 至 2019 年的 150.90 亿元人民币。2020 年融资市场有所恢复，科创融资事件数量同比增长 33.3% 至 96 起，虽然这一年的融资总金额略降至 133.26 亿元，但同比降幅仅为 11.7%。2021 年闵行区科创融资热情持续高涨，事件数和总金额分别攀升至 204 起及 283.97 亿元人民币，较上年分别增长 112.5% 和 113.1%。但 2022 年闵行区融资事件数量和金额均现回落，分别为 170 起及 107.96 亿元人民币，同比分别下降 16.7% 和 62.0%。

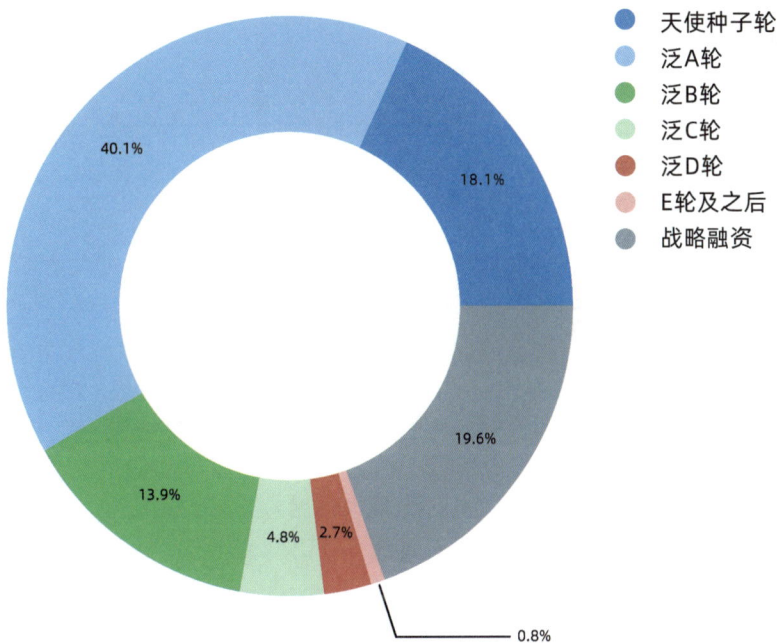

图 6-2-2 2018–2022 年上海市闵行区科创融资事件轮次分布

图 6-2-2 显示，2018—2022 年间闵行区科创融资活动呈现出以泛 A 轮融资为主，战略融资为辅的格局。各轮次融资分布具体如下：闵行区泛 A 轮融资事件数量为 252 起，占融资事件总数（629 起）的 40.1%，是占比最高的融资轮次。这表明闵行区拥有众多处于快速发展阶段的科创企业，融资需求旺盛。战略融资事件数量为 123 起，占比 19.6%，是占比第二高的融资轮次。天使种子轮融资事件数量为 114 起，占比 18.1%，位居第三。闵行区泛 B 轮融资事件数量为 87 起，占比 13.9%，表明闵行区寻求扩大业务规模的科创企业得到了一定的资金支持。泛 C 轮融资及之后轮次的融资事件数量占比都不足 5%。总体来看，闵行区的融资格局呈现出早期和成长阶

段融资活跃的特征，尤其是在泛 A 轮阶段，表明该区拥有众多处于发展早期、前景广阔的科技初创企业。

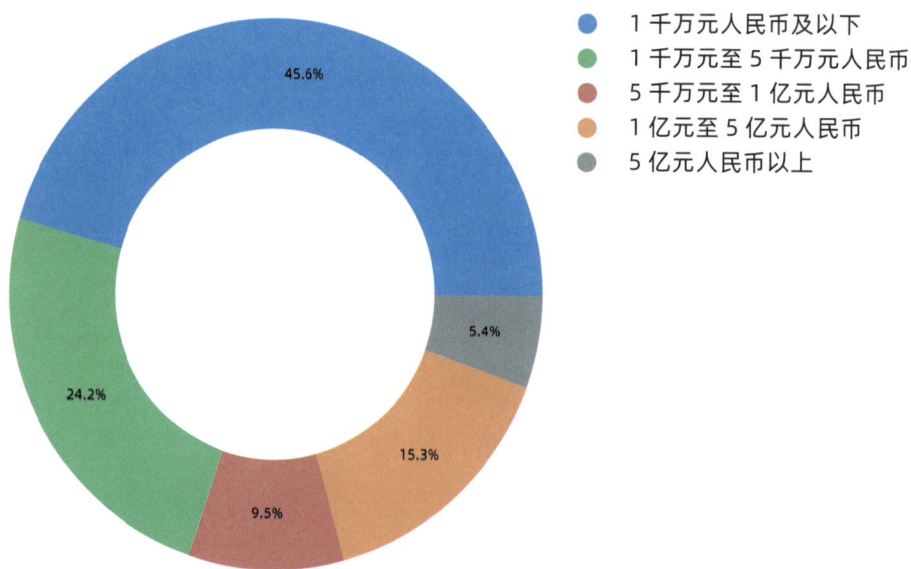

图 6-2-3 2018-2022 年上海市闵行区科创融资事件金额分布

　　图 6-2-3 显示，闵行区事件数量占比最大的融资事件，集中在 1 千万元人民币及以下的金额区间，共有 287 起融资事件，占比高达 45.6%。同时，闵行区的科创投资对中小规模科技企业也有一定程度的关注，在 1 千万元至 5 千万元人民币的金额区间中，共有 152 起融资事件，占比为 24.2%。此外，15.3% 的融资事件（96 起）在 1 亿元至 5 亿元人民币的金额区间。最后，5 千万元至 1 亿元人民币金额的融资事件和 5 亿元人民币以上的融资事件，闵行区分别有 60 起和 34 起，占比分别为 9.5% 和 5.4%。总体而言，闵行区的科创融资活动以小规模融资为主，并且在不同融资金额区间呈现出多样性和活跃性。

6.3 嘉定区

　　嘉定区作为上海市的重要创新区域，其 2018-2022 年的融资活动总体呈先降后升再降的态势。图 6-3-1 显示 2018 年该区共计发生 66 起融资事件，融资金额达 71.57 亿元人民币。2019 年融资事件数量下降，融资金额上升，分别为 45 起及 157.72 亿元人民币，同比下滑 31.8% 和上升 120.4%。进入 2020 年，嘉定区科创融资事件数量增至 70 起，较前一年增长 55.6%，但总金额却下降 40.0% 至 94.60 亿元。

2021 年融资热情持续升温，融资事件数和金额分别大幅攀升至 182 起及 349.09 亿元，分别较上年增长 1.6 倍和约 2.7 倍。然而，2022 年融资形势再现回落，事件数量和总金额均出现下滑，分别为 133 起及 108.60 亿元，同比分别下降 26.9% 和 68.9%。

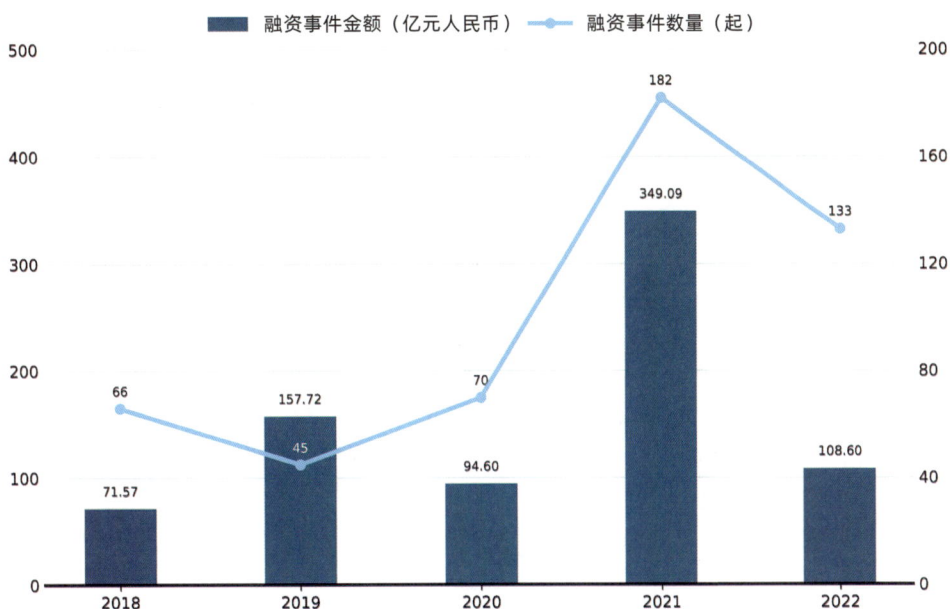

图 6-3-1 2018—2022 年上海市嘉定区科创融资事件数量和金额

在融资轮次方面，嘉定区主要集中在泛 A 轮阶段和战略融资阶段。嘉定区泛 A 轮融资事件数量为 171 起，占融资事件总数的 34.5%，是占比最高的融资轮次。占比第二高的融资轮次是战略融资，事件数量为 151 起，占比 30.4%。紧随其后的是天使种子轮，融资事件数量为 89 起，占比 17.9%。嘉定区泛 B（C）轮融资事件分别占比 10.1%（4.2%）。最后，E 轮及之后的融资事件数量为 5 起，占比仅为 1.0%。总体来说，嘉定区的初创企业受到了泛 A 轮和战略融资的较多关注。

图 6-3-3 显示 2018—2022 年间，嘉定区的科创融资事件，主要集中在 1 千万元人民币及以下的金额区间，此类事件共有 256 起，占比高达 51.6%。嘉定区的科创融资呈现出多样化的特征。占比第二高的融资事件集中在 1 千万元至 5 千万元人民币的金额区间，共有 122 起该类融资事件，占比为 24.6%。此外，金额在 5 千万元至 1 亿元人民币之间的融资事件有 27 起，占比 5.4%。嘉定区有 13.3% 的融资事件在 1 亿至 5 亿元人民币的金额区间。最后，金额在 5 亿元人民币以上的融资事件仅占 5.0%。这表明该区域在较大规模科技企业的融资方面有一定的活跃度。

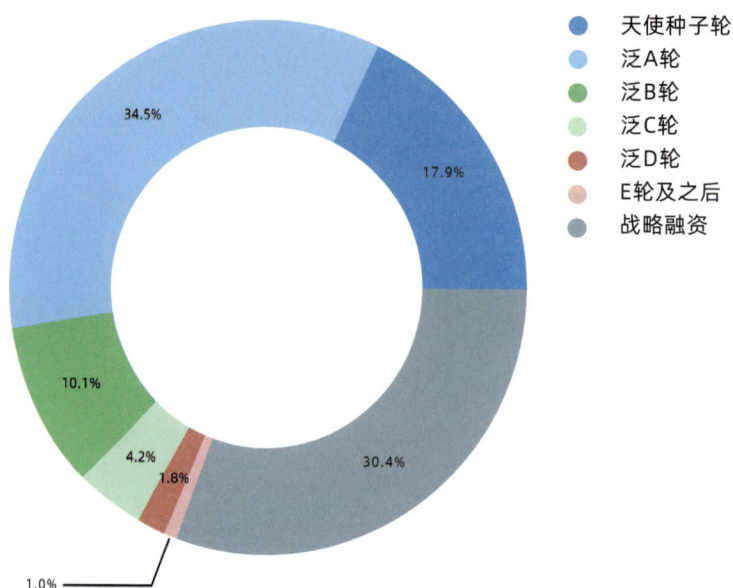

天使种子轮
泛A轮
泛B轮
泛C轮
泛D轮
E轮及之后
战略融资

图 6-3-2 2018—2022 年上海市嘉定区科创融资事件轮次分布

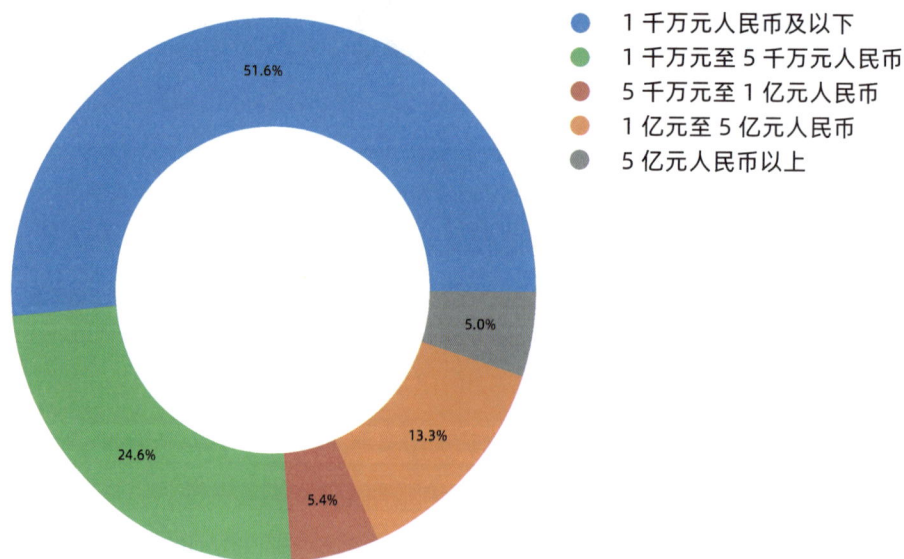

1 千万元人民币及以下
1 千万元至 5 千万元人民币
5 千万元至 1 亿元人民币
1 亿元至 5 亿元人民币
5 亿元人民币以上

图 6-3-3 2018—2022 年上海市嘉定区科创融资事件金额分布

　　综上所述，嘉定区作为上海市的重要创新区域，展现出了蓬勃的创新活力和多元化的融资活动。其融资总规模呈现出较高的水平。初创企业和中型企业在该区域占据主要地位，而不同发展阶段的创新企业也在嘉定区找到了发展机遇和资源支持。

6.4 徐汇区

从年度趋势看，图 6-4-1 显示，在 2018-2020 年期间，徐汇区的融资事件数量呈下降趋势。2018 年共发生 138 起融资事件，融资总金额高达 258.00 亿元。2019 年，徐汇区融资活动明显降温，事件数量和融资金额分别大幅下滑至 73 起和 106.44 亿元人民币，同比分别下降 47.1% 和 58.7%。2020 年，融资市场持续低迷，融资事件数量和金额进一步下降至 54 起和 91.58 亿元，同比降幅分别为 26.0% 和 14.0%。2021 年徐汇区融资形势扭转向好，事件数量和金额双双大幅回升，分别达到 82 起和 202.44 亿元，较上年分别增长 51.9% 和约 1.2 倍。但到了 2022 年，徐汇区融资势头再度放缓，事件数量和金额同比分别下降 28.0% 和 82.5%，分别为 59 起和 35.49 亿元。这显示出近年来徐汇区创新创业融资持续面临挑战。

图 6-4-1 2018-2022 年上海市徐汇区科创融资事件数量和金额

图 6-4-2 显示，徐汇区天使种子轮融资事件数量所占比例为 14.6%，凸显了初创阶段企业的融资活跃度。泛 A 轮占据 35.1% 的份额，显示了初创企业在获得更大规模资金支持方面的较高成功率。泛 B 轮占比 17.3%，泛 C 轮占比 11.4%。战略融资占比 19.8%，表明一定数量的企业吸引了战略投资者，达成深层次的合作和支持。

这种多样化的资金支持体系推动了该区域的科技创新和经济发展，呈现出初创公司活跃、成长型企业需求增加以及部分企业开始吸引战略投资的特点。

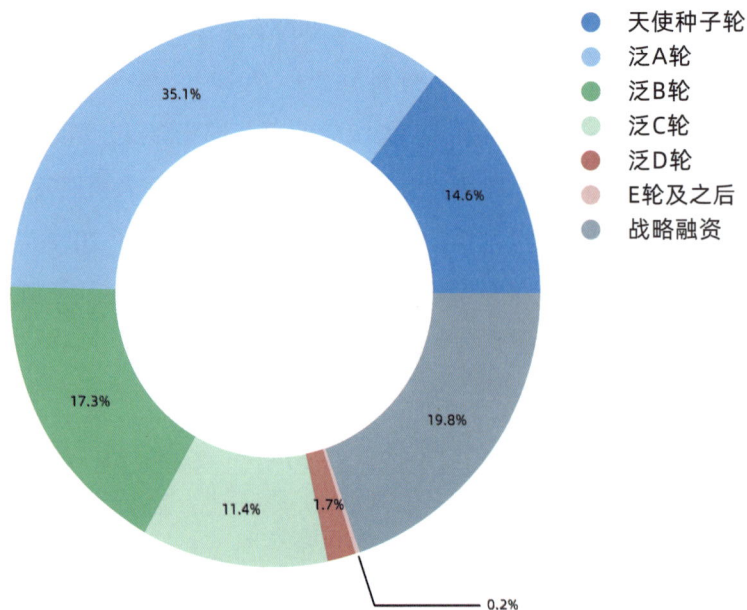

图 6-4-2 2018-2022 年上海市徐汇区科创融资事件轮次分布

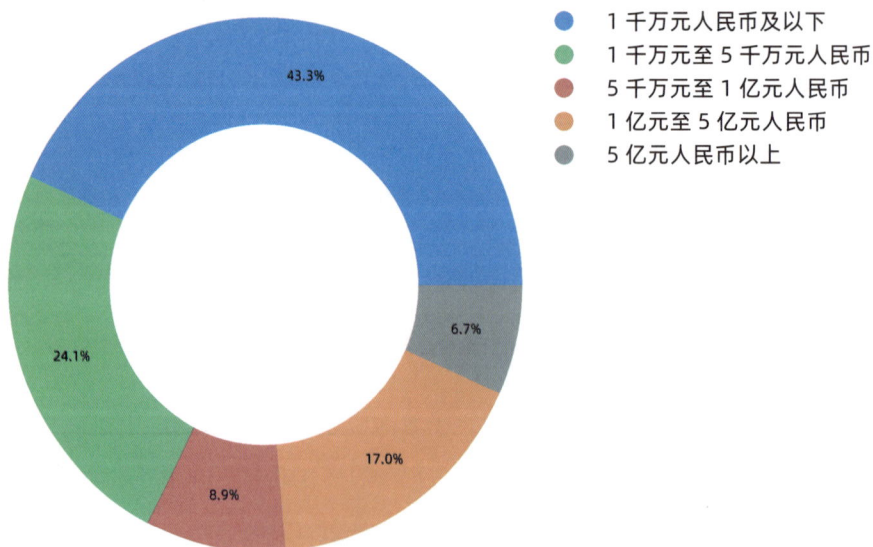

图 6-4-3 2018-2022 年上海市徐汇区科创融资事件金额分布

图 6-4-3 显示，徐汇区 2018-2022 年不同金额的融资事件占比相对均衡。1千万元人民币及以下的小额融资事件占比最高，为 43.3%，显示出投资者对该区初创企业和小微项目的强劲融资需求的关注。紧随其后的是 1 千万元至 5 千万元人民币的金额区间，占比为 24.1%。占比第三高的融资规模是在 1 亿元至 5 亿元人民币的中等规模融资层面，占比为 17.0%。5 千万元至 1 亿元人民币金额的融资事件的占比也相对较高（8.9%）。此外，5 亿元人民币以上较大金额的融资项目占比 6.7%，反映出徐汇区吸引各类规模项目的能力。

综上所述，近年来徐汇区创新创业融资整体下滑，2022 年融资额锐减。融资事件以中小额和早期为主，较大金额融资和后期融资占比较低。

6.5 杨浦区

从 2018 年到 2022 年，杨浦区的科创融资事件数量和金额呈波动中先降后升的总体趋势。如图 6-5-1 显示，2018 年，杨浦区共有 97 起融资事件，融资金额为 118.32 亿元人民币。2019 年杨浦区的融资事件为 0 起。到了 2020 年，融资事件数量相比 2018 年下降 34.0% 至 64 起，相应地，融资金额比 2018 年下降 62.5% 至44.39 亿元人民币。在 2021 年，杨浦区融资事件数量有所增加，达到 74 起，融资金

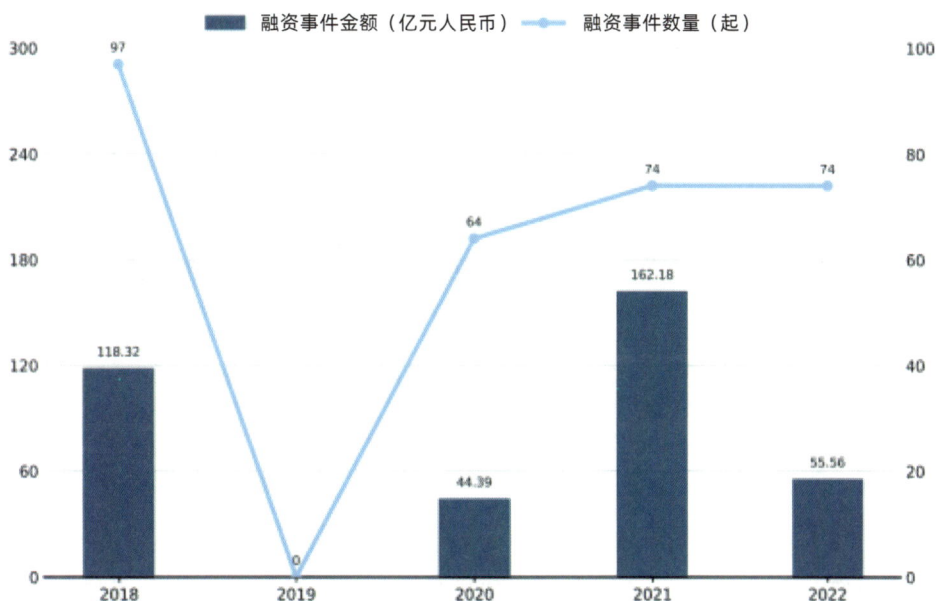

图 6-5-1 2018-2022 年上海市杨浦区科创融资事件数量和金额

额大幅增加至 162.18 亿元人民币，同比分别增长 15.6% 和 265.4%。2022 年，杨浦区科创融资事件数量仍然保持在 74 起，但融资规模再次降至 55.56 亿元人民币，同比降幅高达 65.7%。

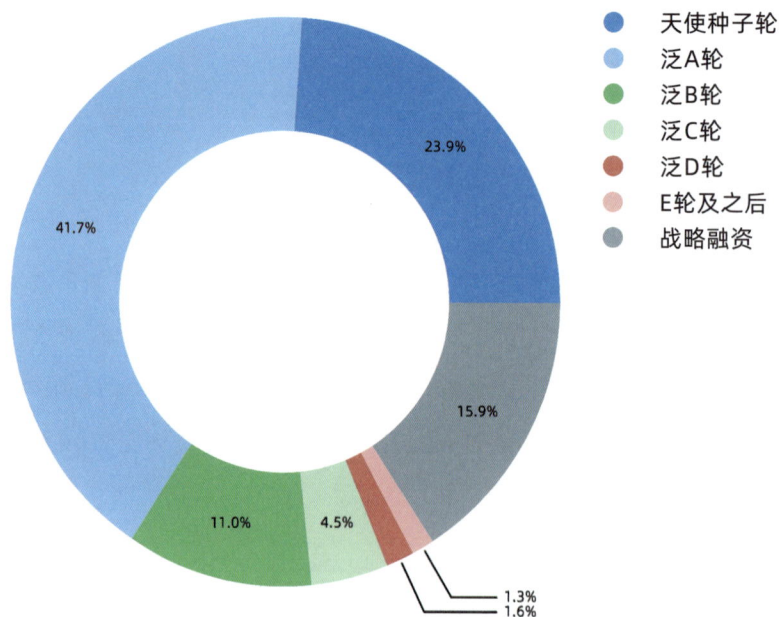

图 6-5-2 2018-2022 年上海市杨浦区科创融资事件轮次分布

图 6-5-2 显示，2018-2022 年杨浦区科创融资活动中，泛 A 轮的事件数量占比最高，达 41.7%。其次是天使种子轮，占比为 23.9%，初创企业融资活跃度较高。战略融资占比 15.9%，表明一定数量的企业通过战略融资获得资金支持。泛 B 轮融资事件占 11.0%，泛 C 轮占比为 4.5%。而泛 D 轮和 E 轮及之后的融资事件的占比则相对偏低，分别仅为 1.6% 和 1.3%，反映出杨浦区已有一定数量的后期发展项目。

图 6-5-3 显示，杨浦区 2018-2022 年科创融资活动以小额融资为主。1 千万元人民币及以下的小额融资事件占比最高，为 50.2%。其次是 1 千万元至 5 千万元人民币融资金额的事件，共有 71 起，占比为 23.0%。1 亿元至 5 亿元人民币的中等规模融资事件占比为 13.6%。8.1% 的融资项目的金额在 5 千万元至 1 亿元人民币之间。与此同时，5 亿元人民币以上大额融资事件共有 16 起，所占比例为 5.2%，相对较低。

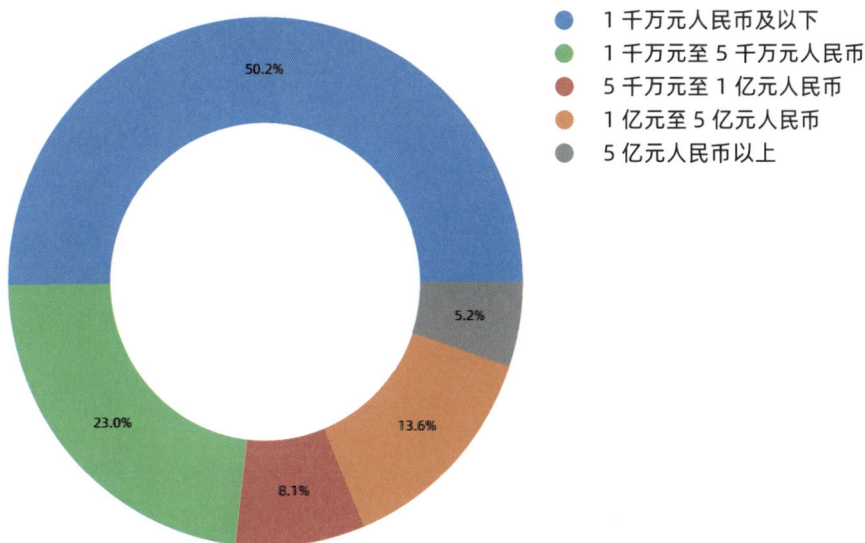

图例：
- 1 千万元人民币及以下
- 1 千万元至 5 千万元人民币
- 5 千万元至 1 亿元人民币
- 1 亿元至 5 亿元人民币
- 5 亿元人民币以上

50.2%
5.2%
13.6%
8.1%
23.0%

图 6-5-3 2018-2022 年上海市杨浦区科创融资事件金额分布

6.6 静安区

除 2021 年外，2018-2022 年静安区科创融资活跃度逐年下降。从 2018 年到 2019 年，融资事件数量从 95 起减少至 39 起，同比减少 58.9%；融资规模也从 80.19 亿元减少至 33.77 亿元，同比下降 57.9%。从 2019 年到 2020 年，融资事件数量和

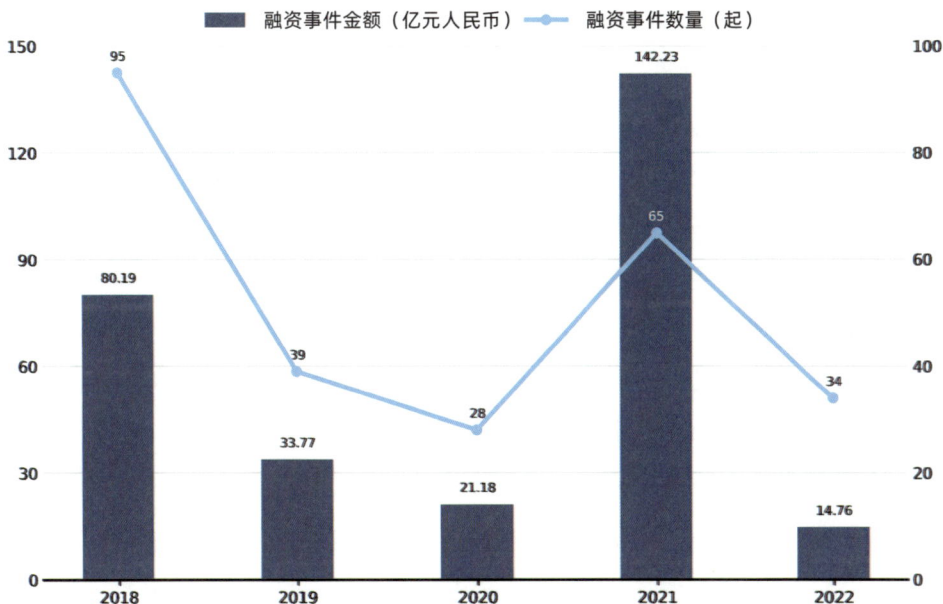

图例：融资事件金额（亿元人民币）　融资事件数量（起）

年份	2018	2019	2020	2021	2022
融资事件金额	80.19	33.77	21.18	142.23	14.76
融资事件数量	95	39	28	65	34

图 6-6-1 2018-2022 年上海市静安区科创融资事件数量和金额

融资金额继续下降。融资事件数量较上年减少 28.2% 至 28 起；融资金额较上一年减少 37.3% 至 21.18 亿元。说明在这一时期，静安区的创新创业融资仍面临着一定的挑战。2020 年到 2021 年，融资事件数量显著增长 132.1% 至 65 起，而融资规模也从 21.18 亿元增加至 142.23 亿元人民币。然而，从 2021 年到 2022 年，融资事件数量又出现了 47.7% 下降，从 65 起减少至 34 起，融资规模也减少了 89.6% 至 14.76 亿元人民币。

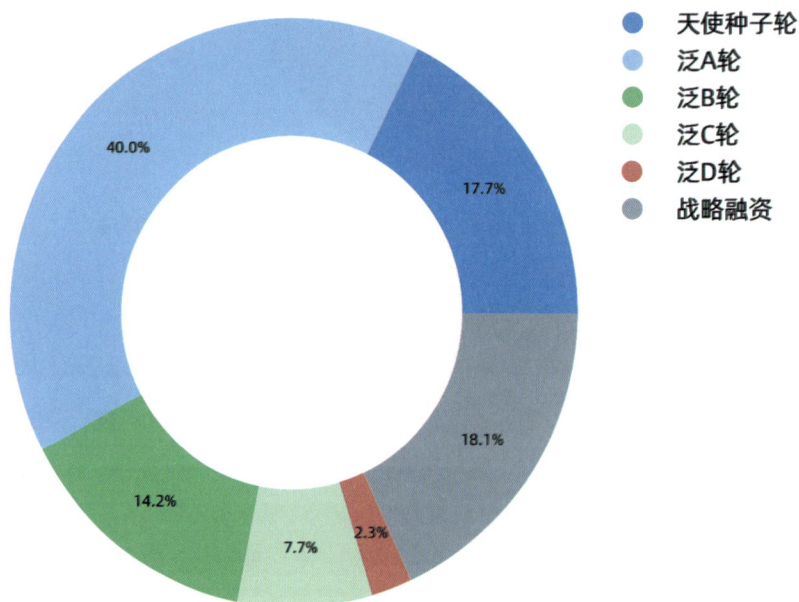

图 6-6-2 2018-2022 年上海市静安区科创融资事件轮次分布

图 6-6-2 展示了 2018-2022 年期间静安区各融资轮次项目的较为均衡的分布状况。其中泛 A 轮融资事件占比最高，占融资事件总数的 40.0%，展示出早期融资较高的活跃度。其次是天使种子轮和战略融资，占比分别为 17.7% 和 18.1%，说明处于初创期和战略投资阶段的项目数量可观。泛 B 轮占比为 14.2%，泛 C 轮为 7.7%，占比较少。泛 D 轮融资事件占比则仅为 2.3%。

从不同融资金额的事件分布来看，图 6-6-3 显示金额在 1 千万元人民币及以下的融资事件占比最高，占融资事件总数的 45.6%，其次是 1 千万元至 5 千万元人民币的融资事件，占比为 24.5%。在较高金额的区间中，1 亿元人民币至 5 亿元人民币

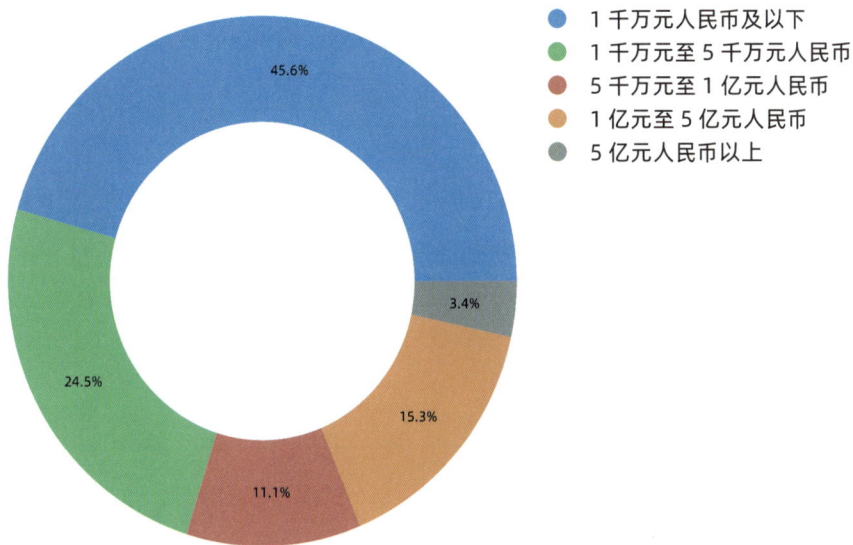

图 6-6-3 2018-2022 年上海市静安区科创融资事件金额分布

的融资事件占比为 15.3%，5 千万元至 1 亿元人民币和 5 亿元人民币以上的融资事件

占比分别为 11.1% 和 3.4%。这表明静安区的科创融资也以小额和中等金额为主。

6.7 长宁区

2018-2022 年长宁区的科技创新创业融资呈从繁荣到遇冷，先回暖后回落的

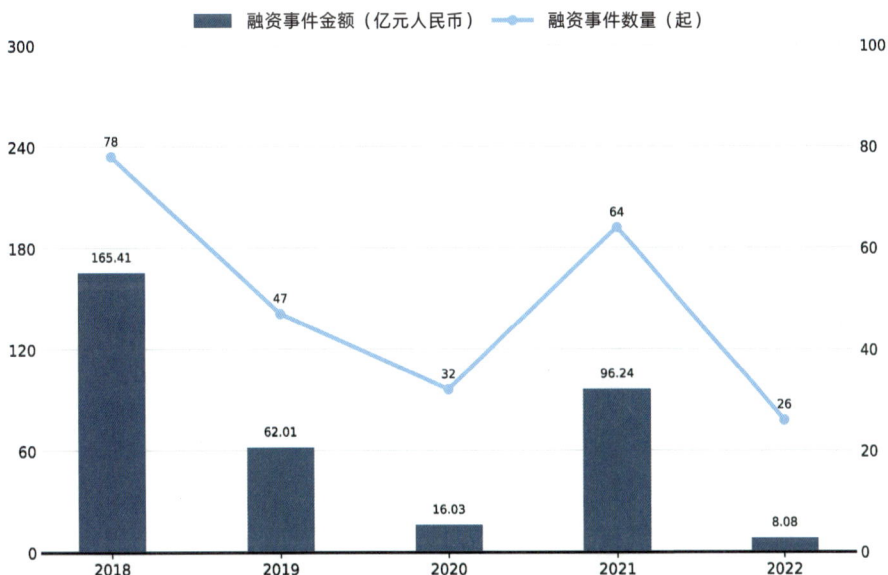

图 6-7-1 2018-2022 年上海市长宁区科创融资事件数量和金额

态势（见图 6-7-1）。在 2018 年，长宁区共有 78 起科创融资事件，总金额达到
165.41 亿元人民币。然而，到了 2019 年，融资事件数量和金额分别减少至 47 起和
62.01 亿元人民币，较上一年分别减少了 39.7% 和 62.5%。2020 年融资事件数量继
续下降至 32 起，融资金额也缩减至 16.03 亿元。2021 年，融资事件数量和融资金额
均显著回升，分别为 64 起和 96.24 亿元人民币，分别较 2020 年增长了 1 倍和约 5 倍。
然而，到了 2022 年，长宁区的科创融资再次大幅回落，融资事件数量下降至 26 起，
融资金额仅为 8.08 亿元人民币，较上一年分别减少了 59.4% 和 91.6%。

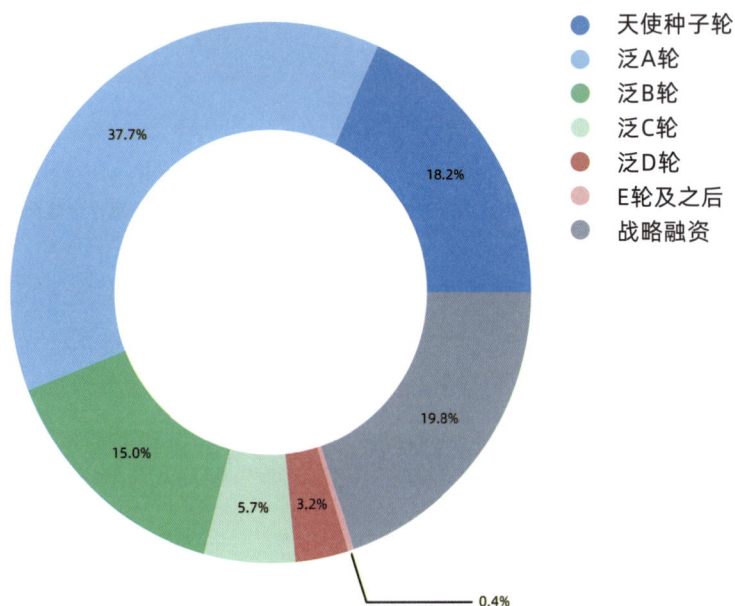

图 6-7-2 2018-2022 年上海市长宁区科创融资事件数量和金额

　　从融资轮次来看，2018-2022 年长宁区融资活动中，泛 A 轮事件占比最高，占
融资事件总数的 37.7%，体现出早期融资活动在该区域较为活跃。其次是战略融资和
天使种子轮，占比分别为 19.8% 和 18.2%，战略资金和初创期融资的活跃度值得关注。
泛 B 轮占比为 15.0%，泛 C 轮为 5.7%。而泛 D 轮融资事件占比为 3.2%，E 轮及之
后的占比则最低，仅为 0.4%，说明长宁区的后期融资项目占比较低。

　　图 6-7-3 显示，2018-2022 年长宁区的融资活动主要集中在 1 千万元人民币及
以下和 1 千万元 至 5 千万元人民币的融资项目上。其中，1 千万元人民币及以下的
融资事件数量为 125 起，占比高达 50.6%，反映了该区域小额融资活动的活跃程度。

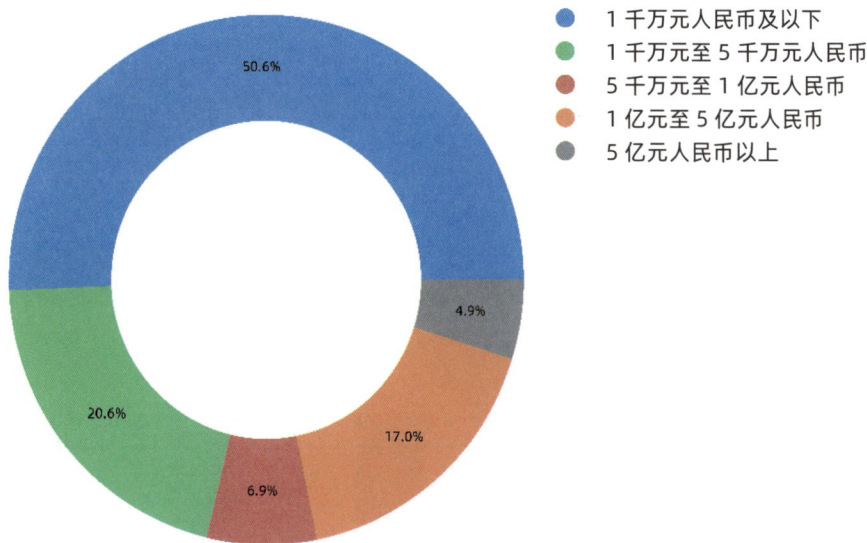

图 6-7-3 2018-2022 年上海市长宁区科创融资事件金额分布

1 千万元至 5 千万元人民币的融资事件数量为 51 起，占比为 20.6%，也占据了相当比例。1 亿元人民币至 5 亿元 人民币的融资事件数量为 42 起，占比为 17.0%，规模较大但数量相对较少。5 亿元人民币以上和 5 千万元至 1 亿元人民币的融资事件数量分别为 12 起和 17 起，占比分别为 4.9% 和 6.9%。

6.8 宝山区

从 2018 年到 2022 年，宝山区的融资事件数量呈现先降后升再降的波动变化态势。2018 年宝山区共计发生 46 起科创融资事件，融资总额高达 83.35 亿元人民币。2019 年，事件数量虽然下滑至 32 起，但融资金额却增长至 107.41 亿元，同比上涨 28.9%。2020 年，融资形势出现转折，事件数量小幅回升至 37 起，但融资总额同比骤降 62.8% 至 39.99 亿元。2021 年，融资市场回暖升温，事件数量和金额双双大幅攀升，分别达到 60 起和 100.15 亿元，较上年分别增长 62.2% 和 150.4%。然而，2022 年宝山区再度现融资放缓迹象，融资事件数量和金额同比分别下滑 20.0% 和 62.5% 至 48 起和 37.55 亿元。总体来看，宝山区的科创融资事件数量在 2018-2022 年间呈现波动上升，但融资金额并没有呈现稳定的增长。

图 6-8-2 显示，2018-2022 年宝山区融资活动呈现初创期和中期项目为主导的态势。其中，泛 A 轮融资事件数量占比最高，达 37.6%，可见该区对早期融资的支持。紧随其后的是战略融资和天使种子轮，占比分别为 21.7% 和 19.9%，反映出宝山区

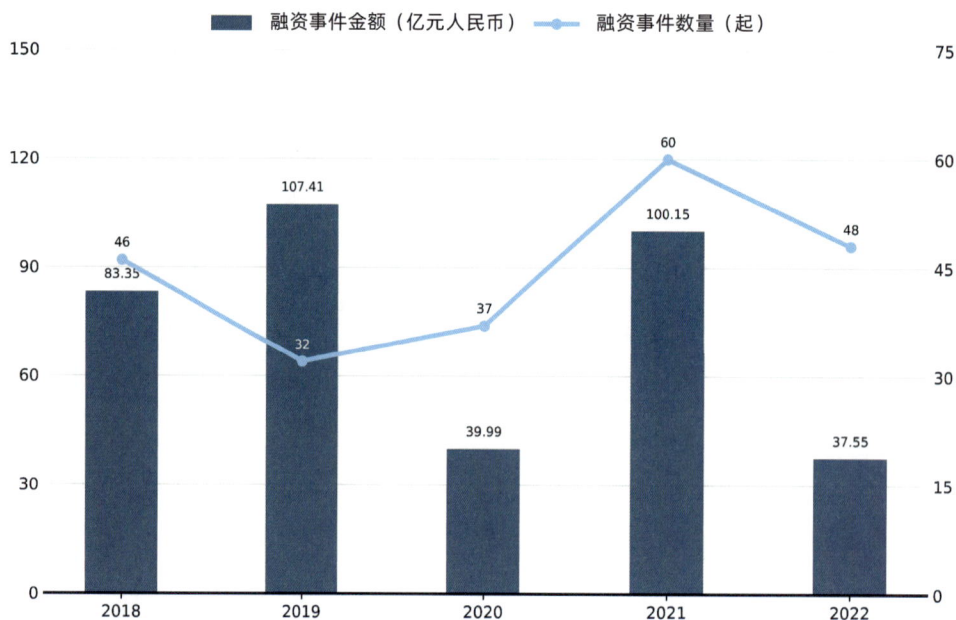

图 6-8-1 2018–2022 年上海市宝山区科创融资事件数量和金额

在战略投资和对早期企业的融资支持方面亦有不俗表现。泛 B 轮和泛 C 轮融资事件所占比重为 9.0% 和 8.6%,体现了该区已孵化出一定数量的较成熟项目。而泛 D 轮和 E 轮及之后融资事件的占比则相对偏低,仅为 2.7% 和 0.5%。

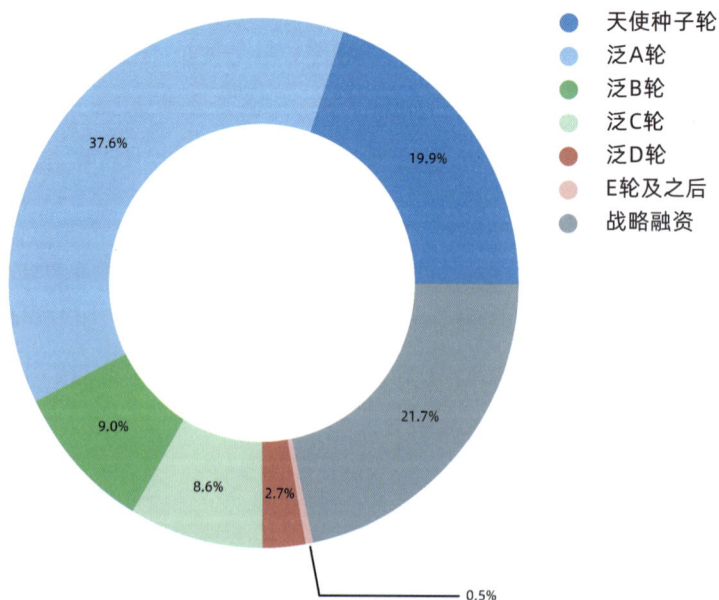

图 6-8-2 2018–2022 年上海市宝山区科创融资事件轮次分布

融资金额大小方面，图 6-8-3 显示宝山区科创融资活动主要集中于小额融资领域。其中，1 千万元人民币及以下的融资事件占比高达 47.1%。其次是 1 千万元至 5 千万元人民币的融资事件，占比为 26.5%，体现了中小型科创融资项目已形成了一定的规模。在 1 亿元至 5 亿元人民币的中等规模融资层面，事件数量占比为 12.1%，亦不容忽视。5 千万元至 1 亿元人民币的融资事件占比为 5.8%。5 亿元人民币以上融资事件虽然只占 8.5%，但也反映了已经有一定数量的资金需求较大的项目得到了投资者的支持。

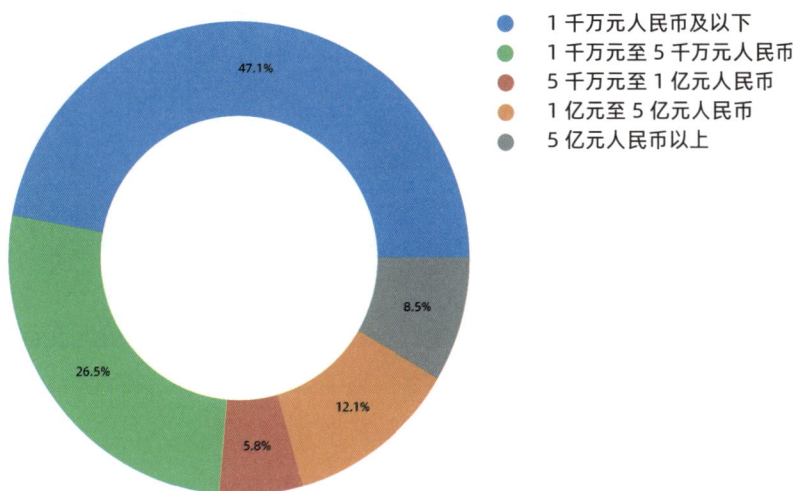

图 6-8-3 2018-2022 年上海市宝山区科创融资事件金额分布

6.9 奉贤区

奉贤区在 2018 年至 2022 年间的科创融资呈现出明显的增长趋势（见图 6-9-1）。2018 年，奉贤区共有 18 起融资事件，金额为 6.36 亿元人民币。2019 年，融资事件数量下降至 13 起，金额也略微下降至 5.35 亿元人民币，同比分别下降 27.8% 和 15.9%。从 2020 年开始，奉贤区的科创融资活动开始迅速升温，融资事件数量达到 32 起，金额达到 7.89 亿元人民币，相比上一年增长率分别为 146.2% 和 47.5%。2021 年，融资事件数量进一步增加至 77 起，金额达到 69.50 亿元人民币，分别增长约 1.4 倍和 7.8 倍，显示了迅猛的增长态势。尽管 2022 年融资事件数量略微增长至 80 起，但融资金额下降至 66.56 亿元人民币，较上一年分别增加 3.9% 和下降 4.2%。

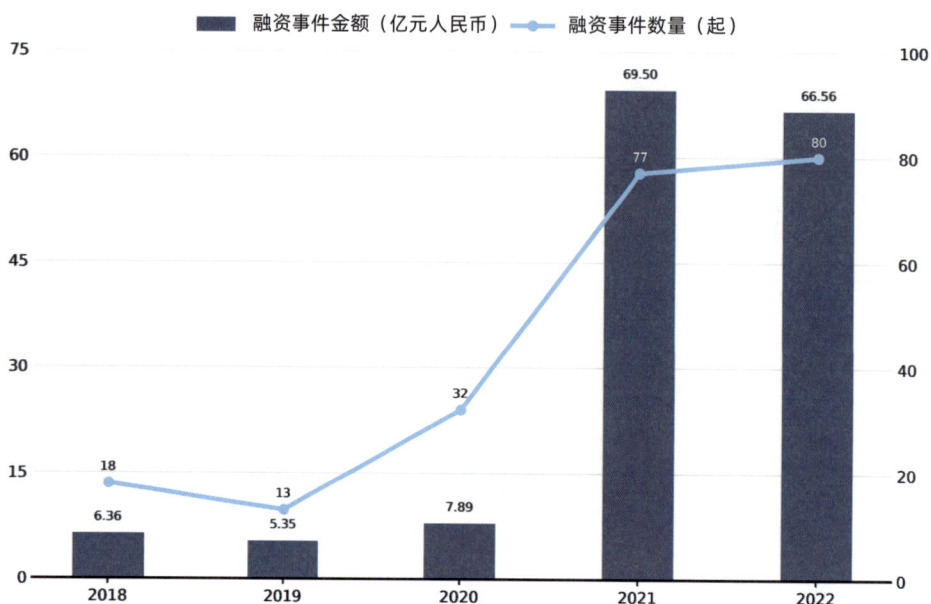

图 6-9-1 2018-2022 年上海市奉贤区科创融资事件数量和金额

从图 6-9-2 中可以看到奉贤区各个融资轮次较为均衡的分布情况。首先，天使种子轮和泛 A 轮的融资事件数量相对较多，分别占据了 29.1% 和 32.7% 的比例，显示了较多企业在奉贤区获得了早期的融资支持。其次，战略融资和泛 B 轮的占比分别为 20.0% 和 10.0%。此外，其他轮次的融资事件数量相对较少，泛 C 轮和泛 D 轮分别占据了 5.5% 和 2.3% 的比例，而 E 轮及之后的融资事件数量最少，仅占 0.5%。

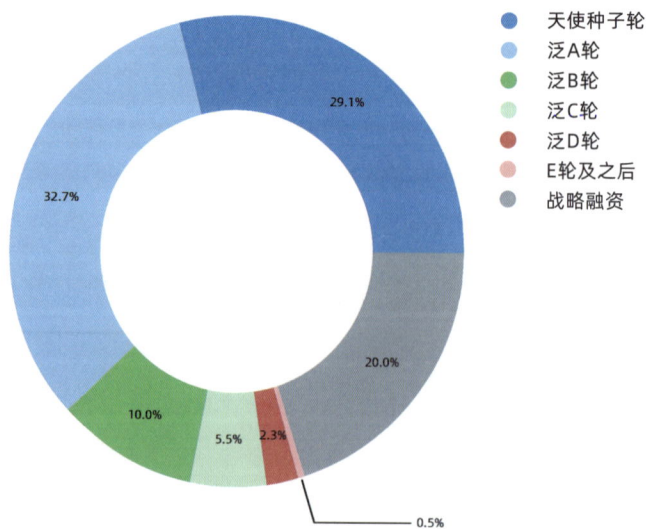

图 6-9-2 2018-2022 年上海市奉贤区科创融资事件轮次分布

图 6-9-3 表明，2018-2022 年间，奉贤区 1 千万元人民币及以下的小额融资事件占比最高，占融资事件总数的 55.9%，显示了该区域较多的初创项目获得了较小规模的融资支持。其次是 1 千万元至 5 千元万人民币的融资事件，占比为 21.4%，表明一些成长型企业在这一金额范围内获得了一定程度的支持。接着是 1 亿元人民币至 5 亿元人民币的融资事件，占比为 13.6%，这可能反映了一些规模较大的企业在奉贤区发起了一定规模的融资活动。其余金额区间的融资事件数量相对较少，5 千万元至 1 亿元人民币的融资事件数量占据了 6.8% 的比例。同样值得关注的是，5 亿元人民币以上的大额融资事件虽然只占 2.3%，但仍显示出奉贤区正在孕育一批发展前景广阔的大型项目。总体而言，奉贤区科创融资主要集中在较为初期的初创企业，这也表明奉贤区正相对处在发展的新兴阶段，具有较大的发展空间。

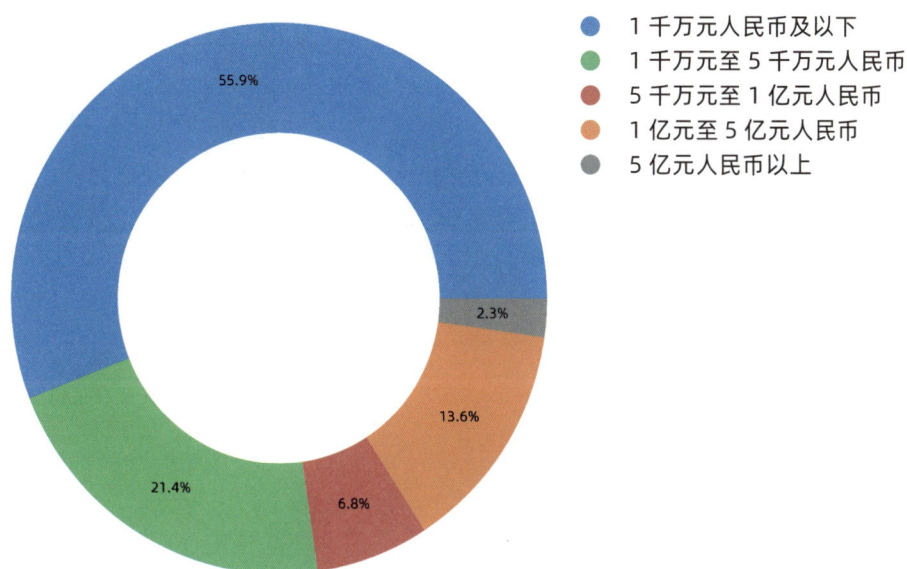

图 6-9-3 2018-2022 年上海市奉贤区科创融资事件金额分布

6.10 松江区

松江区的科创融资情况在 2018 年至 2022 年间在经历了短暂回落后呈持续上升态势（见图 6-10-1）。2018 年，松江区共有 32 起融资事件，金额为 32.42 亿元人民币。然而，2019 年融资事件数量下降至 24 起，金额仅为 9.96 亿元人民币，降幅分别为 25.0% 和 69.3%。在 2020 年，融资事件数量较上年略微下降 12.5% 至 21 起，但融资金额同比增加 70.9% 至 17.02 亿元人民币。随后，2021 年融资事件数量和金额都有较大幅度的增长：其中融资事件数量大幅增加至 53 起，金额达到 58.76 亿元人民币，比上一年分别增长约 1.5 倍和 2.5 倍。2022 年，融资事件数量继续增加至 76 起，金额为 63.95 亿元人民币，同比增长率分别为 43.4% 和 8.8%。

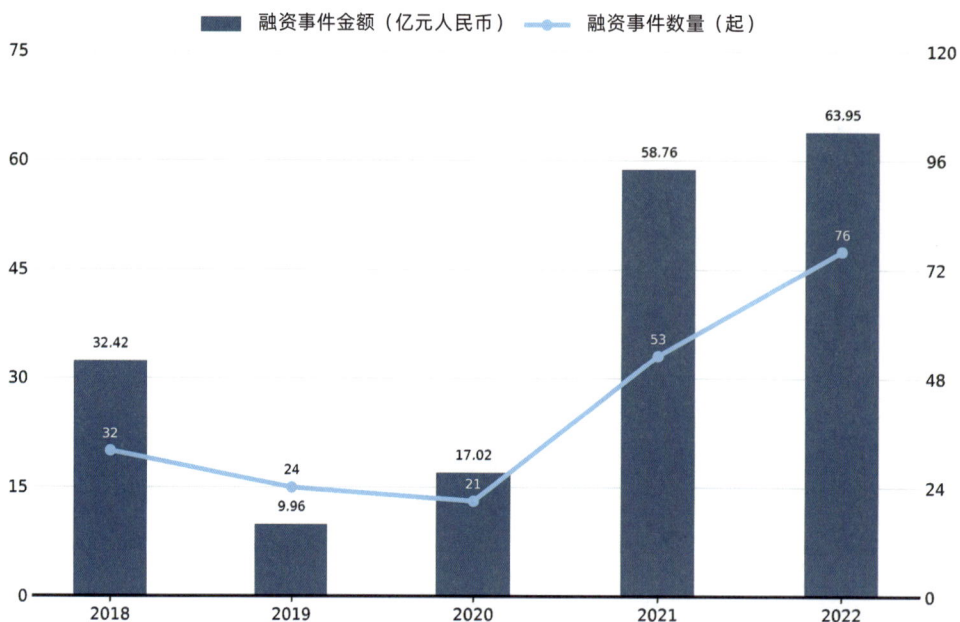

图 6-10-1 2018-2022 年上海市松江区科创融资事件数量和金额

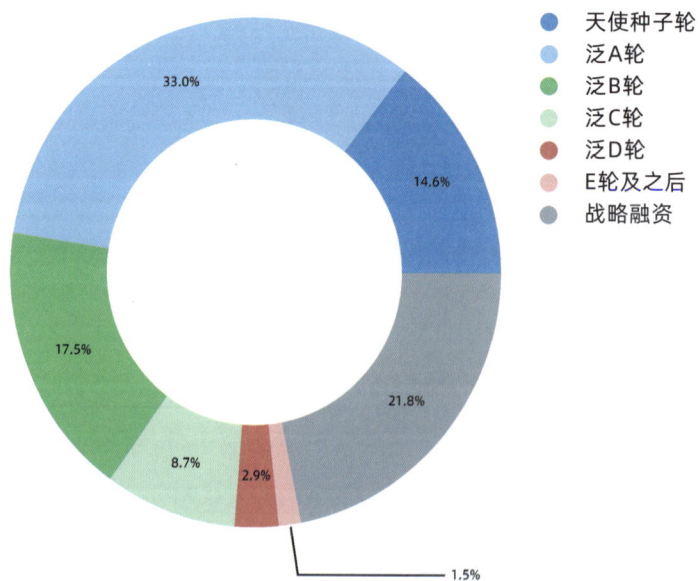

图 6-10-2 2018-2022 年上海市松江区科创融资事件轮次分布

图 6-10-2 显示，对于 2018—2022 年松江区的科创融资而言，泛 A 轮是最主要的融资轮次，该轮次融资事件占融资事件总数的 33.0%，反映了该区域具有较多的初创企业成功获得了早期投资支持。其次是战略融资，占比为 21.8%。天使种子轮和泛 B 轮的占比相近，分别为 14.6% 和 17.5%。其他轮次的融资事件数量相对较少，泛 C 轮和泛 D 轮分别占据了 8.7% 和 2.9% 的比例，而 E 轮及之后的融资事件数量最少，仅占 1.5%。数据显示松江区的科创企业发展相对均衡，各个阶段的融资需求都能够在这里得到一定的支持。

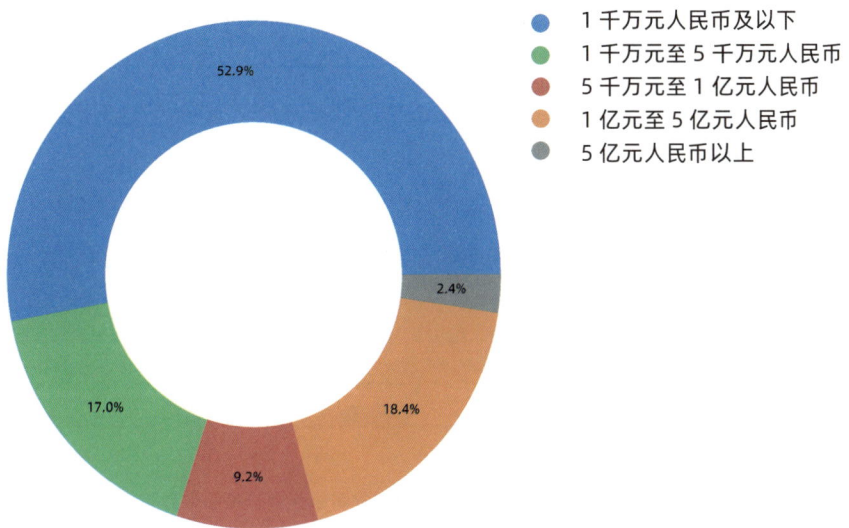

图 6-10-3 2018-2022 年上海市松江区科创融资事件金额分布

图 6-10-3 显示，松江区的融资结构，同样以小额融资为主导。1 千万元人民币及以下的融资事件占比为 52.9%，1 千万元至 5 千万元人民币的融资事件占比为 17.0%，两者合计接近 70%，充分反映出松江区初创企业和中小型项目的活跃态势。在 1 亿元至 5 亿元人民币的中等规模融资市场，该类融资事件的占比为 18.4%，表现不俗。其余金额区间的融资事件数量相对较少，5 亿元人民币以上和 5 千万元至 1 亿元人民币的融资事件数量分别占据了 2.4% 和 9.2% 的比例。综上，2018-2022 年松江区的科创企业融资以初创项目为主，但也存在一定规模的中后期融资活动，整体而言初创型和成长型企业都在资本市场上获得了一定的支持。

6.11 黄浦区

从图 6-11-1 可以看出，2018-2022 年黄浦区的科创融资活动经历了大幅降温。2018 年，该区共有 95 起融资活动，融资金额达到 214.10 亿元人民币。然而到了 2019 年，融资事件数量下降至 54 起，融资金额大幅降至 34.78 亿元人民币，分别较

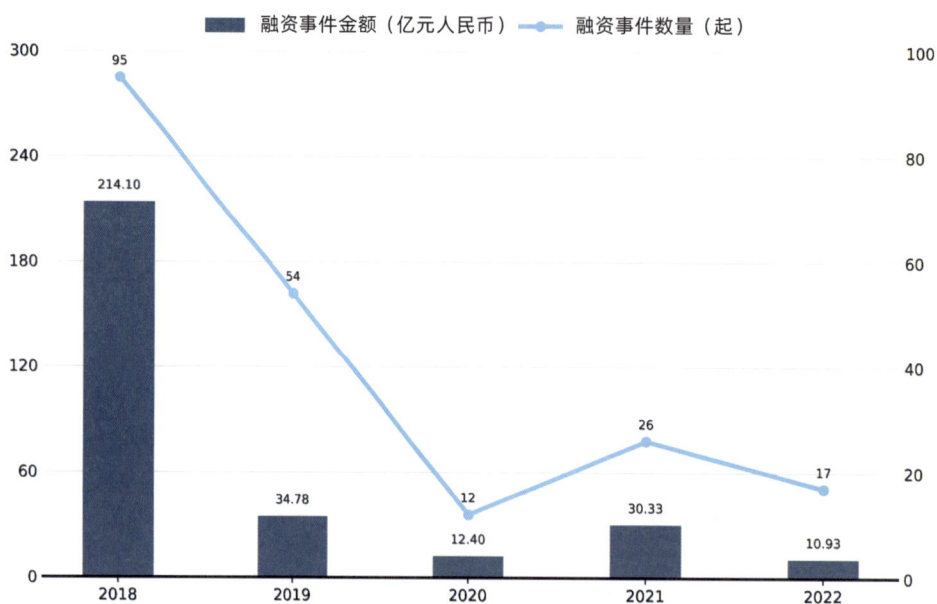

图 6-11-1 2018-2022 年上海市黄浦区科创融资事件数量和金额

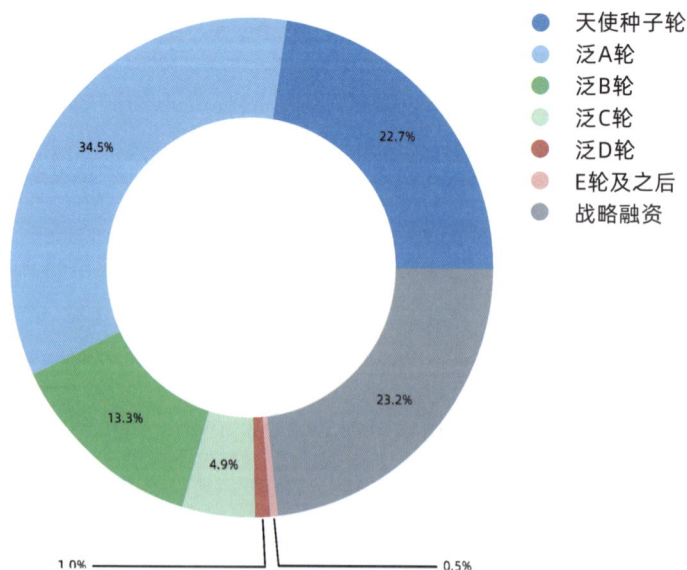

图 6-11-2 2018-2022 年上海市黄浦区科创融资事件轮次分布

上一年减少了43.2%和83.8%。进入2020年，融资事件数量和金额进一步减少，分别仅有12起和12.40亿元人民币，同比分别下降了77.8%和64.3%。但在2021年，黄浦区的科创融资活动出现了回暖，融资事件数量增至26起，融资金额达到30.33亿元人民币，分别较上一年增长了116.7%和144.6%。然而，这种增长势头并未延续到2022年，该年融资事件数量再次下降至17起，融资金额降至10.93亿元人民币，同比分别下降了34.6%和64.0%。这些数据表明了黄浦区科创融资活动在波动中逐年下降的总体趋势。

从轮次分布来看，2018-2022年黄浦区科创融资活动中，泛A轮的融资事件数量占比最高，为34.5%，体现出区域内在培育早期成长型企业方面在资金上所给予的大力支持。其次是战略融资和天使种子轮，占比分别为23.2%和22.7%，展现了天使基金和战略资金对当地企业的关注。泛B轮占比为13.3%，泛C轮为4.9%。泛D轮融资事件的占比为1.0%，E轮及以后的占比为0.5%，反映出后期融资项目相对而言比较低迷。

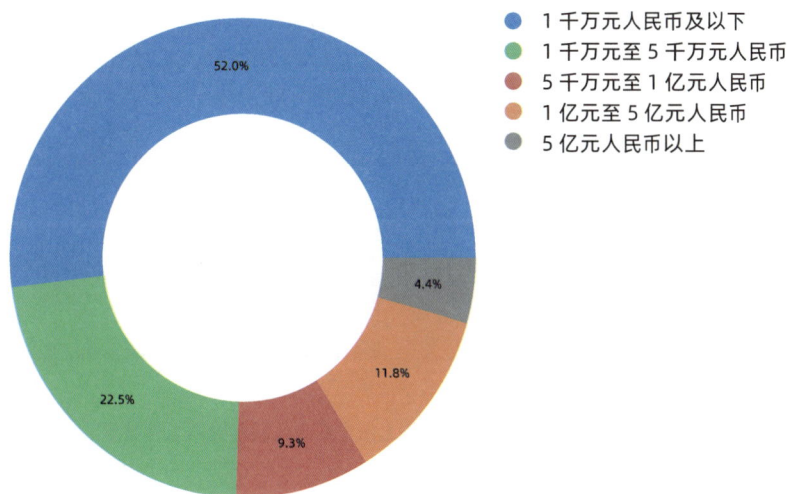

图6-11-3 2018-2022年上海市黄浦区科创融资事件金额分布

2018-2022年，在黄浦区不同金额的科创融资活动中，1千万元人民币及以下的融资事件占一半以上。图6-11-3显示，1千万元人民币及以下的融资事件占比最高，占融资事件总数的52.0%，其次是1千万元至5千万元人民币的事件，占比为22.5%。在较高金额的区间中，1亿元至5亿元人民币规模的融资事件占比为11.8%，5千万元至1亿元人民币和5亿元人民币以上的融资事件占比分别为9.3%和4.4%。

6.12 普陀区

2018-2022 年普陀区的科创融资事件数量呈现先降后升再降的态势，融资金额除 2019 年显著增加之外，其余年份在波动中小幅上升。2018 年，普陀区发生 41 起科创融资事件，融资总金额为 14.39 亿元。2019 年虽然融资事件数量下滑至 29 起，但融资金额却大幅增长至 58.53 亿元，同比分别下降 29.3% 和上涨约 3.1 倍。2020 年，融资遇冷，事件数量和融资金额双双下降，分别为 27 起和 20.12 亿元，同比分别下滑 6.9% 和 65.6%。2021 年融资事件数量明显回升至 46 起，但融资金额却下降至 15.03 亿元，同比分别增长 70.4% 和下降 25.3%。2022 年融资事件数量下滑至 31 起，融资金额上升至 22.84 亿元，较上一年分别下降 32.6% 和上涨 52.0%。

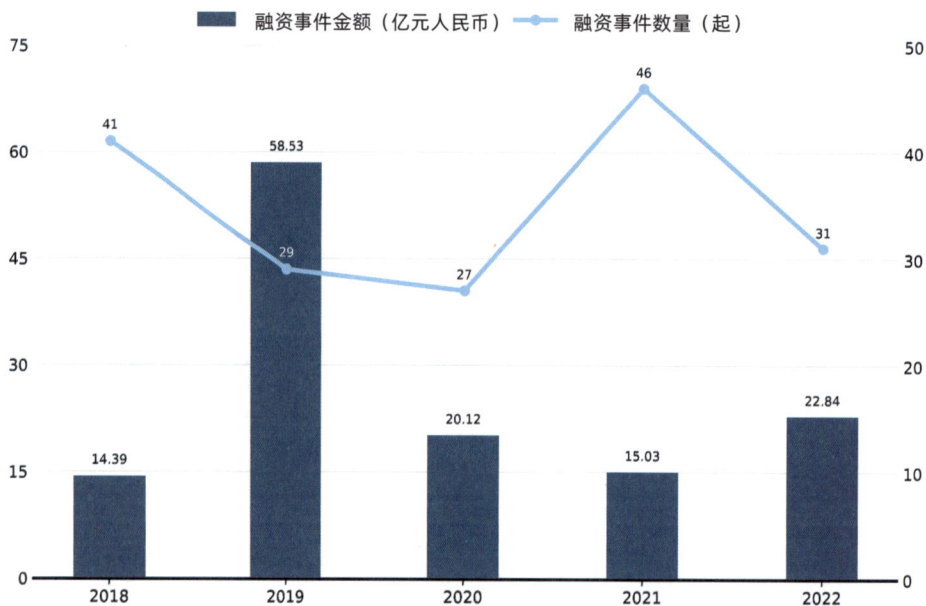

图 6-12-1 2018-2022 年上海市普陀区科创融资事件数量和金额

从图 6-12-2 可见，2018-2022 年普陀区各融资阶段的项目在天使种子轮、泛 A 轮和战略融资轮次中分布相对均衡。其中，泛 A 轮融资事件数量占比最高，为 40.7%，显示出区域内的融资事件集中在早期融资的轮次。战略融资和天使种子轮事件数量占比紧随其后，分别为 20.9% 和 20.3%。泛 B 轮占比为 11.6%，泛 C 轮为 4.1%。而 D 轮及以后融资事件所占比例则相对较低，反映出后期发展阶段融资项目占比低的特点。

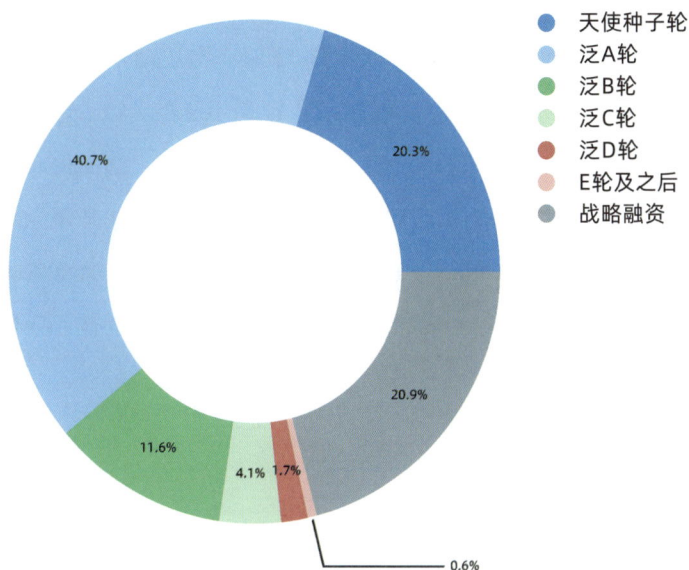

图 6-12-2 2018-2022 年上海市普陀区科创融资事件轮次分布

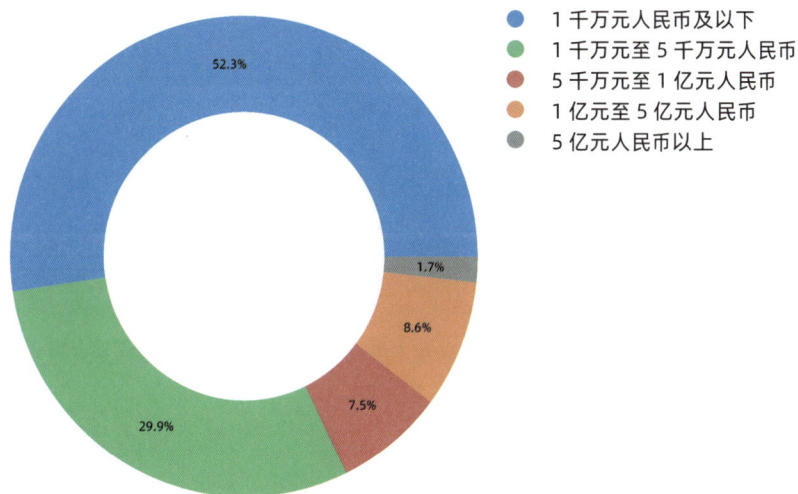

图 6-12-3 2018-2022 年上海市普陀区科创融资事件金额分布

图 6-12-3 显示，普陀区的科创融资活动以小额融资项目占主导地位。其中，1千万元人民币及以下的小额融资事件占比最高，达 52.3%，显示出该区初创企业和小微项目的活跃发展态势。紧接着是 1 千万元至 5 千万元人民币金额区间的融资事件，占比为 29.9%。1 亿元至 5 亿元人民币的融资事件占 8.6%。5 千万元至 1 亿元人民币融资事件的占比为 7.5%。5 亿元人民币以上的较大规模融资项目占比不足 2%。

6.13 青浦区

2018-2022 年，青浦区的科创融资活动总体而言在波动中有所增长。图 6-13-1 显示，2018 年青浦区共有 23 起融资事件，金额达 109.88 亿元人民币。 2019 年融资事件数量略微增加至 26 起，融资金额同比增加约 1.4 倍至 261.95 亿元人民币。在 2021 年，融资事件数量继续增加至 50 起，融资金额也随之上升至 389.02 亿元人民币，较 2020 年分别增长了 72.4% 和 81.5%。到了 2022 年，受宏观经济下行压力影响，青浦区融资事件数量略微下降至 46 起，融资金额锐减到 90.80 亿元人民币。

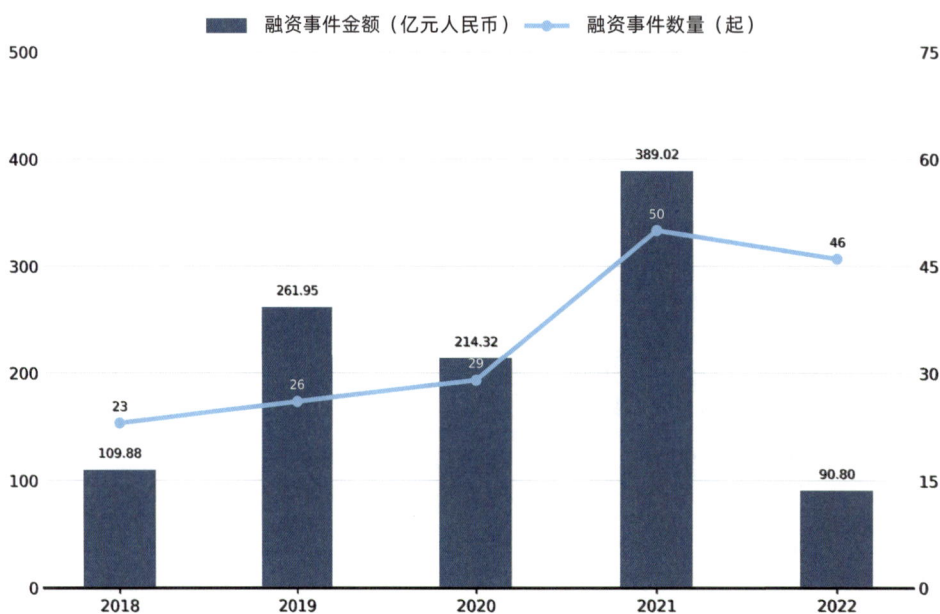

图 6-13-1 2018-2022 年上海市青浦区科创融资事件数量和金额

融资轮次方面，图 6-13-2 显示，2018-2022 年间青浦区战略融资和泛 A 轮的融资事件数量较为突出，分别占据了 28.5% 和 30.2% 的比例，显示了战略性投资和早期阶段融资活动较为活跃。其次，天使种子轮和泛 B 轮的占比相差不多，分别为 13.4% 和 10.5%；泛 C 轮和泛 D 轮分别占据了 12.2% 和 3.5% 的比例，而 E 轮及之后的融资事件数量最少，仅占 1.7%。青浦区的科创企业发展相对较为均衡，既有早期阶段的项目成功获得资金支持，也有一定数量的企业吸引了战略资金的投注。

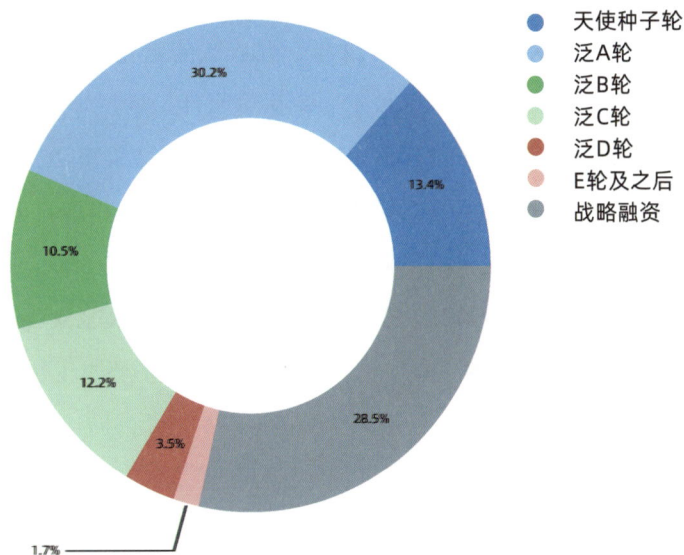

图 6-13-2 2018-2022 年上海市青浦区科创融资事件轮次分布

更深层次分析发现，青浦区的融资活动在不同金额区间上呈现出更为多元化的格局（见图 6-13-3）。1 千万元人民币及以下的小额融资事件占比为 39.1%，1 千万元至 5 千万元人民币的融资事件的占比为 17.8%，两者在事件数量上构成了整个融资格局中的"主力军"。此外，5 亿元人民币以上的大额融资事件占比达 14.9%。1 亿元至 5 亿元人民币的较大规模融资事件，以及 5 千万元至 1 亿元人民币的融资事件，其数量占比也相对较高，分别为 14.4% 和 13.8%。

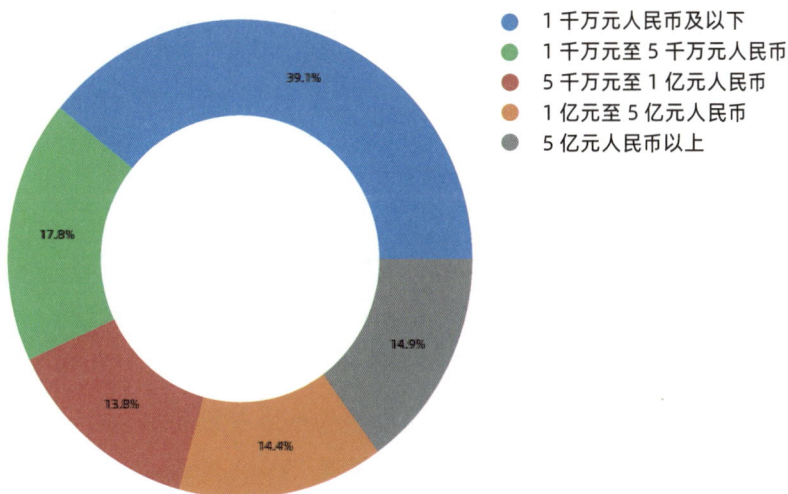

图 6-13-3 2018-2022 年上海市青浦区科创融资事件金额分布

6.14 虹口区

图 6-14-1 显示，从 2018 年到 2022 年，虹口区的融资事件数量总体呈波动下降的趋势。2018 年，虹口区共发生 39 起科创融资事件，融资总金额达 30.00 亿元人民币。2019 年，融资事件数量和金额均出现下滑，分别减少至 26 起和 23.52 亿元，同比分别下降 33.3% 和 21.6%。2020 年虽然融资事件数量小幅增长至 27 起，但融资金额却大幅缩减到 9.21 亿元，同比分别增长 3.8% 和下降 60.8%。2021 年，虹口区融资市场现回暖迹象，事件数量显著增加至 39 起，融资金额也大幅攀升至 27.30 亿元，同比分别增长 44.4% 和 196.4%。然而，2022 年融资形势再度转冷，融资事件数量和融资金额均出现大幅下滑，分别为 13 起和 6.75 亿元，同比分别下降 66.7% 和 75.3%。

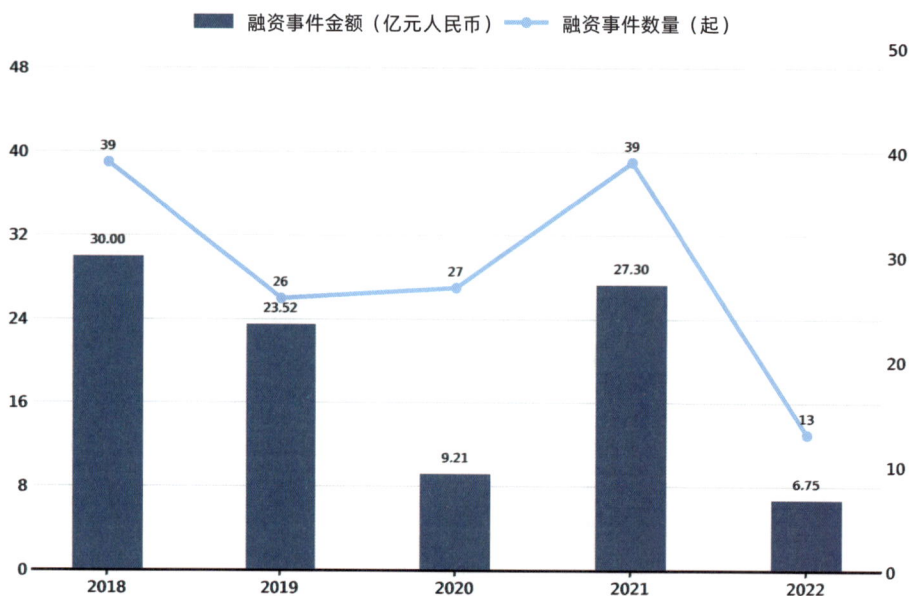

图 6-14-1 2018-2022 年上海市虹口区科创融资事件数量和金额

图 6-14-2 显示，在 2018-2022 年虹口区的科创融资活动中，泛 A 轮融资事件数量占比最高，为 36.4%。紧随其后的是战略融资，占比为 25.9%，说明虹口区的科创企业受到了战略投资者的关注。天使种子轮融资事件占比为 16.1%，可见初创期融资项目在该区活跃度较高。此外，泛 B 轮占比为 13.3%，泛 C 轮为 7.7%，E 轮及之后的融资事件所占比例则相对较低，仅为 0.7%。

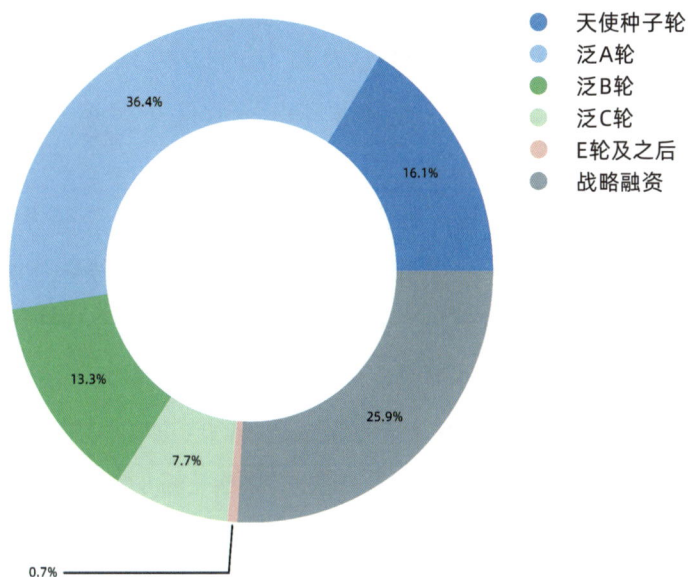

图 6-14-2 2018-2022 年上海市虹口区科创融资事件轮次分布

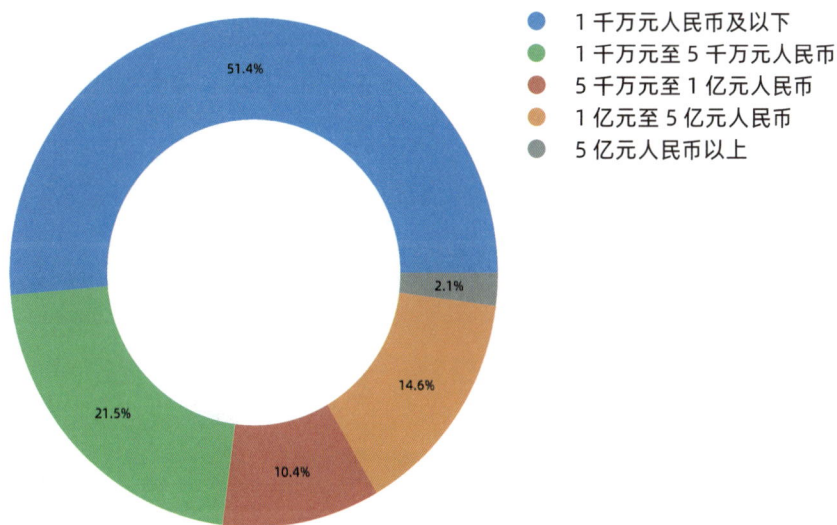

图 6-14-3 2018-2022 年上海市虹口区科创融资事件金额分布

在 2018-2022 年的科创融资活动中，虹口区呈现出以小额融资为主、中等规模融资为辅的融资金额分布（见图 6-14-3）。1 千万元人民币及以下的融资项目，数量达到了 74 起，占比高达 51.4%，显示了该区域较为活跃的初创企业吸引早期投资的能力。其次是 1 千万元至 5 千万元人民币的融资项目，数量为 31 起，占比

21.5%。1 亿元至 5 亿元人民币的融资事件有 21 起，占融资事件总数的 14.6%。5 千万元至 1 亿元人民币的融资项目数量为 15 起，占比为 10.4%。而在规模较大的融资方面，5 亿元人民币以上的项目数量为 3 起，占比仅为 2.1%。

6.15 金山区

2018-2022 年金山区的科技创新创业融资事件数量呈先下降再上升又再下降的态势，融资金额除 2021 年外，一直在相对低位波动。从年度趋势看，2018 年至 2021 年，金山区的融资事件数量有所上升，从 23 起增至 40 起，3 年合计增加了 17 起，三年总体增幅达 73.9%。融资事件金额也从 2018 年的 11.64 亿元人民币增至 2020 年的 13.42 亿元人民币。2021 年的融资实现了突破性增长，融资事件达 40 起，同比增长 1 倍；融资额猛增至 123.24 亿元人民币，同比大幅增长约 8.2 倍。但 2022 年融资活动明显降温，事件数量和融资金额均出现大幅回落，分别为 31 起和 9.02 亿元。

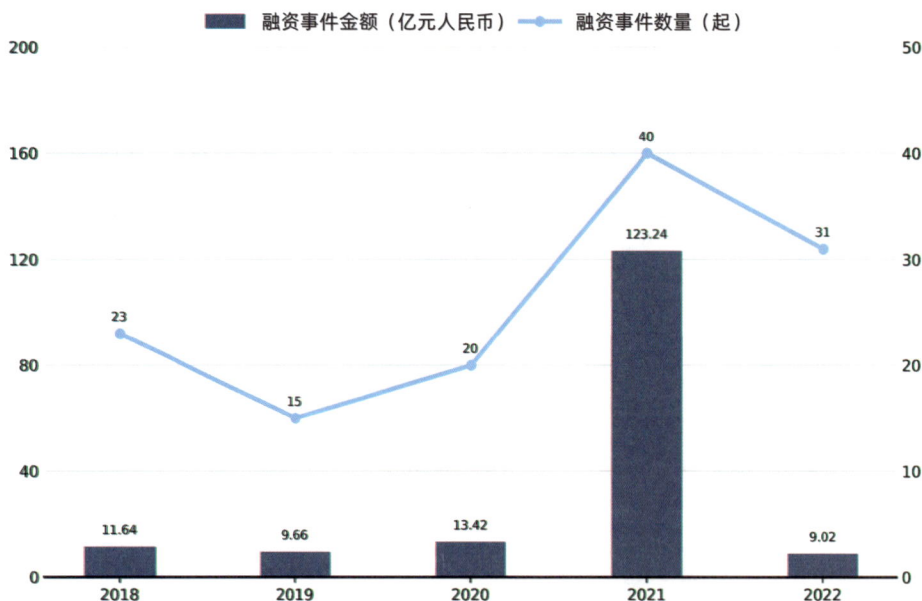

图 6-15-1 2018-2022 年上海市金山区科创融资事件数量和金额

2018-2022 年期间，金山区各融资轮次项目的分布状况呈双峰态势（见图 6-15-2）。天使种子轮和泛 A 轮融资事件数量占比并列最高，均为 34.9%，早期项目是金山区科创融资活动的重要组成部分。其次是战略融资，占比为 14.7%，亦可圈可点。泛 B 轮占比为 10.1%，泛 C 轮为 3.9%，而泛 D 轮融资事件占比则相对偏低，不足 2%。总体而言，后期项目融资的事件数量较少。

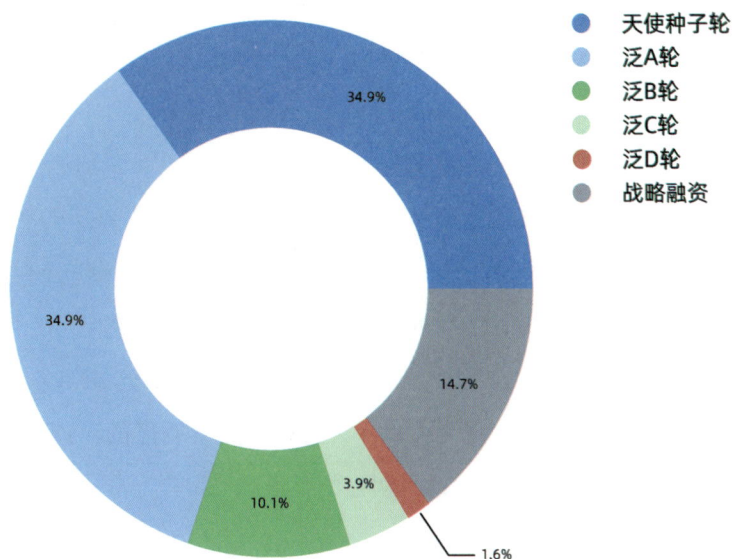

图 6-15-2 2018-2022 年上海市金山区科创融资事件轮次分布

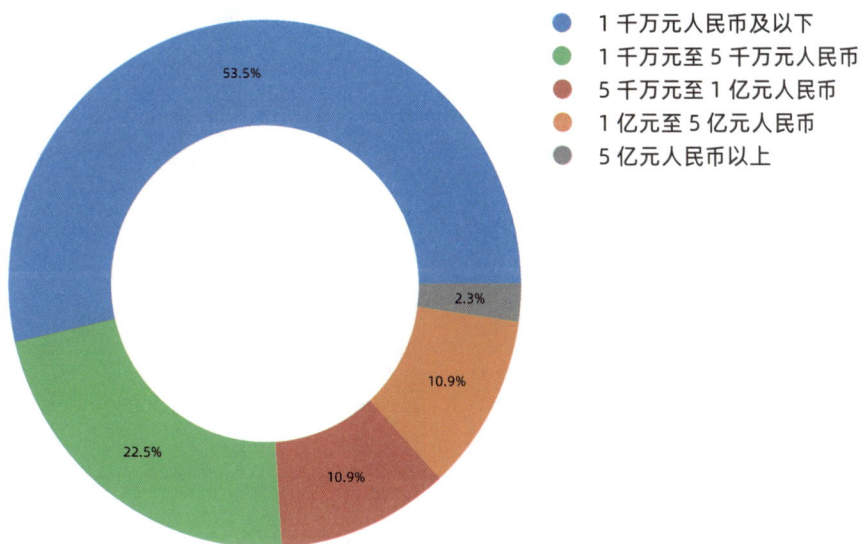

图 6-15-3 2018-2022 年上海市金山区科创融资事件金额分布

图 6-15-3 显示，2018-2022 年金山区的科创融资主要集中在 1 千万元人民币及以下和 1 千万元至 5 千万元人民币的较小金额的融资项目上。1 千万人民币及以下的融资事件数量为 69 起，占比高达 53.5%，显示了区域内初创企业的小额融资活动具有较高水平。1 千万元至 5 千万元人民币的融资事件数量为 29 起，占比为22.5%，也占据了一定比例。5 千万元至 1 亿元人民币以及 1 亿元至 5 亿元人民币的

融资事件数量均为 14 起，占比均为 10.9%，规模较大但数量较少。5 亿元人民币以上的融资事件数量仅有 3 起，占比为 2.3%。

6.16 崇明区

从年度趋势看，崇明区的科创融资在过去五年间呈现出一定的波动上涨态势。融资事件数量从 2018 年的 18 起下降至 2019 年的 9 起，同比降幅达到了 50.0%。但在接下来的几年中，融资事件数量逐步增长，尤其是在 2020 年增至 24 起，较上年增幅达到了 166.7%，随后在 2021 年再次增加至 33 起，同比增幅为 37.5%。然而，在 2022 年融资事件数量较 2021 年出现了 39.4% 的下降，降至 20 起；融资金额方面的表现，也相应减少至 19.80 亿元人民币。总体上，崇明区的科创融资尽管呈现出波动上涨的态势，但在 2022 年出现了明显的下滑。

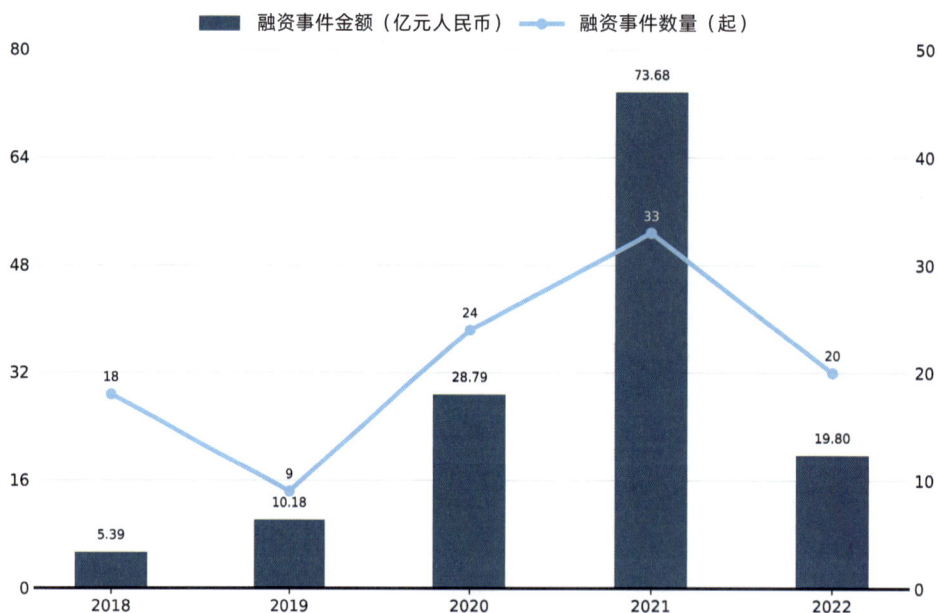

图 6-16-1 2018-2022 年上海市崇明区科创融资事件数量和金额

2018-2022 年，崇明区的科创融资活动主要集中在早期发展阶段的企业。其中泛 A 轮融资事件数量占比最高，达到 39 起，占比 37.5%。与此同时，天使种子轮和战略融资的事件数量占比并列第二，均为 25.0%。此外，泛 B 轮占比为 8.7%，泛 C 轮和泛 D 轮占比则均为 1.9%，后期发展阶段的融资项目在该区的数量占比较小。

图 6-16-3 显示，2018-2022 年崇明区的科创融资活动主要集中于小额融资领域。其中，1 千万元人民币及以下融资事件数量占比最高，达 54.8%，充分反映了该区域

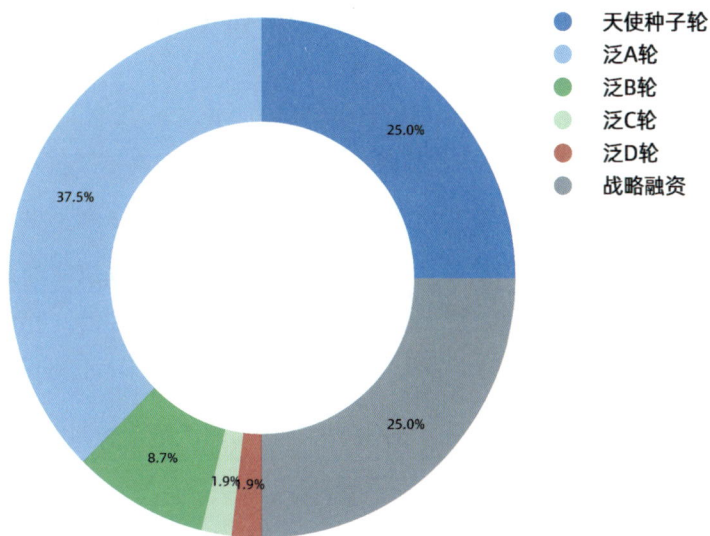

图 6-16-2 2018-2022 年上海市崇明区科创融资事件轮次分布

内初创企业和小微融资项目的活跃态势。其次是 1 千万元至 5 千万元人民币的融资事件，占比为 20.2%。5 千万元至 1 亿元人民币融资事件的占比 10.6%。8.7% 的融资项目集中在 1 亿元至 5 亿元人民币的规模。另外，5 亿元人民币以上大额融资事件仅占 5.8%。

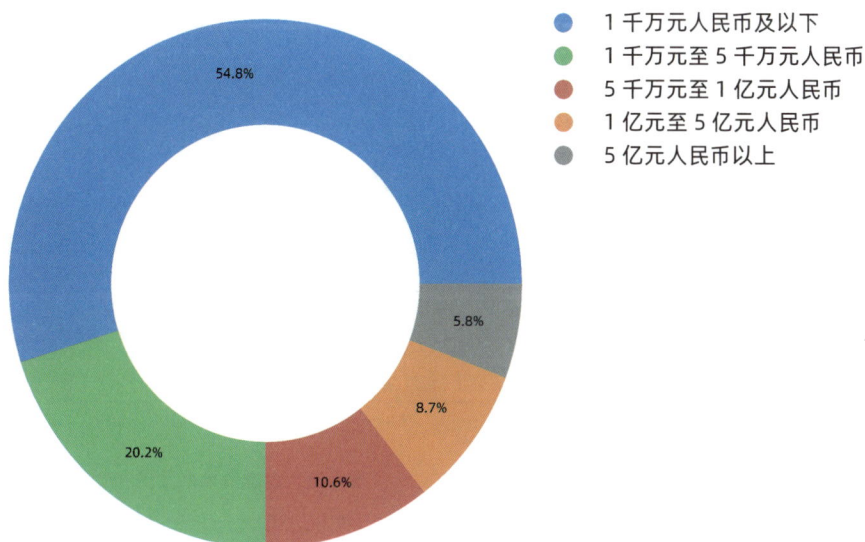

图 6-16-3 2018-2022 年上海市崇明区科创融资事件金额分布

第7章 2018-2022 年上海市各行业科创融资情况

7.1 医疗健康行业

2018-2021 年，医疗健康行业的科创融资事件数量和融资金额虽经历过小幅下降，但整体呈上升趋势；2022 年两项数据均有所回落。2018 年，共有 144 起融资事件，融资金额达到 281.53 亿元人民币。2019 年，融资事件数量和金额分别下降至 117 起和 188.98 亿元人民币，同比分别减少了 18.8% 和 32.9%。2020 年，融资事件数量增至 191 起，融资金额为 462.21 亿元人民币，分别较上一年增长了 63.2% 和 144.6%。2021 年，医疗健康行业的科创融资活动达到了这五年间的顶峰，融资事件数量达到 324 起，融资金额增长至 678.89 亿元人民币，分别较上一年增长了 69.6% 和 46.9%。然而这种增长趋势在 2022 年出现了逆转，是年融资事件数量和金额分别下降至 302 起和 292.48 亿元人民币。2018-2022 年，医疗健康行业的融资状况随宏观经济周期波动，尤其在 2022 年受到疫情等因素的负面影响。

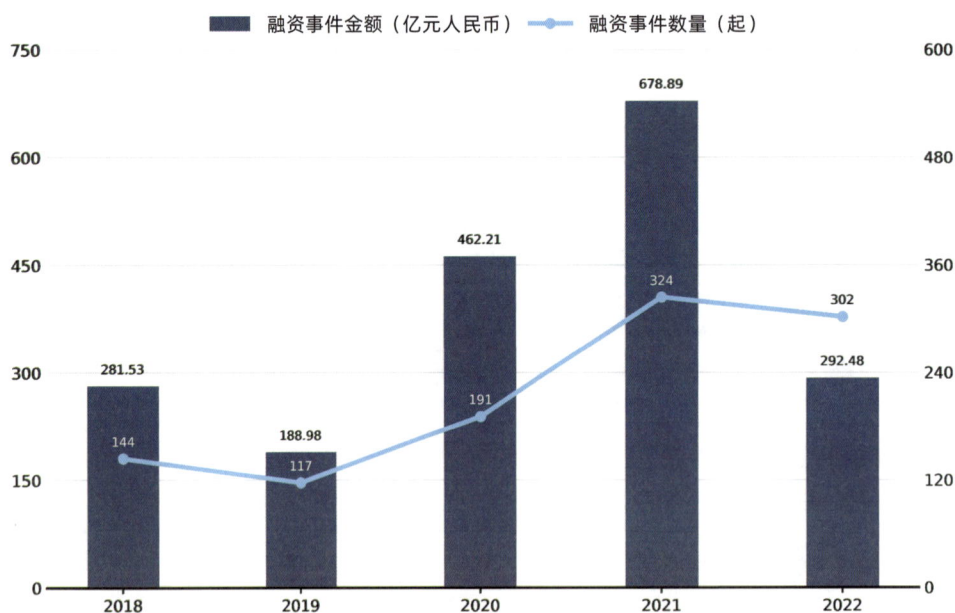

图 7-1-1 2018-2022 年上海市医疗健康行业科创融资事件数量和金额

从融资轮次来看，图 7-1-2 显示，在医疗健康行业，泛 A 轮融资事件占比最高，达 39.3%，共 424 起融资事件。其次是泛 B 轮，共 221 起融资事件，占比 20.5%。

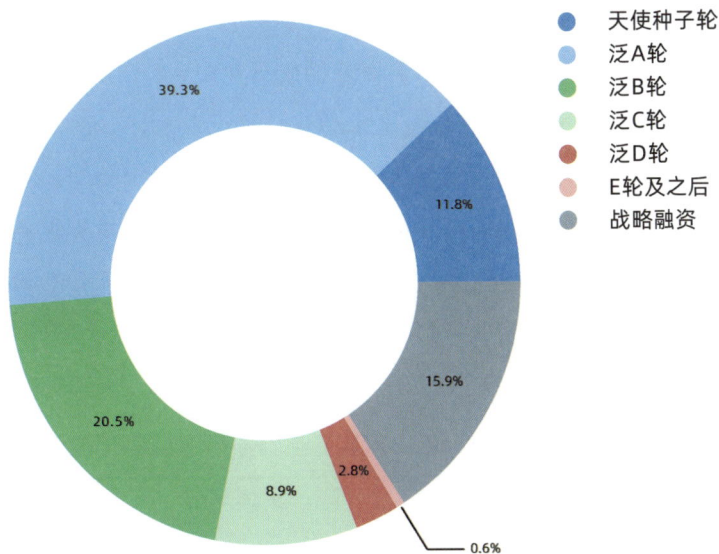

图 7-1-2 2018-2022 年上海市医疗健康行业科创融资事件轮次分布

战略融资事件紧随其后，占比 15.9%。天使种子轮融资虽属于初级阶段，但占比也有 11.8%，体现了资本市场对医疗健康行业早期初创企业的关注。泛 C 轮融资事件96 起，占比 8.9%，泛 D 轮 30 起，占比 2.8%，这也说明部分项目获得了资本的持续认可。E 轮及之后的后期融资事件仅有 9 起，占 0.8%。医疗健康行业的融资事件在

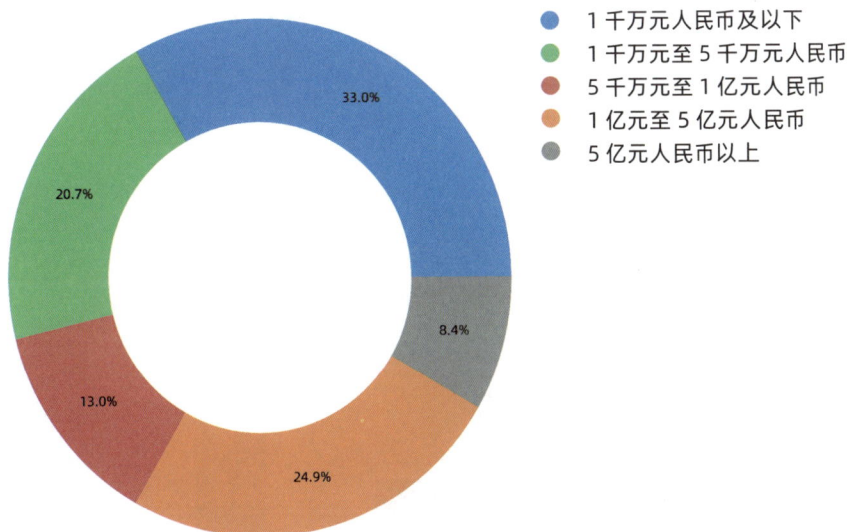

图 7-1-3 2018-2022 年上海市医疗健康行业科创融资事件金额分布

各个融资轮次间呈多元化的分布态势。

从融资金额来看，图 7-1-3 显示，医疗健康行业中，1 千万元人民币及以下的小额融资事件数量最多，共有 356 起，占比为 33.0%，可见资本对小额融资项目的青睐。金额在 1 亿元至 5 亿元人民币的融资事件数量位列第二，占比为 24.9%，说明该行业中存在一些较大规模的融资项目。1 千万元至 5 千万元人民币规模的融资事件占比 20.7%。规模在 5 千万元至 1 亿元人民币、5 亿元人民币以上的融资事件数量相对较少，分别有 140 起和 91 起，占比分别为 13.0% 和 8.4%。

7.2 企业服务行业

如图 7-2-1 所示，2018-2022 年，上海企业服务行业的科创融资事件数量和融资金额经历了前期微弱下降，接着又先升后降。具体来看，2018 年共有 192 起融资事件，融资金额达 167.61 亿元人民币。2019 年，融资事件数量和融资金额分别下降至 128 起和 129.68 亿元人民币，同比分别下降 33.3% 和 22.6%。2020 年，融资事件数量进一步减少至 123 起，融资金额为 102.51 亿元人民币，分别较上一年减少了 3.9% 和 21.0%。然而到了 2021 年，企业服务行业的科创融资活动出现了明显回升，融资事件数量较上一年增长 76.4% 至 217 起，融资金额同比增加约 2.4 倍至 348.85 亿元人民币。然而，这种增长势头并未延续。2022 年，融资事件数量和融资金额又分别下降至 135 起和 260.98 亿元人民币，同比分别减少了 37.8% 和 25.2%。

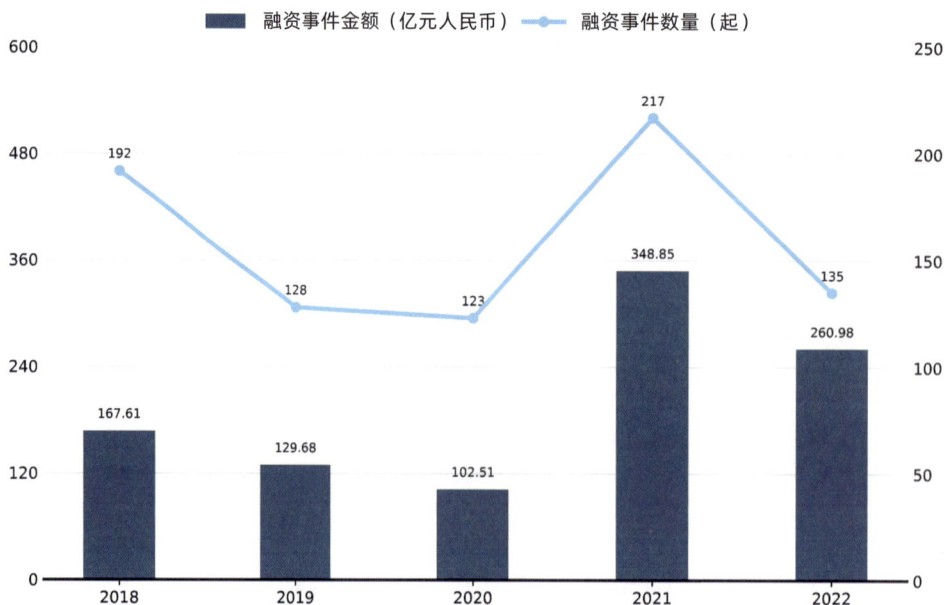

图 7-2-1 2018-2022 年上海市企业服务行业科创融资事件数量和金额

融资轮次方面，图 7-2-2 显示，2018-2022 年上海市企业服务领域的融资事件中，泛 A 轮的融资事件占比最高，共 311 起，占比 39.1%。其次是天使种子轮的融资事件，占比 18.9%。战略融资项目共 133 起，占比 16.7%。泛 B 轮融资紧随其后，共 127 起融资事件，占比 16.0%。泛 C 轮融资事件 47 起，占比 5.9%。值得关注的是，泛 D 轮、E 轮及之后的后期融资项目数量不多，分别占比 2.8% 和 0.6%，反映出该行业中大部分获得资本青睐的项目属于发展早期的企业。

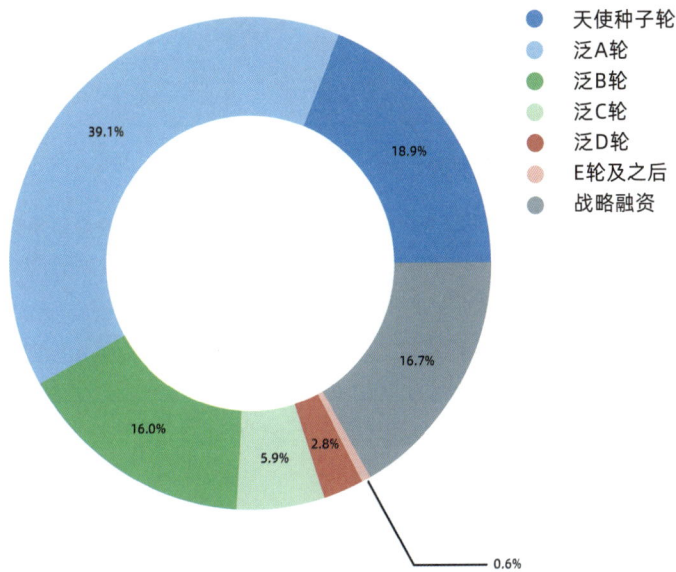

图 7-2-2 2018-2022 年上海市企业服务行业科创融资事件轮次分布

融资金额方面，图 7-2-3 显示，2018-2022 年上海企业服务行业的科创融资活动以小规模的融资事件为主。1 千万元人民币及以下的小额融资事件数量最多，共有 354 起，占比高达 44.5%，反映了企业服务领域中早期发展阶段的企业融资行为较为活跃。1 千万元至 5 千万元人民币规模的融资事件占比 27.4%。1 亿元至 5 亿元人民币融资规模的事件共有 104 起，占比为 13.1%。金额在 5 亿元人民币以上、5 千万元至 1 亿元人民币之间的融资事件相对较少，分别有 24 起和 95 起，占比分别为 3.0% 和 11.9%。可见，企业服务行业内部也不乏一些中大规模的融资项目。总体来看，企业服务行业的融资事件在不同金额区间上的分布表明了，不同规模、不同发展阶段的企业都在寻求融资支持，实现融资有助于推动行业的发展和创新。

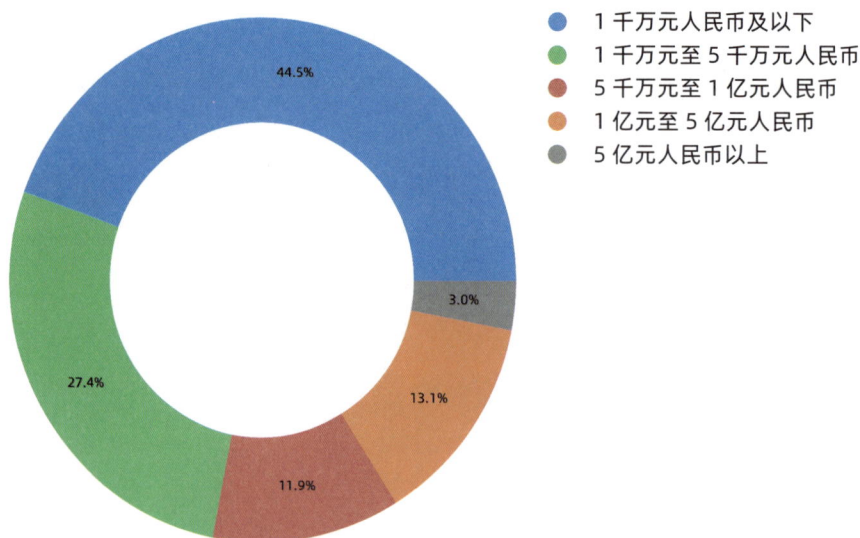

图 7-2-3 2018-2022 年上海市企业服务行业科创融资事件金额分布

7.3 消费生活行业

2018-2022 年，消费生活行业共发生了 627 起融资事件，位列所有行业第三。融资情况整体呈现先降后升再降的态势。具体来看，图 7-3-1 显示，2018 年共有 104 起融资事件，融资金额为 49.86 亿元。2019 年，对消费生活行业的投资明显降温，融资事件数量直降一半，仅 52 起；融资金额 27.96 亿元，比上一年缩减 43.9%。2020 年，该行业的科创融资活动升温，融资事件数量增至 94 起，同比增长 80.8%；

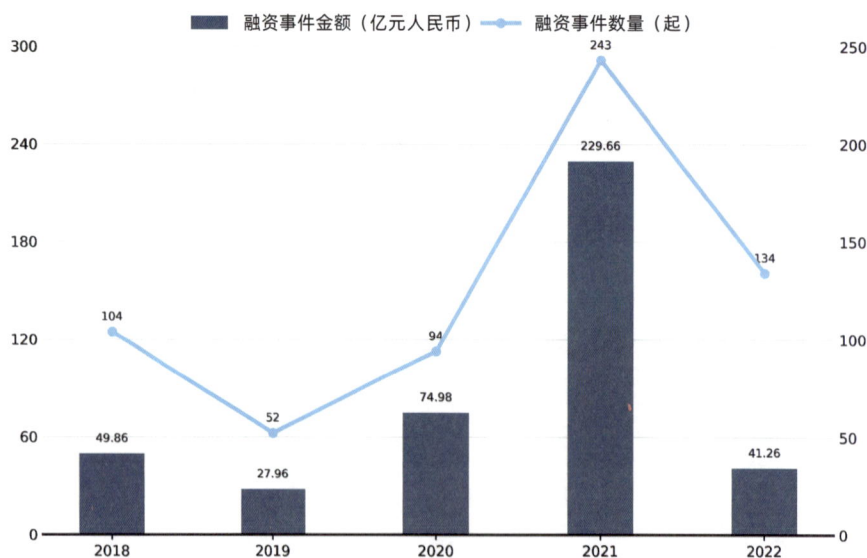

图 7-3-1 2018-2022 年上海市消费生活行业科创融资事件数量和金额

融资金额约为上一年的 2.7 倍，达 74.98 亿元人民币。2021 年，投资热度进一步升级，融资事件数量上升 158.5% 至 243 起，达到了这五年内的峰值。融资金额达 229.66 亿元，较上一年增长了约 2 倍。然而，2022 年行业融资骤然降温，全年仅 134 起融资事件，同比下降 44.9%；融资金额较 2021 年缩减 82.0%，仅为 41.26 亿元。

融资轮次方面，图 7-3-2 显示，2018-2022 年在消费生活行业中，泛 A 轮的融

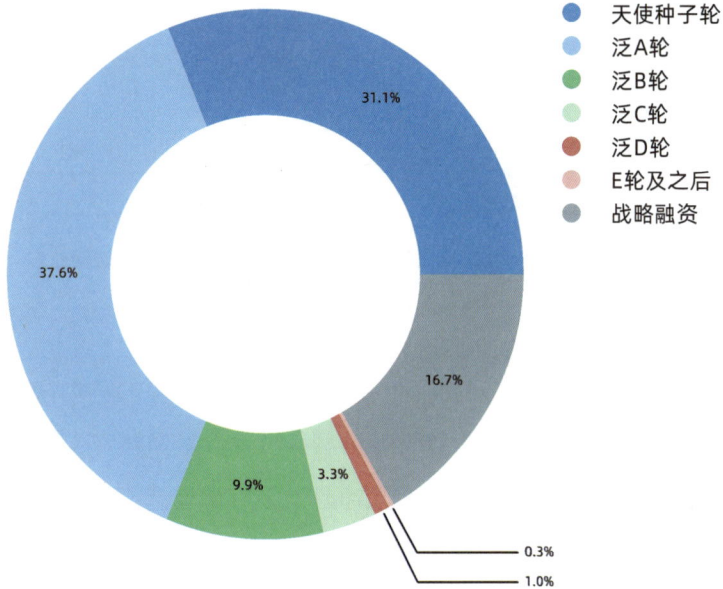

- 天使种子轮
- 泛A轮
- 泛B轮
- 泛C轮
- 泛D轮
- E轮及之后
- 战略融资

31.1%
37.6%
16.7%
9.9%
3.3%
0.3%
1.0%

图 7-3-2 2018-2022 年上海市消费生活行业科创融资事件轮次分布

事件最多，有 236 起，占融资事件总数（627 起）的 37.6%。其次是天使种子轮的融资事件，共 195 起，占比 31.1%。排在第三的是战略融资事件，共 105 起，占比 16.7%。泛 B 轮融资事件 62 起，占比 9.9%。泛 C 轮及以后轮次的融资事件数量较少，由此可以推测消费生活行业内获资本市场认可的后期项目占比相对较低。

融资金额方面，图 7-3-3 显示，2018-2022 年消费生活行业的融资活动以小额融资事件为主。1 千万元人民币及以下规模的融资事件数量最多，共 318 起，占比 50.7%。金额在 1 千万元至 5 千万元人民币的融资事件占比为 28.4%。1 亿元至 5 亿元人民币规模的融资事件有 84 起，占比 13.4%。5 千万元至 1 亿元人民币、5 亿元人民币以上的融资事件数量较少，占比分别为为 5.7% 和 1.8%。总体而言，消费生活行业的小额科创融资项目较多，也有一定数量的中等规模融资项目，大型融资项目相对较少。

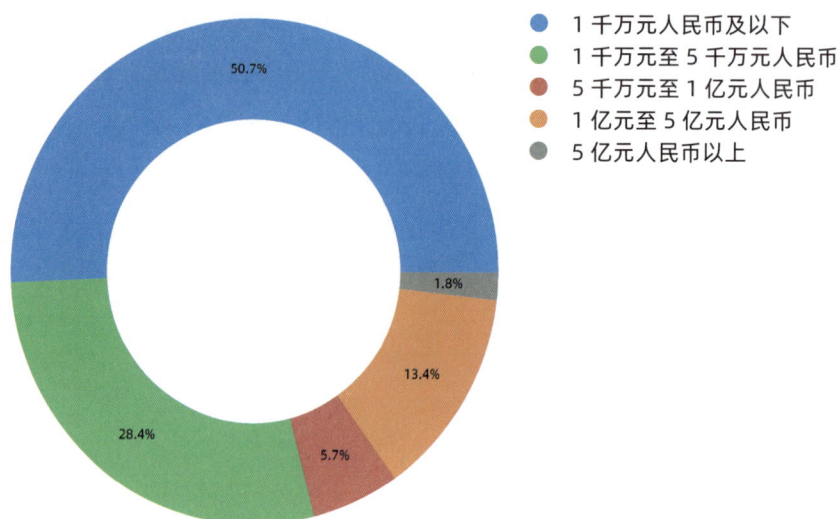

- 1 千万元人民币及以下
- 1 千万元至 5 千万元人民币
- 5 千万元至 1 亿元人民币
- 1 亿元至 5 亿元人民币
- 5 亿元人民币以上

图 7-3-3 2018-2022 年上海市消费生活行业科创融资事件金额分布

7.4 集成电路行业

图 7-4-1 显示，2018-2022 年间，上海集成电路行业的科创融资活动整体呈快速增长态势。2018 年，集成电路行业的融资事件数量和融资金额分别为 41 起和 234.75 亿元人民币。尽管 2019 年的融资事件数量和融资金额较 2018 年分别下降了 41.5% 和 93.3%，但 2020 年实现了强劲反弹，融资事件数量较上一年增加 195.8%

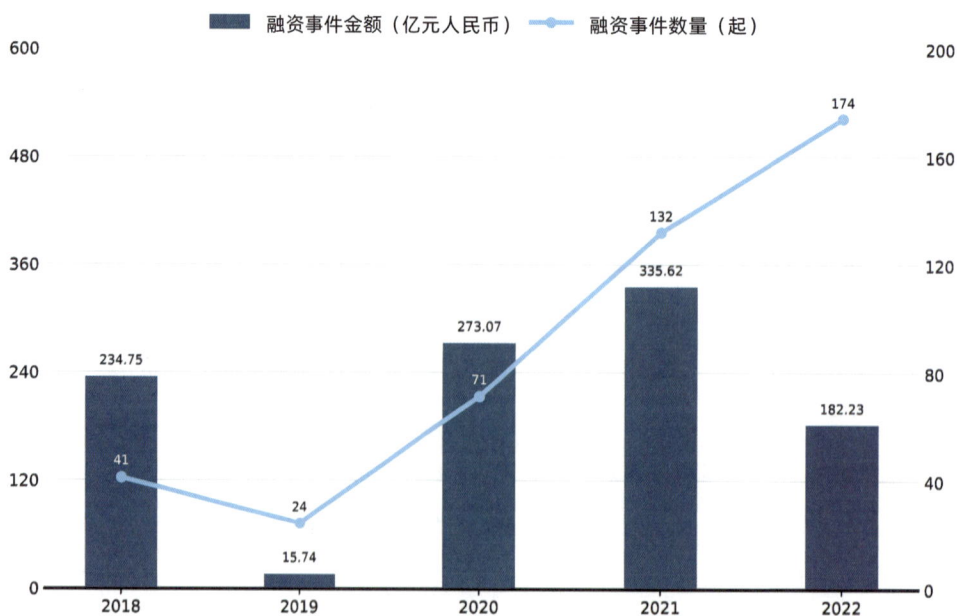

融资事件金额（亿元人民币）　　融资事件数量（起）

图 7-4-1 2018-2022 年上海市集成电路行业科创融资事件数量和金额

至 71 起，融资金额增长约 16.3 倍至 273.07 亿元人民币。2021 年，两项数据继续保持增长，分别为 132 起和 335.62 亿元，较 2020 年分别增长 85.9% 和 22.9%。2022 年，受宏观经济下行压力影响，融资事件数量虽然有所增加，达到 174 起，但融资金额有所下降，为 182.23 亿元，较上一年下降 45.7%。

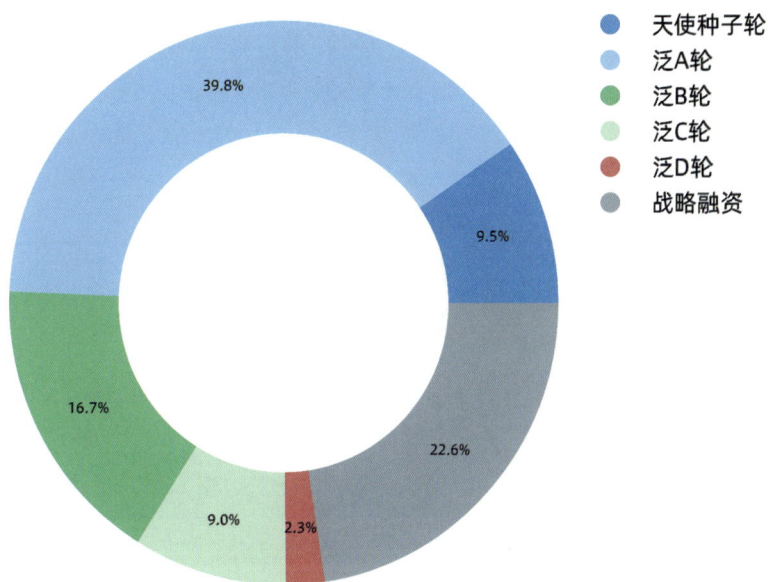

图 7-4-2 2018-2022 年上海市集成电路行业科创融资事件轮次分布

从融资轮次的分布来看，图 7-4-2 显示，2018-2022 年间，泛 A 轮和战略融资事件在集成电路行业所有融资事件中占据了较大比例，前者占比 39.8%，后者占比 22.6%，显示了早期投资和战略性投资对支撑行业发展的重要性。泛 B 轮的融资事件数量占比为 16.7%，天使种子轮的融资事件数量占比为 9.5%。泛 C 轮融资事件共 40 起，占比 9.0%，可见，有一批成长型科创企业在寻求后续融资。泛 D 轮融资事件较少，仅有 10 起（占比 2.3%），但也说明行业内仍有一些项目获得了资本的持续性认可。

从融资金额来看，图 7-4-3 显示，2018-2022 年集成电路行业的融资活动以小规模的融资事件为主。1 千万元人民币及以下规模的融资事件最多，达 209 起，占融资事件总数的 47.3%。金额在 1 亿元至 5 亿元人民币之间的较大型融资事件有 95 起，占比 21.5%，位列第二。金额在 1 千万元至 5 千万元人民币的融资事件共 79 起，占比 17.9%。34 起融资事件的规模在 5 千万元至 1 亿元人民币之间，占比 7.7%。5 亿

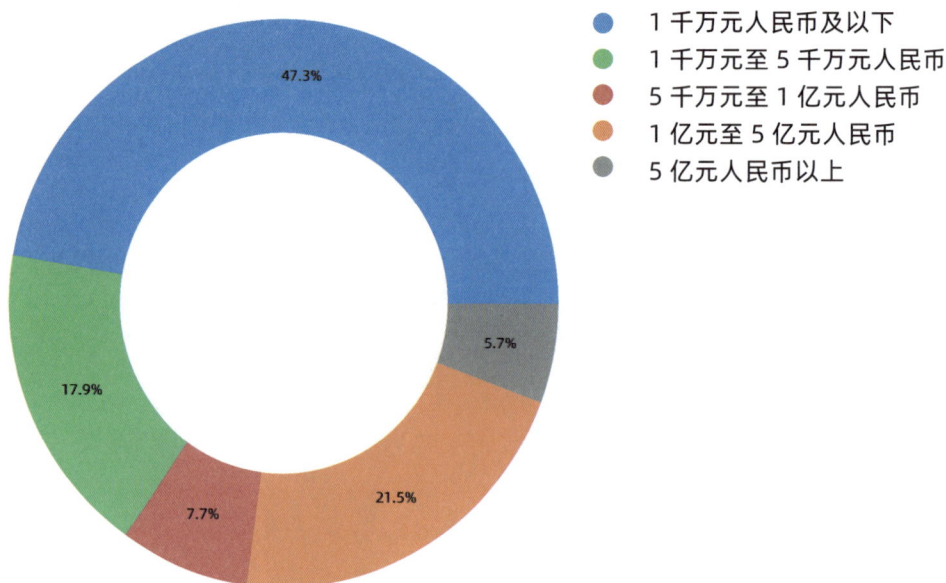

- 1 千万元人民币及以下
- 1 千万元至 5 千万元人民币
- 5 千万元至 1 亿元人民币
- 1 亿元至 5 亿元人民币
- 5 亿元人民币以上

图 7-4-3 2018-2022 年上海市集成电路行业科创融资事件金额分布

元人民币以上的大型融资事件虽只有 25 起（占比 5.7%），但仍说明行业内一些有巨大发展潜力的企业获得了科创资金的大力支持。

7.5 文娱传媒行业

图 7-5-1 显示，文娱传媒行业的融资情况在 2018-2022 年间有所波动。具体而

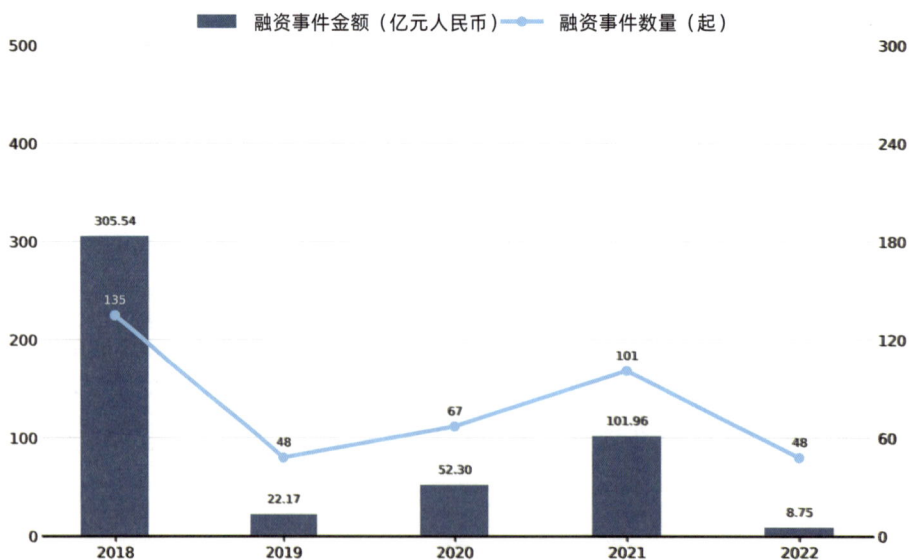

图 7-5-1 2018-2022 年上海市文娱传媒行业科创融资事件数量和金额

言，2018 年该行业发生了 135 起融资事件，融资金额达 305.54 亿元人民币。2019
年，融资事件数量和融资金额均大幅下降，分别为 48 起和 22.17 亿元，较 2018 年
分别下降 64.4% 和 92.7%。2020 年，文娱传媒行业的融资状况有所回暖，融资事件
共计 67 起，实现融资 52.30 亿元，较 2019 年分别增长 39.6% 和约 1.4 倍。2021 年
保持了增长势头，共有 101 起融资事件，融资金额为 101.96 亿元，较上一年分别
增长 50.7% 和 95.0%。2022 年，受宏观经济下行压力影响，文娱传媒行业的融资事
件数量和融资金额均出现大幅下滑，分别为 48 起和 8.75 亿元，较 2021 年分别下降
52.5% 和 91.4%。

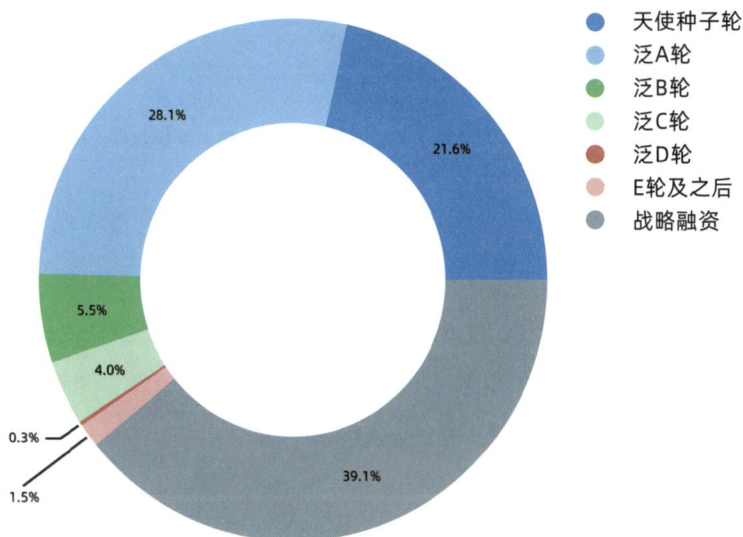

图 7-5-2 2018-2022 年上海市文娱传媒行业科创融资事件轮次分布

就融资轮次而言，图 7-5-2 显示，2018-2022 年间文娱传媒行业内发生最多的
是战略融资事件，其次是泛 A 轮融资事件。战略融资事件有 156 起，占比 39.1%；
泛 A 轮融资事件有 112 起，占比 28.1%。天使种子轮融资事件共 86 起，占比
21.6%，可见资本市场对文娱传媒行业内处于早期发展阶段的企业比较关注。泛 B
轮融资事件共 22 起，占比 5.5%；泛 C 轮融资事件计 16 起，占比 4.0%。泛 D 轮融
资事件仅有 1 起，E 轮及之后轮次的融资事件共 6 起，占比 1.5%。可见，行业内受
资本垂青并获得持续支持的后期项目较少。

就融资金额而言，图 7-5-3 显示，2018-2022 年文娱传媒领域的科创融资以

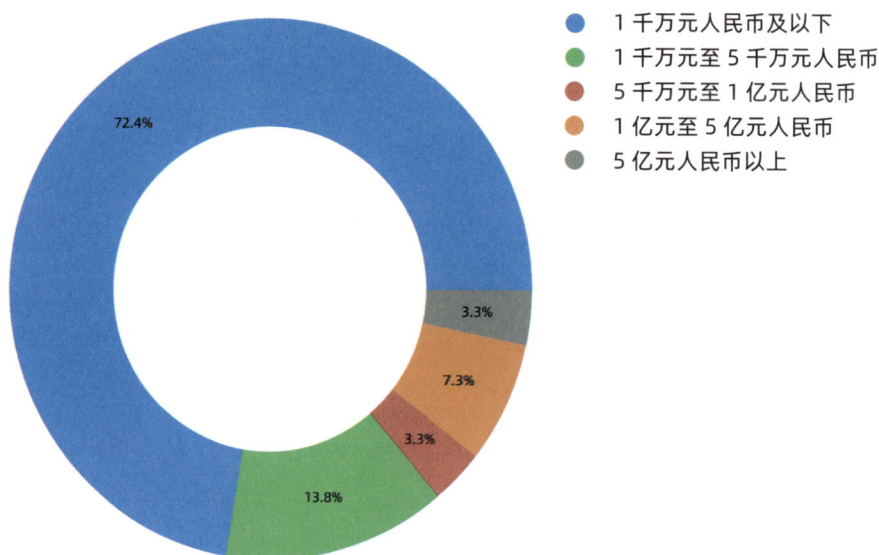

图 7-5-3 2018-2022 年上海市文娱传媒行业科创融资事件金额分布

小额融资事件为主。1 千万元人民币及以下的小规模融资事件的占比最高，达到 72.4%。其次是金额在 1 千万元至 5 千万元人民币之间的融资事件，占比 13.8%。该行业中也存在一定数量的较大规模的融资项目：1 亿元至 5 亿元人民币的融资事件数量占比 7.3%，5 亿元人民币以上的融资事件数量占比 3.3%。最后，金额在 5 千万元至 1 亿元人民币之间的融资事件占比为 3.3%。

7.6 人工智能行业

人工智能行业是上海科创融资的主力军之一。2018-2021 年，该行业的融资事件数量和融资金额在经历了下滑后开始稳步上升，到了 2022 年，这一增长势头逆转，事件数和金额均有所回落。具体来看，2018 年上海人工智能领域共有 55 起融资事件，融资金额达 54.77 亿元。2019 年，融资事件数量下降了 56.4% 至 24 起，融资金额也随之"腰斩"了 58.4% 至 22.77 亿元。进入 2020 年，人工智能行业的融资活动开始升温。是年融资事件数量重返 55 起，融资金额较 2019 年增长近 4 倍至 112.74 亿元。2021 年，行业的融资热度有增无减，融资事件数量增加 116.4% 至 119 起，融资金额高达 189.46 亿元，较 2020 年增加 68.1%，融资事件数量和融资金额均是这五年内的峰值。到了 2022 年，受宏观环境影响，人工智能行业的融资活动遭遇严峻挑战，全年仅有 94 起融资事件，较上一年减少 21.0%；融资金额为 119.09 亿元，亦比上一年减少 37.1%。

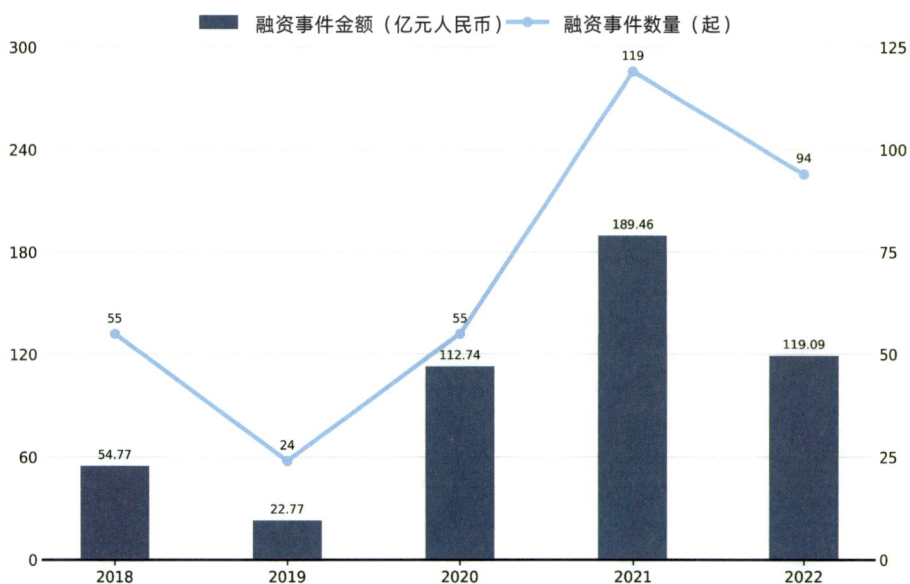

图 7-6-1 2018-2022 年上海市人工智能行业科创融资事件数量和金额

就融资轮次而言，图 7-6-2 显示，在 2018 年至 2022 年间的上海人工智能行业，泛 A 轮的融资事件数量最多，占比达到 43.5%。此外，天使种子轮的融资事件占比 12.1%。结合起来看，说明行业内初期和早期的科创融资活动相当活跃。16.7% 的融资事件为战略融资，反映了战略性投资对人工智能领域的重要性。泛 B 轮和泛 C 轮

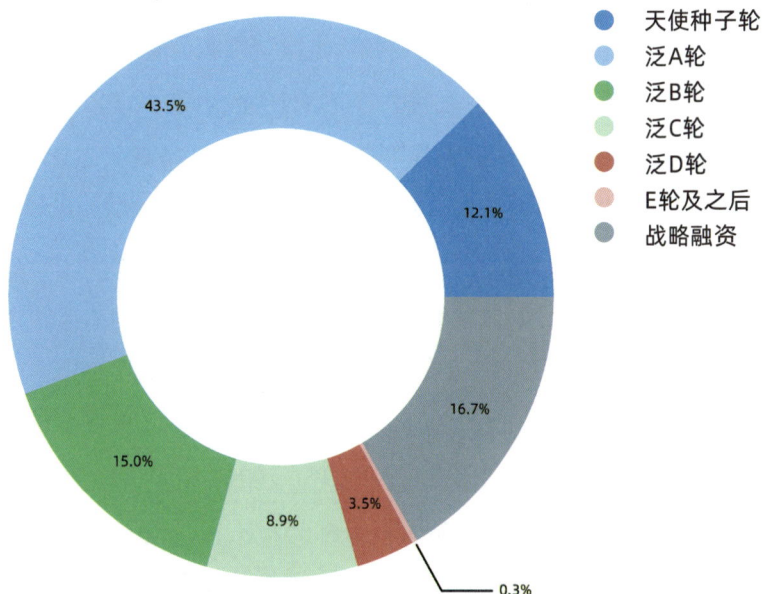

图 7-6-2 2018-2022 年上海市人工智能行业科创融资事件轮次分布

的融资事件分别占比 15.0% 和 8.9%，表明人工智能行业也存在一定数量的相对成熟的项目正在寻求后续融资。泛 D 轮融资事件的占比为 3.5%，E 轮及之后的融资事件仅占总数的 0.3%，表明后期阶段的融资项目相对较少。

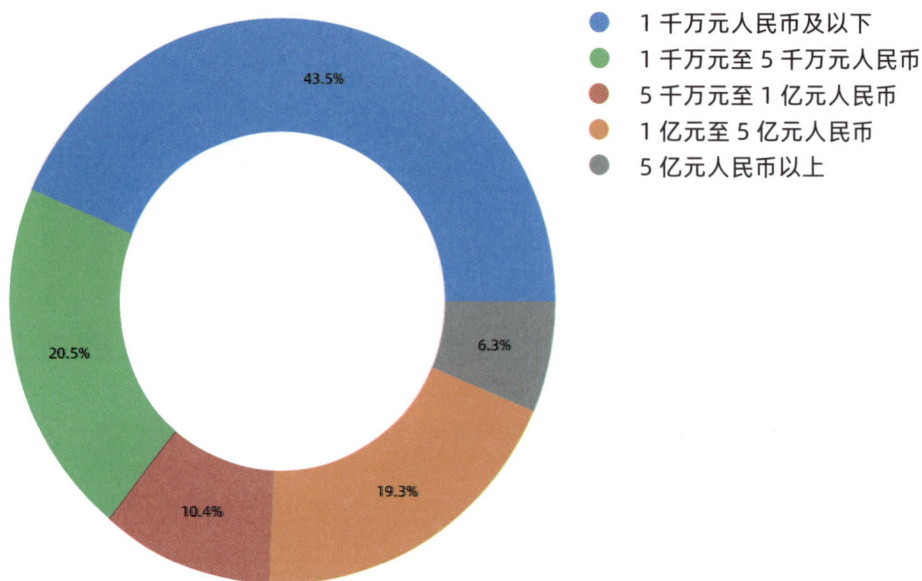

图 7-6-3 2018-2022 年上海市人工智能行业科创融资事件金额分布

就融资金额而言，图 7-6-3 显示，在 2018 年至 2022 年间的上海人工智能行业，规模在 1 千万元人民币及以下的小额融资事件最多，共 151 起，占融资事件总数的 43.5%。其次是 1 亿元至 5 亿元人民币的较大型融资项目，有 67 起，占比 19.3%。金额在 1 千万元至 5 千万元人民币之间的融资事件共发生了 71 起，占比 20.5%。接下来是 5 千万元至 1 亿元人民币的中等规模融资事件，有 36 起，占比 10.4%。规模在 5 亿元人民币以上的融资事件虽然占比仅有 6.3%，但仍然表明人工智能行业中已经涌现出一批备受资本市场青睐的有大规模融资需求的科创企业。

7.7 电子商务行业

在电子商务行业，2018-2022 年的融资事件数量整体呈下降趋势。2018 年共有 94 起融资事件，共计实现融资 187.18 亿元人民币。2019 年，融资事件数量减少至 47 起，金额降至 75.63 亿元，分别较上一年减少了 50.0% 和 59.6%。之后的 2020 年，融资事件数量略微增加至 49 起，融资金额增长 15.5%，达到 87.38 亿元。到了 2021 年，行业融资市场有所回暖，融资事件数量进一步增加 24.5% 至 61 起，融资金额增长约 1.2 倍，达到 191.13 亿元。进入 2022 年，受到总体需求减少的冲击，全年融资事件仅有 25 起，实现融资 48.45 亿元，较上一年分别减少了 59.0% 和 74.7%。

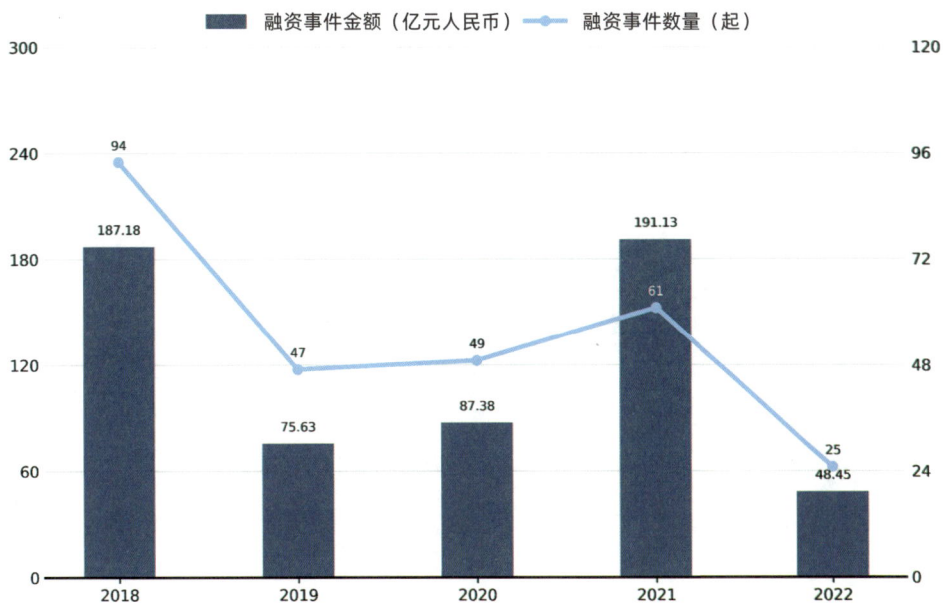

图 7-7-1 2018-2022 年上海市电子商务行业科创融资事件数量和金额

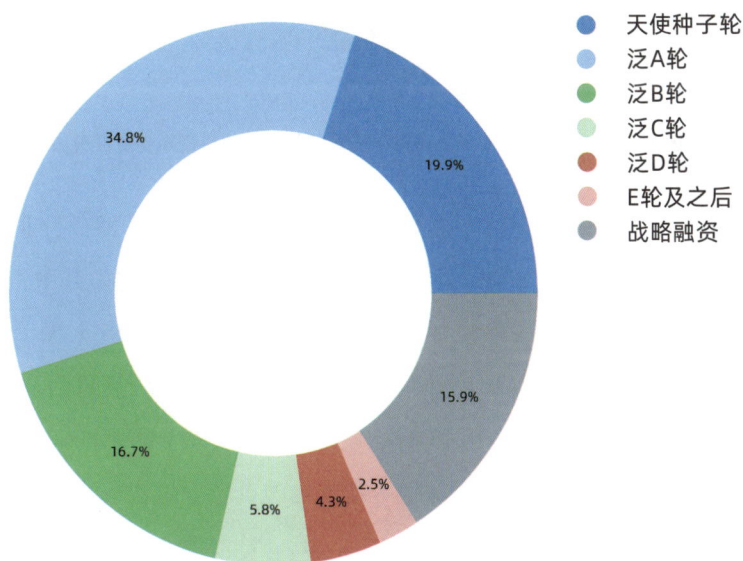

图 7-7-2 2018-2022 年上海市电子商务行业科创融资事件轮次分布

就融资轮次而言，图 7-7-2 显示，2018-2022 年在电子商务行业中，发生次数最多的融资事件是泛 A 轮融资，共计 96 起，占融资事件总数（276 起）的 34.8%。天使种子轮和泛 B 轮的融资事件在整个融资结构中也占据了一定比重，分别有 55 起和 46 起事件，占比分别为 19.9% 和 16.7% 的份额。共有 44 起融资事件属于战略融资，占比 15.9%。泛 C 轮和泛 D 轮的融资事件分别有 16 和 12 起，占比分别为 5.8% 和 4.3%。E 轮及之后的融资事件数量较少，仅占事件总数的 2.5%。

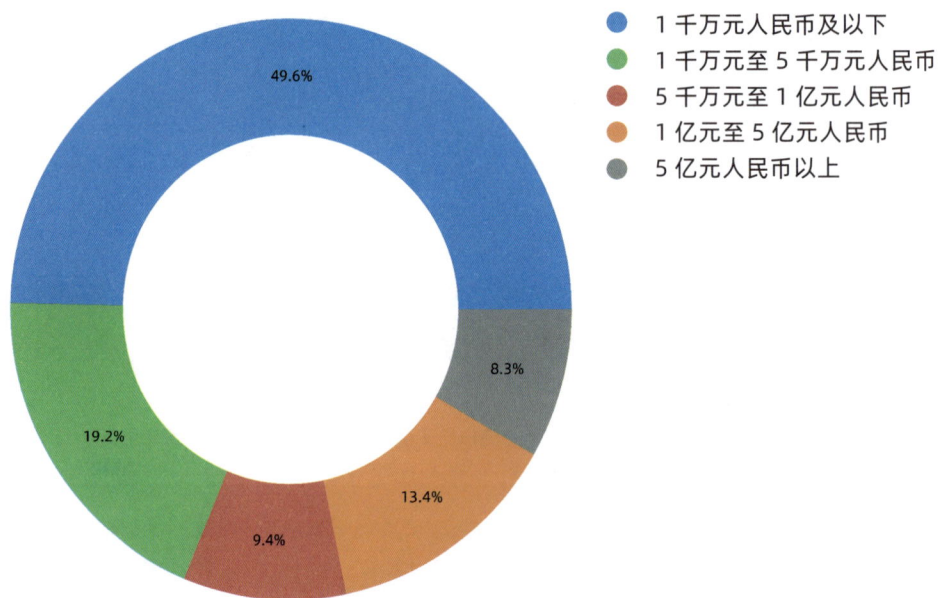

图 7-7-3 2018-2022 年上海市电子商务行业科创融资事件金额分布

就融资金额而言，图 7-7-3 显示，2018—2022 年上海电子商务行业的融资活动中，68.8% 是金额在 5 千万元人民币以下的较小规模的融资事件。其中，1 千万元人民币及以下的小额融资事件占总数的 49.6%，1 千万元至 5 千万元人民币的融资项目占总数的 19.2%。金额在 5 千万元至 1 亿元人民币之间的融资事件占比 9.4%。1 亿元至 5 亿元人民币的融资事件占比 13.4%，5 亿元人民币以上的融资事件占比 8.3%，由此可见，在电子商务行业中，还是有一定数量的有较大融资需求的科创企业获得了投资方的支持。

7.8 金融行业

从 2018 年到 2022 年，上海金融行业的科创融资事件数量的下降幅度相对比较大。在这五年间，金融行业融资事件数量从 105 起减少到 32 起。就相对比例而言，从 2018 年到 2019 年，融资事件数量下降了 67.6%，之后在 2020 年和 2021 年有所回升，增长率分别为 29.4% 和 4.5%。到了 2022 年，融资事件数量再次下降 30.4%。可以看到，金融行业融资事件数量在 2019 年大幅下降（较 2018 年）后，后四年的事件数量整体变化幅度较小，在微小的波动中有所下降。图 7-8-1 中显示，该行业的科创融资金额随融资事件数量的波动发生了相应变化。2018 年的融资金额达 306.22 亿元人民币，2019 年较 2018 年减少 91.8%，之后逐渐上升，2021 年融资金额达 126.31 亿元，而 2022 年较 2021 年又减少 85.1%。

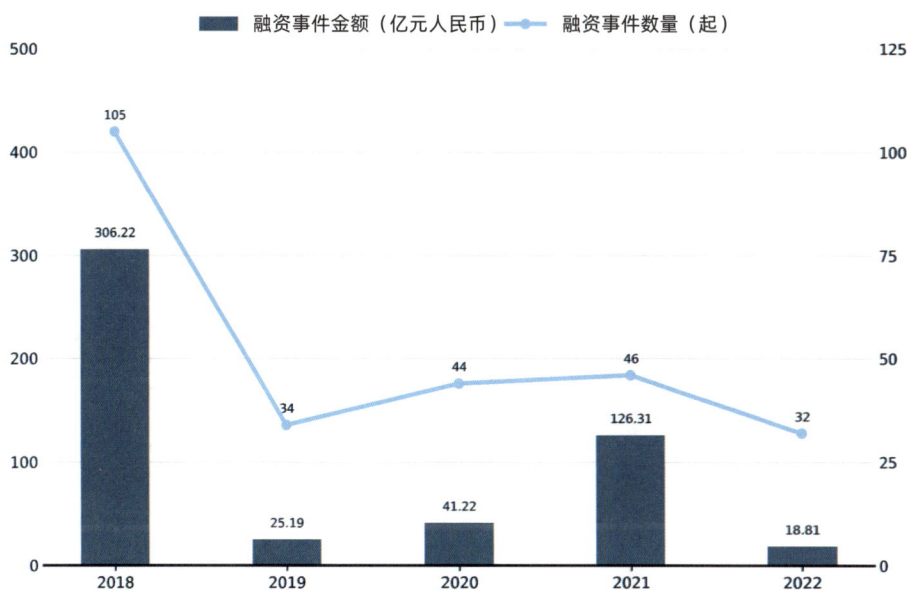

图 7-8-1 2018-2022 年上海市金融行业科创融资事件数量和金额

图 7-8-2 显示，2018-2022 年上海金融行业的科创融资事件在不同融资轮次之间分布得较为均衡。天使种子轮和泛 A 轮仍是行业主要的融资方式，两者的事件数量分别占融资事件总数的 21.2% 和 30.4%。战略融资事件占比为 27.7%。泛 B 轮和泛 C 轮的融资事件占比分别为 10.8% 和 8.1%，为企业发展提供了必要的资金支持。E 轮及之后轮次的融资事件占比仅为 0.4%。

从融资金额的角度来看，图 7-8-3 显示，2018—2022 年上海金融行业的科创融资中，74.0% 的事件是金额在 5 千万元人民币以下的较小规模的融资事件。其中，1 千万元人民币及以下的小额融资事件占总数的 52.9%，1 千万元至 5 千万元人民币的融资事件占总数的 21.1%。5 千万元至 1 亿元人民币、1 亿元至 5 亿元人民币

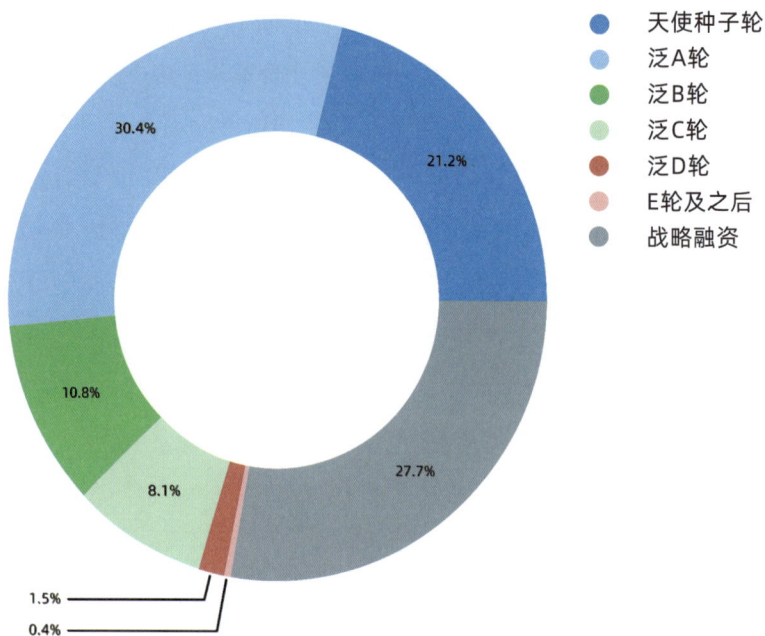

图 7-8-2 2018-2022 年上海市金融行业科创融资事件轮次分布

天使种子轮
泛A轮
泛B轮
泛C轮
泛D轮
E轮及之后
战略融资

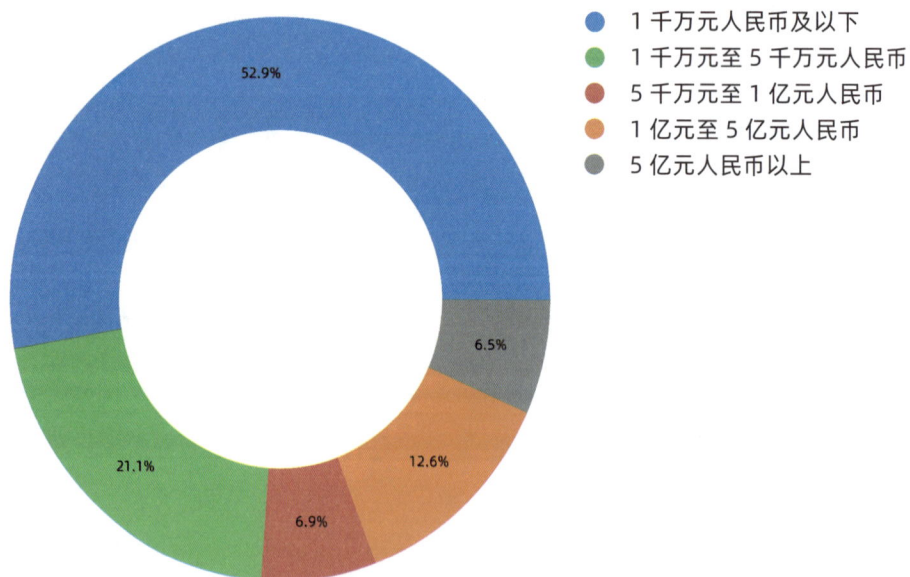

1 千万元人民币及以下
1 千万元至 5 千万元人民币
5 千万元至 1 亿元人民币
1 亿元至 5 亿元人民币
5 亿元人民币以上

图 7-8-3 2018-2022 年上海市金融行业科创融资事件金额分布

的融资项目数量占比分别为 6.9% 和 12.6%，为企业发展提供了不同层次的资金支持。5 亿元人民币以上的融资事件占比仅为 6.5%，表明只有少数企业获得了大规模的资金支持。

7.9 教育

上海的教育科创行业在 2018-2022 年间也经历了融资市场活跃度下降的挑战。这五年里，教育科创行业的融资事件数量从 101 起减少到 12 起。具体来看，2018 年共有 101 起融资事件，融资金额达 116.07 亿元人民币。到了 2019 年，融资活动明显放缓，融资事件数量同比直线下滑 55.4% 至 45 起，年度融资金额也随之大幅减少 59.6% 至 46.93 亿元。2020 年教育科创行业融资进一步遇冷，全年仅发生了 31 起融资事件，同比减少 31.1%；融资金额为 14.01 亿元人民币，较 2019 年更是大幅降低 70.1%。2021 年，行业融资形势略有好转，尽管事件数量略微下降 9.7% 至 28 起，但融资金额同比增长 11.8%，达到 15.66 亿元。2022 年，教育科创行业融资再现寒冬，全年仅有 12 起融资事件，比上一年减少 57.1%；实现融资 4.97 亿元人民币，同比大幅下跌 68.3%。

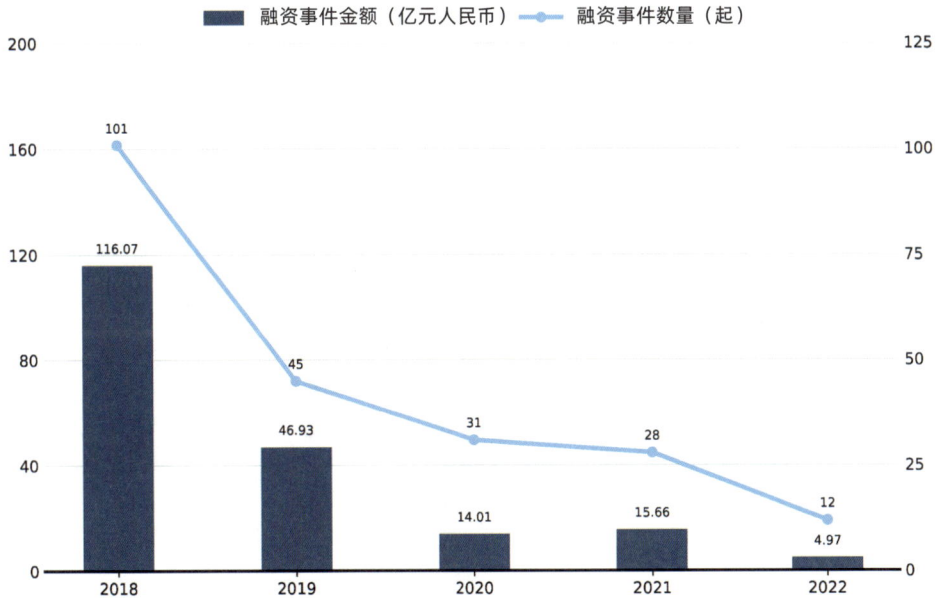

图 7-9-1 2018-2022 年上海市教育科创行业融资事件数量和金额

就融资轮次而言，图 7-9-2 显示，2018-2022 年间教育科创行业的融资活动主要集中在初期和早期的轮次。天使种子轮和泛 A 轮融资是教育科创行业最主要的融资方式，具体而言，前者的融资事件数量占融资事件总数的 25.3%，后者的事件数量占比为 40.6%。这表明教育科创行业的早期融资活动较为活跃。战略融资、泛 B 轮、泛 C 轮的融资事件，占比分别为 12.9%、13.8%、6.0%。泛 D 轮和 E 轮及之后的融

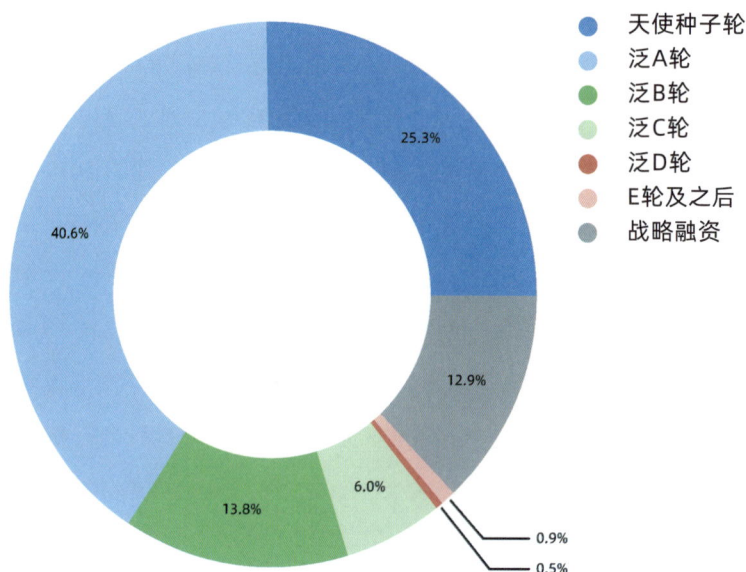

图 7-9-2 2018-2022 年上海市教育科创行业融资事件轮次分布

资事件数量占比仅为 0.5% 和 0.9%，表明在教育科创行业里只有相当少的处于创业成熟期的企业得到了资本市场的支持。

就融资金额而言，图 7-9-3 显示，2018—2022 年教育科创行业的融资活动以小额融资事件为主。其中，规模在 1 千万元人民币及以下的融资事件占融资事件总数的 57.6%，1 千万元至 5 千万元人民币的融资事件占比 21.7%。这表明教育科创行业

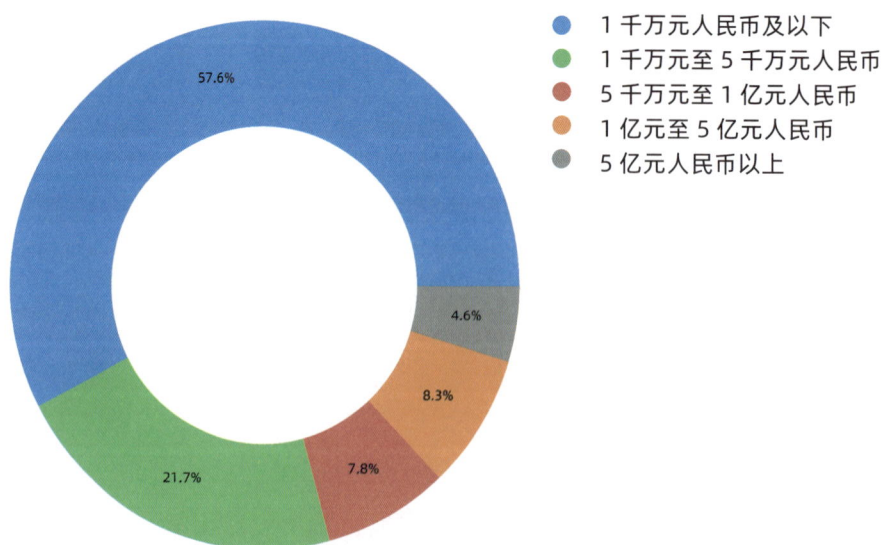

图 7-9-3 2018-2022 年上海市教育科创行业融资事件金额分布

的早期融资项目规模普遍较小。5 千万元至 1 亿元人民币、1 亿元至 5 亿元人民币的融资事件占比分别 7.8% 和 8.3%，表明教育科创行业中有一些企业获得了较大规模的投资支持。5 亿元人民币以上的融资事件占比较少，不足 5%。

7.10 智能硬件

2018-2022 年间，上海智能硬件行业的科创融资活跃度先降后升再降。具体来看，2018 年融资事件数量为 41 起，募集资金总额达 37.12 亿元人民币，是年行业的融资活跃度较高。2019 年，智能硬件行业的融资步伐明显放缓，融资事件数量同比微降 9.8% 至 37 起，但融资金额减少了 49.0% 至 18.93 亿元。2020 年，智能硬件行业融资遭遇寒流，全年仅有 21 起融资事件，同比下滑 43.2%；募集资金 14.34 亿元，较前一年减少 24.2%。2021 年融资情况有所回暖，全年的融资事件数量攀升至 47 起，较 2020 年显著增长 123.8%；实现融资 45.22 亿元，较上一年扩大约 2.2 倍。然

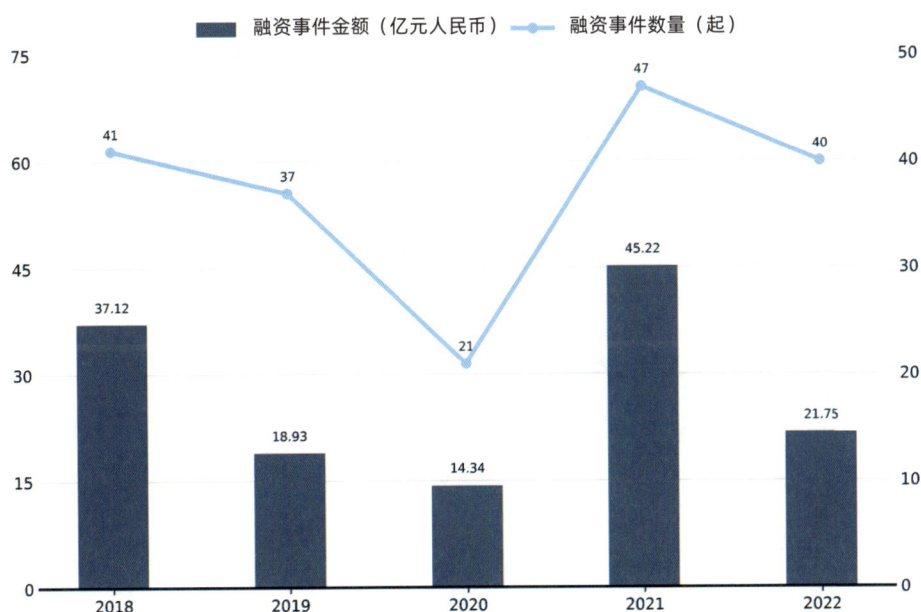

图 7-10-1 2018-2022 年上海市智能硬件行业科创融资事件数量和金额

而 2022 年形势再度转冷，全年融资事件数量为 40 起，较 2021 年减少 14.9%；融资金额 21.75 亿元，同比大幅下滑 51.9%，融资态势较低迷。

就融资轮次而言，图 7-10-2 显示，2018—2022 年智能硬件行业的融资活动中，泛 A 轮的融资事件数量占比最高，共 75 起，占融资事件总数（186 起）的 40.3%。其次是战略融资项目，共 34 起，占比 18.3%。泛 B 轮的融资事件有 32 起，占比

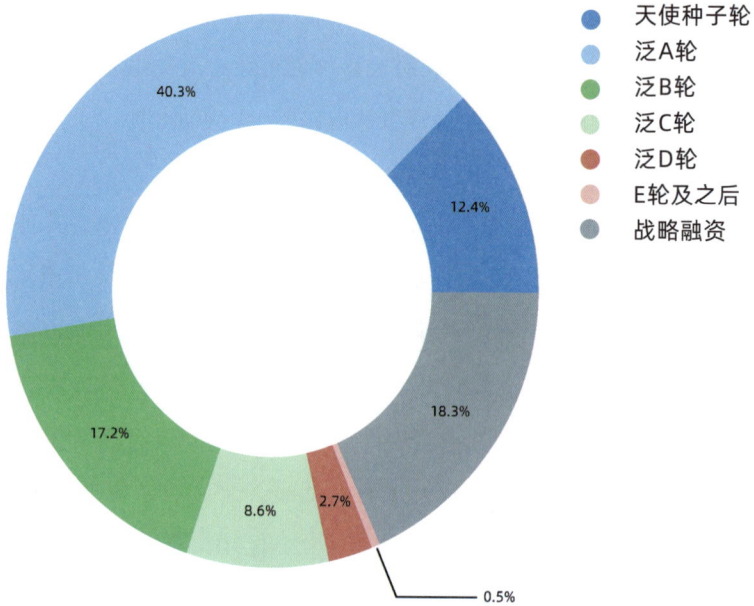

图 7-10-2 2018-2022 年上海市智能硬件行业科创融资事件轮次分布

17.2%。接下来是天使种子轮的融资项目，共 23 起，占比也有 12.4%，反映了资本市场对智能硬件行业初期融资的支持力度。泛 C 轮的融资事件有 16 起，占比 8.6%。泛 D 轮和 E 轮及之后的融资事件数量相对较少，占比分别为 2.7% 和 0.5%。

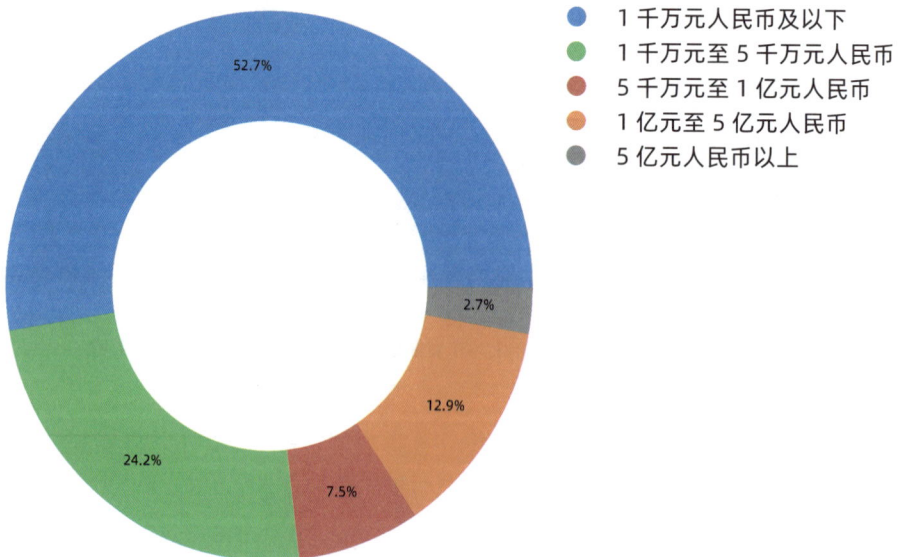

图 7-10-3 2018-2022 年上海市智能硬件行业科创融资事件金额分布

从融资金额来看，图 7-10-3 显示，2018—2022 年智能硬件行业的科创融资中，76.9% 的项目是金额在 5 千万元人民币以下的较小规模的融资事件。其中，1 千万元人民币及以下的小额融资事件数量占总数的 52.7%，1 千万元至 5 千万元人民币的融资事件占总数的 24.2%。结合融资轮次分布的梳理，可见智能硬件行业早期项目的融资规模普遍较小。5 千万元至 1 亿元人民币、1 亿元至 5 亿元人民币的融资项目数量占比分别 7.5% 和 12.9%，规模在 5 亿元人民币以上的融资事件占比较小，不足 3%。总体来看，智能硬件行业中不同金额的融资项目都获得了一定力度的支持。

7.11 汽车交通

汽车交通行业在 2018-2022 年间的科创融资活动呈现出先降后升的趋势。具体而言，2018 年，融资事件数量和融资金额分别为 47 起和 251.62 亿元人民币。此后融资事件数量和融资金额均出现下降。2019 年，融资事件数量为 26 起，融资金额为 94.07 亿元，分别同比下降 44.7% 和 62.6%。2020 年，融资事件数量与上一年持平，但融资金额减少 49.2% 至 47.78 亿元。2021 年，融资事件数量仍为 26 起，但金额大幅增加 163.8% 至 126.04 亿元。2022 年，融资事件攀升至 43 起，同比增加 65.4%，但融资金额仅为 41.26 亿元，相较前一年大幅下降了 67.3%。

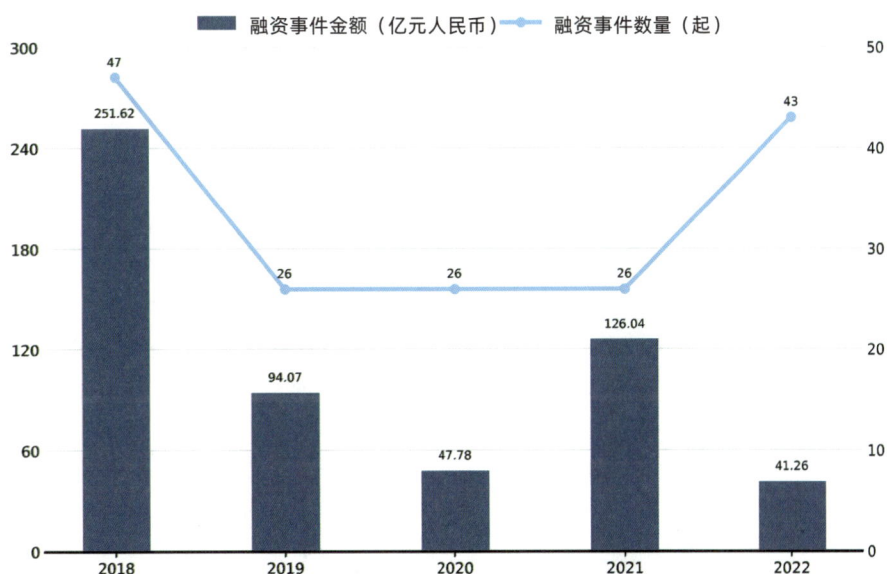

图 7-11-1 2018-2022 年上海市汽车交通行业科创融资事件数量和金额

图 7-11-2 显示，2018—2022 年汽车交通行业的科创融资活动在各个融资轮次

间分布得较为均衡。战略融资和泛 A 轮的融资事件数量最多，占比分别为 28.1% 和 31.7%，显示了投资者对该行业的战略合作抱有兴趣，对行业内早期企业的发展前景持乐观态度。其次是天使种子轮和泛 B 轮的融资事件，分别占事件总数的 11.4% 和 16.8%。至于较后期的融资项目，泛 C 轮和泛 D 轮的融资事件数量相对较少，分别占比 6.6% 和 3.6%，但它们仍然对行业的发展起到了一定的推动作用。

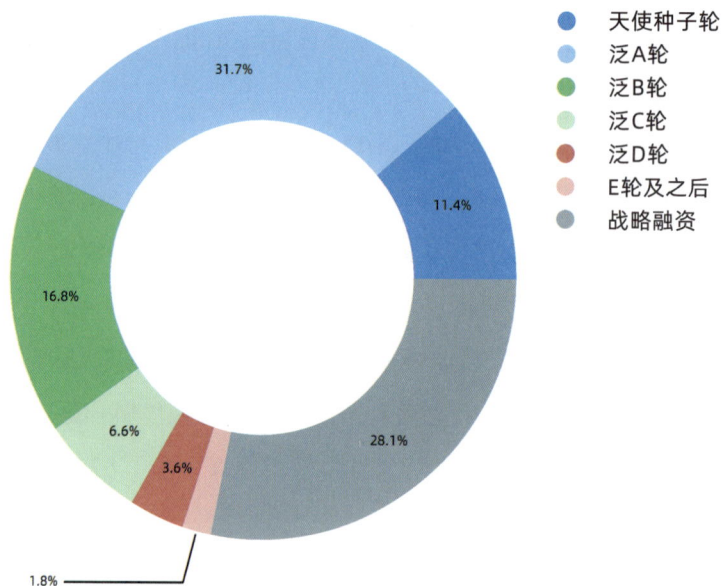

图 7-11-2 2018-2022 年上海市汽车交通行业科创融资事件轮次分布

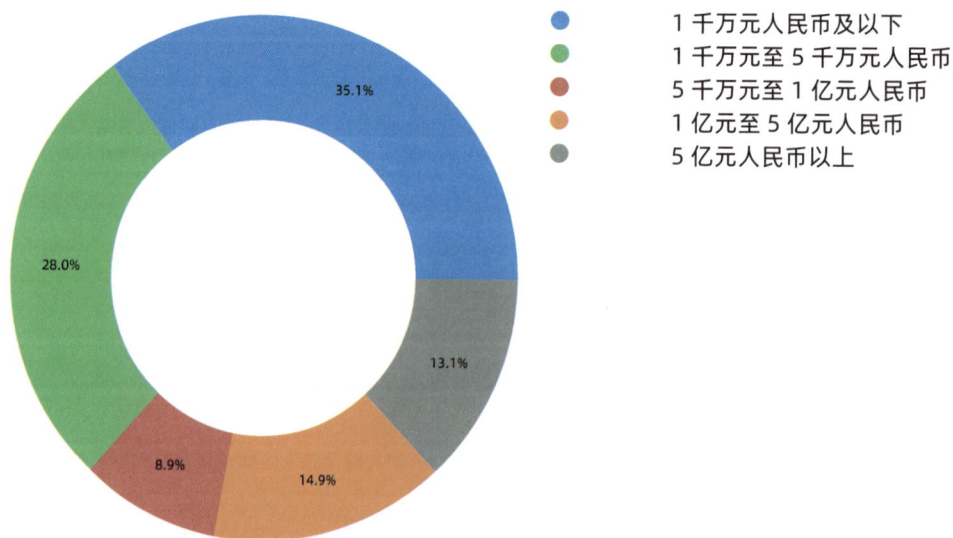

图 7-11-3 2018-2022 年上海市汽车交通行业科创融资事件金额分布

就融资规模而言，2018—2022 年间的汽车交通行业，1 千万元人民币及以下的小规模融资事件数量最多，共 59 起，占融资事件总数（168 起）的 35.1%。其次是 1 千万元至 5 千万元人民币的融资事件，有 47 起，占比 28.0%。1 亿元至 5 亿元人民币的较大规模的融资事件共 25 起，占比 14.9%。值得一提的是，5 亿元人民币以上的大额融资项目在汽车交通行业的占比相对来说比较高，达到 13.1%。最后是 5 千万元至 1 亿元的融资事件，共 15 起，占比 8.9%。

7.12 物流

从 2018 年到 2022 年，物流行业的科创融资活动经历了一些波动变化，显示出顺经济周期的特点。具体来看，2018 年，物流行业融资热度较高，全年共有 35 起融资事件，融资金额达 293.46 亿元人民币。次年行情基本持平，事件数量同比略增 2.9% 至 36 起，融资金额 272.01 亿元，同比微降 7.3%。2020 年，物流行业融资遇冷，全年仅 19 起融资事件，较上一年大幅下降 47.2%；融资金额仅为 63.67 亿元，相比 2019 年更是缩水 76.6%。2021 年，在线物流新模式兴起，行业融资明显升温，全年共 32 起融资事件，同比增长 68.4%，融资金额更是较上一年扩大了约 5.5 倍，达到 411.87 亿元。然而到了 2022 年，受宏观经济下行压力影响，物流行业融资遭遇重挫，全年只有 16 起融资事件，锐减一半；融资金额仅有 6.40 亿元，同比大幅下跌 98.4%。

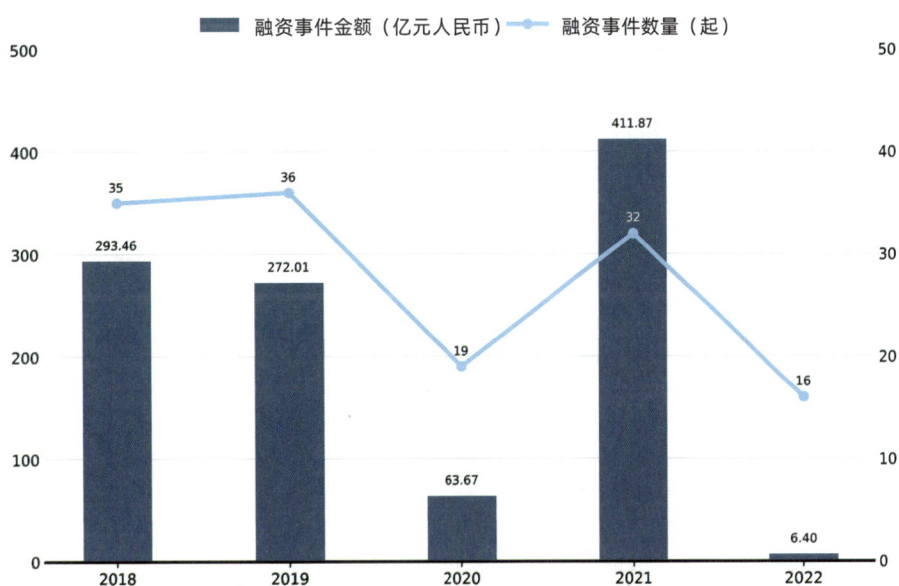

图 7-12-1 2018-2022 年上海市物流行业科创融资事件数量和金额

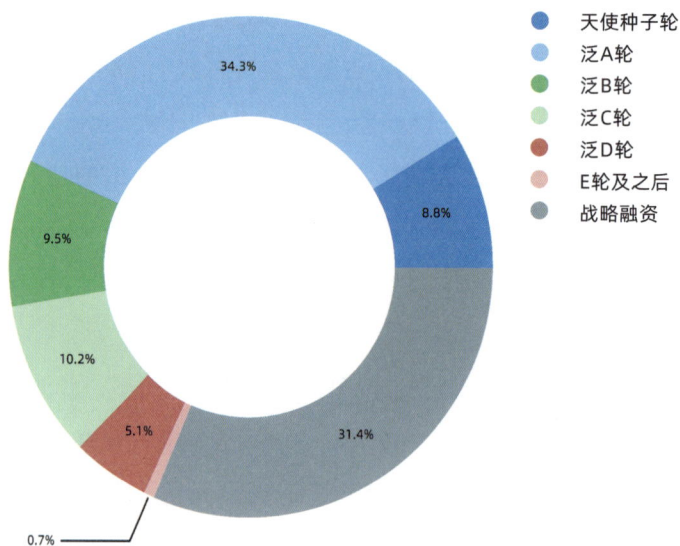

图 7-12-2 2018-2022 年上海市物流行业科创融资事件轮次分布

就融资轮次而言，图 7-12-2 显示，2018-2022 年在物流行业中，泛 A 轮和战略融资事件占比较高。具体来看，泛 A 轮融资事件占比为 34.3%；战略融资事件占比 31.4%。可见资本市场对这一传统行业的早期项目和战略合作机会的重视。天使种子轮融资事件占比 8.8%，说明资本对于早期发展阶段的项目较为关注。泛 C 轮、泛 B 轮、泛 D 轮、E 轮及之后的融资事件数量分别占比 10.2%、9.5%、5.1%、0.7%。总体而言，不同发展阶段的物流企业都得到了一定的资金支持。

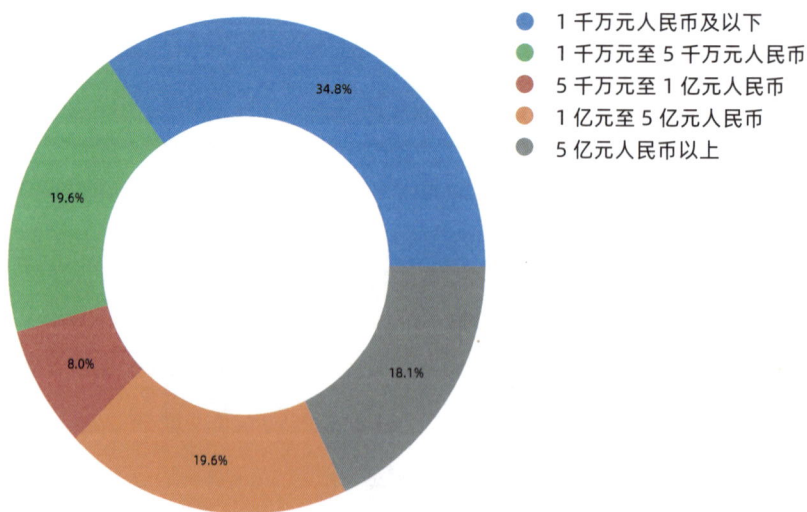

图 7-12-3 2018-2022 年上海市物流行业科创融资事件金额分布

从融资规模来看，2018—2022 年间物流行业的科创融资活动中，小额融资事件数量占比较高。1 千万元人民币及以下的融资事件占融资事件总数的 34.8%。结合上面的融资轮次统计梳理，可见物流行业早期项目的融资规模普遍较小。1 千万元至 5 千万元人民币、1 亿元至 5 亿元人民币的融资事件，其数量占比均为 19.6%。值得注意的是，规模在 5 亿元人民币以上的融资事件占比高达 18.1%，表明物流行业有一些较大规模的融资项目得到了投资者的认同与支持。

7.13 新工业

2018—2022 年，新工业行业的科创融资活动在经历了下滑后获得了显著的提升。具体来看，2018 年共有 16 起融资事件，实现融资 6.84 亿元人民币。2019 年，融资事件数量下降 37.50% 至 10 起，之后在 2020 年下降 40.0% 至 6 起。2021 年，行业融资热度明显提升，融资事件数量增长约 4.7 倍至 34 起，融资金额也较 2020 年（1.90 亿元）大幅增长约 15.6 倍至 31.55 亿元人民币。2022 年，融资事件数量较上一年继续增加 58.8% 至 54 起，但融资金额下降 31.9% 至 21.49 亿元人民币。

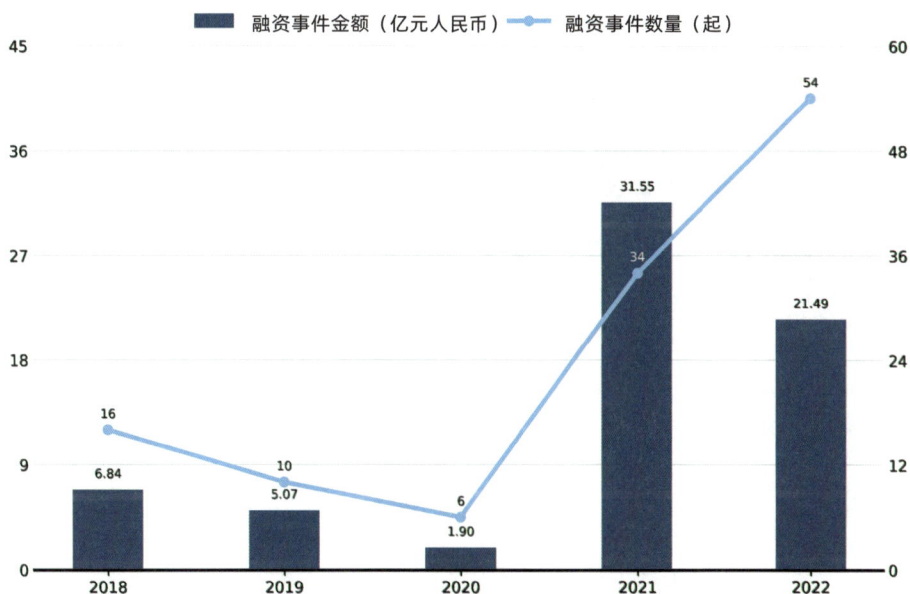

图 7-13-1 2018-2022 年上海市新工业行业科创融资事件数量和金额

就融资轮次而言，图 7-13-2 显示，2018—2022 年新工业行业的融资活动中，泛 A 轮是最主要的融资轮次，该轮次融资事件数占总数的 42.9%，其次是战略融资事件，占比为 21.8%；接着是天使种子轮融资事件，占比为 17.6%。由此可见，新工业行业的科创融资活动集中在泛 A 轮、战略融资和天使种子轮。泛 B 轮、泛 C 轮、泛 D 轮、E 轮及之后的融资事件数量相对较少，占比分别为 8.4%、5.0%、2.5% 和 1.7%。

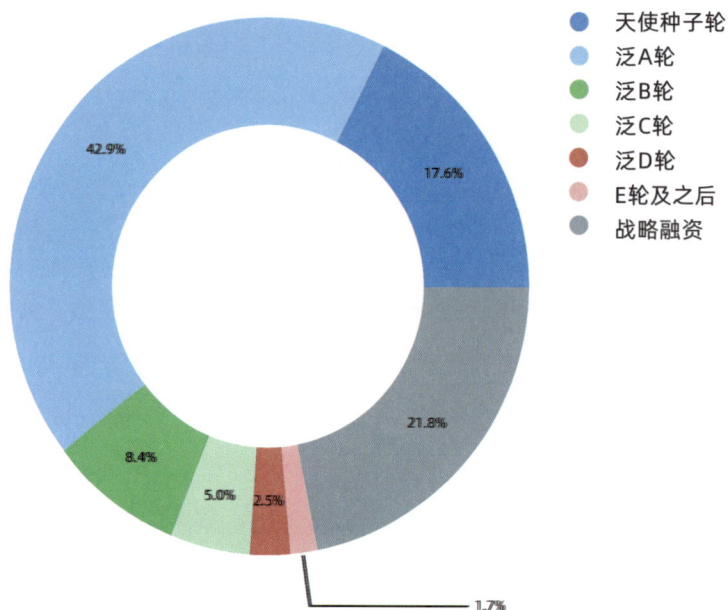

图 7-13-2 2018—2022 年上海市新工业行业科创融资事件轮次分布

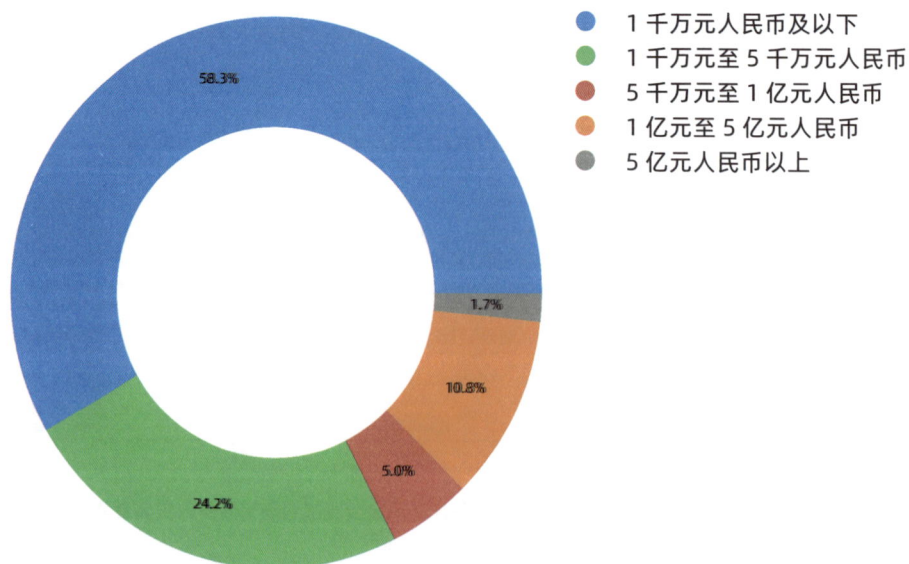

图 7-13-3 2018—2022 年上海市新工业行业科创融资事件金额分布

就融资规模而言，图 7-13-3 显示，2018—2022 年新工业行业的科创融资活动以金额较小的融资事件为主。具体看来，1 千万元人民币及以下的融资事件占融资事件总数的 58.3%。1 千万元至 5 千万元人民币、5 千万元至 1 亿元人民币的融资事件占比分别为 24.2% 和 5.0%。金额在 1 亿元至 5 亿元人民币的融资事件占比为 10.8%，表明新工业行业内有一定数量的规模较大的融资项目得到了资本市场的支持。规模在 5 亿人民币以上的融资事件数量占比仅为 1.7%，表明该行业内大规模的融资项目落地相对比较少。

7.14 新能源

2018—2022 年，新能源行业的科创融资活动经历了显著的增长。在这五年间，该行业的融资事件数量从 3 起增加到 58 起。具体来看，图 7-14-1 显示，2018 年仅发生了 3 起小型融资事件。2019 年，融资事件数量增至 6 起，同比翻番，融资金额为 2.93 亿元人民币。2020 年的融资事件数量与上一年持平，仍为 6 起，融资金额收窄至 1.64 亿元，同比缩减 44.0%。到了 2021 年，新能源融资明显升温，全年共发生 23 起融资事件，事件数量同比大幅增加约 2.8 倍，融资金额则较上一年扩大约 11.6 倍，达 20.74 亿元。2022 年，行业融资进一步升温，全年融资事件数量增加至 58 起，同比增长 152.2%；融资金额为 75.32 亿元，达到了这五年内的峰值，较上一年增加了约 2.6 倍。

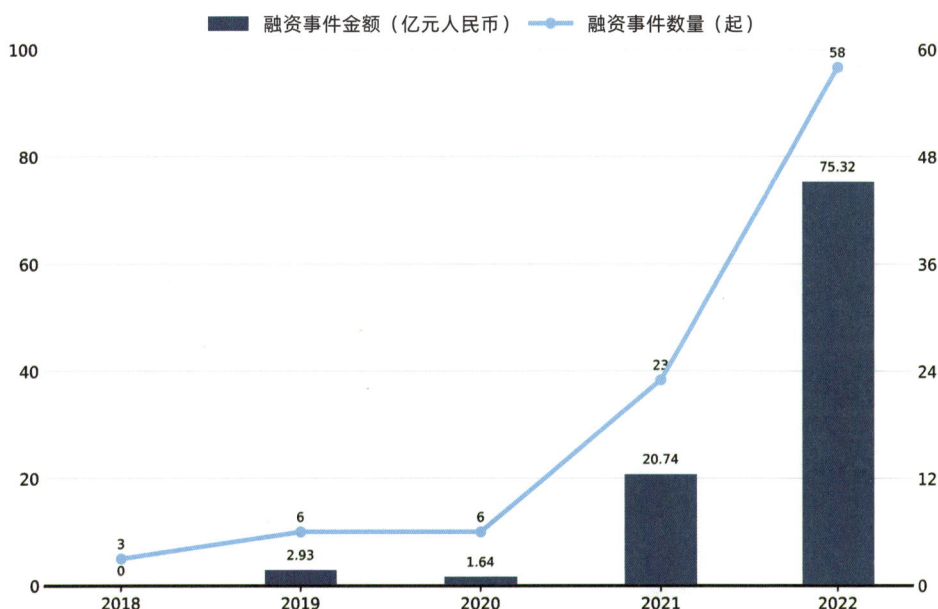

图 7-14-1 2018-2022 年上海市新能源行业科创融资事件数量和金额

181

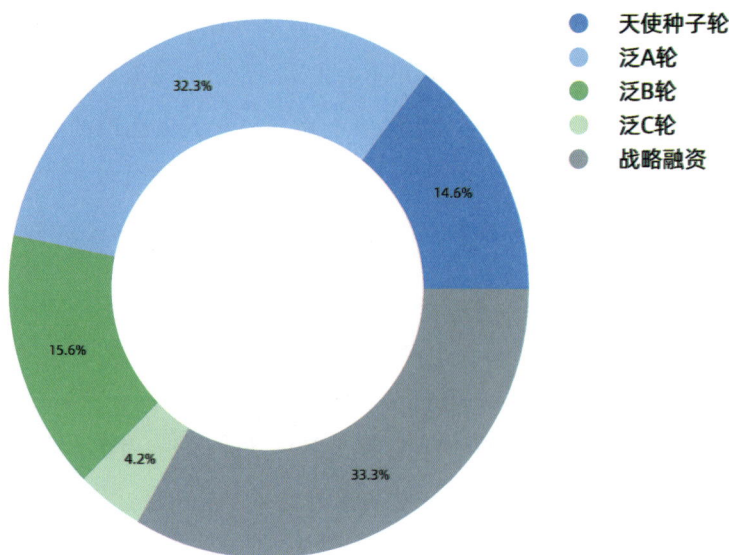

图 7-14-2 2018-2022 年上海市新能源行业科创融资事件轮次分布

就融资轮次而言，2018-2022 年间新能源行业的融资活动以泛 A 轮和战略融资为主导。战略融资是最主要的资金来源，该类融资事件占融资事件总数的 33.3%。紧追其后的是泛 A 轮投资，占比为 32.3%。然后是泛 B 轮融资事件，占比为 15.6%。而天使种子轮的融资事件占比也达到了 14.6%。这表明投资者对处于早期发展阶段的和有战略合作意向的企业给予了大力支持。泛 C 轮为代表的后期融资事件数量相对较少，仅占 4.2%。

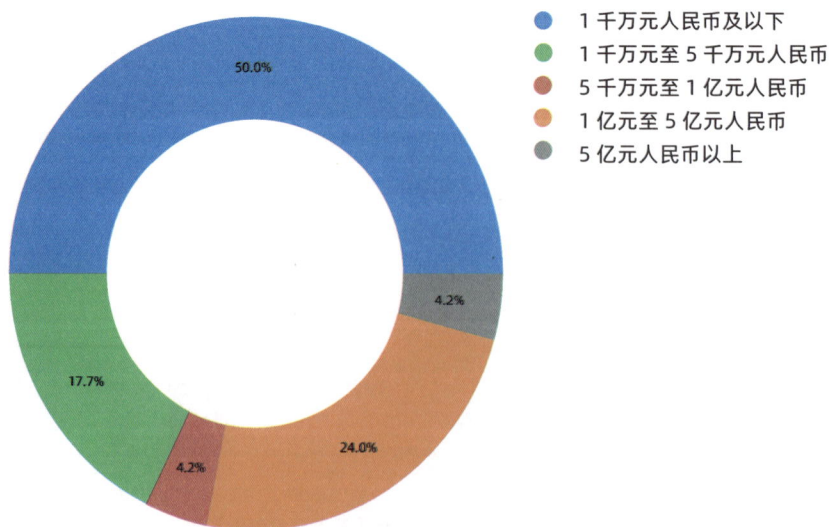

图 7-14-3 2018-2022 年上海市新能源行业科创融资事件金额分布

就融资规模而言，图7-14-3显示，2018—2022年新能源行业的科创融资活动中，金额在1千万元人民币及以下、在1亿元至5亿元人民币之间的融资事件数量占比较高，占比分别为50.0%和24.0%。这表明新能源领域的资金需求以小规模项目和较大规模项目为主。其次是1千万元至5千万元人民币的融资事件，事件数量占比为17.7%。5千万元至1亿元人民币、5亿元人民币以上的融资事件占比相对较低，均为4.2%。

7.15 房产家居

总体来看，2018-2022年，房产家居行业的融资情况呈起伏波动的态势，活跃期与低迷期交替出现，反映了房产家居行业的融资活动受宏观环境和政策因素的影响比较深。在这五年间，该行业的融资事件数量从35起减少到5起。具体来看，2018年，房产家居领域融资事件数量为35起，募集资金总额为39.63亿元，融资活跃度较高。2019年，融资步伐明显放缓，融资事件数量较上一年直线下滑51.4%至17起。但当年的实际募资金额反而大幅增长154.5%，达到了100.85亿元，出现了融资事件数量与融资金额规模走向背离的情况。2020年，行业融资活动遭受重挫，全年仅有8起融资事件，同比大幅下滑52.9%；融资金额仅1.85亿元，较前一年锐减98.2%。2021年，该行业融资重拾升温势头，全年融资事件数量攀升至24起，较2020年增长2倍；融资金额59.14亿元，较2020年增长了约31倍，融资活力得

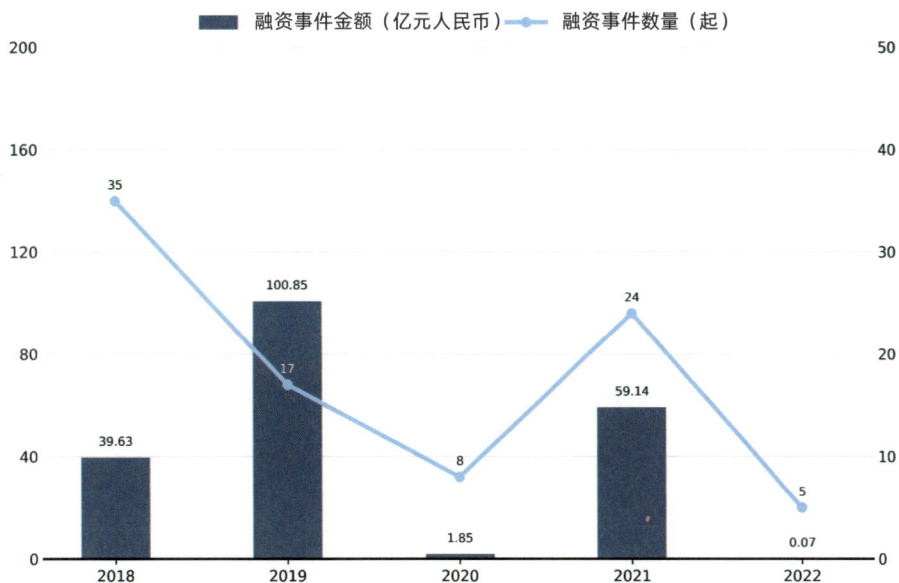

图 7-15-1 2018-2022 年上海市房产家居行业科创融资事件数量和金额

到明显修复。然而到了 2022 年，房产家居行业的融资形势再度转冷，全年融资事件数量仅为 5 起，较 2021 年大幅减少 79.2%；融资金额降至 0.07 亿元，行业融资情况重现低迷。

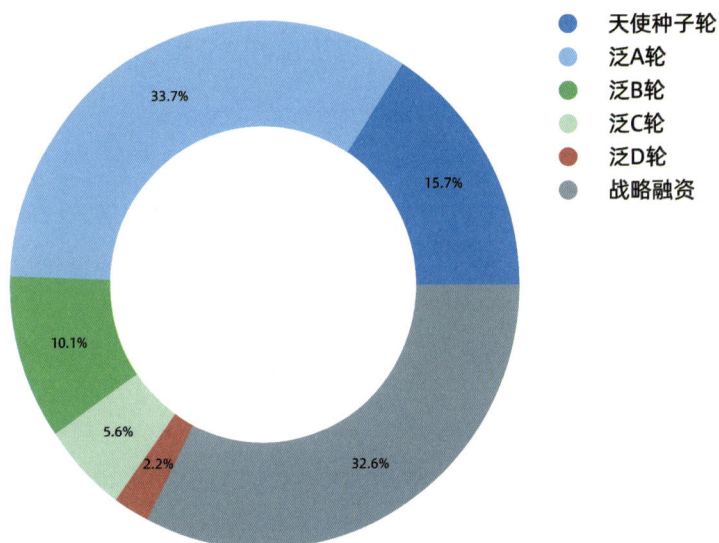

图 7-15-2 2018-2022 年上海市房产家居行业科创融资事件轮次分布

就融资轮次而言，图 7-15-2 显示，在 2018—2022 年房产家居领域的融资活动中，资本投向呈现出较为均衡的特点。投资者在该行业的投资活动，呈现出对早期融资企业以及战略融资需求予以均衡关注的态势。具体来看，属于早期融资的泛 A 轮融资事件占比最高，共有 30 起该类融资事件，占融资事件总数（89 起）的 33.7%。紧随其后的是战略融资项目，项目数量为 29 起，占比 32.6%。值得关注的是，属于初期融资的天使种子轮融资事件，其数量所占比重仍高达 15.7%。此外，泛 B 轮融资事件共 9 起，占融资事件总数的 10.1%。泛 C 轮融资事件占比 5.6%，泛 D 轮融资事件仅有 2 起，占比 2.2%。这体现出后期融资项目的相对低迷。

就融资金额而言，如图 7-15-3 所示，2018—2022 年房产家居行业的融资活动以 1 千万元人民币及以下的融资事件为主，该规模的融资事件数量占融资事件总数的 52.8%。这表明在房产家居行业中，大部分的融资活动都集中于较小规模的融资项目，这可能是由于企业创业初期的资金需求较为灵活。此外，1 千万元至 5 千万元人民币、5 亿元人民币以上的融资事件分别占比 21.3% 和 10.1%，显示了行业内不同规模、不同发展阶段的企业间的资金需求差异。1 亿元至 5 亿元人民币的融资

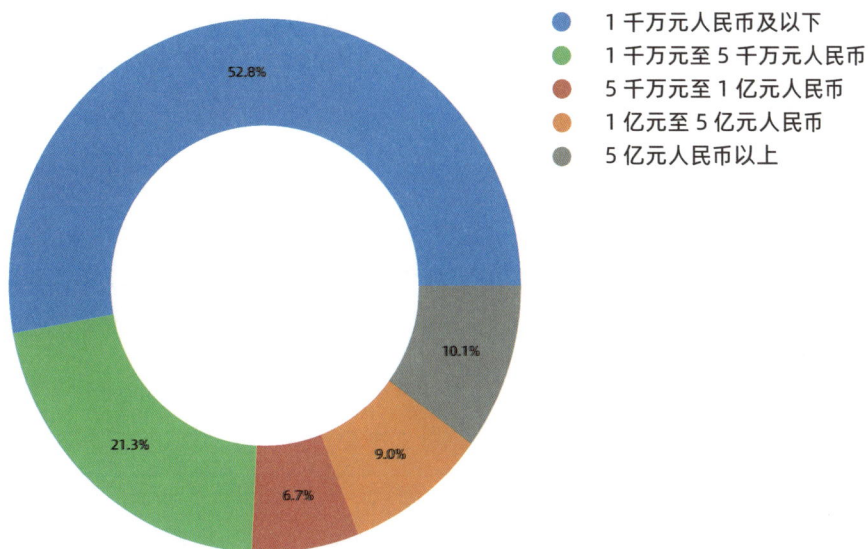

图例：
- 1千万元人民币及以下
- 1千万元至5千万元人民币
- 5千万元至1亿元人民币
- 1亿元至5亿元人民币
- 5亿元人民币以上

图 7-15-3 2018-2022 年上海市房产家居行业科创融资事件金额分布

事件占比 9.0%，而 5 千万元至 1 亿元人民币的融资事件数量相对较少，占比仅为 6.7%。

7.16 其他行业

其他行业包括工具软件、体育运动、元宇宙、新能源汽车、新材料、旅游、生产制造、光电通信、节能环保、化工、农业以及公用事业。在 2018-2022 年间，这些行业的融资事件之和占融资事件总数的 8.6%。总体来看，生产制造、节能环保、新材料等行业自 2020 年起开始成为资本青睐的热门赛道，新能源汽车、元宇宙等更是备受追捧。个别传统行业如旅游、农业等受宏观环境影响，融资活动波动较大。各行业具体的融资事件数量和融资金额见表 7-16-1 和表 7-16-2。

体育运动行业的融资事件数量从 2018 年的 40 起降至 2022 年的 3 起。其中，2019 年、2020 年的融资事件数量分别同比下降 65.0% 和 50.0%。2021 年融资事件数量上升至 13 起，较上一年增长 85.7%；2022 年，较上一年下降 76.9% 至 3 起。结合表 7-16-2 显示的融资金额变化，体育运动行业的融资情况在过去五年内面临着非常严峻的挑战。

元宇宙行业的融资情况在经历了一定幅度的下滑后又迅速上升。融资事件数量从 2018 年的 14 起增长至 2022 年的 36 起。2018 年至 2019 年期间融资事件数量下降 64.3%，2020 年融资事件进一步下降至 2 起。然而，在 2021 年和 2022 年，融资事件数量与融资金额均显著增长，在 2022 年成功募资 19.04 亿元人民币。这表明元宇宙行业在过去五年的后期阶段内取得了显著的增长，并展现出良好的发展势头。

　　工具软件行业的融资事件数量经历了较大的波动。从相对比例方面，在 2018 年至 2019 年期间，该行业融资事件数量下降 21.4%，2020 年事件数量依然在下降，增长率为 −54.5%。然后，在 2021 年，融资事件数量大幅增加至 27 起，当年融资金额也达到 17.34 亿元。在 2022 年，工具软件行业的融资事件数量较前一年小幅下降，共有 23 起融资事件，融资金额与上年基本相当，为 17.45 亿元。

　　光电通信行业的融资事件数量相对稳定，变化幅度相对较小。光电通信行业在 2018 年至 2019 年期间融资事件数量经历了小幅下降。在 2020 年和 2021 年扭转了趋势，融资事件数量在这两年有所增长。融资事件数量和融资金额均在 2021 年达到这五年内最高值，分别为 10 起和 7.15 亿元人民币。两项数据在 2022 年略有下降。

　　新能源汽车行业的融资事件数量总体上经历了较稳定的增长，从 2018 年的 5 起增长至 2022 年的 24 起。逐年来看，新能源汽车行业的融资事件数量在 2018 年至 2019 年期间小幅下降了 20%（1 起）。随后在 2020 年和 2021 年，变下降为增长，且这两年的增长率都颇高，分别达到 150.0% 和 110.0%，最后在 2022 年继续较上一年增长 14.3%。这表明新能源汽车行业在过去五年内取得了稳步增长（融资金额除了在 2022 年有所回落外，前四年有持续且明显的增长），显示出一定的潜力和竞争优势。

　　新材料行业的融资事件数量在这五年间有比较大的波动，总体看，从 2018 年的 4 起增长至 2022 年的 34 起。具体而言，2018 年至 2019 年，融资事件数量由 4 起下降至 0 起，2020 年回升至 6 起。2021 年该行业融资事件数量较上一年增长约 2.2 倍至 19 起，2022 年进一步同比增长 78.9% 至 34 起。

　　旅游行业的融资事件数量呈逐年下降的趋势。从 2018 年的 12 起下降至 2022 年的 3 起，绝对减少量为 9 起。旅游行业的融资事件数量在 2019、2020、2021 年的降幅分别为 33.3%、37.5%、40.0%，2022 年维持了 2021 年的事件数量水平。这表明旅游行业在过去五年内在融资上面临着不小的挑战。

　　生产制造行业的融资事件数量从 2018 年的 1 起增长到 2022 年的 11 起，绝对增长量为 10 起。主要的增长集中在 2021 年，增长率高达 160.0%（是年有 13 起融资事件，上一年 5 起）。2022 年融资事件数量较上一年略微下降。这表明生产制造行业的融资情况在过去五年内经历了较大的波动，增长速度不稳定。

节能环保行业的融资事件数量经历了逐步增长。该行业的融资事件数量从 2018 年的 1 起增加至 2022 年的 12 起。其中主要的增长发生在 2020 年（事件数量增长 4 倍，融资金额增长约 29.3 倍），2021 年的融资事件数量与 2020 年持平。2022 年融资事件增至 12 起，较上一年增加 140.0%，但融资金额仅为 2.03 亿元，较上一年锐减 84.5%。

其他行业的融资活动相对比较疲软。例如农业领域，2018 年共发生 3 起融资事件，融资金额为 3.42 亿元，而 2019 年和 2020 年分别仅有 1 起融资事件。2021 年出现回暖，全年

年份	2018	2019	2020	2021	2022
体育运动	40	14	7	13	3
元宇宙	14	5	2	10	36
工具软件	14	11	5	27	23
旅游	12	8	5	3	3
新能源汽车	5	4	10	21	24
新材料	4	0	6	19	34
光电通信	3	2	3	10	8
农业	3	1	1	6	1
化工	2	1	3	4	7
生产制造	1	0	5	13	11
节能环保	1	1	5	5	12
公用事业	0	0	0	1	2

表 7-16-1 2018—2022 年上海市其他行业科创融资事件数量（起）[1]

---

1 表格中写着数字0的地方，表示该年的融资事件数量未披露，或表示该年并未发生具备一定实质性规模的融资事件。

年份	2018	2019	2020	2021	2022
体育运动	41.49	15.03	2.05	9.45	0.33
元宇宙	3.31	7.49	0.30	7.04	19.04
工具软件	1.99	7.31	0.47	17.34	17.45
旅游	4.65	1.57	1.68	0.80	1.50
新能源汽车	1.98	130.00	209.99	235.41	128.28
新材料	0.30	0	1.35	11.51	16.42
光电通信	0	0	1.30	7.15	2.55
农业	3.42	0	0.30	2.46	0
化工	0	0	0.03	3.75	3.60
生产制造	0.30	0	17.70	17.75	28.39
节能环保	0.30	1.00	30.29	13.10	2.03
公用事业	0	0	0	0	0

表 7-16-2 2018—2022 年上海市其他行业科创融资金额（亿元人民币）[1]

共有融资事件6起,融资金额较上一年增长7.2倍。2022年融资再度遇冷,仅有1起融资事件。又如,公用事业领域直到2021年才首现1起融资融资事件,2022年略微增至2起。

---

1 表格中写着数字0的地方，表示该年的融资金额未披露。

第 8 章 2018-2022 年上海市科创企业发展情况

投资科创企业的股权投资机构有三种主要的退出方式：（1）收购退出，其中整个公司通过股份出售、合并或公司资产出售被卖给第三方；（2）首次公开募股（Initial public offering, IPO）；（3）二级销售，风险投资机构的股份被卖给通常是战略收购者的第三方。通过统计张通社 Link 数据，本章将从获得股权投资的科创企业被并购，首次公开募股以及并购其他企业三个维度对其发展路径进行分析。

为支持科技创新企业发展，完善多层次资本市场体系，2019 年 3 月，证监会正式推出在上海证券交易所设立科创板。2019 年 7 月 22 日，科创板迎来首批 25 家公司上市交易。截至 2023 年 4 月，已有 517 家企业在科创板上市，其中有 83 家为上海市的企业，数量居全国第二。科创板目前已经成为我国 "硬科技" 企业上市的首选地，为科创企业的成长提供了有力支持。

2023 年底，上海市人民政府办公厅印发《关于进一步促进上海股权投资行业高质量发展的若干措施》的通知，提出一系列畅通股权投资退出渠道的措施，包括鼓励企业集团开展产业并购投资，引导产业链链主企业设立产业并购基金，支持银行开展并购贷款业务，为企业并购重组提供资金支持。为畅通企业境内外上市通道，将符合条件的企业纳入"浦江之光"科创企业库，加强股权投资机构与相关部门的信息对接，强化对被投企业的培育辅导，并建设"专精特新"专板，帮助企业顺利上市。此外，为完善股权投资基金份额转让平台功能，鼓励充分利用企业信息，提升股权投资基金份额估值定价的透明性和公允性，建立标准化转让程序，集聚市场参与者，活跃市场交易。

本章分别从科创企业被收购，首次公开募股（IPO），以及并购其他公司三个维度分析 2018-2022 年间上海市科创企业发展情况。

8.1 2018-2022 年企业被并购情况

2018-2022 年，上海市共有 54 家获得股权投资的科创企业被并购。按成立时间计算企业被并购时的年龄，统计发现，7 家企业在成立后的 3 年内被并购，占比 13.0%；18 家企业在成立 3-6 年后被并购，占比 33.3%；22.2% 的企业（12 家）在成立 6-12 年后被并购；17 家企业在成立至少 12 年之后被并购，占比 31.5%（图 8-1-1）。

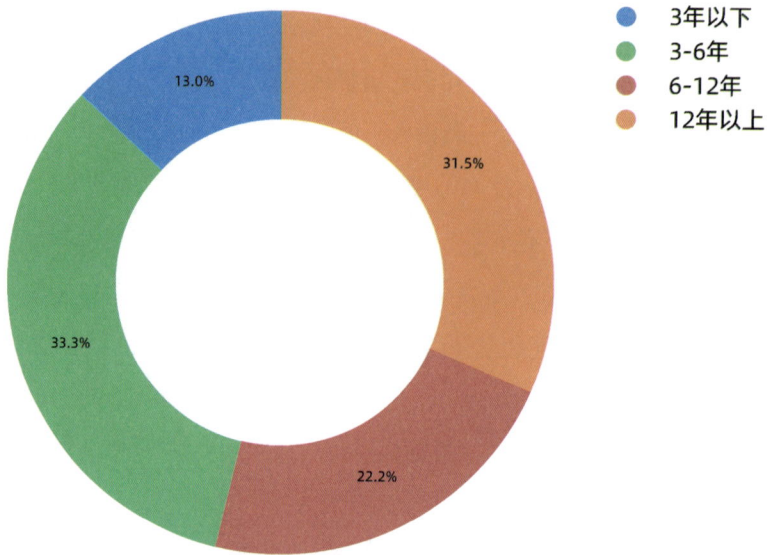

图例：
- 3年以下
- 3-6年
- 6-12年
- 12年以上

13.0%
31.5%
33.3%
22.2%

图 8-1-1 2018-2022 年上海市科创企业被并购时的年龄分布

  图 8-1-2 统计了不同行业的并购数量。2018-2022 年，医疗健康领域有 8 家科创企业被并购，占总并购数量的 14.8%。在消费生活和集成电路领域，各有 6 家企业被并购，均占被并购企业总数的 11.1%。相关领域中股权投资机构的成功退出，显示了创新创业生态系统的良性循环，对进一步吸引科创投资、促进创新创业活动具有积极推动作用。文娱传媒行业有 5 家企业被并购，占总并购数量的 9.3%。房产家居行业和物流行业各有 4 家企业被并购，均占总并购数量的 7.4%。教育行业和金融行业各有 3 家企业被并购，均占总并购数量的 5.6%。

  综合而言，医疗健康、消费生活和集成电路领域的并购，反映了这些行业中存在创新创业的市场机会。新的医疗技术、创新型消费产品和半导体解决方案近年来吸引了消费者和创业者的关注。战略新兴产业（如集成电路、智能硬件、电子商务）中的并购数量反映了科技创新在商业发展中的关键作用。在线教育、金融科技和数字支付等创新正推动着这些领域的变革。

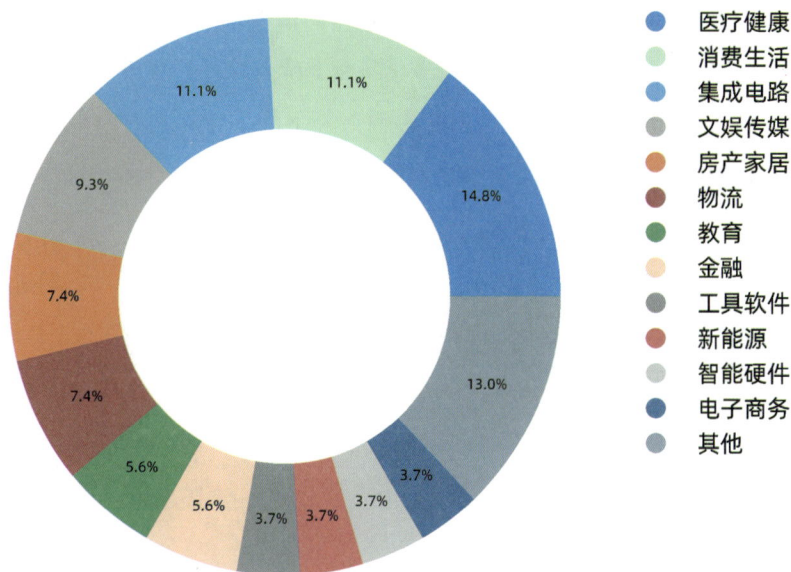

图 8-1-2 2018-2022 年上海市科创企业被并购时的行业分布

图 8-1-3 统计了被并购的科创企业的并购价值。在已经披露了并购交易价值的企业中，7 家企业的并购交易规模在 1 亿元人民币及以下，10 家企业的并购交易规模在 1 亿元到 5 亿元人民币之间。并购规模在 5 亿元到 15 亿元人民币之间的企业有 5 家，有 8 家企业的并购规模达到了 15 亿元人民币以上。

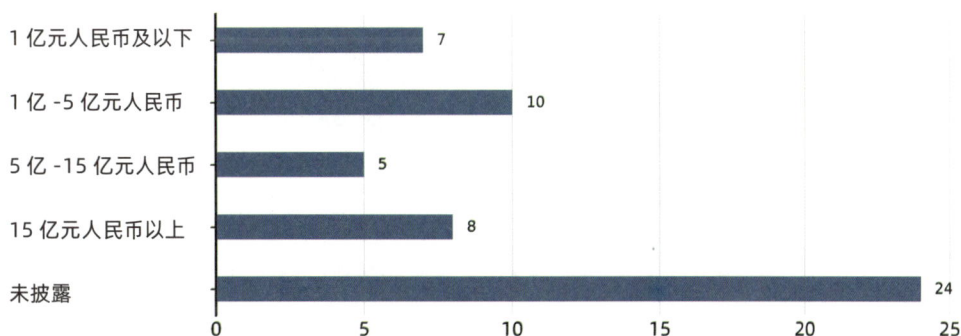

图 8-1-3 2018-2022 年上海市科创企业被并购时的交易价值

8.2 2018-2022 年 IPO 企业数量

根据 CV Source 投中数据，2018 年国内共有 321 家企业进行了 IPO。其中风险投资 / 私募股权投资（VC/PE）的企业比例（渗透率）达到 35%。2022 年，有 511

家企业成功上市，其中 403 家上市公司有 VC/PE 机构背景，风险投资 / 私募股权的渗透率达到 78.9%；退出回报率为 432%，略有下降。此外，境外 IPO 的比例逐年下降。IPO 数量受疫情和宏观经济环境的影响大幅下降，与之相对，具备风险投资和私募股权投资背景的 IPO 企业的比例大幅上升。在筹资和退出面临挑战的情况下，IPO 仍然是投资者首选的退出方式。

　　本节聚焦上海 2018-2022 年间完成 IPO 的企业，从不同维度对它们进行分析。图 8-2-1 显示，2018-2022 年，上海市共有 50 家曾经获得股权投资的企业成功上市。从上市公司的成立时长来看，接近三分之一的企业（16 家，占比 32.0%）成立了 3-6 年，26.0% 的企业在成立后 6-9 年内完成首次公开募股，20.0% 的公司实现上市时已成立了 9-15 年。成立 15 年以上且成功上市的企业占比 16.0%，只有少数企业（占比 6.0%）在成立后的 3 年内上市。

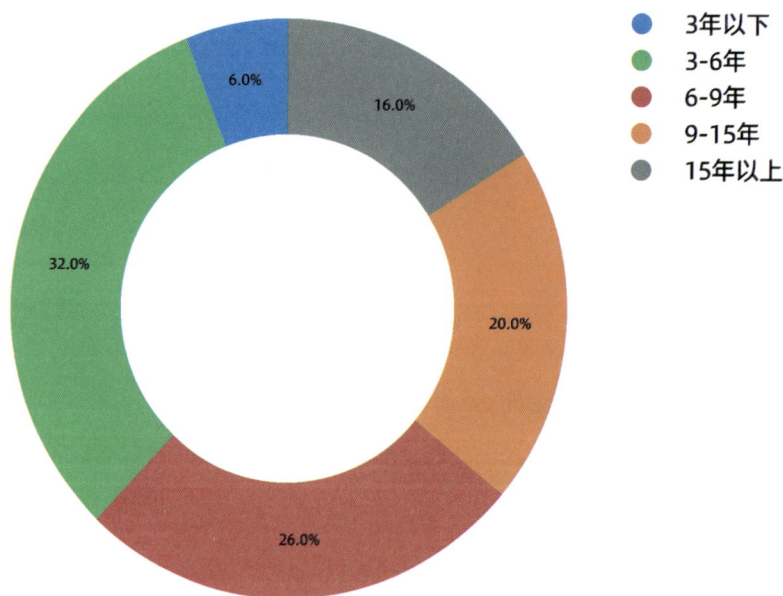

图 8-2-1 2018-2022 年上海市 IPO 科创企业的年龄分布

　　从行业分布来看，图 8-2-2 显示，成功上市的企业的行业分布，与获得投资的科创企业的行业分布大致相似。接近一半的（46.0%）上市公司属于医疗健康行业。其次是集成电路行业，12.0% 的上市公司属于这一行业。物流和电子商务行业的 IPO 科创企业均占上市公司总数的 8.0%。紧随其后的是文娱传媒和智能硬件行业，各有 6.0% 的上市企业属于这两个行业。企业服务、消费生活、金融、新工业行业的上市企业，其占比均不足 5.0%。

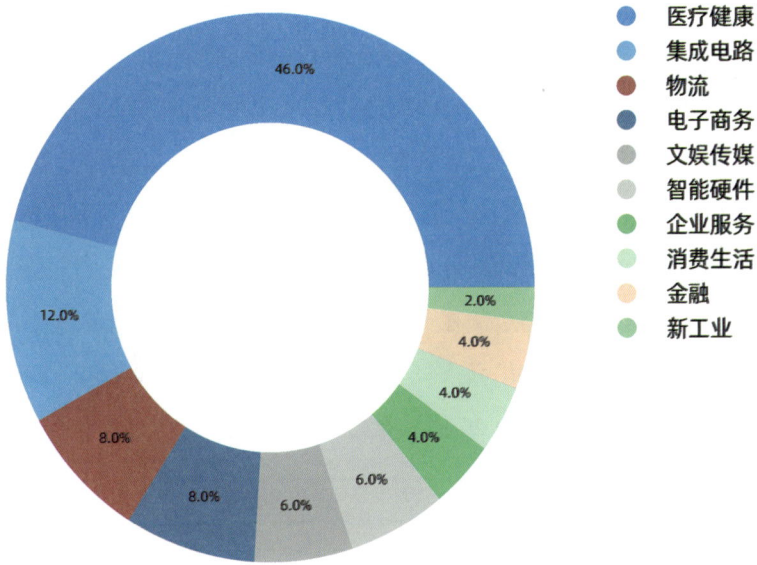

图 8-2-2 2018–2022 年上海市 IPO 科创企业的行业分布

从选择上市的交易所来看，据图 8-2-3，40.0% 的 IPO 科创企业选择在上交所科创板上市。这与科创板主要面向从事技术创新的企业的融资需求，并且允许暂未实现盈利的企业上市的制度密不可分。排在第二位的是香港交易所，32.0% 的科创

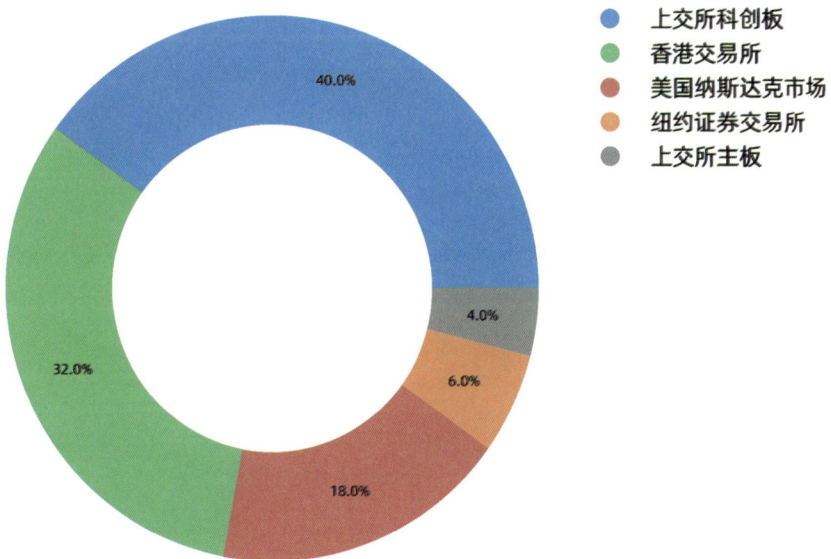

图 8-2-3 2018–2022 年上海市 IPO 科创企业的上市交易所分布

企业选择在此上市。有 18.0% 的企业选择在美国纳斯达克上市，有 6.0% 的企业选择在纽约证券交易所上市，有 4% 的企业选择在上交所主板上市。相对于在本土主板上市，更多的企业选择赴海外上市，影响这一决策的因素可能包括更成熟的资本市场、更多元的价值投资者和机构投资者、更完善的 IPO 定价机制和融资功能等。

图 8-2-4 将 IPO 金额从低到高分成五档。IPO 金额在 20 亿元人民币及以上的事件数量最多，达 17 起；其次是金额在 5 亿元到 10 亿元人民币之间的事件，有 15 起。接下来是金额在 10 亿元到 15 亿元人民币之间的 IPO 事件，共 9 起。5 亿元人民币及以下的事件有 5 起，15 亿元到 20 亿元人民币的事件有 4 起。

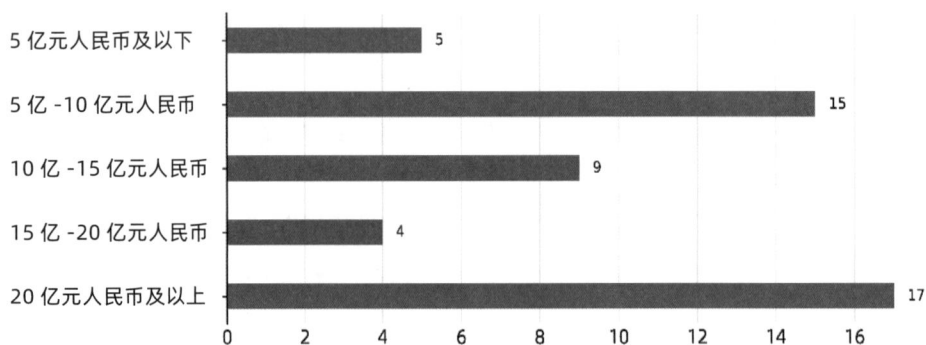

图 8-2-4 2018-2022 年上海市 IPO 科创企业的 IPO 金额分布

8.3 2018-2022 年科创企业收购其他企业数量

2018-2022 年间，共有 14 家曾实现融资的科创企业参与了对其他企业的收购，有 5 家企业 5 年内进行了 2 次及以上的收购。从企业年龄（收购发生时间距企业成立时间）来看，绝大多数企业年龄在 5 年以上。据图 8-3-1，5-10 年的企业占所有参与收购活动的科创企业总数的 35.7%，10-15 年的企业的占比与之相同。成立时间 5 年以下的企业，以及成立时间 15 年以上的企业占比均为 14.3%。

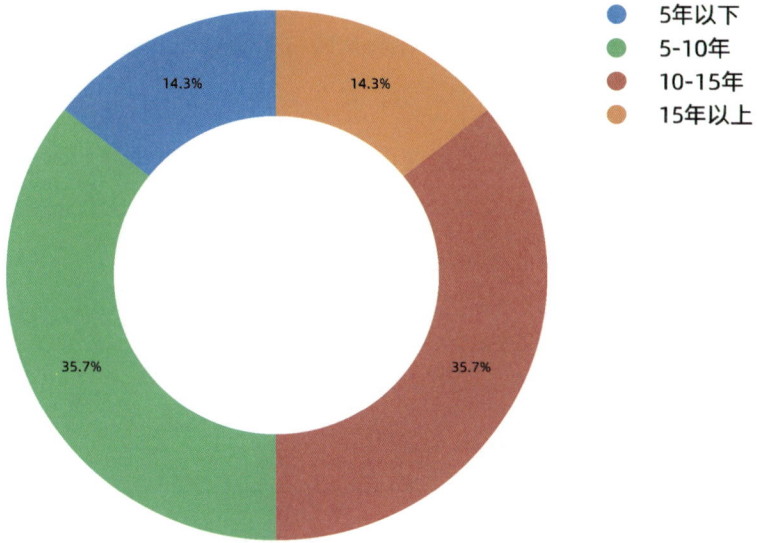

图 8-3-1 2018-2022 年上海市科创企业收购其他企业时的年龄分布

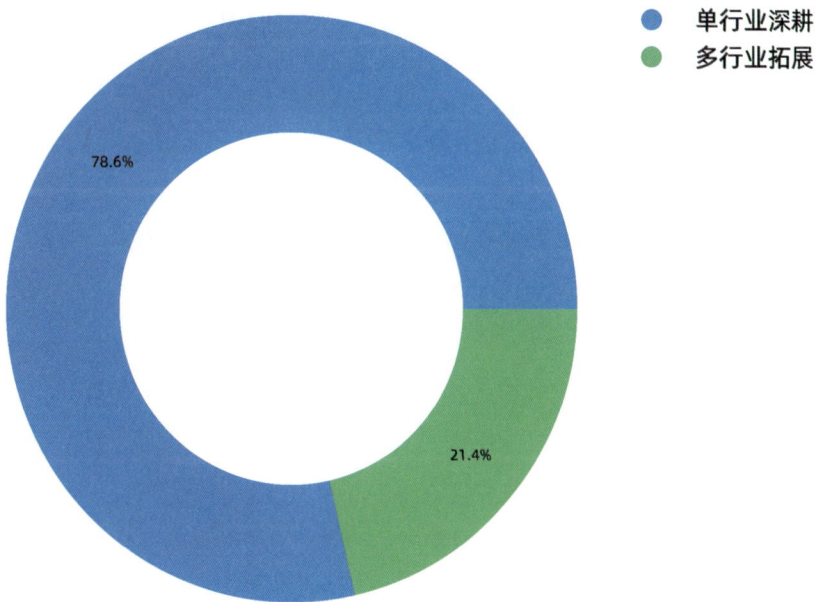

图 8-3-2 2018-2022 年上海市科创企业收购方向情况

从收购方向来看，78.6% 的企业收购是同行业的纵向并购，21.4% 的收购是跨行业的横向拓展。从收购方的行业分布来看，来自企业服务、医疗健康行业的收购方占比均为 21.4%。14.3% 的收购活动由来自房产家居行业的科创企业发起，同样还有 14.3% 的收购活动由来自文娱传媒行业的科创企业发起。来自人工智能、教育、电子商务、集成电路行业的收购方的占比均为 7.1%。

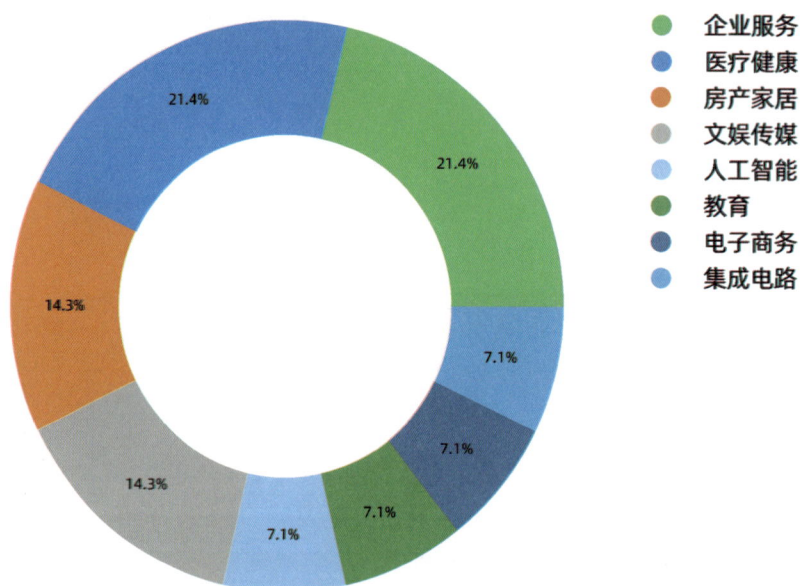

图 8-3-3 2018-2022 年上海市科创企业收购方行业分布

8.4 2018-2022 年企业出海情况

近年来，中国企业纷纷踏上国际化的征程，积极将目光投向海外市场，这成为了备受关注的趋势。这一趋势不仅在中国国内引起广泛讨论，也在国际舞台上引人瞩目。目前，中国企业在全球范围内不断开拓国际业务，形成了多领域涉足的态势。从科技到制造，从消费品到金融，中国企业纷纷在国际市场崭露头角，逐渐建立起一定的品牌影响力。通过设立境外分支机构、合资企业、跨境并购等方式，中国企业在国际市场积极布局，拓展全球化经营。此外，中国企业不仅在产品领域向外发展，还将高科技领域的技术输出到国际市场，推动了国际科技合作和创新。

市场扩展是初创企业"出海"的重要原因之一。初创企业往往能在本地市场取得初步成功，然而随着业务的不断发展，迫切需要寻找新的市场机会。通过走向国际市场，初创企业能够拓展业务范围，寻找更多潜在客户，实现持续的增长。

上海的初创企业在技术创新方面具备明显的优势。上海是科技创新的前沿城市，本地初创企业在技术研发和创新方面积累了丰富的经验。将这些创新技术输送到国际市场，不仅有助于提升企业的全球竞争力，还有望在国际合作中发挥引领作用。

此外，初创企业在追求国际化的过程中也希望获取更多元化的资源。"出海"可以让企业接触来自不同国家和地区的投资机会，接触更多的合作伙伴以及各类人才资源，从而为企业的快速发展提供强力支持。

8.4.1 案例一：创新药企[1]

近年来，中国药企加快了海外市场布局的脚步。一方面，企业新药研发实力提升，"出海"是主动为之；另一方面，创新药研发成本越来越高，加上国内药品集中采购带来的市场压力，把目光投向海外市场，也是一种应对方式。张江药企的"出海"目前主要有两种模式：直接到国外上市和对外许可，后者更为常见。选择第一条道路的和黄医药于 2023 年 6 月 15 日宣布，其研发的呋喹替尼用于治疗经治转移性结直肠癌的上市许可申请，已获欧洲药品管理局确认。和黄医药是一家致力于创新药研发的企业。研发人员在和黄医药人力资源中的占比超过 60%，在中国创新药企中居于榜首。2018-2022 年，和黄医药的 3 项一类新药获批上市，在中国属前三强，

1案例引用自张通社报道：https://www.zhangtongshe.com/article.html?id=12250，https://www.zhangtongshe.com/article.html?id=11964，https://www.zhangtongshe.com/article.html?id=10819，访问日期：2024年2月15日。

在上海排名第一。和黄医药现有多个抗肿瘤候选药物正在全球开展临床研究。

创新药企选择在美国上市，主要原因是美国的创新药市场占全球份额超 50%，并且在全球范围内有示范作用。但与其他行业的中国企业"出海"所面临的挑战一样，法律和合规问题是初创企业在国际化过程中需要认真应对的挑战。不同国家的法律法规、税务制度存在差异，企业需要建立起合规体系，以确保业务运营的合法性和稳定性。同时，品牌建设、竞争压力、供应链和物流等问题也都需要企业付出较大努力加以解决。

与和黄医药已建立起一支国外临床研究团队不同的是，我国多数药企对此还没有布局。尤其对于创新药企来说，临床试验的"数据互认"问题程序复杂，这给我国药企"出海"带来了许多不确定性和挑战。

张江药企"出海"的第二种思路是"借船出海"。对外许可，是指企业进行药物早期研发，然后将有潜力的项目授权给某些特定国家或地区的药企，由后者完成后续的临床开发、申报上市、生产和销售等工作。对外许可，可以在药物研发的任何阶段进行，这也是目前我国药企采用最多的"借船出海"方式。对于多数国内药企而言，相比直接赴海外上市，这一选择面临的资金压力会小很多，更为灵活。

在 2021 年 1 月至 2022 年 8 月期间，上海张江生物医药领域的对外许可交易数量接近 20 项，累计交易金额超过 70 亿美元，占全国医药对外许可交易总额的近 30%。在这些交易中，复宏汉霖以 4 项交易位居首位，紧随其后的是济煜医药，完成了 3 项交易；君实生物和和铂医药各有 2 项交易。特别值得一提的是，锐格医药在 2021 年 12 月与美国礼来公司达成的知识产权许可协议，创下了超过 15 亿美元的交易金额纪录。

不管是直接在国外上市，还是对外许可，对于张江药企和中国的创新药企来说都是一个不小的转变。近年来，上海新兴的初创企业在国际化方面取得了显著进展，尤其是在生物医药创新领域。从历史上看，中国的制药产业主要集中在生产仿制药方面。然而最近的数据表明，中国的创新能力正在引起越来越多的全球关注。2021 年"上海国际生物医药产业周"期间举行了首届"张江生命科学国际创新峰会"。该峰会揭示了张江生物医药产业正经历着一次转型。它正在从过去的"全球进口者"逐步转变为"国际出口者"，这一趋势得到了数据的证实。2020 年，通过知识产权转让，张江地区获得的收入达到了 416 亿元人民币，占其全球收入总额的 8%。这一趋势凸显了张江地区的创新能力。

未来会有越来越多的中国创新药企"扬帆出海"。一方面，这些企业要与国外药企展开差异化竞争，针对临床尚未被满足的需求，着重提高自主创新能力。另一方面，通过上述案例，我们发现开展国际多中心临床试验已成为创新药"出海"过程中最为关键的环节和必经之路。进军国际市场需要面对和适应各国不一样的法律法规和监管细则。

8.4.2 案例二：机器人企业 [2]

近年来，中国机器人产业正在蓬勃发展。我国机器人企业不仅在工业机器人、服务机器人、特种机器人等领域取得了进步、实现了突破，还将机器人应用广泛渗透至各个行业。现阶段，国产机器人已不再局限于低端市场，在中高端市场也取得了可观的成就，机器人国产化率也不断攀升。

在机器人产业快速发展的进程中，随着市场需求不断扩大，企业之间的竞争促生了新的创新模式，也激发了不断挖掘真实可行的实际应用场景的动力，以满足上下游企业的实际需求。与此同时，海外市场日益增加的需求也为国内机器人企业的发展提供了更加广阔的空间。近年来，海外市场劳动力流失导致许多行业出现了员工短缺问题，这为我国机器人企业"出海"提供了机会。目前，我国机器人企业的海外市场布局主要集中在两类地区。第一是发达国家，如美国、欧洲国家、日本和韩国等。发达经济体通常面临严重的人口老龄化和高人工成本，因此利用机器人解决劳动力短缺问题成为必然趋势。第二是制造业迅速崛起的市场，如拉美、东南亚等地。虽然这些地区人力资源丰富且人力成本较低，但受教育水平和劳动态度等因素的影响较大。海外机器人产业起步早，稳定性、精确度高，但其昂贵的价格让中小企业难以负担，国内企业高性价比的产品正好能弥补海外市场的空缺。

成立于 2010 年，总部位于张江高新区金桥园的上海擎朗智能科技作为服务机器

2案例引用自张通社报道 https://www.zhangtongshe.com/article.html?id=13620，https://www.zhangtongshe.com/article.html?id=12466，https://www.zhangtongshe.com/article.html?id=8573，
访问日期：2024年2月15日。

人领域的初创企业，经过多年发展，取得了技术与市场方面的显著进展。尤其在国际市场拓展方面，表现出强大的实力。在疫情防控期间，擎朗智能迅速行动，成立专项攻坚小组，成功将智能配送机器人W3投入上海临港方舱医院，通过自主定位导航和智能避障技术，为医院提供稳定的配送服务，支持防疫工作。消毒机器人M2在医疗机构中也发挥了作用，有效处理消毒难度较高的病菌。从2020年开始，上海擎朗智能科技在国际市场扩展方面明显发力。公司旗下智能配送和导览等应用，已在意大利米兰国际机场、新加坡樟宜国际机场等场景实施。上海擎朗智能科技与软银机器人达成战略合作，进一步扩展海外市场，与全球知名企业合作，促进商用服务机器人在多领域落地。

另一家机器人"出海"企业为上海木蚁机器人科技有限公司。成立于2016年的木蚁机器人是智能搬运机器人领域的领先制造商，专注于无人驾驶搬运机器人的研发、设计、生产和销售，构建了技术壁垒，涵盖自主导航、高精度地图构建、多传感器融合、人机交互、多机器人调度、工业级闭环应用方案等。公司自主研发的L5级无人驾驶叉车已实现批量化应用，并拥有单仓100+台智能调度系统，实现24小时多场景实地运营。木蚁机器人总部位于上海浦东，业务覆盖全国及亚太区域。曾获多项荣誉和专利，与德国柯尔柏(Korber)探讨智能制造技术合作，推出创新产品"行军蚁F2"并获得2022年度标杆产品奖。已完成4轮融资，其中2022年获得近亿元B+轮融资，用于产品研发、多场景项目落地和市场开拓。

在国际市场拓展方面，上海快仓智能科技有限公司取得了显著的成就。作为国内物流机器人领域的开创者，该公司不仅在本土市场取得了令人瞩目的成功，还积极致力于拓展海外市场，彰显其强大的全球影响力和跨国运营能力。公司首次踏入国际市场可追溯至2018年，当时快仓进军日本市场，为其国际化战略的实施提供了契机。随后在2020年8月，快仓与德国凯傲集团达成战略合作，进一步加速了其在欧洲市场的扩张步伐。此次合作不仅为快仓提供了专业的合作伙伴支持，也为其进入欧洲市场提供了强有力的支持。2020年底，快仓成功完成了近10亿元的C+轮融资，德国凯傲集团成为领投方之一。这次融资进一步巩固了快仓与凯傲集团在技术和市场合作方面的紧密联系。随后，快仓的多款机器人产品通过了德国TUV莱茵的CE认证，证明其符合欧洲市场的安全和质量标准。

2021年8月，快仓在欧洲设立了分公司，进一步加强了在欧洲市场的战略部署。

在开拓美国市场方面,快仓也取得了重要的进展,成功在加州落地了首个海外仓项目,与当地快递仓库合作,为当地的物流行业提供智能化解决方案。

上海仙工智能科技有限公司成立于 2020 年,是一家专注于智能生产和智慧物流的高新技术企业。公司业务涵盖通用 AMR(自主移动机器人)控制器、自动叉车、可视化工业系统软件及智能视觉方案,为多个行业客户提供全面的解决方案和服务,致力于促进工业的信息化、数字化和智能化转型升级。在扩展海外市场方面,仙工智能取得了显著的成就。截至 2022 年,公司已成功培育了众多优秀的集成商,分布在欧洲、东南亚、东亚、北美和南美等多个地区。其全球服务网络已触及 20 余个国家和地区,在国际知名展会和线下活动中多次展示其领先技术。公司在 2022 年 9 月发布了海外集成商策略,旨在招募更多海外合作伙伴,扩大区域影响力,发挥标准化产品组合的优势。仙工智能在资金方面也表现活跃,已完成 3 轮融资。2022 年 2 月,公司完成亿元的 B 轮融资,该轮融资由赛富投资基金、IDG 资本和浩澜资本投资,势能资本担任独家财务顾问。这些资金将主要用于研发团队建设、开拓海外渠道等方面,进一步推动公司在海外市场的发展。

除上述上海市的机器人企业外,国内其他地区的知名机器人企业也正在积极加快海外市场的拓展。比如,埃斯顿通过收购或参股多家欧美企业,海外收入占比已超过 20%。另外,汇川技术将国际化作为重要目标,预计未来几年海外业务增速将高于国内。同时,协作机器人、物流机器人等领域也在积极布局海外市场,以满足国际市场的需求。

综上,我国机器人产业在国内外市场的双重竞争中展现出巨大的潜力。随着全球机器换人趋势的不断加速,国内机器人企业正迎来前所未有的发展机会。积极开拓国际市场,将成为实现可持续发展和发展壮大的关键所在。

近年来,中国企业"出海"已经成为中国经济发展的重要组成部分。"出海"不仅有助于企业开拓新市场、寻求增长机会,还能够推动国内技术和创新的国际传播。尽管面临诸多挑战,但通过有效的战略规划和灵活的应对策略,中国企业有望在国际市场上进一步取得更大的成功。

值得注意的是,政府在支持企业"出海"方面发布了一系列政策,采取了一系列措施。包括简化审批流程、提供融资支持、加强保险保障、建立服务平台等,为初创企业的国际化进程提供有力的政策支持。

　　然而，初创企业在"出海"过程中也面临着独特的挑战。一方面，文化和语言障碍可能会影响商务合作和市场推广，需要企业加强跨文化沟通和理解能力。另一方面，不同国家的市场需求和消费习惯存在较大差异，这意味着企业需要针对性地进行产品和服务的调整，以适应海外当地市场。此外，法律和合规问题也是初创企业在国际化过程中需要认真应对的挑战。不同国家的法律法规、税务制度存在差异，企业需要建立起合规体系，以确保业务运营的合法性和稳定性。同时，品牌建设、竞争压力、供应链和物流等问题也都需要企业付出较大努力加以解决。国际贸易环境的不确定性和复杂性，如贸易摩擦、汇率波动、政治风险等，也增加了初创企业"出海"的难度。

　　上海的初创企业"出海"虽然面临诸多挑战，但也蕴藏着巨大的发展机遇。如何借助海外市场扩大技术优势、加强资源整合，如何选择合适的目标市场，如何寻找合作伙伴，如何利用平台资源等，都需要通过不断学习和实践来积累经验。初创企业可以逐渐增强在国际市场上的竞争力，取得更大的成就。

第 9 章 面向"四大新赛道"和"五大未来产业"的展望

9.1 四大新赛道产业科创融资概况

2023 年 4 月,上海市人民政府办公厅印发《关于新时期强化投资促进加快建设现代化产业体系的政策措施》的通知,提出要面向未来推动新赛道产业发展,包括数字经济、绿色低碳、元宇宙、智能终端四大新赛道产业。本章对这些新赛道产业目前的科创融资情况进行梳理分析,并展望其未来发展趋势。

9.1.1. 数字经济

数字经济是以数据为关键生产要素,以数字技术为核心驱动力量,以现代信息网络为重要载体,通过数字技术与实体经济深度融合,不断提高经济社会的数字化、网络化、智能化水平,加速重构经济发展与治理模式的新型经济形态(陈雨露,2023)。上海拥有领先的基础设施建设、雄厚的产业基础、良好的人才集聚氛围、活力迸发的市场环境,发展数字经济有独特的优势。2022 年 6 月,上海市政府印发《上海市数字经济发展"十四五"规划》,明确了数字经济发展的目标和路径,提出到 2025 年底,数字经济增加值力争达到 3 万亿元,占全市生产总值比重大于60%。

当前,上海市各级政府和部门出台了一系列政策法规,旨在推动数字经济与实体经济深度融合。2023 年 8 月印发的《立足数字经济新赛道推动数据要素产业创新发展行动方案(2023–2025 年)》提出,要着力建设具有国际影响力的数据要素配置枢纽节点和数据要素产业创新高地,到 2025 年,数据产业规模达 5000 亿元,年均复合增长率达 15%,引育 1000 家数商企业;建成数链融合应用超级节点,形成 1000 个高质量数据集,打造 1000 个品牌数据产品,选树 20 个国家级大数据产业示范标杆。在基础设施建设方面,《上海市进一步推进新型基础设施建设行动方案(2023–2026 年)》提出,推动 5G 移动通信网络和固定通信网络向"双万兆"探索演进,加快建成支撑人工智能大模型和区块链创新应用的高性能算力和高质量数据基础设施。

2022 年 1 月至 2023 年 12 月间,数字经济领域的融资事件总共有 232 起。根据张通社 Link 数据库提供的子行业标签，本书将包括物联信息化、企业 IT 服务、数据服务、工业软件在内的 16 个子行业[1]计入数字经济领域。就融资事件数量而言（见图 9-1-1），行业信息化及解决方案是融资最活跃的子行业，共发生 43 起融资事件；其次为工业软件，有 35 起融资事件；数据服务排在第 3 位，共有 34 起融资事件。就融资金额而言（见图 9-1-2），垂直电商的融资总金额达到了 43.68 亿元人民币，在数字经济产业的各子行业中排在首位；排在第二和第三的是工业软件和数据服务，分别实现了 21.19 亿元和 17.19 亿元的融资。从融资轮次来看，数字经济领域的科创融资事件有超过一半属于初期 / 早期融资，其中天使种子轮的事件占比 17.7%，泛 A 轮占比 37.1%。26.3% 的事件属于战略融资，另有 18.8% 的事件属于泛 B 轮及之后轮次的融资（见图 9-1-3）。浦东新区是上海市数字经济产业融资最为活跃的区域，共发生了 62 起融资事件；其次为闵行区，有 35 起融资事件；排在第三位的是杨浦区，有 31 起融资事件（见图 9-1-4）。

2022-2023 年间，共有 344 家机构投资于上海数字经济领域的企业，其中绝大部分（68.3%）为市场化股权投资机构，16.2% 为国资股权投资机构，14.8% 为企业风险资本（见图 9-1-5）。就机构所参与的融资事件数量而言，其中最为活跃的投资机构是云启资本和红杉中国，均参与了 7 起融资事件（见表 9-1-2）。

表 9-1-1 统计了 2022 至 2023 年间具有代表性的数字经济产业融资事件。数据服务子行业中，有两家位于杨浦区的企业获得了超亿元人民币的融资：上海赜睿（Zilliz）信息科技有限公司和上海炎凰数据科技有限公司。Zilliz 成立于 2017 年，致力于研发面向 AI 生产系统的向量数据库系统。人工智能时代的应用需要处理海量的向量数据，面对这一挑战，Zilliz 开发的云原生向量数据库技术，凭借其优越的向量数据处理能力，目前在行业中处于领先地位。炎凰数据成立于 2020 年，专注于开发异构数据处理产品。在大数据时代，对非结构化数据的处理需求迅速增加，炎凰的研发重心在于开发处理时序、文本型的非结构化以及半结构化数据的工具和产品，其核心创始团队成员曾在全球大数据分析引擎企业 Splunk 工作，积累了相当的经验。

---

1 数字经济产业的子行业包括：物联信息化、企业IT服务、数据服务、工业软件、行业信息化及解决方案、企业云、垂直电商、物联网、物流信息化、电商解决方案、设计软件、其他工具软件、文件文档、开发者服务、其他电商服务、跨境电商。

在工业软件领域,上海赛美特软件科技公司是一家颇具代表性的企业。该公司位于松江区,成立于 2017 年。专注于为半导体 / 泛半导体、装备制造、电子组装、新能源、医疗家居等行业提供高性能的一站式国产 CIM(Computer-integrated manufacturing) 解决方案,涵盖制造企业的生产管理、品质管理、物流管理等领域。作为工业软件中重要的细分领域,"CIM 系统"是半导体制造的生命级关键系统。赛美特瞄准行业痛点,力图填补国产空白,是国内首家可以提供整套满足 12 英寸晶圆全自动化生产的智能制造软件方案供应商,自研的纯国产 CIM 系统平台已在国内 8/12 英寸晶圆量产厂得到了成功验证。2022 年,赛美特先后在 2 月份和 6 月份获得两笔投资,总共实现融资近 6 亿元,参与的投资机构包括上海科创、中国互联网投资基金、上海自贸区基金等政府背景的投资机构,也吸引了高瓴创投、比亚迪等其他类型的投资机构。

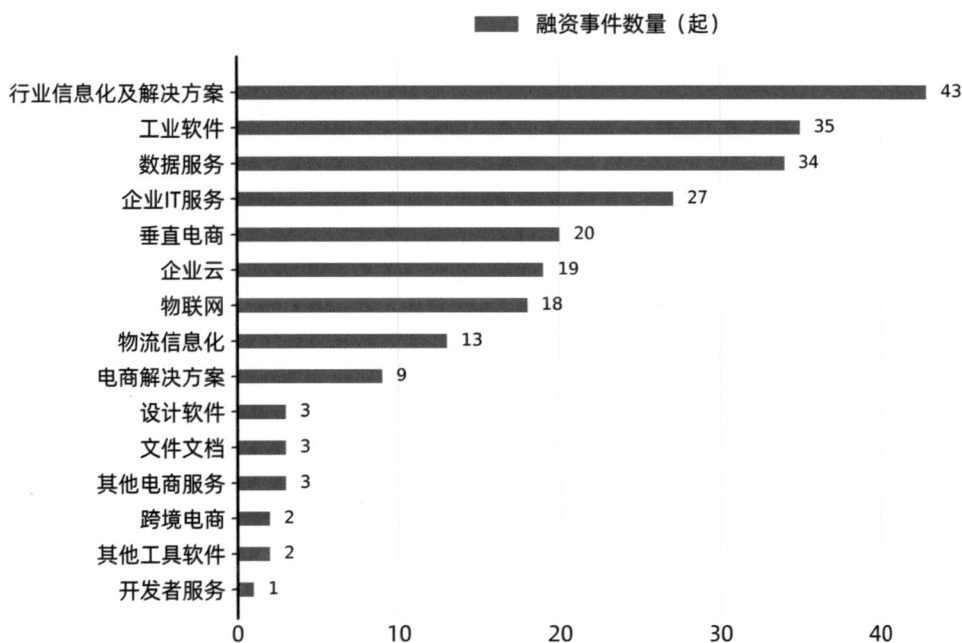

图 9-1-1 2022-2023 年上海市数字经济各子行业融资事件数量

融资事件金额（亿元人民币）

垂直电商	43.68
工业软件	21.19
数据服务	17.19
企业云	16.68
电商解决方案	14.82
行业信息化及解决方案	12.88
物流信息化	5.90
其他工具软件	2.53
企业IT服务	2.06
物联网	1.35
设计软件	0.60
文件文档	0.38
开发者服务	0.30
跨境电商	0.28

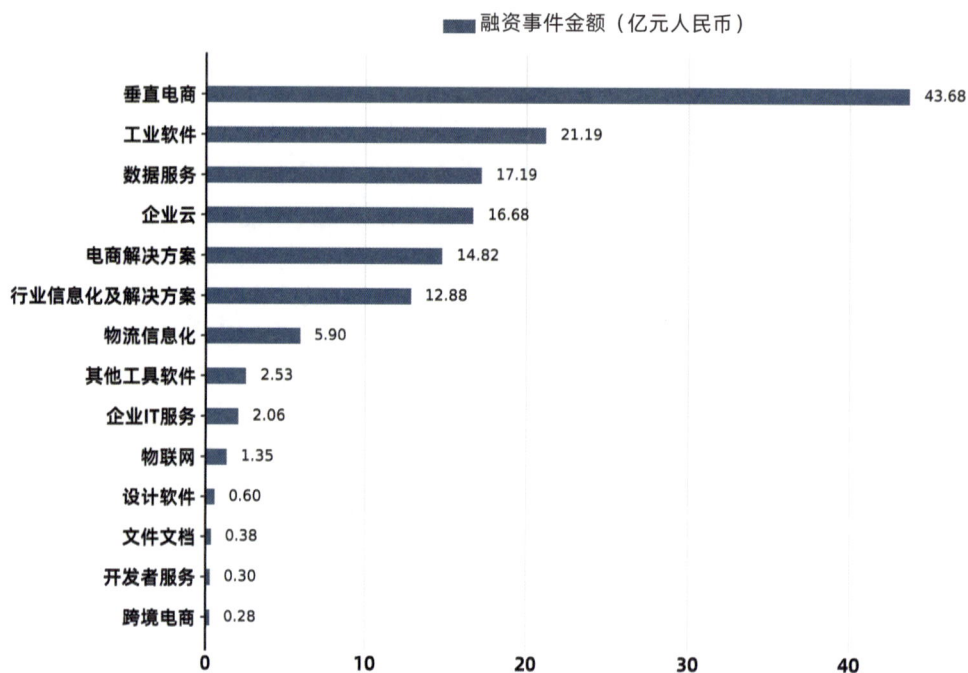

图 9-1-2 2022-2023 年上海市数字经济各子行业融资金额

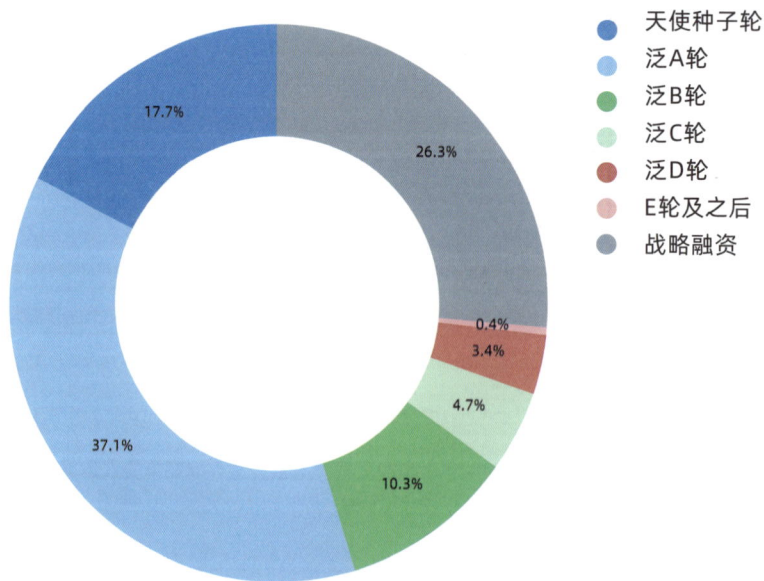

天使种子轮 17.7%
泛A轮 37.1%
泛B轮 10.3%
泛C轮 4.7%
泛D轮 3.4%
E轮及之后 0.4%
战略融资 26.3%

图 9-1-3 2022-2023 年上海市数字经济产业融资事件轮次分布

■ 融资事件数量（起）

行政区	数量
浦东新区	62
闵行区	35
杨浦区	31
嘉定区	18
静安区	13
奉贤区	12
宝山区	11
松江区	10
青浦区	8
普陀区	8
长宁区	7
徐汇区	7
虹口区	6
黄浦区	2
金山区	1
崇明区	1

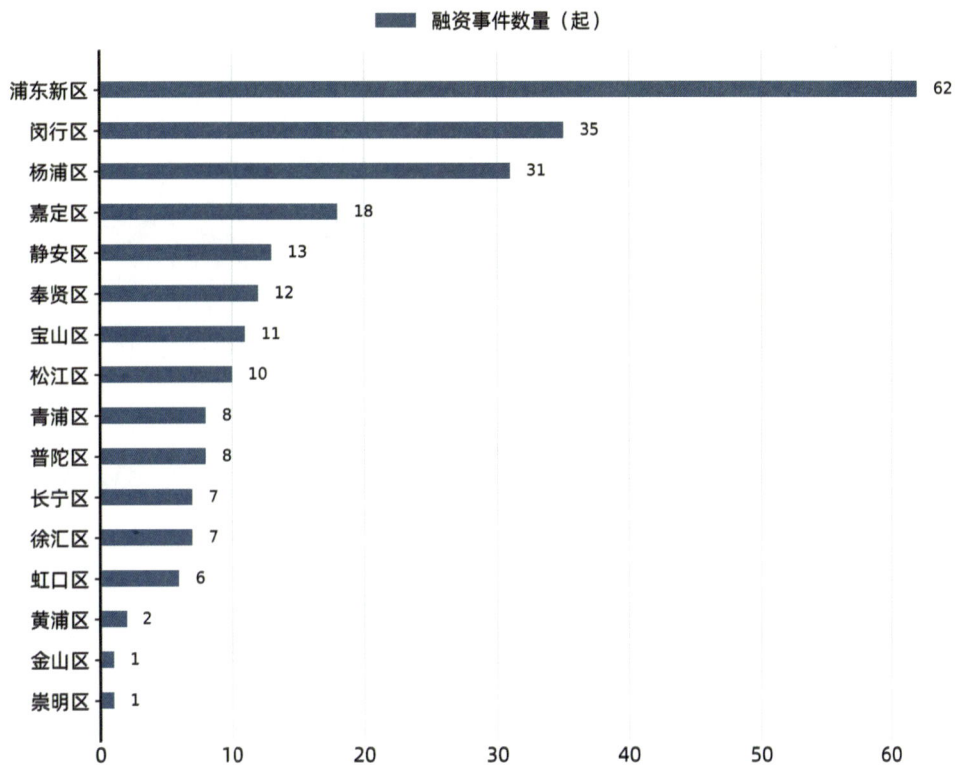

图 9-1-4 2022-2023 年上海市各行政区划数字经济产业融资事件数量

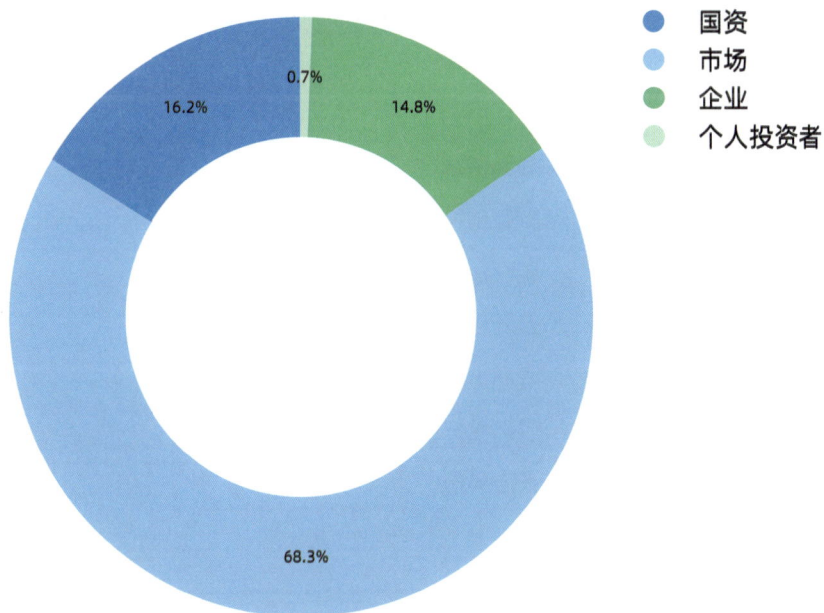

图例：
- 国资
- 市场
- 企业
- 个人投资者

- 国资 16.2%
- 个人投资者 0.7%
- 企业 14.8%
- 市场 68.3%

图 9-1-5 2022-2023 年上海市数字经济产业活跃投资机构类型分布

表 9-1-1 2022-2023 年上海市数字经济领域代表性融资事件[1]

企业简称	子领域	融资时间	轮次	金额
震坤行	垂直电商	2022/6/15	战略融资	约3亿美元
栈略数据	数据服务	2023/12/29	C+轮	约2亿元
久尺网络科技	其他工具软件	2022/1/5	天使轮	2.5亿元
开源中国	企业云	2023/6/26	B+轮	7.75亿元
上海赜睿（Zilliz）	数据服务	2022/8/25	B+轮	6000万美元
众调科技	数据服务	2023/8/1	A+轮	数千万元
炎凰数据	数据服务	2022/11/22	A+轮	超亿元
赛美特	工业软件	2022/6/29	B轮	近5亿元

表 9-1-2 2022-2023 年上海市数字经济领域活跃投资机构

机构名称	该领域投资事件数量
云启资本	7
红杉中国	7
顺为资本	6
高瓴创投	6
线性资本	5
云九资本	4
博润资本	4
容亿投资	4
张江科投	4

1 统计代表性融资事件时，凡未特别注明币种的皆为人民币，非人民币的皆注明币种。如表9-1-1中，震坤行2022年6月的战略融资的金额以美元计，久尺网络科技2022年1月的天使轮融资的金额为2.5亿元人民币。表中其余内容及后文依此类推。

9.1.2. 绿色低碳

2020 年 9 月，习近平总书记在第七十五届联合国大会一般性辩论上正式宣布："中国将提高国家自主贡献力度，采取更加有力的政策和措施，二氧化碳排放力争于 2030 年前达到峰值，努力争取 2060 年前实现碳中和。"党的二十大报告明确了到 2035 年我国发展的总体目标，"广泛形成绿色生产生活方式，碳排放达峰后稳中有降，生态环境根本好转，美丽中国目标基本实现"是其中的重要内容。2022 年，上海市经济和信息化委员会印发了《上海市产业绿色发展"十四五"规划》，提出能源效率稳步提升、碳排放强度持续下降、产业绿色发展能级提升、污染物排放强度持续下降、工业资源利用水平国内领先等发展目标。

实现"双碳"目标为绿色低碳产业的发展带来机遇。2022 年，上海市人民政府办公厅印发《上海市瞄准新赛道促进绿色低碳产业发展行动方案（2022–2025 年）》，提出到 2025 年，绿色低碳产业规模突破 5000 亿，基本构成 2 个千亿、5 个百亿、若干个十亿的产业集群发展格局。该方案明确了绿色低碳产业发展将围绕"能源清洁化、原料低碳化、材料功能化、过程高效化、终端电气化和资源循环化"，形成新动能。围绕"新技术、新工艺、新材料、新装备、新能源"，聚焦产业高端，推动集群发展，拓展应用场景，加大集成创新，在 10 大领域 36 个细分行业上重点发力。

2022–2023 年间，上海市绿色低碳领域的融资事件共计 146 起。基于张通社 Link 数据库提供的子行业标签，本书将 13 个子行业归入绿色低碳领域 [1]。其中电池与储能技术子行业的融资事件数量最多，有 70 起；氢能有 17 起融资事件，居第二位；碳中和有 14 起融资事件，居第三位（见图 9–1–6）。就融资金额而言（见图 9–1–7），碳中和子行业的融资总金额达到了 74.32 亿元，居于首位；其次为电池与储能技术，融资总金额为 69.20 亿元；清洁能源子行业的融资总金额为 12.30 亿元，居于第三位。从融资轮次来看（见图 9–1–8），有 58.9% 的事件为早期阶段融资（天使种子轮或者泛 A 轮），25.3% 的事件为战略融资，另有 15.7% 为泛 B 轮及之后轮次的融资事件。就融资企业的所在地而言，融资事件主要集中在浦东新区、嘉定区和奉贤区，分别

---

1 绿色低碳产业的子行业包括：电池与储能技术、氢能、碳中和、节能环保设备、智能电网、清洁能源、太阳能、生物质能、环保工程、水处理、核电、新能源服务、风能。

有 32 起、28 起和 18 起该类融资事件（见图 9-1-9）。

2022-2023 年间，共有 302 家机构投资于上海绿色低碳产业，其中 56.9% 为市场化股权投资机构，26.3% 为国资股权投资机构，16.0% 为企业风险资本（见图 9-1-10）。就机构所参与的融资事件数量而言，其中最为活跃的投资机构为红杉中国，总共参与了 9 起投资。活跃的投资机构中，多家为国资股权投资机构，包括临港科创投、上海自贸区基金、国家电投和金浦投资（见表 9-1-4）。

电池与储能技术是 2022-2023 年间的热点投资行业，包括锦源晟、纬景储能、美克生储能等科创公司都获得了一亿元人民币以上的投资。其中，纬景储能成立于 2018 年，位于杨浦区，专注于新型储能电池的智能制造，也是新晋的估值超过 10 亿美元的独角兽企业。美克生能源成立于 2018 年，位于松江区，专注于锂电池储能安全，致力于攻克锂电池应用的安全问题。锦源晟在 2022 年获得两轮投资，融资总金额超过 20 亿元人民币，该企业成立于 2011 年，注册于临港，以金属资源综合利用开发及锂离子电池正极前驱体材料研发为主要业务。

企业简称	子领域	融资时间	轮次	金额
远景智能	碳中和	2023/10/28	B轮	10亿美元
美克生能源	电池与储能技术	2022/4/10	B+轮	超亿元
纬景储能	电池与储能技术	2023/3/18	A轮	超6亿元
恩力动力	电池与储能技术	2022/6/30	A+轮	超2000万美元
ROTOBOOST	氢能	2023/9/1	Pre-A轮	约千万美元
锦源晟	电池与储能技术	2022/1/7	B轮	5亿元
锦源晟	电池与储能技术	2022/7/7	B+轮	16.7亿元

表 9-1-3 2022-2023 年上海市绿色低碳领域代表性融资事件

机构名称	该领域投资事件数量
红杉中国	9
临港科创投	4
科源产业基金	4
高瓴创投	4
上海自贸区基金	3
国家电投	3
朝希资本	3
金浦投资	3

表 9-1-4 2022-2023 年上海市绿色低碳领域活跃投资机构

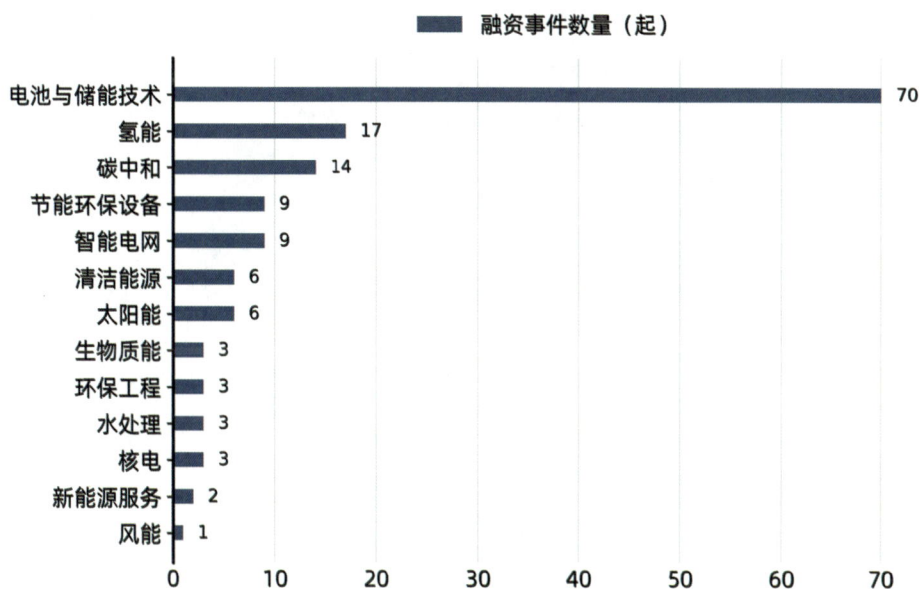

图 9-1-6 2022-2023 年上海市绿色低碳各子行业融资事件数量

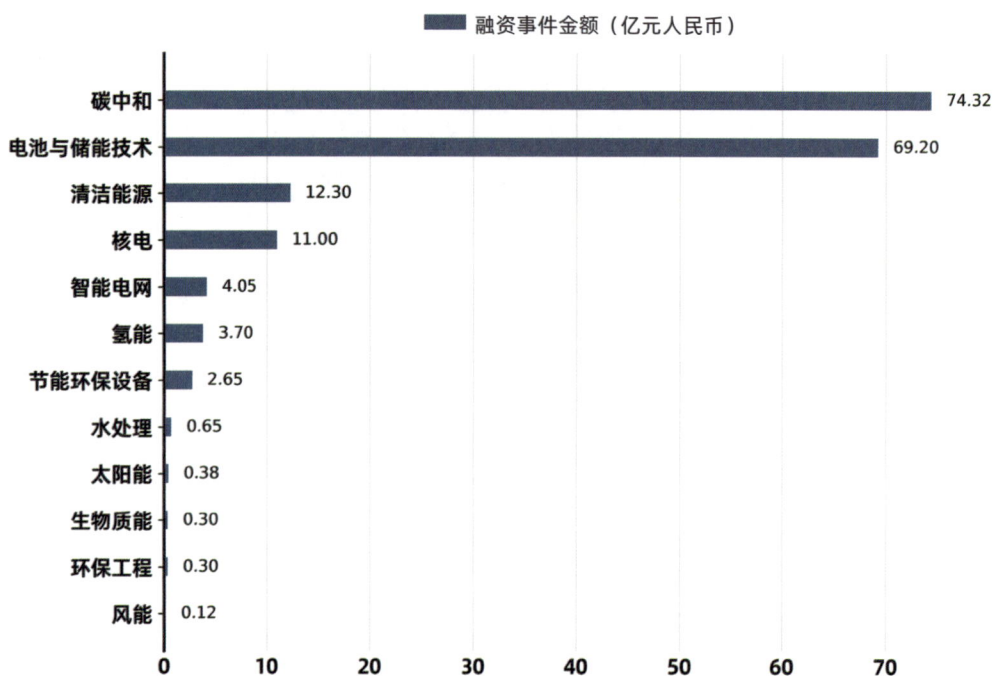

图 9-1-7 2022-2023 年上海市绿色低碳各子行业融资金额

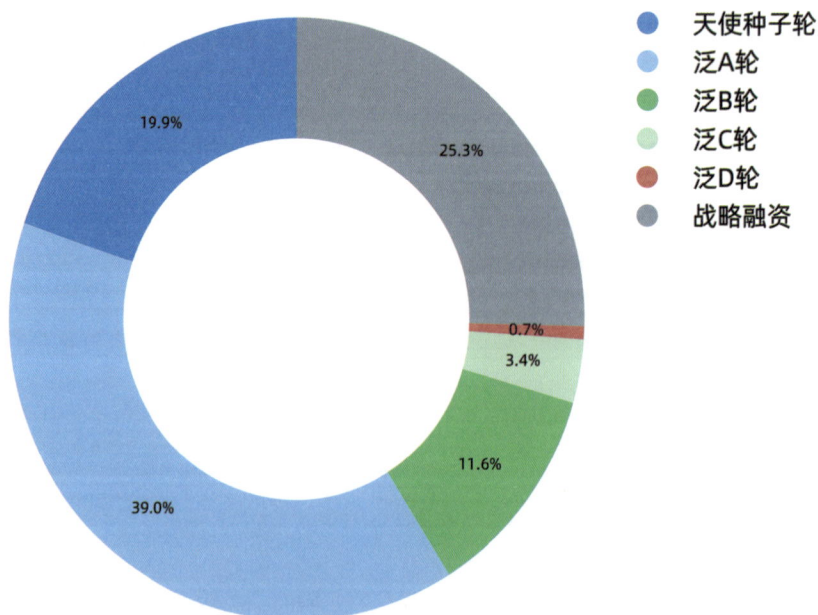

图 9-1-8 2022-2023 年上海市绿色低碳产业融资事件轮次分布

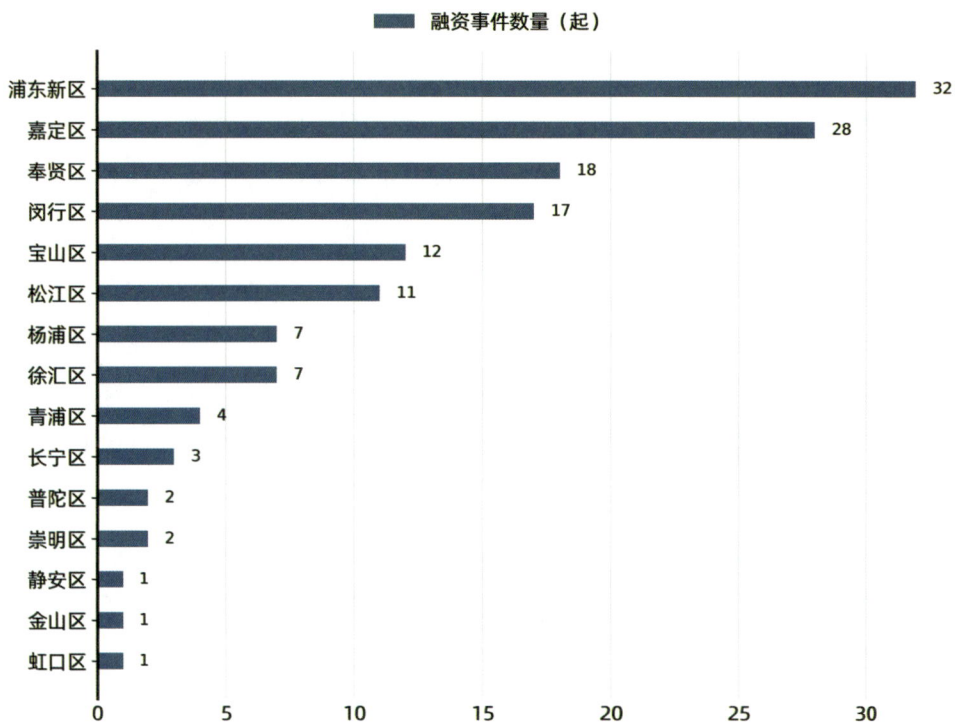

图 9-1-9 2022-2023 年上海市各行政区划绿色低碳产业融资事件数量

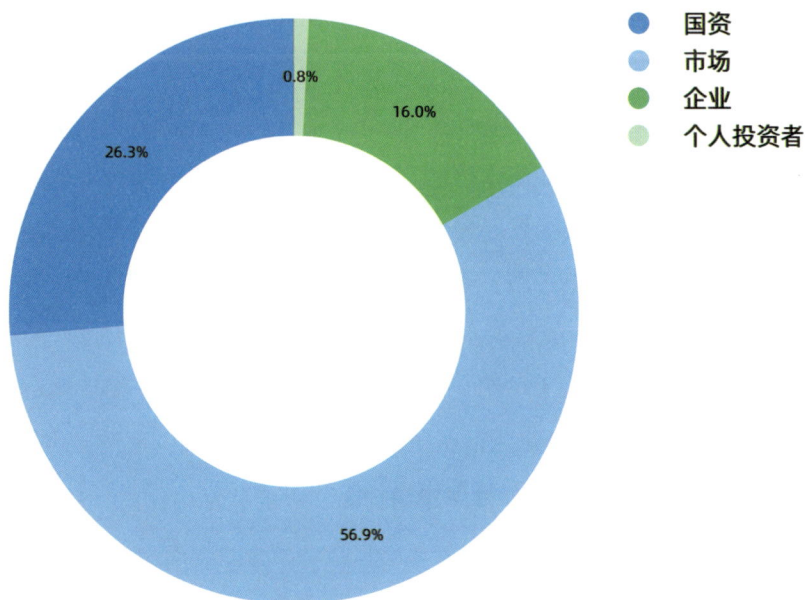

图 9-1-10 2022-2023 年上海市绿色低碳产业活跃投资机构类型分布

9.1.3. 元宇宙

上海市的元宇宙产业发展方兴未艾。上海市经济和信息化委员会印发的《上海市电子信息制造业发展"十四五"规划》提出，加强元宇宙底层核心技术基础能力的前瞻研发，推进深化感知交互的新型终端研制和系统化的虚拟内容建设，探索行业应用。这是元宇宙首次被写入地方"十四五"产业规划，标志着上海市在培育元宇宙产业的赛道上起跑。

上海作为全国重要的创新策源地之一，在培育元宇宙产业方面拥有得天独厚的优势，包括领先的科技创新水平、创新创业人才的集聚效应、丰富的应用场景和雄厚的数字基础设施等。一系列政策法规的出台，进一步推动了上海元宇宙产业生态的积极发展。2022年7月，《上海市培育"元宇宙"新赛道行动方案（2022—2025年）》发布，提出到2025年，"元宇宙"相关产业规模达到3500亿元，带动全市软件和信息服务业规模超过15000亿元、电子信息制造业规模突破5500亿元。在市场主导、政府引导的原则下，把握"元宇宙"需求牵引、市场驱动的发展逻辑，充分激发多元市场主体的想象力和创造力，共同营造良好发展生态。2023年7月，上海市科学技术委员会印发了《上海市"元宇宙"关键技术攻关行动方案（2023—2025年）》，明确了沉浸式技术和Web3技术两个主攻方向，将完善创业孵化和金融服务，畅通"发现—转化—孵化—产业化"链条。

2022-2023年间上海在元宇宙领域的融资事件总数为63起。其中，融资事件数量最多的子行业是终端软硬件和数字人，各有10起融资事件；其次为泛文娱和引擎/开发平台子行业，各有7起融资事件（见图9-1-11）。从融资金额的角度看，技术解决子行业的融资总金额最高，达到了10.18亿元人民币；其次为社交子行业，融资总金额为4.54亿元；终端软硬件子行业的融资总金额为3.77亿元，居第三位（见图9-1-12）。元宇宙领域的融资事件大部分属于天使种子轮或者泛A轮，两者合计的数量占比达到66.7%；战略融资事件的占比为17.5%；仅有15.8%的融资事件发生在泛B轮及之后的轮次（见图9-1-13）。从行政区划分布来看（图9-1-14），浦东新区是元宇宙领域融资最为活跃的区域，共有19起融资事件。此外，闵行区有8起该类融资事件，杨浦区有6起融资事件。

2022–2023 年间，共有 86 家机构投资于上海元宇宙产业的科创企业（见图 9–1–15），其中绝大多数（73.5%）为市场化股权投资机构，6.9% 为国资股权投资机构，17.6% 为企业风险资本。就机构所参与的融资事件数量而言（见表 9–1–6），其中最为活跃的投资机构是红杉中国，总共参与了 5 起投资。其他活跃的投资机构包括奇绩创坛和经纬创投。

魔珐科技是上海元宇宙领域实现融资的代表性企业之一。该企业成立于 2018 年，注册地位于徐汇区，是一家以计算机图形学和 AI 技术为核心的科技公司，拥有全栈式端到端虚拟内容智能化制作、虚拟人打造和运营技术。在 2022 年，魔珐科技获得两轮投资，融资金额达到 1.3 亿美元，投资机构包括红杉中国、软银集团、五源资本、北极星创投等。魔珐科技的创始人柴金祥，拥有卡耐基梅隆大学机器人研究所的博士学位，创立魔珐科技前是美国得克萨斯农工大学终身教授，在图形学、三维虚拟人、AI 领域拥有 20 年以上研究经验。团队核心成员来自微软研究院、得克萨斯农工大学、清华大学、上海交大、浙江大学等知名机构和院校。魔珐科技开发的 AI 虚拟人能力平台可实现全智能虚拟人的一站式生成与打造，将虚拟数字人落地到面向企业或者消费者的各类应用场景，如虚拟客服、虚拟销售、虚拟培训等。

企业简称	子领域	融资时间	轮次	金额
魔珐科技	技术解决	2022/4/6	C轮	1.1亿美元
极粟科技	区块链	2023/1/19	C+轮	500万美元
小派科技	终端软硬件	2023/2/27	C+轮	2亿元
MetaverseZ	社交	2022/7/18	A轮	数千万美元
绿洲VROasis	社交	2022/3/7	B轮	数千万美元
随幻科技	技术解决	2022/10/28	A轮	约亿元
奇点临近	终端软硬件	2022/9/13	天使轮	约亿元

表 9–1–5 2022–2023 年上海市元宇宙领域代表性融资事件

机构名称	该领域投资事件数量
红杉中国	5
奇绩创坛	4
经纬创投	3

表 9-1-6 2022-2023 年上海市元宇宙领域活跃投资机构

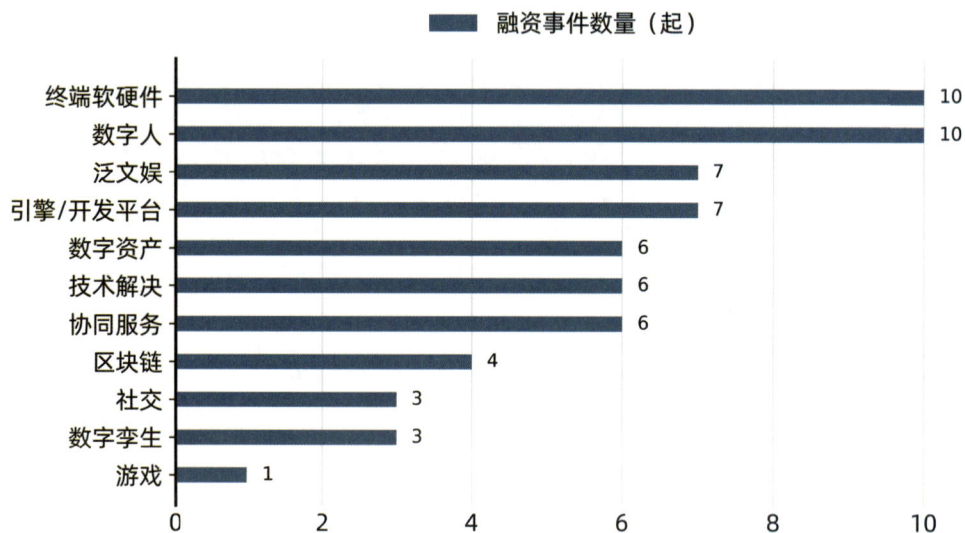

图 9-1-11 2022-2023 年上海市元宇宙各子行业融资事件数量

■ 融资事件金额（亿元人民币）

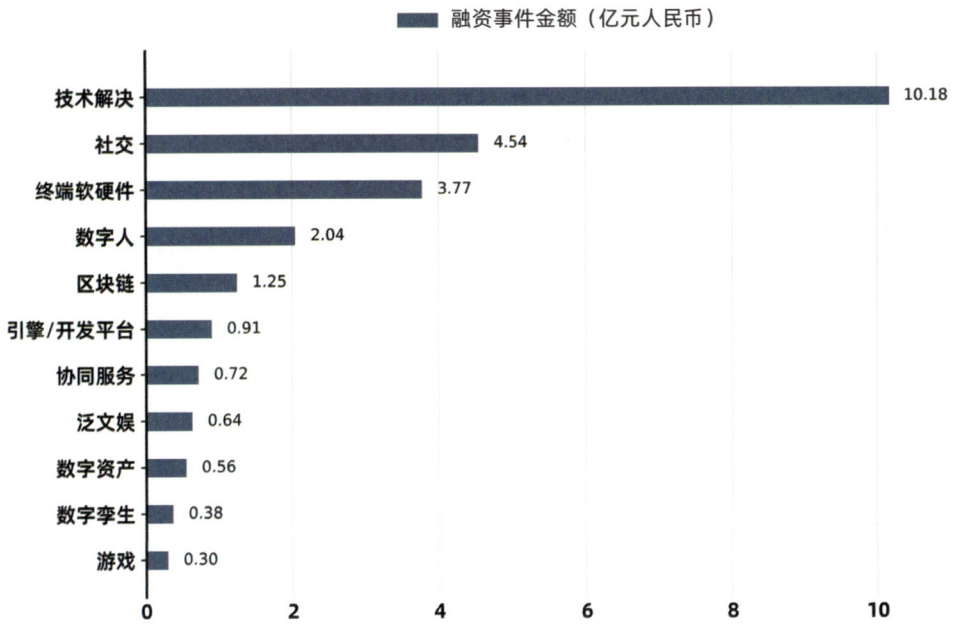

图 9-1-12 2022-2023 年上海市元宇宙各子行业融资金额

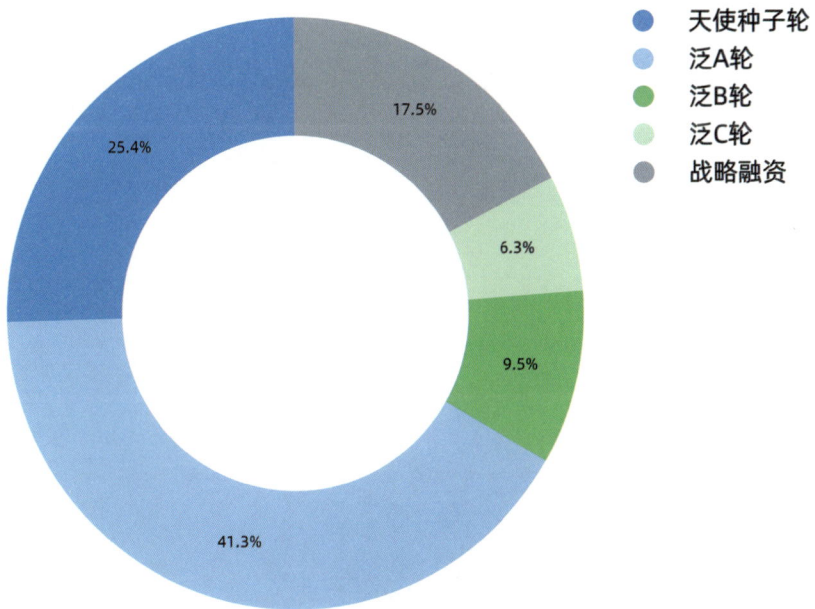

图 9-1-13 2022-2023 年上海市元宇宙产业融资事件轮次分布

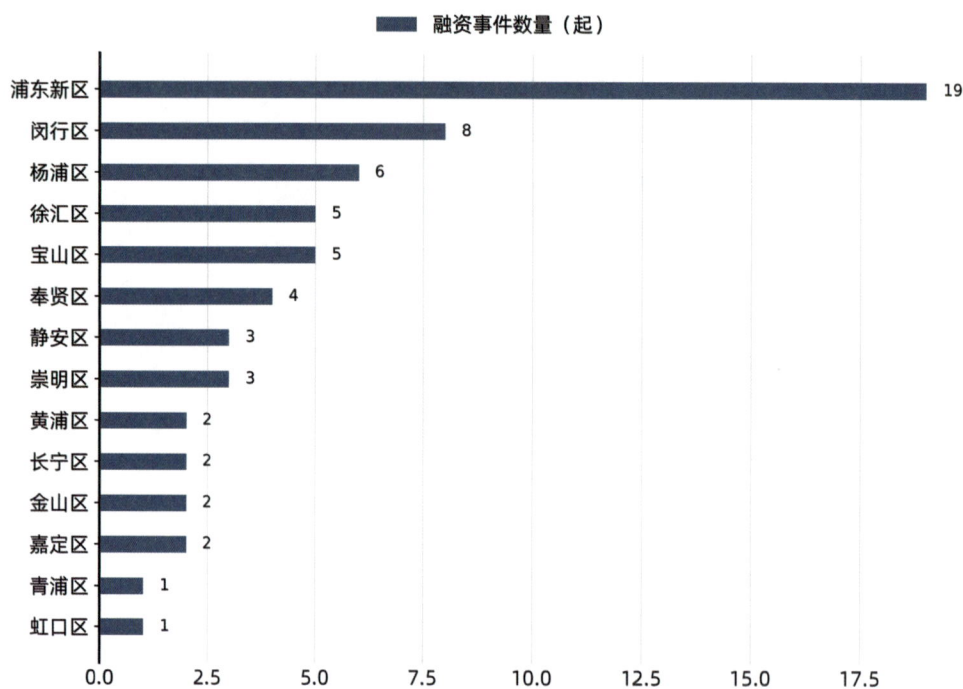

图 9-1-14 2022-2023 年上海市各行政区划元宇宙产业融资事件数量

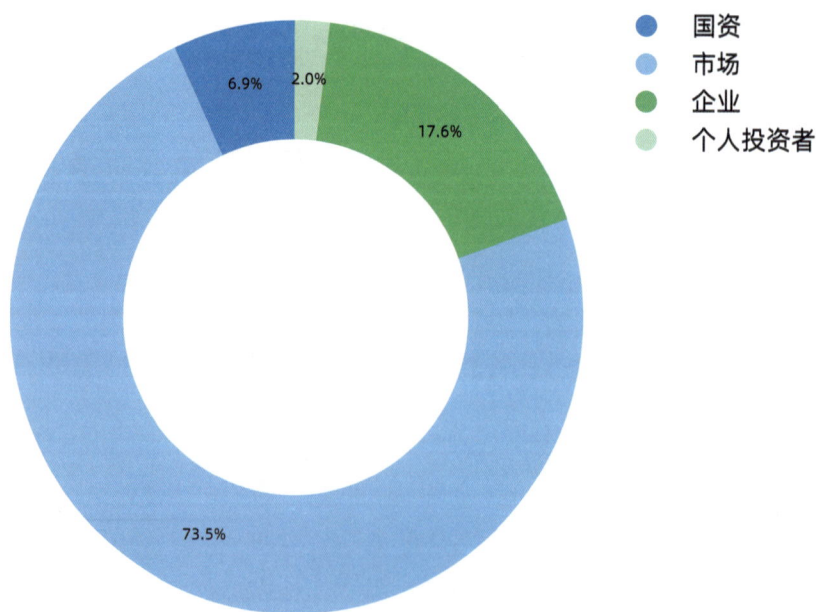

图 9-1-15 2022-2023 年上海市元宇宙产业活跃投资机构类型分布

9.1.4. 智能终端

伴随5G、人工智能、物联网等技术的进步,智能终端产业迎来发展机遇。智能终端利用数字技术满足不同场景下的用户需求,在交通、养老、医疗等不同场景下有着广阔的应用前景。上海于2022年7月发布了《上海市促进智能终端产业高质量发展行动方案(2022—2025年)》,《方案》提出全市到2025年智能终端产业规模突破7000亿元,营收千亿级企业不少于2家,百亿级企业不少于5家,十亿级企业不少于20家的"千、百、亿"目标。该方案还提出,要以数字化转型为契机,以市场需求为导向,以应用场景为切入点,瞄准新市场、新业态、新服务、新需求,打造市场接受度高、市场空间大、市场竞争力强的智能终端产品,培育智能家居、智能穿戴、虚拟现实等千亿级电子终端产业和百亿级智能机器人产业。

2022-2023年间,上海智能终端领域的融资事件共有404起。基于张通社Link数据库提供的子行业,本书将29种子行业归入智能终端领域。[1] 其中,融资事件数量最多的子行业是机器人,共有88起融资事件(见图9-1-16)。其他融资事件数量较高的子行业包括AI行业应用(56起)、自动/无人驾驶(48起)。从融资金额来看(见图9-1-17),整车制造子行业的融资总金额达到了197.17亿元人民币,居各子行业之首;机器人子行业的融资总金额为69.73亿元,居第二位;自动/无人驾驶子行业的融资总金额为65.48亿元,居第三位。

从融资轮次来看(见图9-1-18),在智能终端领域,天使种子轮和泛A轮的融资事件合计占事件总数的49.3%;战略融资事件占比25.5%;有25.3%的融资事件属于泛B轮及之后的轮次。从行政区划来看(见图9-1-19),浦东新区的该类融资事件最多,有125起;其次为嘉定区,有82起融资事件;第三位是闵行区,有51起融资事件。

---

1 智能终端产业的子行业包括:机器人、AI行业应用、自动驾驶/无人驾驶、汽车电子、计算机视觉、传感器及中间件、智能出行、汽车零部件、整车制造、相关设施制造、车联网、发动机制造、综合硬件、3D打印、储能装置制造、无人机、消费电子、可穿戴设备、零部件及配件、汽车服务、智能家居、汽车销售、深度学习、汽车综合服务、车载设备、硬件服务、生物识别、汽车电商、新能源汽车相关服务。

2022-2023 年间，上海智能终端领域的活跃投资机构以市场化股权投资机构为主体，在 86 家活跃投资机构中，市场化股权投资机构占比达 64.6%。另外有 20.8% 的活跃机构为国资股权投资机构，13.8% 为企业风险资本（见图 9-1-20）。就机构所参与的融资事件数量而言，其中最为活跃的投资机构是红杉中国，共完成了 10 起投资。其他活跃的投资机构包括高瓴创投（8 起）、深创投（7 起）和腾讯投资（7 起）等。

企业简称	子领域	融资时间	轮次	金额
非夕机器人	机器人	2022/6/29	B+轮	约1亿美元
节卡机器人	机器人	2022/7/20	D轮	约10亿元
智己汽车	整车制造	2022/8/1	A轮	30亿元
臻驱科技	发动机制造	2023/10/9	D轮	超6亿元
黑芝麻智能	计算机视觉	2022/8/8	C+轮	数亿美元
伯镭科技	自动/无人驾驶	2023/12/25	B1轮	超亿元

表 9-1-7 2022-2023 年上海市智能终端领域代表性融资事件

机构名称	该领域投资事件数量
红杉中国	10
高瓴创投	8
深创投	7
腾讯投资	7
小米集团	6
金浦投资	6

表 9-1-8 2022-2023 年上海市智能终端领域活跃投资机构

■ 融资事件数量（起）

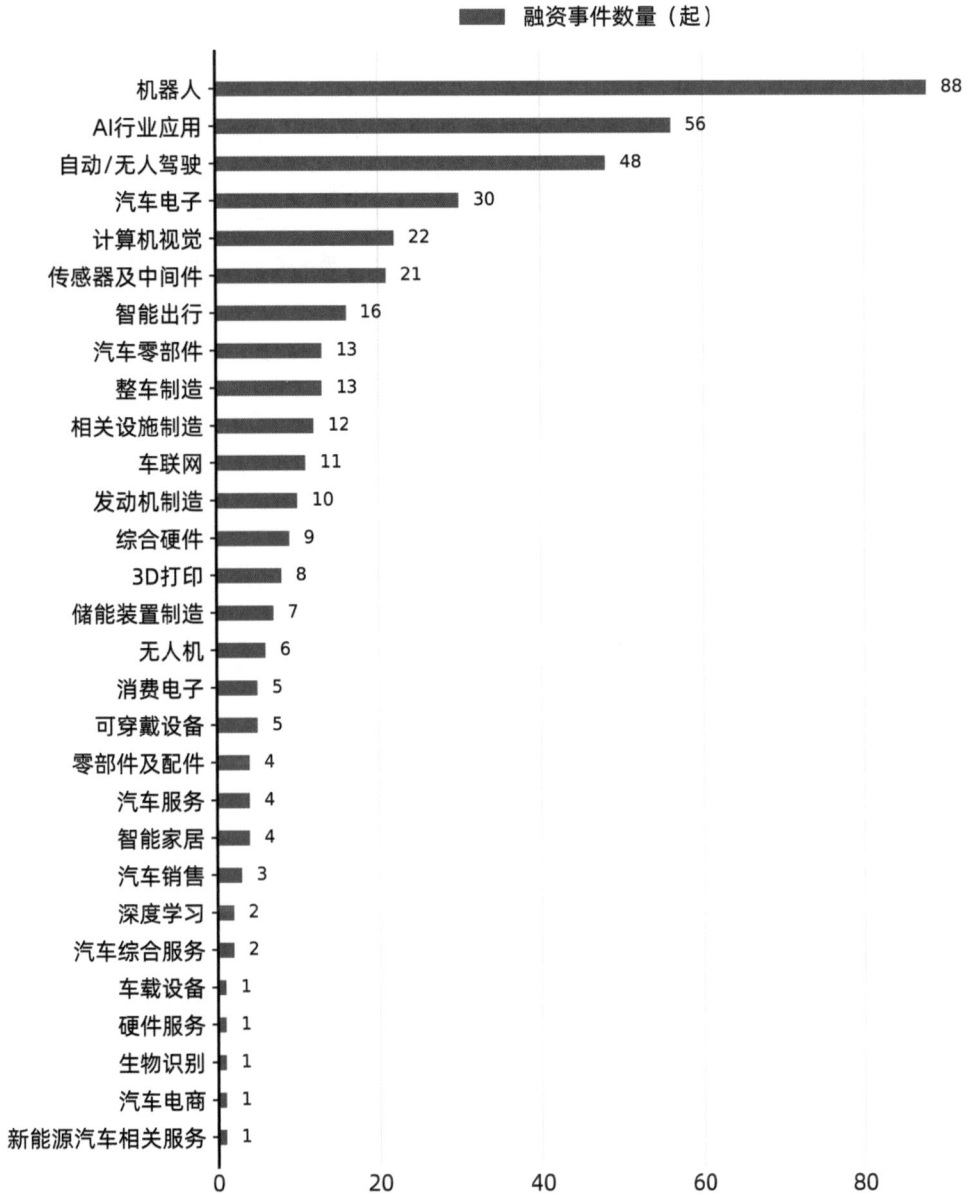

图 9-1-16 2022-2023 年上海市智能终端各子行业融资事件数量

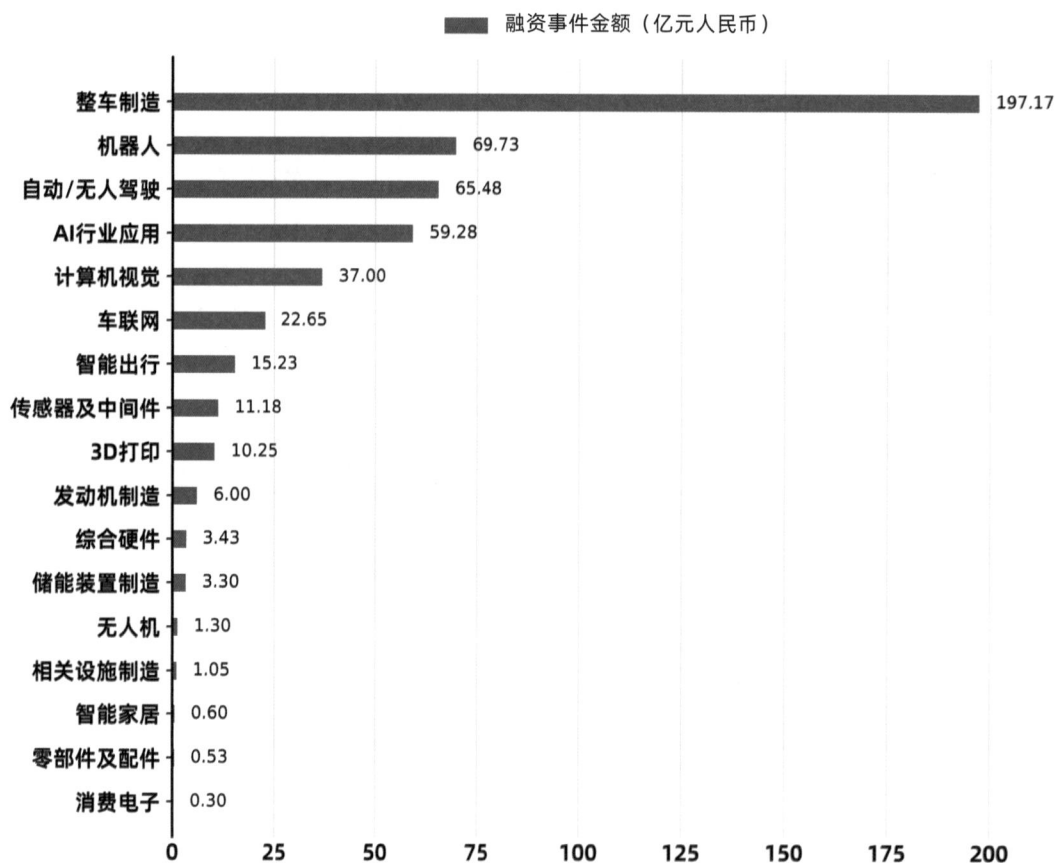

图 9-1-17 2022-2023 年上海市智能终端各子行业融资金额

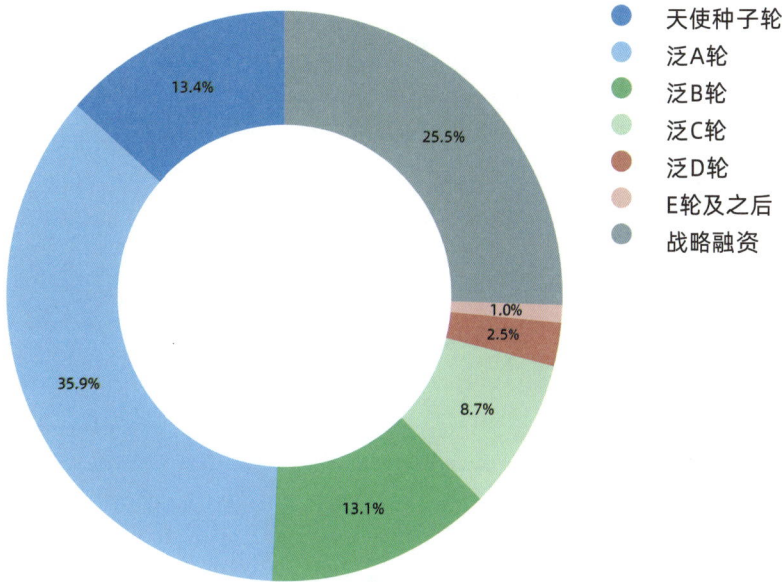

图 9-1-18 2022-2023 年上海市智能终端产业融资轮次分布

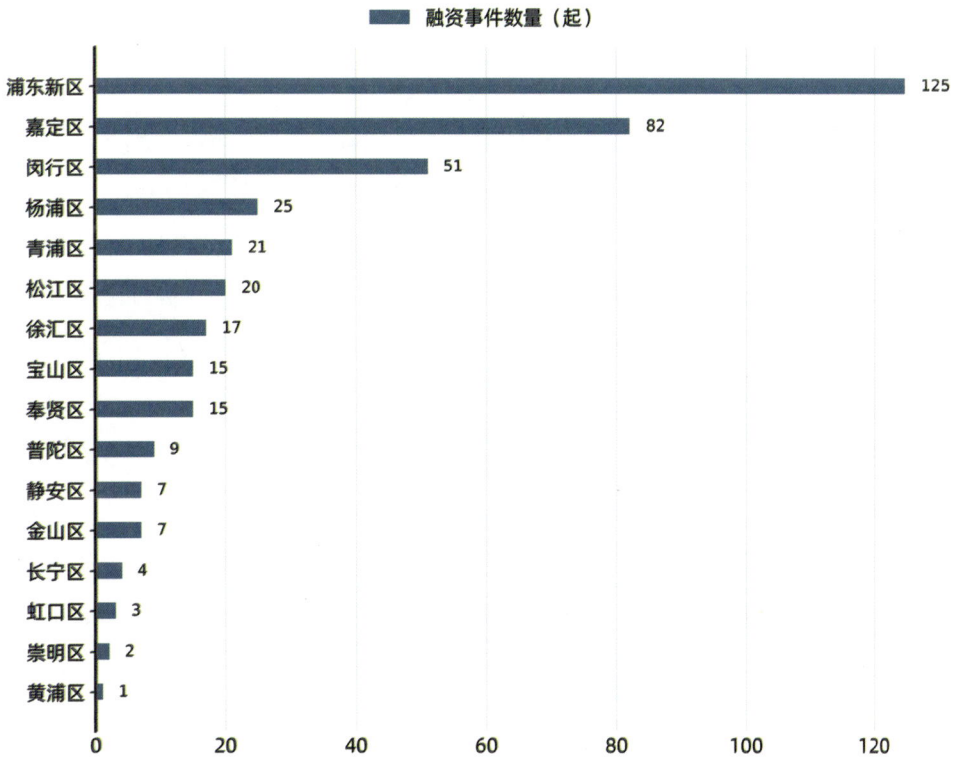

图 9-1-19 2022-2023 年上海市各行政区划智能终端产业融资事件数量

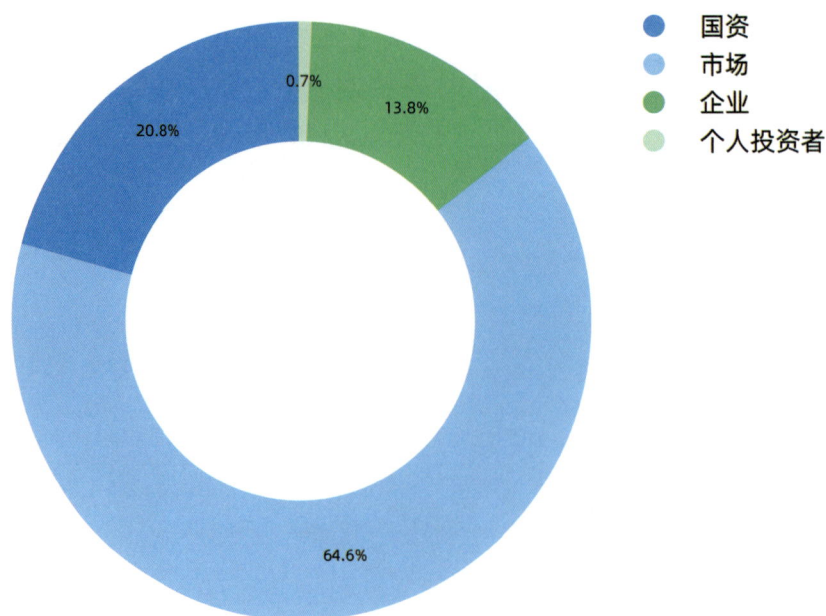

图 9-1-20 2022–2023 年上海市智能终端产业活跃投资机构类型分布

对新能源整车制造企业的投资热度高企，包括洛轲智能、智己汽车、前晨汽车在内的数家新能源汽车厂商均获得了数亿元人民币的投资。对整车制造厂商进行投资的机构包括：市场头部的投资机构（如 IDG、红杉中国）、国资背景的投资机构（如联和投资、上海科创集团、国家绿色发展基金），以及传统汽车厂商（如吉利集团）等。充分体现了全社会资本对于新能源汽车产业创新升级的全面支持。与此同时，整车厂商对于储能装置制造的需求进一步升级，为相关领域企业带来了发展契机。臻驱科技即是一家较为典型的相关企业，该公司成立于 2017 年，致力于国产功率半导体模块及高性能电驱动系统的正向开发与生产。经历六年多的高速发展与积淀，臻驱科技在功率模块和电控领域推出了多世代的技术和产品解决方案，已搭载于包括五菱、奇瑞、长城、大众、舍弗勒、道依茨、宝马等在内的多家国内外一线主机厂，实现稳定批量出货。臻驱科技在 2022–2023 年间完成了 4 轮融资，其中 2023 年 10 月的 D 轮融资，其融资金额超过 6 亿元。

机器人子行业是另一个热点投资领域。当前,新一代信息技术、生物技术、新能源技术、新材料技术等与机器人技术加速融合。在国内密集出台的政策和不断成熟的市场等多重因素驱动下,工业机器人发展迅猛,其应用领域包括汽车、电子、化工、石油等。节卡机器人是一家代表性企业,该企业创立于 2014 年,位于闵行区紫竹产业园,业务包括工业机器人、智能装备和数字化工厂三个方面,主要业务为制造工业机器人,并且在驱控一体化、一体化关节、拖拽编程、无线互联等多个领域中拥有技术优势。节卡机器人 2022 年 5 月获得了一笔战略投资,7 月又获得了来自淡马锡、软银集团等投资机构的 10 亿元 D 轮融资。另一家机器人企业,非夕机器人,在 2022 年 6 月实现了约 1 亿美元的 B+ 轮融资,一跃成为该赛道的又一家独角兽企业。非夕并没有将产品聚焦于特定应用场景,而是打造通用型机器人。它开发出了一套可以灵活应对各种场景的机器人技术框架,配合自主研发的 AI 算法,让机器人更自然地融入各种工作场景,达到"机器替人"的效果。通用型机器人的应用场景广泛,不仅可以在工业场景中完成组装、打磨、移动等功能,而且还能在餐饮、农业、物流等领域承担食品加工、果蔬采摘和货品分拣等工作。

作为人工智能领域的通用技术之一,计算机视觉为包括安防、驾驶、医疗等在内的不同应用场景提供关键技术支持,有着广阔的市场前景。近两年实现较大规模融资的计算机视觉企业中,独角兽企业黑芝麻智能是备受瞩目的一家。黑芝麻智能成立于 2017 年,位于上海张江,致力于打造人工智能和机器视觉的核心算法和计算平台。该企业在 2022 年完成了三轮融资,包括一轮泛 C 轮融资和两轮战略融资。黑芝麻智能专注于大算力自动驾驶计算芯片与平台等领域的高科技研发,结合人工智能、车规芯片和自动驾驶三大领域,是早期布局自动驾驶芯片领域的科创企业之一,入选了《2023 年胡润全球独角兽榜》。

9.2 五大未来产业现阶段发展概况

在持续推动创新发展的背景下,上海市政府于 2022 年 10 月印发了《上海打造未来产业创新高地发展壮大未来产业集群行动方案》(以下简称"《未来产业行动方案》"),提出要打造未来产业创新高地、发展壮大未来产业集群,目标是到 2030 年,在未来健康、未来智能、未来能源、未来空间、未来材料等领域涌现一批具有世界影响力的硬核成果、创新企业和领军人才,未来产业产值达到 5000 亿元左右。针对这些未来产业方向,本节对目前科创企业的发展与融资情况进行梳理与总结。

9.2.1. 未来健康

面向人民生命健康，以前沿突破、临床应用为导向，上海市将推动脑机接口、生物安全、合成生物、基因和细胞治疗等技术的研发突破及产业化。

企业简称	技术领域	融资时间	轮次	金额	投资方
阶梯医疗	脑机接口	2022/12/30	A轮	数亿元	奥博资本、元禾原点
脑虎科技	脑机接口	2022/12/28	A轮	数亿元	中平资本、轻舟资本、国生资本、赛领资本、演化博弈、盛大集团、联新资本、红杉中国
蓝鹊生物	生物安全	2022/5/23	A+轮	未披露	基石资本、国科嘉和、喜神资产、国风投基金
博沃生物	生物安全	2023/1/16	战略融资	未披露	北京华鼎投资
昌进生物	合成生物	2022/6/23	A轮	1.4亿元	食芯资本、碧桂园创投、高瓴创投、斯道资本、夏尔巴投资、远翼投资
方拓生物	基因治疗	2022/7/19	B轮	1.6亿美元	红杉中国、博裕资本、奥博资本、正心谷创新资本、史带资本、泓元资本
原启生物	免疫治疗	2023/2/28	B+轮	4500万美元	RTW Investments、卡塔尔投资局、启明创投、建发新兴投资
玮美基因	基因治疗	2023/6/27	战略融资	数千万元	弘盛资本、金浦投资

表 9-2-1 上海市未来健康产业代表性融资事件和投资机构

脑机接口

脑机接口是生命科学和信息技术深度交叉融合的前沿新兴技术，结合了脑科学、神经工程、机器学习等多个领域的技术，旨在实现人脑与计算机之间的直接交互，也是集成电路、人工智能、生物医药三大先导产业深度融合的未来产业领域。在脑机接口领域，上海计划加速非侵入式脑机接口技术、脑机融合技术等领域突破，探索脑机接口技术在肢体运动障碍、慢性意识障碍、精神疾病等医疗康复领域的应用。目前上海市成立了未来产业脑机接口专家委员会，汇聚行业企业、高校和科研院所等资源，旨在为产学研合作搭建开放性交流协作平台。

2022-2023 年间，上海市有多家科创企业在脑机接口领域取得重要突破。脑虎科技和阶梯医疗两家企业均获得了超过亿元的 A 轮融资。这两家企业都从事将柔性电极植入大脑的"植入式"脑机接口创新，成立时间均在 2021 年下半年，而且两家企业的创始人团队中均有来自中科院系统的科学家的身影。根据企业官网的披露，脑虎科技创始人之一兼首席科学家陶虎目前担任中科院上海微系统与信息技术研究所副所长，阶梯医疗科技创始人赵郑拓目前是中科院脑科学与智能技术卓越创新中心（神经科学研究所）的研究员、神经界面研究组组长。[1] 目前，脑虎科技面向科研领域的"柔性脑机接口整体解决方案"，包括柔性电极、高通量神经信号采集系统、科研版手术机器人等已成功上市；面向医疗市场的"柔性脑机接口整体解决方案"已完成关键技术研发和核心器件制造，进入了临床验证和注册阶段。[2] 阶梯医疗的技术与产品同样也在科研和临床两个领域布局，根据其于 2022 年发布的信息，阶梯医疗已经启动了柔性微纳电极在术外（中）脑电监测中的安全性与有效性临床试验。

生物安全

2020 年 2 月 14 日，习近平总书记主持召开中央全面深化改革委员会第十二次会议时强调："要从保护人民健康、保障国家安全、维护国家长治久安的高度，把生物安全纳入国家安全体系，系统规划国家生物安全风险防控和治理体系建设，全面提高国家生物安全治理能力。"生物安全是指与生物有关的因子对国家社会、经济、公共健康与生态环境产生的危害或潜在风险（代志新，2020），是国家安全体系的重要组成部分。《未来产业行动方案》提出，上海要突破新型微生物、病原体的快速鉴定和短期规模化检测、科学追踪溯源等关键技术。推动新型疫苗、抗体及分子、免疫诊断等共性技术研发转化，开发具有自主知识产权的重大传染病防治药物，构建生物安全产业体系。支持生产和储备一批重大传染性疾病防治药物、检测试剂和设备。

---

1 《脑机接口12月迎多轮融资 上海企业争先涌入》，http://www.21jingji.com/article/20221230/herald/8d6974563fdf59c13bf1553634e0538b.html，访问时间：2024年4月18日。
2 《脑虎科技》，https://www.neuroxess.com/nx/news，访问时间：2024年4月18日。

攻克新冠疫情的健康保卫战激发各国生物医药从业者积极探索疫苗技术研发。在这一背景下，两家位于上海宝山区的创新生物医药公司，蓝鹊生物和博沃生物，实现了长足的发展。[1]蓝鹊生物建立了从研发到生产 mRNA 药物的全链条，开发了包括 mRNA 设计、优化、递送在内的平台，并正在积极打造智能研发平台。根据张通社 Link 数据的统计，蓝鹊生物在 2022 年 5 月获得 A+ 轮投资，投资方包括基石资本、国科嘉和、喜神资产和国风投基金。博沃生物基于腺病毒载体研发新冠肺炎疫苗，取得了较好的治疗效果，并在 2023 年 1 月获得来自北京华鼎投资的战略投资。

合成生物

合成生物学源于现代生物技术，目前正在经历着快速发展。基因合成和基因测序成本的降低、高效的基因编辑技术的发展，为合成生物学的快速发展奠定了坚实的底层技术保障（华汤思圆等，2023）。作为一门新兴的交叉学科，合成生物学的应用前景广阔，涵盖了医疗、能源、环境、材料和食品等不同场景。2021 年 5 月，国家发改委发布了《"十四五"生物经济发展规划》，明确提出要推动合成生物学技术创新。

合成生物技术是上海高端制造业发展的重要引擎，上海市出台了一系列政策规划，旨在推动合成生物技术发展，抢抓生物经济变革新浪潮带来的机遇。《未来产业行动方案》列出了上海市合成生物学技术的重点攻坚领域，指出要推动攻关 DNA/RNA 底层关键技术，发展基于生物信息学和机器学习的 DNA/RNA 自动合成系统。聚焦生物体初级和次级代谢间的相互作用，发展代谢科学共性交叉技术。推动合成生物技术在创新药研发、医美产品研制、微生物菌株试验、生物可降解材料等领域的应用转化。2023 年 9 月，上海市政府印发《上海市加快合成生物创新策源 打造高端生物制造产业集群行动方案（2023—2025 年）》，提出到 2025 年，涌现若干项具有国际影响力的合成生物领域科研成果，涌现一批领先企业和高端人才，构建基础研发领先、创新转化活跃、产业主体蓬勃发展和产业生态健全完备的新发展格局。

---

1 《继上药康希诺后，宝山又陆续引进蓝鹊生物、博沃生物、艾博生物等知名企业 依托"种子选手"抢占疫苗新赛道》，https://www.shanghai.gov.cn/nw4411/20220902/f901605f89d44247a787f446a5029170.html 访问时间：2024 年 4 月 18 日。

2022-2023 年，上海合成生物学领域的融资事件共有 25 起。其中 80% 的事件属于天使种子轮或者泛 A 轮融资，面向早期阶段的企业。有 18 起融资事件的披露金额超过了 5000 万元人民币，显示了该领域新兴企业发展的强劲活力和资本市场的较强支持力度。在地理分布上，浦东新区有 12 起该类融资事件，居全市首位，其次为闵行区（6 起）和奉贤区（5 起）。浦东新区作为我国生物医药创新人才集中、研发机构密集、创新链条齐全、产业体系完备的地区之一，为合成生物学与医疗健康等行业结合提供了发展空间。

获得投资的合成生物企业中，绝大多数为成立时间在两年以内的初创企业。有多家公司布局基于合成生物学技术的食品科技开发，包括 CellX、昌进生物、遇见味来、HaoFood 等。其中，成立于 2017 年的昌进生物位于上海张江，是一家利用可食用微生物合成蛋白产品的企业。在 2022-2023 年间，昌进生物共计完成 3 轮融资，累计融资近 2 亿元。其在 2022 年 6 月完成的 A 轮融资，金额达到 1.4 亿元，由食芯资本领投，斯道资本、夏尔巴投资、高瓴创投、远翼投资、碧桂园创投跟投。

基因和细胞治疗

基因和细胞治疗技术正在经历着快速的发展，预计将会为医疗健康行业带来变革性的影响。"十四五"规划和"2035 年远景目标纲要"中明确提出，要将战略性新兴产业作为经济社会发展的重要力量，其中就包括基因治疗和细胞治疗技术。上海生物医药产业的综合实力雄厚，在发展基因和细胞治疗技术上有着领先优势。

2022 年，《上海市促进细胞治疗科技创新与产业发展行动方案（2022—2024 年）》出台。方案明确提出，到 2024 年，上海细胞治疗科技创新策源能力显著增强，临床研究和转化应用明显加速，创新资源要素高效配置，产业能级大幅提升，产业规模达到 100 亿元。该方案为细胞治疗特色产业的发展提供方向指引，提出了打造"一核多点"的细胞治疗产业特色集聚区以及打造世界级细胞治疗产业集群的产业规划。同时，对从事细胞治疗产品开发的企业给予一系列相关政策支持，包括财政补贴，这些措施可进一步促进上海细胞治疗产业的高质量发展。

2023 年 9 月，上海市发布的《上海市促进基因治疗科技创新与产业发展行动方案（2023-2025 年）》提出，到 2025 年，上海基因治疗科技创新策源能力进一步增强，建设提升 20 家以上基因治疗相关创新基地和平台（重点实验室、技术创新中心等），建设 5 个以上基因治疗及相关领域的临床医学研究中心和示范性研究型病房，新增临床试验批件 5 个以上，引进培育 15 家以上基因治疗产业领军和骨干企业，1-2 个创新产品申请上市。

《未来产业行动方案》列明了基因和细胞治疗的关键领域，包括突破加速载体递送、基因编辑等技术，鼓励攻关临床级病毒载体、规模细胞培养工艺等关键技术。加快细胞治疗、基因治疗、溶瘤病毒等相关技术产品的研发转化。支持关键原材料、重要设备耗材等研发创新与产业化应用。

该领域是现阶段科创融资的热点方向，具有代表性的、实现了融资的企业包括方拓生物、原启生物和玮美基因。方拓生物成立于 2020 年，位于上海张江，是一家国际化创新基因治疗药物研发和生产公司。公司已经建立了创新的重组腺相关病毒（AAV）基因表达系统平台，旨在优化创新的、经临床验证的 AAV 载体，以增强基因治疗产品的安全性和有效性。方拓生物在 2022 年 7 月获得了 1.6 亿美元 B 轮投资，投资方包括红杉中国、博裕资本、奥博资本等。方拓生物的首款创新产品 FT-001 已获得 FDA 临床试验许可，还获得了 NMPA 的临床许可，可以治疗基因变异带来的遗传性视网膜病。原启生物创始于 2015 年，专注于创新细胞药物的开发，尤其是肿瘤免疫治疗新药的创制。该公司在 2022 年 8 月完成 1.2 亿美元 B 轮融资，在 2023 年 2 月又完成一轮 B+ 融资，融资金额为 4500 万美元，这两轮融资的投资方包括启明创投、上海科创基金、苏州基金、卡塔尔投资局等国内外机构。

2022-2023 年间获得投资的上海基因治疗领域的企业中，玮美基因是颇具代表性的一家。玮美基因成立于 2021 年 9 月 14 日，由上海科技大学 iHuman 研究所孵化，创始人钟桂生教授长期从事开发基因治疗在耳聋、视觉遗传性疾病、神经系统疾病领域的应用，拥有国内第一项自主命名的 AAV 载体和多项发明专利。公司特别关注基因缺陷引起的听力障碍和退行性耳聋等耳科领域，旨在为全球罕见病和慢性病患者提供高质量且负担得起的基因治疗产品。目前玮美基因建立了全面的 AAV 改造平台——AAV Meta，成功开发了用于眼科、耳蜗、肺部、神经系统和肌肉等多种不同组织的新型 AAV 载体，并在基因治疗领域进行了广泛的专利布局。2022-2023 年间，玮美基因完成种子轮和战略投资两轮融资，融资金额达到数千万元人民币，投资方包括朗煜资本、金浦投资和弘盛资本。

9.2.2. 未来智能

围绕加快建设更具国际影响力的人工智能"上海高地"的目标，上海市将打造未来智能产业集群，重点推动智能计算、通用 AI、扩展现实、量子科技和 6G 技术领域的发展。

企业简称	未来技术领域	融资时间	轮次	金额	投资方
名之梦（MiniMax）	智能计算	2023/6/1	A轮	超2.5亿美元	腾讯投资
沐曦集成电路	智能计算	2023/12/1	B+轮	未披露	东方富海、亚昌富投资、经纬创投、混沌投资、国道基金、余杭金控、广发信德
TIAMAT	通用AI	2023/5/8	A+轮	数百万美元	线性资本、DCM中国、绿洲资本
湃道智能	通用AI	2022/6/6	A+轮	数千万美元	中鑫资本
无问芯穹	通用AI	2023/11/30	天使轮	未披露	上海徐汇资本、连星尚智私募基金、七熹投资、惠隆资本、南山资本、歌尔股份、光源资本、经纬创投、启明创投、BV百度风投、绿洲资本、智谱AI、腾讯投资、真格基金
维享时空	扩展现实	2023/3/20	Pre-A轮	数千万元	汉理资本、蓝驰创投、优山资本
奇点临近	扩展现实	2022/9/13	天使轮	约亿元	愉悦资本、经纬创投、华映资本
奇点临近	扩展现实	2022/12/5	战略融资	未披露	海尔资本、火眼资本
拜安科技	6G	2022/9/20	B轮	数亿元	普华资本、探针投资、中芯聚源、新潮集团、渤海华美、深创投、乐赟资本、山西国投集团、上海自贸区基金

表 9-2-2 上海市未来智能产业代表性融资事件和投资机构

智能计算

《未来产业行动方案》明确指出了智能计算领域的重点攻关方向，要推动超大模型智能计算突破，培育智能计算自主框架和算法平台，开发自主智能芯片。协同云边端算力，推动知识增强、跨模态统一建模、提示学习、持续学习等技术在超大模型创新应用。加快超大模型向机器视觉、智能语音语义、自然语言处理、人机交互等领域应用，推动 AI 普惠化。2023 年，上海市印发《上海市推动人工智能大模型创新发展若干措施（2023-2025 年）》，推出一系列支持大模型创新发展的政策措施，包括建立国家级大模型测试验证与协同创新中心、打造市级智能算力统筹调度平台、支持本市智能芯片企业开展规模化应用和验证等，并且鼓励浦东新区、徐汇区等建立大模型生态集聚区。

目前上海市集聚了一批具有潜力的大模型创新公司。截至 2024 年 4 月，全国前 4 批次通过上线备案的大模型中，上海占据了 24 个。其中名之梦（MiniMax）是位于上海徐汇区的一家专注于研发中文大语言模型的企业，成立于 2021 年 11 月，创始团队长期从事人工智能相关的创新研发。2023 年 6 月，名之梦获得了来自腾讯投资的 A 轮投资，融资金额超过 2.5 亿美元，这也使其估值超过了 10 亿美元，跻身独角兽行列。

随着人工智能大模型的爆发式创新发展，为其提供底层算力支持的通用 GPU 也成为科创投资的热点领域。由于极高的技术难度和工程门槛，长期以来通用 GPU 市场一直被国外巨头垄断。但近年随着我国数字经济的快速发展，伴随 GPU 技术热潮，有大批新兴企业进入该领域，并得到资本支持。沐曦集成电路是其中一家备受瞩目的代表性企业。沐曦集成电路成立于 2020 年 9 月，其创始团队成员包括多位在 GPU 领域的头部企业拥有深厚积累的技术专家，团队致力于为异构计算提供全栈 GPU 芯片及解决方案，可广泛应用于人工智能、智慧城市、数据中心、云计算、自动驾驶、数字孪生、元宇宙等前沿领域，为数字经济发展提供强大的算力支撑。2022-2023 年间，沐曦集成电路共完成 3 轮融资，目前估值已达 150 亿元人民币，成为新晋的独角兽企业。

通用 AI

《未来产业行动方案》提出了构建具有泛化知识、动态学习、自主规划的通用

AI 模型，深化模型在城市治理、生物安全预警等领域部署应用。布局 AI+ 药物研发、AI+ 新材料等应用，推动 AI 与物理、化学、数学等基础科学深度融合发展，开发为科学服务的基础性工具。攻克柔性感知、自适应迁移、群体智能等关键技术，建设感知、决策、规划和控制一体化的机器智能体，推动在医疗、陪护、养老等场景的应用。

2022-2023 年间，上海共有 56 起通用 AI 领域的融资事件，其中 33 起是天使种子轮或泛 A 轮的融资事件，实现融资的企业中，有接近一半的成立时间在最近三年之内。浦东新区发生的该类融资事件最多，达到了 17 起，闵行区排在第二位，有 10 起该类融资事件。有多家企业在两年内实现了多轮融资。其中，TIAMAT 是一家专注于 AI 图像生成技术的企业，成立于 2020 年 11 月，在两年间实现了 3 轮融资，融资总金额接近 2 千万美元，投资方包括 DCM 中国、绿洲资本和线性资本。TIAMAT 通过自研的算法、底层引擎、平台为个人用户和企业客户提供创意生产、广告等场景下的服务。该团队孵化自上海科技大学创业与管理学院双创工作室，2022 年完成了产品的概念验证和早期推广。核心创业团队全部由"00 后"组成。无问芯穹和湃道智能也分别获得了两轮融资。湃道智能成立于 2018 年，其核心产品为云端工业安全管控平台，基于计算机视觉、深度学习、知识图谱技术与工业安全管理经验，为石油、化工、矿业、钢铁、电力等行业提供智慧化安全管理解决方案。湃道智能分别在 2022 年 1 月和 6 月完成 A 和 A+ 两轮融资，近两年的累计融资金额超过千万美元，参与的投资机构包括赛富投资基金、创新工场、中鑫资本。无问芯穹成立于 2023 年 5 月，目前已经完成了两轮融资，参与的投资机构包括红杉中国、北极光创投、启明创投等。这是一家从事人工智能大模型软硬件协同优化的企业，其技术平台能够显著提升 GPU 推理速度，创始人团队包括清华大学电子工程系主任汪玉。

扩展现实

《未来产业行动方案》提出要突破 XR（扩展现实）关键技术，推动近眼显示、感知交互技术、渲染计算技术、云内容制作分享技术等突破。加快 XR 终端产品和应用软件开发，推动新一代通信网络（NGN）+XR 融合创新，发展软硬一体的智能交互设备产业链。构建 XR 科技应用场景，加快在教育培训、医疗健康、工业制造、体育娱乐等行业应用。XR 即扩展现实，是 AR(增强现实)、VR(虚拟现实)、MR(混合现实) 等多种技术的统称。

伴随上海市加大对元宇宙产业的引导培育，一批专注于XR技术的创新企业随之涌现。其中，维享时空是一家具有代表性的企业，于2022年9月在浦东新区成立，专注于城市元宇宙商业化落地应用服务。维享时空主导了上海张江科学城元宇宙城市智能空间的建设。该企业在2022-2023年间完成了两轮融资，每轮的融资金额均有数千万元人民币，参与的投资机构包括汉理资本、蓝驰创投、优山资本等。另外一家研发智能眼镜的创新企业——奇点临近，成立于2021年，在2022年也实现了两轮融资，参与的投资机构包括愉悦资本、经纬创投、华映资本、海尔资本、火眼资本等。

量子科技

以量子计算、量子通信和量子测量为代表的量子科技领域不断取得突破，应用前景越发明朗，也引发了世界各国在该领域的竞争态势加剧。我国制定了国家层面的发展量子科技的战略计划，《中共中央关于制定国民经济和社会发展第十四个五年规划和二〇三五年远景目标的建议》将量子科技列为国家重大科技项目重点支持的方向。上海正在加快建设具有全球影响力的科创中心，有必要前瞻谋划领域布局，为我国量子科技的发展提供有力支撑。《未来产业行动方案》指出，围绕量子计算、量子通信、量子测量，积极培育量子科技产业。攻关量子材料与器件设计、多自由度量子传感、光电声量子器件等技术，在硅光子、光通信器件、光子芯片等器件研发应用上取得突破。推动量子技术在金融、大数据计算、医疗健康、资源环境等领域的应用。

目前，上海市量子科技领域的创新企业不多，已有的相关科创企业大多数是从科研院所孵化产生，相关联的融资事件较少。惟量科技是其中的一家企业，成立于2021年11月，并于2022年获得了数百万元的天使轮投资，投资方为北京瑞龙腾华投资。

6G技术

面向未来的智能化时代，6G技术预计将为人类社会带来更多的变革，为产业优化升级带来机遇。《未来产业行动方案》提出，要科学有序推进关键核心技术研发、未来网络试验设施和规模化商用。突破空天海一体化、确定性网络等关键技术。聚焦6G智能终端、系统设备、通感算一体化网络以及融合应用等领域，推动产业做大做强。建立 6G 国家标准与技术推进中心，强化 6G 标准引领。

目前学术界、产业界和政策界就 6G 技术的发展仍在进行讨论和研究。面向未来，上海的一批创新企业也投身于通信设备、光电设备和通信制造等相关领域的研发。2022-2023 年间，6G 相关领域有 13 起科创融资事件，其中过半的融资事件属于天使种子轮或泛 A 轮融资，大部分投资均由位于浦东新区的企业获得。其中，拜安科技在 2022 年和 2023 年分别完成了一轮 B 轮和一轮战略融资。该企业成立于 2004 年，注册地位于张江科学城，是一家 MEMS（Micro Electromechanical Systems，微电机系统）光纤传感器制造商，其开发的技术与 6G 有紧密的相关性。参与投资拜安科技的机构包括普华资本、探针投资、中芯聚源、新潮集团、渤海华美、深创投、乐赞资本、山西国投集团、上海自贸区基金等。

9.2.3. 未来能源

《未来产业行动方案》对于未来能源产业集群的发展进行了部署，包括先进核能和新型储能两个方向。

企业简称	未来技术领域	融资时间	轮次	金额	投资方
上海核工院	核电	2022/7/27	战略融资	数亿元	中国国企混改基金、国调基金、特变电工、上海国盛集团、中国国新
能量奇点	核电	2022/2/25	种子轮	4亿元	蔚来资本、米哈游、红杉中国、蓝驰创投
弘正储能	电池与储能技术	2023/6/13	Pre-A轮	约亿元	金鼎资本
乐普钠电	电池与储能技术	2023/3/13	天使轮	数千万元	合肥庐江基金

表 9-2-3 上海市未来能源产业代表性融资事件和投资机构

先进核能

核能作为一种清洁能源，在降低煤炭消费、有效减少温室气体排放、缓解能源输送压力等方面具有独特的优势和发展潜力，对实现"双碳"目标有重大的意义（叶奇蓁，2024）。《未来产业行动方案》提出，要加快商业化先进核能技术攻关，开展新型小堆、超高温气冷堆装备研制以及新型核工程材料研发应用。攻关小型模块化钍基熔盐堆核能系统及模块化智能装备，研发高温超导可控核聚变实验装置，开展新型核聚变能源系统技术预研，推进核能小型化技术验证，开展多能融合示范应用。

在核能技术商业化的进程中，政府部门发挥着重要的引导作用。2024 年 3 月，上海发布了《上海核电产业高质量发展行动方案（2024-2027 年）》。方案提出，到 2027 年，上海核电产业规模达 600 亿元，核电产业基础高级化和产业链现代化水平显著提升，科技创新有力支撑产业高质量发展，基本建成世界级核电产业中心，打响"上海核电"品牌。该方案进一步明确了上海核电产业发展未来三年的六项主要任务、六项主要工程，并提出了五项保障措施，以推动上海核电产业的高质量发展。

2022-2023 年间，上海有两家完成融资的核电企业，它们是上海核工程研究设计院股份有限公司和能量奇点。上海核工院是中国核电行业的重要骨干企业之一，集研发、设计、建设、服务于一体，其在 2022 年 7 月完成的一轮战略融资，得到了包括中国国企混改基金、国调基金、特变电工、上海国盛集团、中国国新等机构的支持。能量奇点成立于 2021 年，是国内第一家聚变能源商业公司，致力于探索加速实现聚变能源商业化的科学技术，其团队成员来自斯坦福、普林斯顿、北大、清华、中科院、上海交大等顶级院校及国际领先的聚变能源科研院所。该公司在 2022 年和 2023 年分别完成了种子轮和 Pre-A 轮融资，融资总金额达 8 亿元人民币，投资方包括蔚来资本、米哈游、红杉中国、蓝驰创投、黑门股权基金、云和方圆资本等机构。

新型储能

新型储能技术的发展是实现"双碳"目标的关键支撑。2022 年 1 月，国家发展改革委、国家能源局印发《"十四五"新型储能发展实施方案》，旨在推动新型储能规模化、产业化、市场化发展。《未来产业行动方案》提出，要推动开展战略性储能技术研发，推动压缩空气、液流电池等长时储能技术商业化，促进"光储充"新型储能站落地，加快飞轮储能、钠离子电池等技术试验，推动固态电池电解质技术攻关。推动大功率长寿命氢燃料电池和碳纸、质子交换膜、催化剂等关键材料创新，推动燃料电池热电联供系统、固体氧化物燃料电池等应用研究。

为了把握新型储能产业领域的机遇，2023 年 12 月，上海市经济信息化委发布《上海市促进新型储能产业高质量创新发展行动方案（2023-2025 年）》，表示到 2025 年，实现新型储能由示范应用进入商业化应用初期，并向规模化发展转变，全市新型储能整体规模达到 2000 亿元；打造 2 个以上新型储能产业园，培育 10 家以上新型储能龙头企业。

在政策引导和市场机遇的助推下，2022–2023 年间上海市电池和储能技术领域的科创融资活动频繁，共发生了 70 起该类融资事件，其中有 45 起是早期轮次融资（天使种子轮或泛 A 轮）。位于嘉定区的相关科创企业的融资最为活跃，有 18 起融资事件，其次是浦东新区（11 起）和奉贤区（11 起）。有不少企业在短短两年的时间内获得了多笔投资，成长迅速。位于奉贤区的弘正储能，成立于 2021 年，专注于开发数字化储能技术。该企业在 2023 年完成了三轮融资，投资机构包括金鼎资本和普华资本等。乐普钠电位于宝山区，成立于 2022 年，主要聚焦钠离子电池技术创新与工程化应用，是集研发、生产与销售于一体的新一代动力电池材料与储能电池系统供应商。乐普钠电在 2023 年完成了三轮融资，参与的投资机构包括合肥庐江基金、浙商创投、科源产业基金、有孚创投、美天晟创投等。

9.2.4. 未来空间

《未来产业行动方案》提出，要打造未来空间产业集群，包括深海探采和空天利用。

企业简称	未来技术领域	融资时间	轮次	金额	投资方
上海红生	海洋工程	2023-01-12	战略融资	未披露	中国航发、榆煤基金
上交海龙	海洋工程	2022-01-11	A 轮	未披露	融玺创投
西伯瀚	海洋工程	2022-10-11	Pre-A 轮	未披露	泰州盛鑫产业基金、千合资本、久有基金、浑璞投资、海融信投资
寰宇航天	航空航天	2023-01-19	战略融资	未披露	杰新投资、和梓资本
格思航天	航空航天	2023-11-30	A 轮	约 6 亿元	中科院资本、松江国投、中科辰新、新鼎资本、厚纪资本、盛宇投资、银河电子、中科创星、上海启迪金双创投资、临创投资

表 9–2–4 上海市未来空间产业代表性融资事件和投资机构

深海探采

《未来产业行动方案》提出，要推动研发深远海和极地船舶与海洋工程装备。发展重型破冰船、高冰级 LNG 船等极地装备，构建极地科考和资源开发装备体系。研制深远海运维保障、多功能救援等特种船舶，提高应急救援装备能力。研制深水大型浮式生产储卸装置等能源海工装备以及驻留浮式研究设施。研制深海采矿装备，加快海试验证及示范应用。

2022-2023 年间，上海市在海洋工程领域共有 6 起融资事件。其中，上海红生完成了两轮战略融资。这是一家注册于崇明区的企业，成立于 2009 年，主要从事舰船通信设备的设计、开发、制造和修理服务，参与的投资机构包括中国航发、榆煤基金和中兵投资。另外两家获得了 A 轮投资的企业分别是上交海龙和西伯瀚。上交海龙成立于 2017 年，专注于水下防务技术的研究与开发，是上海交通大学面向水下海洋工程"卡脖子"技术成果转化的窗口性平台公司。该公司在 2022 年 1 月完成了 A 轮融资，投资方是融玺创投。西伯瀚成立于 2014 年，专注于海洋工程装备的研发与销售，获得了国家技术企业和上海市专精特新企业的称号。该公司在 2022 年 10 月完成了 Pre-A 轮融资，投资机构包括泰州盛鑫产业基金、千合资本、久有基金、浑璞投资、海融信投资。

空天利用

《未来产业行动方案》提出，要突破倾转旋翼、复合翼、智能飞行等技术，研制载人电动垂直起降飞行器，探索空中交通新模式。聚焦智能机载、复合材料、新能源动力创新，研制超音速、翼身融合等新一代商用飞机，推动氢电池、氢涡扇等氢能飞机技术验证示范。研制低成本卫星和可重复使用运载火箭，加快宽带通信卫星发射组网及商业运营，积极利用空间频率和轨道资源，建设陆海空天领域全天候、全球性卫星互联网。

2023 年 10 月，上海市政府印发了《上海市促进商业航天发展打造空间信息产业高地行动计划（2023—2025 年）》，提出到 2025 年，以商业航天跨越式发展为牵引，围绕卫星制造、运载发射、地面系统设备、空间信息应用和服务等环节，加强卫星通信、导航、遥感一体化发展，推动空天地信息网络一体化融合。覆盖从治理、经济、生活三大领域以及相关重点行业，到典型场景的多领域综合示范应用。同时完善从专项资金、产业基金到扶持政策的全方位保障的产业生态。构建多结构产业基金,完善相关产业扶持政策。新引进和培育 10 家商业航天重点企业,培育 5 家具备科创板上市条件的硬核企业,扶持一批民营"专精特新"优势企业,实现空间信息产业规模超 2000 亿元。

2022-2023 年间,上海市在航空航天领域共有 17 起融资事件,其中有 10 起为天使种子轮或泛 A 轮的融资事件。发生在闵行区和浦东新区的该类融资事件数量最多,各有 4 起。有多家企业在两年时间内完成了多次融资。其中,寰宇航天完成了 3 轮融资,包括 2022 年 2 月的 A 轮融资,以及 2022 年 10 月和 2023 年 1 月的两轮战略融资,投资方包括金慧丰资本、山东财金集团、杰新投资、和梓资本。寰宇航天成立于 2019 年,是一家以火箭工业化部署和产能建设为核心发展方向的企业,旨在推动商业火箭研发及火箭总体产品成熟的关键环节。格思航天成立于 2022 年,位于上海松江区,专注于为商业卫星提供研发设计与智能制造服务,计划到 2025 年形成年产 50 发商业火箭、600 颗商业卫星的批量化制造能力。格思航天在 2023 年 6 月和 11 月分别获得了天使轮和 A 轮投资,投资者包括火山石投资、中科院资本、松江国投、中科辰新、新鼎资本、厚纪资本、盛宇投资等。

9.2.5. 未来材料

《未来产业行动方案》提出,要在浦东新区、宝山区、金山区等区域,提升产业转化承载能力,打造未来材料产业集群,提出如下的重点发展方向。

高端膜材料

《未来产业行动方案》提出,要提升膜材料基础结构设计和原料自主化能力,突破高端分离膜技术,研发攻克燃料电池质子交换膜及专用树脂、体外膜肺氧合器用中空纤维膜、5G/6G 天线用液晶高分子聚合物膜、高导热石墨烯薄膜等原材料及成膜技术。持续推进高端锂电池用膜材料、新型显示用光学膜、集成电路离型膜等材料技术迭代和产业化。

上海翊科和艾里奥斯生物是两家具有代表性的从事高端膜材料研发的企业。上海翊科成立于 2020 年,位于浦东新区,专注于导管及中空纤维膜研发与生产,为医疗器械行业提供导管和中空纤维膜的研发与生产服务。上海翊科在 2022 年 5 月和

2023 年 1 月完成了两轮泛 B 轮融资，融资总金额达数亿元人民币，投资方为启明创投、国投创合、楹联健康、国发创投、联新资本。艾里奥斯生物成立于 2021 年，专注于打造膜过滤产品和解决方案，为制药企业提供符合国内外法规要求的高质量的分离、纯化解决方案。该企业在 2022 年 10 月和 2023 年 10 月完成了两轮融资，融资总金额约 3 亿元，参与的投资方包括经纬创投、君联资本、上海羿水流山、阿斯利康中金医疗产业基金、天津胜渡企业等。

企业简称	未来技术领域	融资时间	轮次	金额	投资方
艾里奥斯生物	高端膜材料	2022/10/14	A轮	约2亿元	经纬创投、君联资本、上海羿水流山
艾里奥斯生物	高端膜材料	2023/10/10	A+轮	约亿元	阿斯利康中金医疗产业基金、经纬创投、君联资本、上海羿水流山、天津胜渡企业
上海翊科	高端膜材料	2022/5/22	B轮	数千万元	启明创投
上海翊科	高端膜材料	2023/1/16	B+轮	数亿元	启明创投、国投创合、楹联健康、国发创投、联新资本
云路复材	高性能纤维	2023/1/16	A轮	数千万元	九智资本、民银国际、世嘉闻华、金悦投资
云路复材	高性能纤维	2023/5/14	A+轮	超亿元	豫资涨泉基金、安信乾宏、任君资本
云路复材	高性能纤维	2023/11/8	A++轮	数千万元	浙能集团
华渔新材料	高性能纤维	2023/10/24	Pre-A+轮	数千万元	硅港资本、七晟资本
飞锃半导体	非硅基芯材料	2022/11/30	D轮	未披露	投控东海、小米集团、三一集团、三花控股集团、哇牛资本、上海自贸区基金、晨道资本、汇川产投、允泰资本
镓特半导体	非硅基芯材料	2022/7/7	战略融资	1亿元	北大青鸟环宇

表 9-2-5 上海市未来材料产业代表性融资事件和投资机构

高性能复合材料

《未来产业行动方案》提出，要做强高性能纤维产业链，布局极端环境纤维、生物医用纤维、人工智能纤维等方向。加强聚丙烯腈基碳纤维研发，支持粘胶基碳纤维、沥青基碳纤维、芳纶纤维、超高分子量聚烯烃纤维等制备技术与工艺提升，攻关核心催化材料，突破高性能碳纤维及复合材料量产技术。研发能源转化及存储纤维、变色纤维、形状记忆纤维和制动纤维等应用技术。持续攻关航空发动机用高温合金、金属基复合材料和高端医用可降解合金等技术。

2022–2023 年间，上海在高性能纤维或复合材料领域共发生了 20 起融资事件，其中超过一半是天使种子轮或泛 A 轮的融资。获得投资的相关企业分布在奉贤区、嘉定区、松江区等。有数家企业实现了多轮融资，包括云路复材、华渔新材料、骐杰碳素、嘉资新材。云路复材成立于 2020 年，注册地为上海市宝山区，致力于高性能纤维复合材料的创新和应用。该企业在 2023 年完成了 3 轮融资，融资总金额接近 2 亿元人民币，参与的投资机构包括九智资本、民银国际、世嘉闻华、金悦投资、豫资涨泉基金、安信乾宏、任君资本和浙能集团等。华渔新材料成立于 2012 年，主要从事碳纤维复合材料的产品开发与制造，为汽车制造商提供碳纤维动力材料。[1] 华渔新材料在 2022–2023 年间完成了三轮融资，总计融资金额近亿元，投资方包括中科创星、峰瑞资本、浦东科投、硅港资本和七晟资本。

非硅基芯材料

《未来产业行动方案》提出，要推动碳化硅、氮化镓等宽禁带半导体化合物发展，持续提升宽禁带半导体化合物晶体制备技术能级和量产规模，积极布局宽禁带半导体晶圆制造工艺技术，增强宽禁带半导体芯片产品设计能力，扩大产品应用领域。积极推动石墨烯、碳纳米管等碳基芯片材料，半导体二维材料等未来非硅基半导体材料的技术研究和布局。

---

1 《华渔新材料完成数千万元Pre-A+轮融资，加速碳纤维材料上车》，https://www.36kr.com/p/2487187854202752，访问时间：2024年4月10日。

飞锃半导体是半导体化合物领域内的一家具有代表性的企业，成立于 2018 年，是国内最早从事碳化硅器件研发的公司之一，提供包括碳化硅二极管在内的多种功率半导体器件。飞锃半导体的产品主要应用于新能源汽车、充电桩、光伏储能等热门领域，并为碳中和提供解决方案。该公司在 2022 年 11 月完成一轮 D 轮融资，投资方包括投控东海、小米集团、三一集团、三花控股集团、哇牛资本、上海自贸区基金、晨道资本、汇川产投、允泰资本。另一家具有代表性的企业是镓特半导体。这是一家氮化镓衬底生长的企业，成立于 2015 年，在 2022 年 7 月完成了一轮战略融资，融资金额 1 亿元人民币，投资方为北大青鸟环宇。

9.3. 科创投资机构面临的挑战与机遇

上海市政府 2024 年 1 月初正式印发《关于进一步促进上海股权投资行业高质量发展的若干措施》（以下简称"《股权投资行业若干措施》"），提出打造"股权投资集聚区"、落实创投行业税收优惠、畅通股权投资退出渠道等举措，预计会对未来上海科创投资市场产生深远的影响。

外部复杂严峻环境带来不确定性

当前世界经济增长动能不足，全球经济滞胀风险高企，在严峻复杂的形势下，外贸外资需求不足。根据上海市统计局的数据，2023 年上海市进出口总值达 4.21 万亿元人民币，同比增长 0.7%；2024 年 1 月至 2 月，上海市进出口总额比去年同期下降 0.7%，其中进口总额下降 1.5%，出口总额上升 0.5%。外部环境和外部条件的急剧变化，促使全球供应链加速重构，或对上海的科创行业发展带来一系列不利影响。

首先，科创企业的"出海"面临挑战。贸易政策规制的限制加剧。例如，2023 年 10 月，欧盟启动了针对比亚迪、上汽集团和吉利汽车三家中国企业的电动汽车产品的反补贴调查，或将导致对相关企业的惩罚性关税。2024 年 4 月，欧盟宣布对中国风力涡轮机供应商展开反补贴调查。众多寻求"出海"的科创企业所面临的不确定性与日俱增。未来相关投资机构的投资决策也需要加重对贸易格局风险的考量。

其次，西方经济体对芯片等关键技术产品的出口限制，为相关产业链的创新和发展带来阻力。新兴技术领域的国际竞争已经进入白热化阶段。2022 年 10 月和 2023 年 10 月，美国商务部工业和安全局两次发布出口管制规则，限制中国企业获得先进计算集成电路、半导体制造设备以及支持超级计算应用和最终用途的物项。

这会给人工智能、云计算、智能驾驶等行业内的科创企业带去冲击，可能会在短期内增加企业的研发成本，降低其研发效率，产生不利的影响。与此同时，这也为相关领域的国产替代和升级以及供应链重组带来机遇。科创投资机构有必要全面地审视相关投资机会，进行战略调整。

发展新质生产力对产业升级提出要求

2024 年政府工作报告提出，要大力推进现代化产业体系建设，加快发展新质生产力。需要充分发挥创新主导作用，以科技创新推动产业创新，加快推进新型工业化，提高全要素生产率，不断塑造发展新动能新优势，促进社会生产力实现新的跃升。从事科技创新的创业企业是推动新质生产力发展的中坚力量，为全社会产业升级和生产力发展提供源动力。党的二十大报告明确指出，"强化企业科技创新主体地位，发挥科技型骨干企业引领支撑作用，营造有利于科技型中小微企业成长的良好环境，推动创新链产业链资金链人才链深度融合"。

根据本书的统计和梳理，目前上海的科创融资集中在集成电路、生物医药、人工智能等战略性新兴产业，预期能够在强化国家战略科技力量、推动产业升级方面发挥积极作用。为贯彻创新驱动发展的目标，科创投资机构需要加深对于代表着新质生产力的新兴产业之发展规律的理解，合理构建投资组合。具体而言，投资机构可以通过以下几点举措，提升发掘与投资优质科技创业企业的能力。第一，建设一支理解科技创新规律、了解市场需求的专业投资团队。第二，加深与大学和科研机构等原始创新载体的交流和联系，推动从 0 到 1 的原始创新转化。第三，响应地方产业政策的引导，布局与政策目标相符的重点科创领域，合理利用政策优惠和便利，帮助企业更好更快发展。

不同背景的投资机构协同合力的新格局

上海科创融资市场正在经历新一轮变革，其中最重要的趋势是国有资金的主导地位进一步提升，正在重塑市场格局与产业生态。推进现代化产业体系建设，需要推动有为政府和有效市场的更好结合。科技创新具有外部性，会造成市场失灵，从而导致以财务回报为目标的市场化投资机构对创新和科技创业的投资不足（Arque-Castells and Spulber, 2022；Schnitzer and Watzinger, 2022；Akcigit 等 , 2024；何国华等，2001；刘娥平等，2018；Nanda & Rhodes-Kropf, 2017; Ewens 等 , 2018）。作为长期的、稳定的股权投资者，政府引导基金拥有先天的优势，能够支持技术潜力大但不确定性高的初创企业发展（Jeng and Wells, 2000; Leleux and Surlemont, 2003；Howell, 2017；施国平等 , 2016）。

目前上海市政府引导基金持续发力，积极部署针对重要战略性产业的投资。《股权投资行业若干措施》提出，要完善政府引导基金体系、支持企业风险投资发展。这些举措将有利于培育多元化主体参与的市场格局，培育耐心资本和长期资本。2024 年 3 月，在上海全球投资促进大会上宣布，围绕集成电路、生物医药、人工智能三大先导产业，上海市国资委将推动设立总规模 1000 亿元的产业投资母基金。2024 年 4 月，上海国有资本投资有限公司与上海科技创业投资（集团）有限公司联合重组成立上海国投公司，将切实发挥国有企业在建设现代产业体系、服务和融入发展格局中的科技创新、产业控制、安全支撑作用。

面向未来，不同类型的股权投资机构需要加强协同合作：政府引导基金和企业风险资本可以识别那些市场化股权投资机构缺乏动力进入的高风险、涉及关键核心技术创新的领域，发挥积极影响，降低市场化股权投资机构的风险，为有较大发展潜力的科创项目提供必要的支持。